教育部人文社会科学研究项目（09YJA790061）最终成果
河南科技大学学术著作出版基金资助

经济管理学术文库·经济类

马克思国际贸易理论及其在当代中国的实践

Marx's Theory of International Trade with the Contemporary Practice in China

杨玉华　丁泽勤／著

经济管理出版社
ECONOMY & MANAGEMENT PUBLISHING HOUSE

图书在版编目(CIP)数据

马克思国际贸易理论及其在当代中国的实践/杨玉华,丁泽勤著.—北京:经济管理出版社,2013.3

ISBN 978 - 7 - 5096 - 2323 - 7

Ⅰ.①马… Ⅱ.①杨… ②丁… Ⅲ.①马克思主义 - 国际贸易理论 - 研究 - 中国 Ⅳ.①F752

中国版本图书馆 CIP 数据核字(2013)第 030261 号

组稿编辑:王光艳
责任编辑:王光艳 杨雅琳
责任印制:杨国强
责任校对:超 凡

出版发行:经济管理出版社
　　　　　(北京市海淀区北蜂窝 8 号中雅大厦 A 座 11 层　100038)
网　　　址:www.E - mp.com.cn
电　　　话:(010)51915602
印　　　刷:北京京华虎彩印刷有限公司
经　　　销:新华书店
开　　　本:720mm × 1000mm/16
印　　　张:21
字　　　数:380 千字
版　　　次:2013 年 11 月第 1 版　2014 年 3 月第 2 次印刷
书　　　号:ISBN 978 - 7 - 5096 - 2323 - 7
定　　　价:58.00 元

前　言

　　本书的写作深受学界前辈许兴亚教授的启发。2006年10月,"中国《资本论》研究会第13次学术年会"在福州召开。期间,我有幸结识了来自河南大学的著名经济学家许兴亚教授,深为许老师的学识和为人所折服。许老师把他2002年出版的著作《马克思的国际经济理论》赠予我拜读,使我深受启发。正是马克思国际经济理论的有关内容激发了我研究的兴趣,坚定了我研究国际贸易理论的信念。读博期间由于博士论文选题的限制,对马克思国际贸易理论的研究仅限于博士论文涉及的部分领域和范围,没能深入、系统地探讨。直到2009年11月,我主持申报的教育部人文社科基金项目审批下来,才真正开始涉足马克思国际贸易思想的全部领域。在马克思的有关著作中,马克思国际贸易思想如其思想海洋中随处散落的珍珠海贝,只有一遍遍细心阅读和苦心琢磨,才能把这些散落的海贝收集起来,才能从采集的海贝中提炼出灿烂、绚丽的思想珍珠。五年来,我们只做了马克思国际贸易思想海边的拾贝者,兢兢业业地采摘着巨人的每一粒思想珍珠,笔耕不辍,联缀成篇。

　　在探究马克思国际贸易思想的过程中,一方面,深为国际贸易教学和研究的现状担忧。由于国内还没有形成体系完善、成熟的马克思主义国际贸易理论,长期占据国内国际贸易理论教学与研究主流阵地的是西方现代国际贸易理论。该教学和研究体系基本采用的是20世纪30年代形成和发展起来的现代国际贸易理论体系,该理论虽经半个世纪的发展,但基本原理和理论框架并没有根本的变化。该理论体系主要是对西欧发达国家对外贸易经验的概括和总结,代表了发达国家的基本立场和利益诉求,没有反映发展中国家对外贸易实践的经验和问题,无法代表发展中国家的立场和利益诉求,也不能反映信息技术革命带来的最新发展和变化,根本没有触及国际经济贸易关系的实质和核心问题。另一方面,也深感构建马克思主义国际贸易理论体系的紧迫性。要改变目前国际贸易的教学和研究现状,首先就要深入、全面地研究马克思主义国际贸易理论的基本问题,尤其是研究经典作家的国际贸易思想,改变国际贸易理论研究由西方理论主导学界的格局,建立比较成熟和完善的国际贸易理论,才能逐步改变国际贸易理论的教学困境。就目前所能收集到的材料来看,国外学者的研究虽然对马克思的国际不平等贸易思想进行了发展和创新,但并没有形成系统的马克思国际贸易理论。国内学者的研究虽然力图全面地展现马克思的国际贸易思想及马克思主义国际贸易思想的继承和发展的进程,但大多停留在对文献的梳理和归纳方面,而缺乏对理论本身的发展和创新。国内研究主要存在着三大不足:一是没有统一的劳动价值论基础。马克思的国际贸易思想研究没有纳入马克思经济学体系,缺乏统一理论基础——劳动价值论。二是马克思主义国际贸易理论的研究出现"西方化"和"文献化"两种截然相反的趋势,国外研究以西方国际贸易理论取代马克思,事实上取消或者否定马克思主义国际贸易理论;国内研究则局限于经典著作思想本身的研究,没有科学地借鉴现代国家贸易的合理成分,缺少对马克思国际贸易理论的创新和发展,缺乏时代感和实践性。三是满足于对马克思国际贸易思想的政策性解读,而缺乏对理论本身的方法和基本理论的发展和创新。

构建马克思主义国际贸易经济理论是马克思当年未完成的夙愿,是国际贸易理论自身发展的内在要求,也是我国国际贸易发展实践的迫切需要。本书最突出的特色就是"忠于原著,深度创新,兼顾学术价值和实践需要,反映发展中国家利益诉求,贴近中国实际"。在前辈研究成果的基础上,本书立足发展中国家的立场和利益,以科学劳动价值理论为基础,按照逻辑和历史相统一的原则,根据马克思国际贸易思想的内在逻辑和国际贸易的历史进程,运用马克思主义经济学的有关原理和范畴,吸收借鉴现代发展经济学和国际贸易理论的科学成就,全面概括和提炼现代国际贸易的发展态势和发展中国家对外贸易的实践经验,构建包括国际贸易理论、国际贸易规律和国际贸易政策的全新的马克思国际贸易理论体系。该体系力求反映发展中国家的利益诉求,概括现代国际贸易发展的一般规律,服务于我国对外贸易的实践,在更本质的层次上,揭示国际贸易关系的实质和特点,为发展中国家维护民族利益和长远发展提供理论支持,弥补现有国际贸易理论教学和研究的缺失,创新和发展中国风格的马克思主义经济学。

本书研究方法的最大特点就是理论联系实际,研以致用。目前,我国经济贸易结构调整、经济贸易增长方式转型都处于关键的历史时期。首先,金融危机的冲击和影响一方面凸显了原有经贸结构和经贸增长方式的弊端和问题,另一方面也在客观上推动了我国经济贸易结构调整及其增长方式的转型。所以,要充分估计金融危机的冲击和影响,制定应对危机的政策和措施,就需要马克思主义国际贸易理论作指导。其次,在全面融入全球化的过程中,要全面地分析和评判全球化对我国经济贸易关系的冲击和影响,就需要更深刻认识经济全球化的本质和规律,马克思主义国际贸易理论能够帮助我们正确认识发达资本主义国家主导下的不平等国际经济贸易关系的实质及其不平衡发展的基本规律。最后,如何充分利用国内、国际两种资源和两个市场,如何发挥我国人力资源优势和后发优势,如何推动经济贸易结构调整和增长方式转型,如何推动比较优势升级并形成新的国家竞争优势,如何处理中国需求与世界发展的关系,化解国际社会对中国经济、贸易发展的担心,如何在资本主义主导的国际关系中,捍卫国家主权和利益,实现中华民族的和平崛起,如何为我国现代化建设创造有利的国际环境等,都需要科学的贸易理论作指导。因此,研究和发展马克思主义国际贸易理论,对于推动我国经济贸易结构调整和增长方式转型、应对金融危机和维护民族利益都具有很强的实践意义。

本书内容由"马克思国际贸易理论"、"马克思国际贸易规律论"与"马克思国际贸易政策论"组成。在构建马克思国际贸易理论的基础上,"国际贸易规律论"和"国际贸易政策论"总结和概括了国际贸易的一般规律并运用有关理论和规律分析我国国际贸易政策的利弊得失,总结我国国际贸易的发展趋势和规律,为我国对外开放的基本国策及对外贸易的战略和政策提供理论支持和政策咨询。坚持和扩大对外开放是发展中国家获取比较利益和后发优势的必然选择。互惠规律要求我们积极参与国际分工,这样才能分享国际分工和国际协作带来的利益,才能促进本国福利水平和生产力水平的提高;利润率平均化要求我们积极利用富裕而廉价的生产要素参与国际分工,积极利用世界资本投资和产业转移趋势,"引进来"和"走出去"相结合,充分利用两种资源和两个市场,化解我国人均资源相对不足和国内市场还不够发达的约束,保持国民经济可持续较快发展;不平等交换规律要求我们正视国际贸易的利益差别,要提高本国贸易利益的水平,就必须推进技术创新,打破发达国家的技术垄断和市场垄断,要善于利用国内富裕的生产要素资源,提高专业化分工协作水平,提高在国际分工中的竞争能力,维护民族正当利益。不平衡发展规律和技术进步规律,要求我们善于利用现有比较优势、创造后发优势,善于发挥国家的独特作用,抓住科技革命的机遇,推动技术创新,实现赶超发展。

马克思主义国际贸易理论是马克思主义经济学的重要内容,是马克思主义理论建设工程的有机组成部分。本书作为马克思主义国际贸易理论研究的重要成果,对于丰富和发展马克思主义经济学、马克思主义国际贸易学,对于推进马克思主义理论建设工程具有不可或缺的补益作用。

杨玉华

2013 年 11 月

目　录

导　论

一、国内外研究现状述评

国外马克思主义者和发展经济学家对马克思国际贸易思想的研究主要是沿着马克思揭示的国际贸易的不平等关系而展开的。阿明(1968)运用"不平等的专业化"理论,解读了国际贸易的不平等性质;伊曼纽尔(1962、1968)把马克思的生产价格理论运用于国际生产价格的分析,认为由于不公平的国际生产价格,导致富国剥削穷国;普雷维什(1949)和辛格(1950)提出了"贸易条件恶化"理论,世界银行(1987)运用国际贸易的事实数据证明了该理论。国内国际贸易理论界对马克思的贸易思想也有一定探讨。孙玉宗、王寿椿(1992)对马克思的国际分工理论、国际价值理论和国际生产价格理论进行了梳理和概括;许兴亚(2002)、杨圣明(2002)对马克思的国际贸易理论及其发展脉络进行了较系统的梳理和概括;李翀(2006)在借鉴西方贸易理论的基础上,重构了马克思主义的国际贸易理论体系,但该体系并没有摆脱现代国际贸易的一般理论框架。构建马克思主义国际贸易理论的任务尚未完成。

总的来看,国外学者的研究,虽然对马克思的国际不平等贸易理论进行了发展和创新,但并没有形成系统的马克思国际贸易理论。国内学者的研究,虽然力图全面地展现马克思的国际贸易思想和马克思国际贸易思想的继承和发展的过程,但大多停留在对文献的梳理和归纳方面,缺乏对理论本身的发展和创新。就目前所能收集到的材料来看,国内研究存在着三大不足:一是没有统一的劳动价值论基础。马克思的国际贸易思想研究没有纳入马克思经济学体系,缺乏统一理论基础——劳动价值论。二是马克思主义国际贸易理论的研究出现"西方化"和"文献化"两种截然相反的趋势。国外研究以西方国际贸易理论取代马克思,事实上取消或者否定马克思主义国际贸易理论;国内研究则局限于经典著作思想本身的研究,没有科学地借鉴现代国际贸易的合理成分,缺少对马克思国际贸易理论的创新和发展,缺乏时代感和实践性。三是满足于对马克思国际贸易思想的政策性解读,而缺乏对理论本身的方法和基本理论的发展和创新。

二、研究的目的与意义

1.研究的目的

本书旨在科学劳动价值论(国际价值)的基础上,运用马克思主义经济学的基本原理和范畴,根据马克思国际贸易思想的基本内容的逻辑的、历史的进程,构建较为系统的马克思主义国际贸易理论体系;该国际贸易理论体系既充分借鉴现代国际贸易理论的科学成果和现代经济学的分析方法,又能够概括国际贸易的发展现状和趋势,形成具有鲜明时代特色和实践特色的理论体系;该理论体系立足于发展中国家,尤其是我国对外贸易的实践,以发展中国家的民族利益为出发点和立足点,以服务于我国对外开放和对外贸易政策为目标,力求概括和反映发展中国家在现代国际金融和国际市场秩序中遇到的国际贸易理论问题和实践问题,并在马克思国际贸易理论的基础上,进行全新的理论解释和政策探讨,在更本质的层次上,揭示国际贸易关系的实质和特点,为发展中国家在国际贸易中维护民族利益和长远发展提供理论支持;本书立足于我国对外贸易的实践经验和现代国际贸易的发展特点,提炼并总结反映国际贸易发展趋势和内在要求的基本规律,为发展中国家捍卫国际贸易利益和谋求长远发展提供新的分析和评价的视角。

2.研究的理论意义

国内国际贸易理论的教学或者研究基本是"拿来主义",采用的是 20 世纪 30 年代形成和发展起来的现代国际贸易理论体系,该理论虽经半个世纪的发展,但基本原理和理论框架并没有根本的变化。该理论体系以比较优势理论为基础,以发达国家的国际贸易经验和利益诉求为立足点和出发点,以倡导自由贸易政策为目标,旨在维护现有的国际经济贸易和金融秩序。该理论体系最大的问题:一是既不能代表发展中国家的立场和利益诉求,也不能反映发展中国家的经验和问题,严重地脱离了我国对外经济贸易关系的实际。二是不能反映信息技术革命带来的国际贸易的最新发展和变化。例如,国际分工从产品分工发展到产品内分工,国际协作从产业协作发展到产业内和产品内协作,企业竞争从产品竞争发展到生产环节竞争,生产的社会化性质发生了重大变化——科层制基础上的生产内部的分工和协作逐步被市场化基础上的国际分工和协作所替代等。三是没有科学的价值论基础,对国际经济贸易关系的分析和概括没有触及国际经济贸易关系的实质和核心问题:现代国际经济贸易关系形式上的自由平等掩盖了交换内容的不平等的事实,以比较优势为基础的国际经济贸易关系掩盖了发达资本主义国家主导下不平等、不公正的国际经济贸易和金融秩序的实质。

构建马克思主义国际贸易理论是马克思当年未完成的夙愿,是国际贸易理论自身发展的内在要求,也是我国国际贸易发展实践的迫切需要。本书立足于发展中国家的立场和利益,以科学劳动价值理论为基础,按照逻辑和历史相统一的原则,根据马克思国际贸易思想的内在逻辑和国际贸易的历史进程,运用马克思经济学的有关原理和范畴,吸收借鉴现代发展经济学和国际贸易理论的科学成就,全面概括和提炼现代国际贸易的发展态势和发展中国家对外贸易的实践经验,重建马克思国际贸易理论体系,总结和归纳反映发展中国家国际贸易的实践经验和国际贸易发展趋势的一般规律。所以,本书的研究成果可以弥补现有国际贸易理论教学和研究的缺失,充实和丰富马克思主义经济学的理论内容,有利于改变现有国际贸易教学和研究的现状;本书研究内容作为马克思主义经济学研究的重要内容,作为马克思主义理论建设工程的有机组成部分,对于丰富和发展马克思主义经济学、马克思主义国际贸易学,对于推进马克思主义理论建设工程都具有无可替代的重要作用。

3. 研究的实际应用价值

目前,我国经济贸易结构调整、经济贸易增长方式转型都处于关键的历史时期。一是金融危机的冲击和影响,一方面凸显了原有经济贸易结构和经济贸易增长方式的弊端和问题,另一方面也客观上推动了我国经济贸易结构调整和经济贸易增长方式的转型。所以,要充分估计金融危机的冲击和影响,制定应对危机的政策和措施就需要马克思主义国际贸易理论作指导。二是在全面融入全球化的过程中,要全面地分析和评判全球化对我国经济贸易关系的冲击和影响,就需要更深刻地认识经济全球化的本质和规律,马克思主义国际贸易理论能够帮助我们正确认识发达资本主义国家主导下不平等国际经济贸易关系的实质和国际经济贸易关系不平衡发展的基本规律。三是如何充分利用国内、国际两种资源和市场,如何发挥我国人力资源优势和后发优势,如何推动经济贸易结构调整和增长方式转型,如何推动比较优势升级并形成新的国家竞争优势,如何处理中国需求与世界发展的关系,化解国际社会对中国经济、贸易发展的担心,如何在发达资本主义国家主导下的国际关系中,捍卫国家主权和利益,实现中华民族的和平崛起,如何为我国现代化建设创设有利的国际环境等,都需要科学的贸易理论的指导。因此,研究和发展马克思主义国际贸易理论,对于推动我国经济贸易结构调整和增长方式转型、应对金融危机和维护民族利益都具有很强的实践意义。

当前,国内国际贸易理论的教学或者研究应用的基本理论不能很好地反映信息技术、网络时代所形成的全球化的发展和变化,无法揭示当代由少数发达国家主导的国际经济贸易关系的本质和核心,无法阐述像中国这样的发展中大国实现崛起所需要的国际经济贸易环境,也无法反映新兴发展中大国的利益诉求和政治理想。

本书最大的特点就是理论联系实际,总结和概括国际贸易一般规律并运用相关理论和规律分析我国国际贸易政策的利弊得失,分析我国国际贸易的发展趋势和规律,为我国对外开放的基本国策以及对外贸易的战略和政策提供理论支持和政策咨询。坚持和扩大对外开放是发展中国家获取比较利益和后发优势的必然选择。互惠原则要求我们积极参与国际分工,才能分享国际分工和国际协作带来的利益,才能促进世界和本国的福利水平和生产力水平的提高;利润率平均化,要求我们积极利用富裕而廉价的生产要素参与国际分工,积极利用世界资本投资和产业转移趋势,“引进来”和“走出去”相结合,充分利用两种资源和两个市场,缓解我国人均资源相对不足和国内市场发展不够完善与人民日益增长的物质、文化需求之间的矛盾,保持国民经济可持续、较快的发展;不平等交换关系的存在,要求我们正视国际贸易的利益差别,要提高本国贸易的利益水平,就必须推进技术创新,打破发达国家的技术垄断和市场垄断,要善于利用国内富裕的生产要素资源,提高专业化分工协作水平,提高在国际分工中的竞争能力,维护民族正当利益。不平衡发展规律和技术进步规律,要求我们善于利用现有比较优势、创造后天优势,善于发挥国家独特作用,抓住科技革命的机遇,推动技术创新,实现赶超发展。

三、研究的主要内容

本书内容分为马克思的国际贸易理论体系和政策分析两部分。前者按照国际贸易的历史和内在逻辑展开,依次由国际贸易条件理论、国际价值理论、国际贸易运行机制理论、国际贸易动力理论、国际贸易利益分配理论、国际金融理论构成,后者由国际贸易规律和国际贸易政策理论两部分构成。根据国际贸易基本理论和国际贸易实践总结和提炼出国际贸易的基本规律:国际分工深化规律、互惠贸易规律、利润率平均化规律、不平等交换规律、不均衡发展规律以及技术进步规律等,而政策分析则是这些理论与规律的运用。

1.马克思的国际贸易理论

马克思的国际贸易理论内容很多,本研究主要包括国际贸易条件理论、国际价值理论、国际贸易运行机制理论、国际贸易动力理论、国际贸易利益分配理论、国际金融理论六部分。国际分工协作的深化,密切了世界经济的联系,推动了企业内部分工的市场化、国际化、利润率平均化趋势,推动世界产业转移和技术进步,参与国际分工和协作是发展中国家获取分工利益、发展后发优势的主要渠道。要提高本国贸易利益的水平,就必须推进技术创新,打破发达国家的技术垄断和市场垄断;要善于利用国内富裕的生产要素资源,提高专业化分工协作水平,提高在国际分工中的竞争能力,维护民族正当利益;善于发挥国家的独特作用,抓住科技革命的机遇,实现赶超发展。

(1)国际贸易条件理论:剩余产品的出现为不同生产者相互交换产品提供了可能,社会分工和产品分属于不同的所有者成为交换产生的社会条件。劳动生产率提高和社会分工的发展是推动国际贸易发展的重要条件。当产品交换超出国界、成为世界性的贸易,国际贸易就产生了。在产业革命基础上形成和发展起来的现代工业和现代服务业,成为推动国际贸易和国际市场发展的重要条件。随着社会分工向产业内分工和产品内分工发展,国际贸易也从产品贸易向产品内贸易发展。世界市场的形成既是国际贸易发展的结果,也是进一步推动国际贸易发展的条件。

(2)国际价值理论:在国际贸易中,国民劳动转化为世界劳动,国民具体劳动还原为世界抽象劳动,国民价值转换为国际价值。国际价值是在国内社会必要劳动时间的基础上由世界必要劳动时间决定的,国内市场是国际贸易形成和发展的前提和条件。所以,商品的国民价值也是其国际价值形成的基础和条件。

(3)国际贸易运行机制理论:在价值规律基础上,以供求、价格和竞争规律相互作用所形成的市场机制,仍是国际贸易遵循的基本规律。由于国际贸易受到空间位置、生产要素流动诸多限制以及民族利益界限的影响,国际市场的竞争是不充分的,所以,价值规律作用的范围和程度有所降低。由于国际价值规律的作用不充分,所以,国际价值的形成不是由生产某一种使用价值的全部生产商的平均劳动时间决定的,而是由参与国际贸易的生产企业个别劳动时间所形成的世界必要劳动时间决定的。

(4)国际贸易动力理论:追逐剩余价值是国内生产厂商的内在动力,市场竞争则是其外在压力。追求超额利润(特别是垄断利润)是国内厂商参与国际贸易的基本动力。一般而言,国内厂商参与国际贸易的最低限度是获取正常的国民利润,只有超过国民利润,国际贸易才有足够的吸引力。国际贸易通过国内市场形成一般的国民利润,再通过国际市场的转型形成超额利润。所以,国际贸易利润的实质是超额利润。

（5）国际贸易利益分配理论:按照生产要素的所有权分配是一般市场经济利润分配的规律。国际贸易利益的分配也是如此。在国际市场上,企业仍是参与国际贸易利益分配的主体,国家可以通过税收等经济杠杆调节国际贸易利益在企业间的再分配。国家作为民族利益的长远利益、整体利益的代表,还可以通过国家所有权参与国际贸易利益的分配,其途径就是通过国家垄断资本参与国际贸易,从而参与国际贸易利润的形成和分配。

（6）国际金融理论。国际金融作为国际贸易的工具和条件,在国际贸易中发挥着重要作用。国际货币的本质是一般等价物,国际货币的职能是国内货币职能在世界市场的延伸。在美元货币独占世界货币的今天,美元不仅是世界货币的符号,而且也具有信用货币特点。国际货币流通规律不仅遵循一般金属货币的流通规律,而且遵循纸币流通和信用货币规律双重制约。美国凭借强大的综合国力和金融实力独占了世界货币发行权,不仅能够利用世界货币发行获得世界货币铸币费,而且可以通过掌控世界货币的发行,谋取国家利益的最大化。世界货币承担着国际价值尺度、国际贸易媒介、支付手段和贮藏手段的职能。在美元取代黄金成为世界货币价值符号的今天,美元也成为美国政府谋取美国霸权和一己私利的主要手段。汇率作为贸易双方国家单位货币劳动价值量的比率,其变动主要是双方劳动生产率的变化引起的。汇率作为调整国际贸易的重要手段,成为调整国家之间利益关系的重要工具。

2. 马克思的国际贸易规律理论

国际贸易规律理论是马克思关于国际贸易发展趋势和一般共性的概括和提炼,本书主要包括互惠贸易规律、利润率平均化规律、技术进步规律、不均衡发展规律以及不平等交换规律。

（1）互惠贸易规律:国际贸易各参与国家不仅通过国际分工发展了专业化生产,提高了劳动生产率,而且通过国际协作,在全球范围内优化了资源配置效率,提高了生产要素利用效率,提高了整个世界的财富总量。虽然各参与贸易方获得利益多寡不同,但都获得了高于孤立生产获得的福利水平和利润水平。国际分工所形成的生产使用价值的差异,是国际贸易提高各国福利水平的来源,而专业化生产和国际协作水平的提升,则是世界生产率提高的源泉,国际价值与国民价值的转型则是形成国际贸易超额利益的直接来源。

（2）利润率平均化规律:利润率平均化是国际资本和国际贸易追求利润最大化的必然结果。利用生产要素的比较优势,参与国际贸易各国会尽量利用本国最富裕、最廉价的生产要素进行生产,从而减少其相对富裕度,提高其相对价格;进口本国相对稀缺却价格相对昂贵的生产要素,从而降低其相对稀缺性,降低其价格。另外,国际资本或跨国公司会投资或者把生产转移或到生产价格相对低廉的国家和地区进行生产,从而降低其生产成本。从长远趋势看,二者都会使利润率趋于平均化。

(3)技术进步规律:技术进步是国际竞争的结果也是企业追求超额利润的产物。随着技术的扩散,各国的劳动生产率之间的差异趋于缩小,技术进步带来的贸易利益会随之消散,而由于各国生产成本之间的差异,就会出现该商品的生产会逐步向低成本国家转移,甚至出现整个产业转移。创新国家的技术创新与后进国家的模仿生产,最后导致产业转移,周而复始形成了产品的生命周期。

(4)不均衡发展规律:由于国际贸易、国际投资的技术扩散作用,后发展国家可以利用"干中学"迅速缩小与发达国家的差距;由于国家在获取后发展优势中的独特作用,善于利用国家在国际贸易和国际投资中的作用,不仅可以利用企业集群、产业协作形成规模效应,而且可以利用技术革命浪潮带来的机遇,在某些领域和产业取得突破,从而获得产业或者领域垄断地位。善于学习、吸收借鉴、善于发挥国家独特作用和善于利用科技革命带来的机遇,就会形成某些国家在发展过程中的赶超发展,从而打破原有的发展格局,形成不均衡发展的一般态势。

(5)不平等交换规律:不平等交换规律揭示的是平等贸易形式下掩盖的不平等贸易的内容和实质。先天或者后天的生产要素的垄断性占有都会形成某一产品的生产或者销售的垄断,从而使某些企业或者企业集团(包括国家)长期获得超额利润。随着产品贸易发展到产品内贸易,不平等贸易也从不同产品生产和销售发展为同一产品不同的生产环节之间分享产业价值的巨大差异上。

3. 马克思的国际贸易政策理论

马克思十分重视国家在推动生产力发展和对外贸易中的地位和作用。国家不仅肩负起对内维护现代生产方式正常运行、协调社会化生产的经济职能,还要肩负起对外推动和保护本国现代生产方式的发展,捍卫国家、民族的经济利益的作用。随着生产日益集中,"中央政府的权力是和资本的集中一起增长的"。国家在对外贸易中地位和作用不断得以强化。马克思深刻地揭示了自由贸易政策的本质:自由贸易本质是维护本国资产阶级利益、巩固资本主义生产方式统治的客观需要,认识到自由贸易推动生产力发展和社会变革的历史进步作用,赞同自由贸易政策。马克思深知发达国家与落后国家之间的贸易不可能实现真正的公平,落后国家只有通过实施保护关税,才能快速发展本国工业,才能为公平的国际贸易创造条件。因此,马克思并不反对贸易保护。

坚持和扩大对外开放是发展中国家获取比较利益和后发优势的必然选择。我国对外贸易的实践,验证了马克思国际贸易理论的科学性。总体来说,自由贸易促进了我国经济的增长和结构的优化,推动了我国要素资源比较优势的发挥与变迁,提高了参与国际分工的深度和广度,推动了科技进步与创新,提高了生产率水平,促进了中国经济、中国企业和中国制造业的崛起。我国的实践充分证明了自由贸易促进生产力的进步属性,但这种进步也是有代价的。我国对外贸易面临的主要问题是:国际贸易保护抬头,出口导向面临新挑战;国内工业制造成本大幅攀升,价格竞争难以为继;国内市场分工协作水平不高,无序竞争严重;企业科技投入过低,创新支撑不足;对外贸易粗放增长严重,质量效益低下;比较优势困境凸显,可持续发展问题突出。我国对外贸易可持续发展的对策:调整贸易发展战略,促进贸易增长方式的转变;大力发展现代服务业,改善我国的产业和贸易结构;提升国内需求水平,打造经济发展的稳定极;转变资源开发和利用的方式,提高资源的利用效率;培植企业的核心竞争力,提升企业的自主发展能力;开发人力资源,提升人力资源的总量和水平;推动科技进步和创新,推动经济贸易的可持续发展;推动社会分工协作的深化和发展,提高企业协作水平。

四、研究的基本思路与结构框架

本书的研究立足于发展中国家的立场和利益,以科学劳动价值理论为基础,按照逻辑和历史相统一的原则,运用马克思经济学的有关原理和范畴,吸收借鉴现代发展经济学和国际贸易理论的科学成就,全面概括和提炼现代国际贸易的发展态势和发展中国家对外贸易的实践经验,重建马克思主义国际贸易理论体系,总结和归纳反映发展中国家国际贸易的实践经验和国际贸易发展趋势的一般规律,为发展中国家捍卫国际贸易利益和谋求长远发展提供新的理论依据;运用国际贸易的基本原理和一般规律分析我国对外贸易战略、政策的利弊得失,总结我国对外贸易的发展趋势和规律,为我国对外开放和对外贸易的战略和政策调整提供理论支持和政策咨询。

本书的结构框架如图 0-1 所示,马克思国际贸易理论的现代构建分为三大部分:马克思国际贸易理论、马克思国际贸易规律理论和马克思国际贸易政策理论,最后是运用我国对外贸易实践对马克思的有关贸易理论进行检验,并针对我国对外贸易存在的问题提出推动我国对外贸易可持续发展的政策建议。

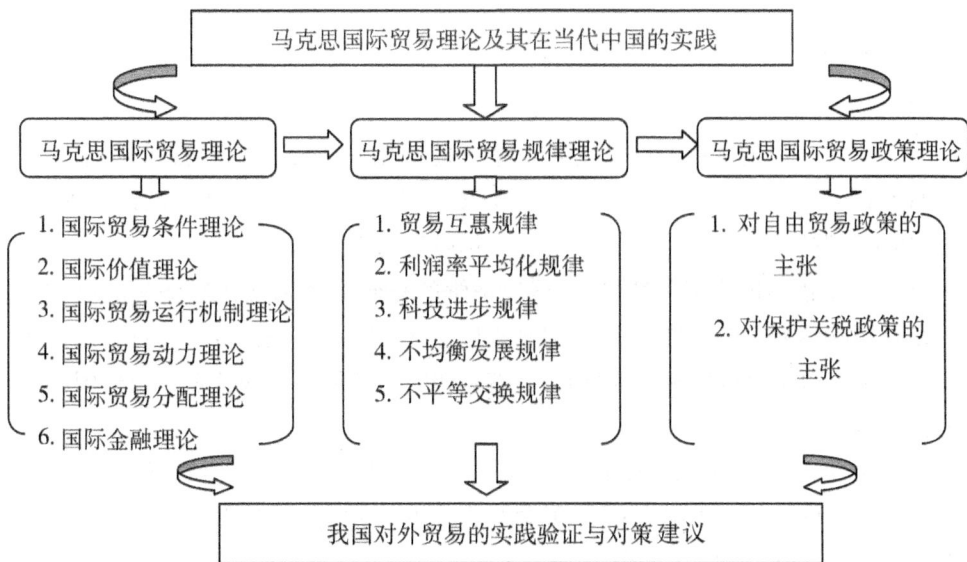

图 0 - 1　本书的结构框架

五、研究的基本方法

第一,文献研究,通过研读马克思主义经典著作,整理和归纳马克思主义国际贸易理论。

第二,唯物辩证法,立足生产领域,在国际经济贸易关系的普遍联系和发展趋势中研究国际贸易理论与实践问题。

第三,运用科学抽象法,通过对现代国际贸易的新现象、新趋势、新经验进行概括和提炼,形成新的概念和范畴,并运用新的概念和范畴分析国际贸易现象和问题。

第四,历史与逻辑相统一的方法,思维的逻辑进程与国际贸易的历史发展进程统一起来。

第五,规范分析与实证分析相结合。立足发展中国家的利益,运用马克思主义观点、立场分析国际贸易的实质和内容,借鉴现代计量经济学方法分析国际贸易的事实与数据,既尊重客观事实又立场鲜明。

六、研究的重点与难点

1. 研究的重点

（1）对马克思的国际贸易思想进行系统的挖掘和整理，以马克思的科学劳动价值论（国际价值论）为基础，以马克思主义经济学主要范畴和基本理论为支撑，按照历史与逻辑统一原则重建马克思主义国际贸易理论体系。

（2）广泛借鉴现代国际贸易、发展经济学的科研成果和现代经济学的研究方法，结合国际贸易发展态势和特点，对马克思主义国际贸易理论体系进行新的论证和诠释，形成以国际价值理论为核心、具有鲜明时代特征和实践特点的现代国际贸易理论体系。

（3）立足发展中国家的国际贸易实践，尤其是中国对外开放和对外贸易的实际问题，形成反映发展中国家利益、总结国际贸易规律、探讨解决发展中国家对外贸易政策的国际贸易理论体系。

2. 研究的难点

（1）马克思国际贸易理论方面：国际分工理论，分析国际分工现代发展的影响以及分工基础上的国际协作问题；马克思国际价值理论，解决国民价值与国际价值的转型问题；国际贸易动力理论，解决国际贸易超额利润性质及来源问题；国际贸易利益分配理论，解决价值创造与价值分配的转换、与所有权的关系问题，以及科学处理劳动价值理论与现代价值链理论的关系；国际金融理论，运用马克思国际货币理论揭示美元货币性质与规律，马克思产业资本转移理论并运用这些理论揭示人民币汇率问题和国际资本的转移和运动等。

（2）国际贸易规律方面：立足发展中国家，尤其是我国对外贸易的实际，概括和提炼国际贸易的一般规律，既能反映国际贸易的一般经验和趋势，又能代表发展中国家的利益诉求、反映其在对外贸易中面临的发展问题和挑战。例如，互惠规律，解决互惠利益来源及其与价值规律的悖论难题；利润平均化规律，解决该规律作用的特点及趋势与国际产业、资本转移之间的内在联系等。

七、研究的基本观点

国际分工是对外贸易的前提和条件，国际贸易不断推动国际分工的深化和发展，世界市场成为连接国际经济贸易关系和国际分工协作的中介和纽带，价值规律在世界范围发挥作用，推动国民价值转换为国际价值，推动了社会分工、企业内部分工的市场化、国际化，形成了利润率平均化趋势。分工的市场化、国际化构成了现代企业超额利润的主要来源,不仅使企业普遍获得了相对剩余价值,而且推动了生产、销售的集中和垄断,使少数企业或企业集团获得了垄断利润,进而推动国际贸易、分工和市场的发展;按生产要素所有权分配是价值规律发挥作用的基本方式,市场化的国际分工不仅形成企业利益的巨大差异、企业内部分工等级的市场化,而且造成国家利益实现程度的不同。世界货币不仅是国际贸易的媒介和价值尺度,而且成为调节世界贸易平衡、世界财富再分配的主要手段。坚持和扩大对外开放是发展中国家获取比较利益和后发优势的必然选择。我们善于利用现有比较优势、创造后天优势,善于发挥国家独特作用,抓住科技革命的机遇,实现赶超发展。

八、研究的主要创新

第一,以马克思的科学劳动价值理论(国际价值理论)为基础,以马克思主义经济学主要范畴和基本理论为支撑,按照理论本身的内在逻辑重建马克思主义国际贸易理论体系。

第二,广泛借鉴现代国际贸易、发展经济学的科学成果和现代经济学的研究方法,结合国际贸易发展的态势和特点,对马克思主义国际贸易理论体系进行新的论证和诠释,形成以国际价值理论为核心、具有鲜明时代特征和实践特点的现代国际贸易理论体系。

第三,立足发展中国家的国际贸易实践,尤其是中国对外开放和对外贸易的实际问题,提出推动我国对外贸易可持续发展的政策建议。

第一章　国际贸易条件理论

　　分工,尤其是社会分工不断推动着经济和社会的进步和发展,而以社会分工和产品分属于不同所有者为基础的商品交换,随着社会分工的不断深化,商品交换的范围和种类得以不断拓展,分工不仅包括亚当·斯密(Adam Smith)在《国民财富的性质和原因的研究》中分析的工厂内部的分工,也包括社会分工,当社会分工延伸到国外,就成为世界范围内的国际分工。分工不仅是生产力发展的结果,而且是推动生产力进一步发展的社会技术力量,正是社会分工的不断深化和拓展,在私有制条件下构成了人们进行商品交换的重要原因,而分工范围扩大和分工的不断深化推动了商品交易的不断发展,马克思把商品交换的发达形式称为"贸易"。① 社会分工理论不仅构成了马克思的一般商品交换或者贸易的理论基础,也是马克思世界贸易理论的基础。

第一节　分工的分类及其特征

一、自然分工是一切分工的基础和前提

　　自然分工是最原始的分工,也称为生理分工,就是基于人的性别、年龄等自然禀赋条件的差别和特点而形成的劳动分工,"也就是在纯生理的基础上产生了一种自然的分工",②"分工起初只是性交方面的分工,后来是由于天赋(例如体力)、需

---

① 《马克思恩格斯全集》第23卷,人民出版社,1972年版,第182页。
② 马克思:《资本论》第1卷,人民出版社,2004年版,第407页。

要、偶然性等等而自发地或'自然地产生的'分工"。① 它构成了以家庭为单位进行生产的自然经济和简单商品经济的分工条件。马克思认为自然分工是人类社会分工的起点,也是其他劳动分工的前提和基础。在自然分工或者在社会共同体或家庭内部分工的基础上,才形成了社会分工和企业内部分工。

二、社会分工的基本形式:市场分工与计划分工

一般意义而言,社会分工就是劳动在社会不同生产部门之间的分离和独立化或者劳动者不同职业的分化和专业化。在现代市场经济条件下,根据形成社会分工的媒介和内部组织规则的不同,社会分工又可以划分为市场分工和计划分工。

1. 市场分工

市场分工也就是狭义上的社会分工。马克思把生产劳动在三大产业之间的划分和独立化称为"一般的分工",也就是现代意义上的产业间分工;而把三大产业内部更细的社会分工称为"特殊的分工",也就是现代意义上的产业内分工。在现代生产方式条件下,社会分工首先表现为以市场交换或者商品流通为媒介的个别劳动的独立化,同时又表现为通过商品交换而连结为社会总体劳动的现代社会化劳动,是个别劳动的社会关系总和。承担社会分工的主体是现代社会生产的组织——企业。社会分工显然具有以下几个方面特点:

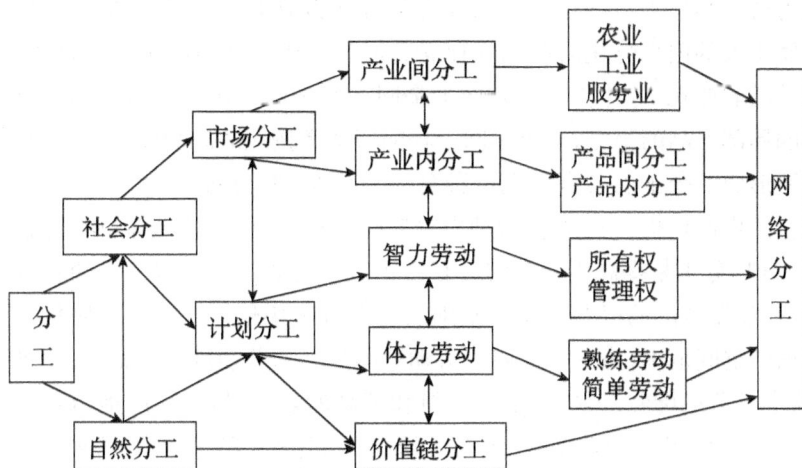

图 1-1　马克思的分工示意

① 《马克思恩格斯全集》第3卷,人民出版社,1960年版,第35页。

（1）社会分工"以生产资料分散在许多互不依赖的商品生产者中间为前提"。

（2）企业与其他市场主体的社会联系是通过"不同劳动部门的产品的买卖为媒介"。

（3）市场机制作为外在的力量强制地调节社会分工的内部经济关系和结构比例的平衡。在商品生产者及其生产资料在社会不同劳动部门中的分配上，"偶然性和任意性发挥着自己的杂乱无章的作用"并在"不同的生产领域经常力求保持平衡"，一方面因为"每一个商品生产者都必须生产一种使用价值，即满足一种特殊的社会需要，而这种需要的范围在量上是不同的，一种内在联系把各种不同的需要量连结成一个自然的体系"；另一方面因为"商品的价值规律决定社会在它所支配的全部劳动时间中能够用多少时间去生产每一种特殊商品"。显然市场规律在社会内部的分工中的作用"只是在事后作为一种内在的、无声的自然必然性起着作用，这种自然必然性可以在市场价格的晴雨表的变动中觉察出来，并克服着商品生产者的无规则的任意行动"。

（4）"社会分工则使独立的商品生产者互相对立，他们不承认任何别的权威，只承认竞争的权威，只承认他们互相利益的压力加在他们身上的强制，正如在动物界中一切反对一切的战争多少是一切物种的生存条件一样。"①

2. 计划分工

马克思也称作为工厂内部分工。计划分工是以社会分工即生产资料和劳动力或者脑力劳动与体力劳动已经形成分化与对立为前提，是以简单的生产协作为基础的总体工人的内部分化而形成的独立完成某一生产环节的独立化现象，也就是局部劳动的职业化、专业化。计划分工是同一经济体的产品或由不同工种的劳动者制造的局部产品的组合，或由不同工种的劳动者按照时间顺序操作，最后完成产品生产所形成的分工。马克思把这种分工看作是"特殊种类的协作"，是"一个以人为器官的生产机构"。② 它把劳动力"转化为终身从事这种局部职能的器官"。③

（1）计划分工是提高生产力的最有力手段。计划分工是以简单协作为基础和前提、进一步发展成的以专业化为基础的复杂分工协作形式。分工协作一方面扩大了劳动的空间范围，另一方面由于劳动者的集结和劳动过程的结合、生产资料的集聚，缩小了劳动场所，提高了生产资料和劳动的效率，最大限度地节约了生产费用，扩大了劳动产出。马克思认为，分工协作"创造了一种生产力，这种生产力本身

---

① 《马克思恩格斯全集》第 23 卷，人民出版社，1972 年版，第 394～395 页。
② 马克思：《资本论》第 1 卷，人民出版社，2004 年版，第 392 页。
③ 马克思：《资本论》第 1 卷，人民出版社，2004 年版，第 393 页。

必然是集体力"。① 可以从九个方面提高劳动生产率，"协作是一般形式，这种形式是一切以提高社会劳动生产率为目的的社会组合的基础，并在其中任何一种协作中得到进一步的专业划分"。② 而计划分工作为"一种特殊的、有专业划分的、进一步发展的协作形式，是提高劳动生产力，在较短的劳动时间内完成同样的工作，从而缩短再生产劳动能力所必需的劳动时间和延长剩余劳动时间的有力手段"。③ 以机器大工业为物质基础的现代生产方式中，机器体系形成的生产过程连续性，为在不断革新的生产资料推动下，不仅简单协作劳动获得日益充分的发展，而且作为"提高劳动生产力的一切手段"的"它的进一步发展的形式"也得以不断进步。④

（2）计划分工是标志着资本主义生产方式特征的"资本主义分工"。⑤ 计划分工之所以是最具资本主义生产方式特征的劳动组织方式：其一，计划分工是以劳动条件与劳动者分离为前提条件的。劳动者分化为复杂的脑力劳动者与一般劳动者，生产资料集中掌握在少数生产经营者手中，而一般劳动者成为依靠出卖劳动而生活的工人，随着这种生产关系再生产，社会就分化为资产阶级与工人阶级之间的对立和冲突，过去"在独立劳动中小规模地得到应用的智力和独立的发展，现在在整个工厂中得到了大规模的应用，并且为厂主所垄断，由此产生的结果是工人的智力和独立发展被剥夺"。⑥ 其二，分工协作过程从属于资本增值需要。计划分工"一方面，它表现为社会经济形成过程中的历史进步和必要的发展因素，另一方面，它又是文明的、精巧的剥削手段"。⑦ "劳动在形式上从属于资本，就是单个的工人现在不是作为独立的商品所有者，而是作为隶属于资本家的劳动能力进行劳动，因而是在资本家的指挥和监督下进行劳动，他不再为自己而是为资本家劳动；而劳动资料也不再是实现他劳动的手段，相反，他的劳动表现为增殖的手段，即对劳动资料来说表现为劳动的吸收。"⑧其三，在现代生产方式条件下，计划分工表现为智力转化为资本对劳动的支配与雇佣关系。劳动者把自己的劳动力使用权出卖给资本家，资本家（包括管理者）凭借对资本的所有权获得劳动力的使用权、劳动过程的监督权和对劳动者创造剩余价值的占有权。

---

① 《马克思恩格斯全集》第23卷，人民出版社，1972年版，第362页。
② 《马克思恩格斯全集》第47卷，人民出版社，1979年版，第291页。
③ 《马克思恩格斯全集》第47卷，人民出版社，1979年版，第301页。
④ 《马克思恩格斯全集》第47卷，人民出版社，1979年版，第296页。
⑤ 《马克思恩格斯全集》第47卷，人民出版社，1979年版，第305~306页。
⑥ 《马克思恩格斯全集》第47卷，人民出版社，1979年版，第313页。
⑦ 《马克思恩格斯全集》第23卷，人民出版社，1972年版，第403页。
⑧ 《马克思恩格斯全集》第47卷，人民出版社，1979年版，第298~299页。

(3)现代计划分工以机器大生产为基础,形成了以机器过程为中心的分工协作体系。在资本逐利的推动下,现代机器体系不断改进,效率不断提高,机器体系日益复杂和庞大。机器体系本身的性质和复杂程度就成为决定计划分工水平和复杂程度的物质技术条件,而且机器体系的不断发展与完善也成为推动计划分工关系发展的主导推动力量。"在机器体系中,大工业具有完全客观的生产机体,这个机体作为现成的物质生产条件出现在工人面前。"而机器体系"只有通过直接社会化的或共同的劳动才发生作用"。因此,"劳动过程的协作性质,现在成了由劳动资料本身的性质所决定的技术上的必要了"。①

第一,机器体系的性质与发展规模,成为决定资本有机构成的物质技术基础。随着机器体系日益复杂,效率日益提高,其替代的劳动就越来越多,资本有机构成逐步提高,表现为构成主要生产资料的机器设备体系越来越复杂、规模越来越庞大,机器设备价值越来越大,而其雇佣劳动的人数相对缩小,甚至绝对减少。

第二,机器体系不仅是形成计划分工的物质技术条件,而且机器体系本身发展和变化决定着计划分工的结构与规模的变化。"在工厂内部的分工中,工人在数量上按照整个生产,即结合劳动的产品所需要的一定比例,严格地合乎规律地在各个个别操作中分配。"②"只要总机器本身是一个由各种各样的、同时动作并结合在一起的机器构成的体系,以它为基础的协作也就要求把各种不同的工人小组分配到各种不同的机器上去。"③

第三,基于机器体系的复杂,计划分工协作关系必然产生严格的工厂制度及其监督、管理劳动的特殊职能。由于机器体系带动的整齐划一的高速生产过程,必然要求与之相适应的劳动者分工协作的高度统一和默契。不仅要求兵营式的工厂制度作为以机器为中心的劳动分工顺利运行的外部条件,而且对生产过程进行有效监管、指挥和管理就成为机器—劳动分工协作的直接要求,尤其是在企业利益与劳动者利益对立关系生产过程,对劳动分工之间进行指挥、监督和协调,就成为计划分工顺利进行的必要条件。"由于许多人在一起共同劳动(对他们来说,他们的联系本身是一种异己的关系,他们的统一存在于他们之外),指挥、监督的必要性本身表现为生产的条件,表现为一种由于工人的协作而成为必要的、并以协作为条件的新的劳动,'监督的劳动',这完全同军队里的情况一样,即使军队只有一个兵种,

① 《马克思恩格斯全集》第 23 卷,人民出版社,1972 年版,第 420 页。
② 《马克思恩格斯全集》第 47 卷,人民出版社,1979 年版,第 350 页。
③ 《马克思恩格斯全集》第 23 卷,人民出版社,1972 年版,第 461 页。

也必须有司令官,必须有人指挥才能作为统一的整体而行动。"①

第四,复杂分工协作关系和复杂机器体系必然要求分工专业化,而不断演进和变革的机器体系又要求劳动分工具有流动性。一方面,专业化的分工相应要求劳动者必须具备日益复杂的专业化知识。大工业把"社会生产过程的五光十色的、似无联系的和已经固定化的形态,分解成为自然科学的自觉按计划的和为取得预期有用效果而系统分类的应用"。"把每一个生产过程本身分解成各个构成要素,从而创立了工艺学这门完全现代的科学。"②另一方面,不断变化的分工体系又要求劳动者具备多样化的专业知识。"现代工业通过机器、化学过程和其他方法,使工人的职能和劳动过程的社会结合不断地随着生产的技术基础发生变革。这样,它也同样不断地使社会内部的分工发生革命,不断地把大量资本和大批工人从一个生产部门投到另一个生产部门。"③

第二节　社会分工存在和发展的一般条件与动力

一、自然条件的差异是形成社会分工的最初条件

由于各地地理环境、气候等自然条件差异,必然形成自然物种的差异性和多样性。自然物种作为人类劳动最初的对象,自然就会形成各地不同的劳动产品。因此,马克思说:"形成社会分工的自然基础""不是土壤的绝对肥力,而是它的差异性和它的自然产品的多样性","并且通过人所处的自然环境的变化,促使他们自己的需要、能力、劳动资料和劳动方式趋于多样化"。④ 正是基于自然条件的差异性和多样性,并由此决定着的人类具体劳动的差异性和多样性,形成了不同地区的劳动产品的差异性和多样性,"在产品普遍采取商品形式的社会里,也就是在商品生产者的社会里,作为独立生产者的私事而各自独立进行的各种有用劳动的这种质的区别,发展成一个多支的体系,发展成社会分工"。⑤ 又由于人类活动范围的

① 《马克思恩格斯全集》第47卷,人民出版社,1979年版,第299页。
② 《马克思恩格斯全集》第23卷,人民出版社,1972年版,第533页。
③ 《马克思恩格斯全集》第23卷,人民出版社,1972年版,第533～534页。
④ 《马克思恩格斯全集》第23卷,人民出版社,1972年版,第561页。
⑤ 《马克思恩格斯全集》第23卷,人民出版社,1972年版,第56页。

扩大和流动,扩大和改变了人类劳动的具体形式,扩大了人类需求的多样性。所以,自然条件的差异性和多样性形成了社会分工的最初条件。

二、农业生产力的发展是推动社会分工和交换发展的社会条件

无论是社会分工还是由社会分工推动的商品交换都是社会生产力尤其是农业生产力发展到一定阶段的产物。一定的物质资料的生产条件是人类赖以生存和发展的基础,尤其是农业生产部门的生产。只有农业生产的全部产品除能够满足自身劳动的生产和再生产需要之外,产生了剩余产品,人们才可以进行其他的生产劳动或者分工,"农业劳动(这里包括单纯采集、狩猎、捕鱼、畜牧等劳动)的这种自然生产率,是一切剩余劳动的基础,因为一切劳动首先而且最初是以占有和生产食物为目的的"。① 农业生产作为人类食物生产的直接部门是"直接生产者的生存和一切生产的首要的条件",农业生产劳动相对于人类全部生产劳动而言就是人类生产的"必要劳动",只有农业劳动生产率提高到一定程度,农业生产的产品超过农业生产部门自身生产和再生产的需要,农业才能为其他生产部门提供"剩余劳动"。"必须有足够的生产率,使可供支配的劳动时间,不致全被直接生产者的食物生产占去;也就是使农业剩余劳动,从而农业剩余产品成为可能。进一步说,社会上的一部分人用在农业上的全部劳动——必要劳动和剩余劳动——必须足以为整个社会,从而也为非农业工人生产必要的食物;也就是使从事农业的人和从事工业的人有实行这种巨大分工的可能;并且也使生产食物的农民和生产原料的农民有实行分工的可能。虽然食物直接生产者的劳动,对他们自己来说也分为必要劳动和剩余劳动,但对社会来说,它所代表的,只是生产食物所需的必要劳动。"②

对于非农产业部门也是如此,只有在该部门的劳动生产率超过一定限度,而这个限度就是该部门的生产必须满足本部门和其他社会部门的全部需要这个"必要劳动"条件,该部门就可以为新的劳动部门的形成和诞生提供必要的剩余劳动。所以,劳动生产率的提高所形成的剩余劳动或者剩余产品的出现就成为推动社会分工发展的必要条件。所以,马克思认为:"劳动生产率的一定发展甚至是绝对剩余价值存在的前提,也就是剩余劳动本身存在的前提,因而是资本主义生产存在的前提,也是以前所有那些生产方式的前提,在那些生产方式下,社会的一部分不仅为自己劳动,而且为社会的其他部分劳动。"③

① 《马克思恩格斯全集》第 25 卷,人民出版社,1974 年版,第 713 页。
② 《马克思恩格斯全集》第 25 卷,人民出版社,1974 年版,第 715~716 页。
③ 《马克思恩格斯全集》第 47 卷,人民出版社,1979 年版,第 287 页。

三、分工形成的"协作剩余"是推动社会分工发展的经济动因

自然分工是以个人的生理差别和生产部门拥有自然条件的差异为基础偶然形成的,而社会分工则是在自然分工的基础上由分工所形成的协作剩余的增进所推动发展起来的。社会分工形成比较利益,形成专业化利益,形成协作剩余,形成企业、产业集中化趋势,进而形成规模效益和垄断利益。

在普遍的商品交换形成之前,由于分工的深度和广度十分有限,所以由于分工而形成的社会协作劳动的范围和空间十分有限,协作形式还十分原始和简单,连接不同分工之间的社会流通渠道不仅昂贵且不畅通。所以,由社会分工所形成的协作剩余十分微薄,社会分工的动力比较微弱。此时社会分工的发展是十分缓慢的:社会分工一方面是由在自然分工的基础上自然延伸而发展起来的分工,比如农业与畜牧业的分工、手工业与一般农业、畜牧业的分工等。以中国为例,秦汉之际,由于铁制农具的出现和广泛使用,农业生产方式出现了革命性进步,原来依靠集体力量才能承担的农业生产劳动逐渐被以家庭为单位的生产劳动所取代,每个家庭内部也形成了以男耕女织为特征的家庭内部分工,数以千计的家庭农业生产和家庭内部分工所形成的简单的社会协作劳动构成了中国长达两千年的自然经济的基础,而简单社会协作的剩余就成为推动中国封建社会发展繁荣的社会经济动力。家庭手工业与家庭农业就成为中国封建社会两种基本的社会分工形式,而这种社会分工严重依赖于个人的生产经验、技巧和土地、气候等自然条件,社会分工所形成的协作剩余仅够满足统治阶级生产和简单再生产的一般需要,统治阶级通过超经济强制手段几乎垄断全部社会协作剩余,社会协作剩余难以形成对生产者的有效激励。所以,自然经济条件下的社会分工发展十分缓慢,社会分工体系也十分简单。

在普遍的商品生产和交换条件下,基于社会分工的交换和流通渠道畅通、规范、成本低廉、高效。通过交换和流通,社会分工形成的协作剩余转化为交换剩余,社会通过产权制度安排保证了交换剩余对交换主体的有效激励,以价值规律为基础的市场机制则保证了社会交换剩余的顺利实现和分配。市场分工和计划分工作为现代社会的两种基本社会分工形式,都是提高社会生产率最有效的手段,能够不断扩大交换双方的协作剩余。

市场化分工主要通过横向协作和市场竞争实现分工协作剩余。从横向协作来看,市场分工通过分工实现专业化生产,生产者可以专注于本地具有优势资源的行业或者产品,更有效地利用本地区生产要素的资源优势,从而最大限度地降低生产

成本和提高生产率;通过专业化生产,可以更加有效地累积专业化生产的知识、技巧,不断推动生产工具的专业化改进和专业化科技的创新,从而不断垒高专业化生产的技术知识壁垒,加深跨越鸿沟,更加有效地阻止其他企业进入,从而提高企业或者行业生产的集中度甚至形成垄断地位;通过专业化分工生产,可以有效地规避过度竞争,最大限度地扩大市场规模,从而充分分享生产的规模效应。市场竞争作为价值规律发挥作用的基本形式,通过市场竞争,优胜劣汰,经济资源日益通过市场向优势企业和部门集中,从而提高生产企业或部门的生产率;通过竞争机制,迫使企业或者部门深化内部分工,增加科技、管理创新投入,不断改进技术和管理,从而推动生产率的提高和科技进步;通过竞争,不断推动相同产品的生产企业或者部门的集中甚至垄断,从而减少竞争、扩大企业的市场规模,减少交易频率和交易成本,甚至可以凭借垄断地位向消费者索要垄断高价,获取垄断利益;通过竞争,推动上下游企业间或者相关企业的纵向合作甚至融合,可以更加有效地减少交易成本,实现优势互补,提高企业承担风险的能力,充分分享企业文化、品牌、销售渠道等生产经营资源,提高对经济资源的利用效率。

计划分工,通过产权制度安排形成高效的激励—约束机制,在机器生产的技术条件下形成了组织严密、管理严格的现代生产组织形式和工厂制度。现代生产方式通过机器大生产这个物质技术基础,把生产资料和劳动力在特定的时空范围内大规模聚集起来,以机器系统为中心,以资本家及其代理人为"司令官",形成事先的、计划的、专断的企业内部分工。计划分工是以事先的不同生产环节不同操作或者分工协作为前提的,马克思指出:"许多人在同一生产过程中,或在不同的但互相联系的生产过程中,有计划地一起协同劳动,这种劳动形式叫做协作。协作提高了个人生产力,而且创造了一种生产力,这种生产力本身必然是集体力。"①马克思将协作体现的生产力归纳为九个方面:协作可以形成社会的平均劳动,使相互间的劳动差别相互抵消;协作可使生产资料共同消费而得到多项节约;协作不仅提高了个人生产力,而且创造了集体力;协作因引起竞争心和特有的精神振奋而提高个人的工作效率;协作可使许多人的同种作业具有连续性而提高劳动生产率;协作可同时从多方面对劳动对象进行加工而缩短总劳动时间;协作可集中力量在短时间内完成紧急的任务;协作可扩大劳动的空间范围,使筑路等大型工程得以进行;协作可集中劳动力以缩小生产场地,从而节约生产费用。② 除此之外,计划分工还具备以下几方面的优点:首先,计划分工,专断的形式,是以生产过程内部脑力劳动和体力

① 《马克思恩格斯全集》第23卷,人民出版社,1972年版,第362页。
② 《马克思恩格斯全集》第23卷,人民出版社,1972年版,第362~366页。

劳动分工为基础,组织和指挥、协调企业内部分工是资本家及其代理人——专业化和职业化的脑力劳动者的社会职能,集中专断的计划分工不仅直接、高效,而且消除市场分工带来的不确定性,减少了市场交换的成本。其次,计划分工所具有的专业化、系统化的特征,把分工本身变成了企业的组织、管理科学和组织、管理职能。而专业化、职能化、科学化的计划分工,进一步提高了分工协作的效率和水平。再次,计划分工是以科学的资本应用为动力、以现代工厂制度和机器体系作为强制条件的科学的资本应用,不仅推动了技术进步、工艺的革新、管理的创新和管理科学的发展,而严格的工厂制度,高速、连续、不断自动化的机器系统保证了分工协作的高强度、高效率。最后,通过产权制度安排,赋予资本家及其代理人以产品剩余索取权,形成了完整的激励—约束机制,该机制能够有效地确保资本家及其代理人对生产资料资产的保值增值以及对风险的有效防御。

马克思认为,市场分工与计划分工“社会内部的自由的、似乎是偶然的、不能控制的和听凭商品生产者的任意行动的分工同工厂内部的系统的、有计划的、有规则的、在资本的指挥下进行的分工是一致的”。① 二者的一致性,表现为都是以分工的形式推进的不同形式的社会化生产,都可以进一步发展成为大规模生产,都是提高生产率的有效工具,都是以商品交换为媒介,以增进协作剩余为动力的有效形式。“这两种分工是齐头并进地向前发展的,通过相互作用而相互产生。”②

分工协作(合作)利益不仅是工厂内部分工的驱动力,也是市场化分工的主要动力之一。分工合作剩余解释了企业的存在条件,实际上,市场化合作不仅能够形成微观方面的分工协作利益,而且能够在宏观方面形成优化资源配置的好处。市场化合作会带来不确定性和交易成本。而企业内合作则通过制度化契约关系消除了不确定性,增加了协调和监管成本。产权安排可以在一定程度上解决生产要素所有者激励和制约问题。分工协作的剩余大于市场化带来的风险成本和因协作形成的监管、协调成本,企业就会采取协作形式,可以是企业内部协作形式,也可以是市场化协作形式,否则企业就会采取分工形式独立进行生产和经营。

四、科学技术进步是推动社会分工发展的物质技术条件

不断更新的物质技术条件不断改变着劳动主客体结合的社会形式和物质内容,改变着社会分工的具体形式和结构内容。马克思还具体考察了社会分工体系得以持续扩展的物质技术基础,那就是科学技术的进步以及科学技术不断应用于

---

① 《马克思恩格斯全集》第47卷,人民出版社,1979年版,第356~357页。
② 《马克思恩格斯全集》第47卷,人民出版社,1979年版,第357页。

生产过程而产生的新变化。马克思认为,"现代工业的技术基础是革命的",已不断地将独立存在和发展的新知识、新科技因素"并入生产过程",而推动着产业结构、产品结构以及职业结构不断演变和优化。"大工业的本性决定了劳动的变换、职能的更动和工人的全面流动性",从而"不断地使社会内部的分工发生革命"。当然,在现代商品经济社会里,资本是实现科学和生产过程相结合的"社会机构"。"资本不创造科学,但是它为了生产过程的需要,利用科学,占有科学。"这又指出了推进科技进步和产品创新的基点在企业。

第一,现代机器大生产不仅为科学技术专业化劳动提供了客观条件,而且推动了科学的运用与发展。机器大生产不仅在人类历史上"第一次在相当大的程度上为自然科学创造了进行研究、观察、实验的物质手段",①而且"只有在这种生产方式下,才第一次产生了只有用科学方法才能解决的实际问题。只有现在,实验和观察——以及生产过程本身的迫切需要——才第一次达到使科学的应用成为可能和必要的那样一种规模"。② 现代生产方式应用机器的大规模协作"第一次使自然力,即风、水、蒸汽、电大规模地从属于直接的生产过程,使自然力变成社会劳动的因素"。③ 因为"自然力作为劳动过程的因素,只有借助机器才能占有"。④ 机器的生产和研制本身就是把科学原理运用于生产过程的科学劳动,而生产过程则是利用机器这种特殊的劳动资料把"自然力"并入生产的劳动过程。"劳动资料取得机器这种物质存在方式,要求以自然力来代替人力,以自觉应用自然科学来代替从经验中得出的成规。"⑤机器大生产自身所要求的生产协作的连续性、规则性、计划性和系统性本身就是科学。"大工业的原则是,首先不管人的手怎样,把每一个生产过程本身分解成各个构成要素,从而创立了工艺学这门完全现代的科学。社会生产过程五光十色的、似无联系的和已经固定化的形态,分解成为自然科学的自觉按计划的和为取得预期有用效果而系统分类的应用。"⑥

第二,科学技术劳动的专业化是以机器生产基础上的劳动分化为条件的。科学技术的资本主义的大规模运用,不仅催生了科学技术劳动的专业化,而且通过机器生产在全社会范围内战胜手工业生产,科学技术即劳动资料的运用权力日益集中在资本所有者及其代理人手中,通过机器大生产替代手工劳动的小生产,完成了

① 《马克思恩格斯全集》第47卷,人民出版社,1979年版,第572页。
② 《马克思恩格斯全集》第47卷,人民出版社,1979年版,第570页。
③ 《马克思恩格斯全集》第47卷,人民出版社,1979年版,第569页。
④ 《马克思恩格斯全集》第47卷,人民出版社,1979年版,第569页。
⑤ 《马克思恩格斯全集》第23卷,人民出版社,1972年版,第423页。
⑥ 《马克思恩格斯全集》第23卷,人民出版社,1972年版,第533页。

生产过程中的智力劳动与体力劳动的分化与对立。机器大生产的确立不仅标志着生产过程中脑力劳动与体力劳动的对立和分化的完成，而且以自身的条件和需要推动了脑力劳动即科学劳动的专业化。首先，生产过程中的脑力劳动与体力劳动的分化是从手工业作坊中所形成的简单协作过程中开始，在工场手工业中得到发展，并最终在大工业中完成的。"在简单协作中，资本家在单个工人面前代表社会劳动体的统一和意志，工场手工业使工人畸形发展，变成局部工人，大工业则把科学作为一种独立的生产能力与劳动分离开来，并迫使它为资本服务。"① 在以机器为基础的大工业中，生产过程完成了智力同体力劳动相分离，此时，"智力变成资本支配劳动的权力"，"变得空虚了的单个机器工人的局部技巧，在科学面前，在巨大的自然力面前，在社会的群众性劳动面前，作为微不足道的附属品而消失了；科学、巨大的自然力、社会的群众性劳动都体现在机器体系中，并同机器体系一道构成'主人'的权力"。② 所以，马克思评论说："科学分离出来成为与劳动相对立的、服务于资本的独立力量，一般说来属于生产条件与劳动相分离的范畴。"③其次，科学的资本主义运用，不仅推动了科学在生产过程的应用，也推动了科学劳动的独立化和专业化发展。"发明成了一种特殊的职业"，"由于自然科学被资本用作致富手段，从而科学本身也成为那些发展科学的人的致富手段，所以，搞科学的人为了探索科学的实际应用而互相竞争"。④ 正是科学的这种分离和独立（最初只是对资本有利）成为发展科学和知识的潜力的条件，⑤因此，"随着资本主义生产的扩展，科学因素第一次被有意识地和广泛地加以发展、应用并体现在生活中，其规模是以往的时代根本想象不到的"。⑥

第三，科学劳动在资本逐利的不懈推动下，成为推动现代生产方式不断变革、社会分工不断发展的强大推动力。正是现代生产方式对不断提高生产率的渴求以及对追逐剩余价值的不懈努力，形成了对科学技术进步和创新的巨大需求，推动了科学技术的不断发展和各种发明的涌现。"现代工业从来不把某一生产过程的现存形式看成和当作最后的形式。因此，现代工业的技术基础是革命的，而所有以往的生产方式的技术基础本质上是保守的。现代工业通过机器、化学过程和其他方法，使工人的职能和劳动过程的社会结合不断地随着生产的技术基础发生变革。

---

① 《马克思恩格斯全集》第23卷，人民出版社，1972年版，第400页。
② 《马克思恩格斯全集》第23卷，人民出版社，1972年版，第464页。
③ 《马克思恩格斯全集》第47卷，人民出版社，1979年版，第598页。
④ 《马克思恩格斯全集》第47卷，人民出版社，1979年版，第572页。
⑤ 《马克思恩格斯全集》第47卷，人民出版社，1979年版，第598页。
⑥ 《马克思恩格斯全集》第47卷，人民出版社，1979年版，第572页。

这样,它也同样不断地使社会内部的分工发生革命,不断地把大量资本和大批工人从一个生产部门投到另一个生产部门。因此,大工业的本性决定了劳动的变换、职能的更动和工人的全面流动性。"①现代工业技术基础的变革不仅推动新产业、新工艺的不断出现,而且也会消灭一些过时的产业或者工艺,引起新的市场分工和新的计划分工;工业技术的变化必然引起资本有机构成的变化、资本循环乃至社会再生产某些环节或者过程的调整,从而引起社会分工内部结构的变化和调整;工业技术基础的革命,必然伴随着人类对资源利用方式和消费方式的变化,从而引发产业结构、消费结构等诸多领域的变化和调整,进而引发社会分工的变化和调整;工业技术的革命,由于经济资源的分布差异和技术革命发展的不平衡,也会引起产业结构和经济结构的变迁和调整,引发社会分工的变化。所以,科学技术的不断革命,是推动经济社会不断发展和变革的源泉,也是引发社会分工不断变化的直接动力。

总之,社会分工促进了生产力发展,丰富了交换内容,巩固了交换的物质技术基础;促进了生产单位的分化与独立,扩大了交换的种类,增加了交换的对象;扩大了交换的范围,深化了交换的深度。

第三节　国际贸易的产生与发展

在生产力和社会分工发展到一定的历史阶段,剩余产品的出现为不同生产者相互交换产品提供了可能,社会分工和产品分属于不同的所有者成为交换产生的社会条件。在产品分属于不同所有者的社会条件下,不同产品所有者要满足自己对不同产品的需求,只有一种公平合理的解决办法,那就是等价交换或者贸易。马克思在有关商品货币理论中,详细论证了商品交换如何从简单或偶然形式发展到发达商品贸易形式的历史演进历程。在这一历史演进历程中,交换价值形式不断得以完善,而不断完善的交换价值形式,又进一步推动了商品交换关系的不断丰富和发展,最终形成了发达商品交换关系即贸易关系。当产品交换超出国界,成为世界性的贸易,国际贸易就产生了。所以,国际贸易从逻辑来看又是国内贸易发展的结果和产物。劳动生产率的提高和社会分工的发展是推动国际贸易发展的重要条

---

① 《马克思恩格斯全集》第 23 卷,人民出版社,1972 年版,第 533～534 页。

件。在产业革命基础上形成和发展起来的现代工业和现代服务业,成为推动国际贸易和国际市场发展的重要条件。随着社会分工向产业内分工和产品内分工的发展,国际贸易也从产品贸易向产品内贸易发展。世界市场的形成既是国际贸易发展的结果,也是进一步推动国际贸易发展的外部条件。

一、国际分工是形成国际贸易的基础

从历史上看,国际贸易产生于国际分工之前,但从逻辑上看,国际分工则是形成国际贸易的逻辑起点和基础。

马克思认为国内的社会分工是沿着两个截然不同的路径发展起来:其一,是在经济体内部的自然分工基础上发展起来的。"在家庭内部,随后在氏族内部,由于性别和年龄的差别,也就是在纯生理的基础上产生了一种自然的分工。随着公社的扩大,人口的增长,特别是各氏族间的冲突,一个氏族之征服另一个氏族,这种分工的材料也扩大了。"[①]"而在那里,在以生理分工为起点的地方,直接互相联系的整体的各个特殊器官互相分开和分离——这个分离过程的主要推动力是同其他公社交换商品——并且独立起来,以致不同的劳动只有通过把产品当作商品来交换才能建立联系。"[②]国际分工是国内社会分工的继续发展和延续。当国内社会分工范围超出民族地域的边界,它就自然成为世界范围内国际分工的一部分。其二,"社会分工是由原来不同而又互不依赖的生产领域之间的交换产生的"[③]。马克思认为,人类最初的产品交换"是在不同的家庭、氏族、公社互相接触的地方产生的",因为在人类社会的初期,以独立资格互相接触的不是个人,而是家庭、氏族等。由于它们各自生产、生活的自然环境不同,它们生产劳动过程中使用不同的生产资料生产不一样的使用价值,生活中消费的生活资料也就有不同的内容和种类。"因此,它们的生产方式、生活方式和产品,也就各不相同。这种自然的差别,在公社互相接触时引起了产品的互相交换,从而使这些产品逐渐变成商品。"[④]同样,国际间各经济体之间的最初分工也是由于产品差异而形成的商品贸易引起的。"交换没有造成生产领域之间的差别,而是使不同的生产领域发生关系,并把它们变成社会总生产的多少互相依赖的部门。"[⑤]

---

① 《马克思恩格斯全集》第 23 卷,人民出版社,1972 年版,第 389～390 页。
② 《马克思恩格斯全集》第 23 卷,人民出版社,1972 年版,第 390 页。
③ 《马克思恩格斯全集》第 23 卷,人民出版社,1972 年版,第 390 页。
④ 《马克思恩格斯全集》第 23 卷,人民出版社,1972 年版,第 390 页。
⑤ 《马克思恩格斯全集》第 23 卷,人民出版社,1972 年版,第 390 页。

二、国际分工形成的生产劳动"国别劳动"的性质是形成国际贸易的社会因素

恩格斯说:"在以自发的社会内部分工为生产的基本形式的地方,这种分工就使产品带有商品的形式,商品的相互交换,即买和卖,就使个体生产者有可能满足自己的各色各样的需要。"①随着社会分工的发展,商品生产和需要的满足也具有多样性,所以,马克思说:"社会需要的体系越是成为多方面的,个人的生产越是成为单方面的,也就是说,社会分工越是发展,那么作为交换价值的产品的生产或作为交换价值的产品的性质就越有决定意义。特殊的分工形式、作为分工基础的生产条件、这种条件所导致的社会成员的经济关系,那就会看出,要使交换价值在社会表面上表现为简单的出发点,而在简单流通中所呈现出来的那种交换过程表现为简单的、但囊括整个生产和消费的社会物质变换,就要有资产阶级生产的整个体系作为前提。"②正是资本主义生产方式的确立,把劳动力和其他产品一样都转化为商品,从而建立起以商品或者货币为中介的普遍的物化社会关系。

在普遍的商品联系中,社会分工作为商品交换的基础是以产品归属于不同的所有者和经济体的独立分化为条件的。在生产资料不同所有制(包括私有制和不同其他所有制形式)条件下,社会分工把不同的生产者分隔、独立化为孤立分散的独立生产者或者局部生产者,其如何生产、生产什么、生产多少都是生产者自己的事情,与整个社会生产不直接发生联系,其生产劳动就成为私人劳动或者局部劳动。社会分工"通过劳动的特殊化来表现商品的各种使用价值(而没有使用价值就不会有交换,也不会有交换价值)以物的形式表现的东西"。③"个人生产的独立性,就由在分工上取得相应表现的社会依赖性来补充。"④一般社会劳动"作为自然发生的总体而存在,这个总体分成一系列的特殊,也就是说,流通的主体占有互相补充的商品,每个主体都满足个人的社会总需要的某一个方面"。⑤

生产者用什么来证实他的私人劳动或者局部劳动是一般劳动,其产品是一般社会产品呢?"用他的劳动的特殊内容,它的特殊的使用价值;这种特殊的使用价值是另一个个人的需要对象,所以这另一个个人为了这种使用价值便把自己的产

---

① 《马克思恩格斯全集》第3卷,人民出版社,1972年版,第309页。
② 《马克思恩格斯全集》第46卷(下),人民出版社,1980年版,第468页。
③ 《马克思恩格斯全集》第46卷(下),人民出版社,1980年版,第470页。
④ 《马克思恩格斯全集》第46卷(下),人民出版社,1980年版,第466页。
⑤ 《马克思恩格斯全集》第46卷(下),人民出版社,1980年版,第470页。

品作为等价物让出。"①马克思对此进行了精彩的分析:

"他是这样来证实的:他的劳动是社会劳动的总体中的一个特殊,是以特殊方式补充这一总体的一个分支。劳动一旦具有由社会联系所决定的内容——这就是物质的规定性和前提——它就表现为一般劳动。劳动的一般性的形式,是通过劳动作为劳动总体的一个肢体,作为社会劳动的特殊存在方式的现实来证实的。

个人只是作为交换价值的所有者互相对立,作为各自用自己的产品即商品为对方提供某种物的存在的所有者互相对立。从在流通中发生的社会的物质变换的观点来看,没有这种客体的媒介,他们彼此就不会有任何关系。他们只是物质上彼此为对方存在,这种情况在货币关系中才得到进一步发展,在这种关系中,他们的共同体本身对一切人来说表现为外在的、因而是偶然的东西。通过独立的个人的接触而形成的社会联系,对于他们既表现为物的必然性,同时又表现为外在的联系,这一点正好表现出他们的独立性,对于这种独立性来说,社会存在固然是必然性,但只是手段。因此,对个人本身来说表现为某种外在的东西,而在货币形式上甚至表现为某种可以捉摸的东西。他们是作为社会的个人,在社会里生产并为社会而生产,但同时这仅仅表现为使他们的个性物化的手段。因为他们既不从属于某一自然发生的共同体,另一方面又不是作为自觉的共同体成员使共同体从属于自己,所以这种共同体必然作为同样是独立的、外在的、偶然的、物的东西同他们这些独立的主体相对立而存在。这正是他们作为独立的私人同时又发生某种社会关系的条件。"②

在国际市场上,由于劳动产品分属不同的国家或者所有者,国际分工就把每一位生产者分隔为独立生产者相互对立,生产者的劳动首先表现为一个个分散、独立的"国别劳动"或局部劳动,生产者要证明自己的劳动是国际社会总劳动的一部分,也就必须把他特殊劳动所生产的使用价值以世界货币这样的等价形式让渡给国际市场需要的消费者。在国际分工中,生产者的社会联系就是通过这种商品交换间接表现出来的。世界经济共同体之间的社会关系通过商品货币形式表现出来是商品经济内在的必然性,而这种联系是借助于世界货币通过独立的商品生产者之间进行的商品交换或者贸易实现的。世界货币在这里起到了连接世界经济共同体社会关系的桥梁和媒介的作用。不难发现,在国际市场上,商品生产者劳动具有的私人或者局部劳动的性质正是国际贸易实现的关键条件,正是生产者生产的私人性质或者局部劳动性质,决定了他们必须通过市场交换或者贸易把私人劳动或

---

① 《马克思恩格斯全集》第46卷(下),人民出版社,1980年版,第469页。
② 《马克思恩格斯全集》第46卷(下),人民出版社,1980年版,第469~470页。

局部劳动转化为社会劳动,生产商品的特殊的具体劳动才能还原为抽象劳动,各种使用价值才能转化为一般价值形式,生产者才能换回自己需要的各种使用价值,其特殊的国别分工才能转为国际分工的一部分。

三、国际贸易是实现国际分工与协作的主要渠道

在孤立、分散的单一经济体内部,其生产劳动即使是规模很大,但如果不与其他经济体发生经济联系,那该经济体就难以成为整个社会劳动的一部分,该经济体就无法参与整个经济体的社会分工,就不能获得社会分工带来的任何经济利益。孤立、分散的经济体之间经济联系的基本形式就是交换或者贸易。人类社会不同经济体之间最初的交换发生在原始社会,不同经济体之间的交换起初只是偶然地交换双方偶然出现的剩余产品。随着经济体劳动生产率的提高,出现了剩余产品,不同经济体之间剩余产品的交换开始成为经常性的经济行为。通过交换,交换双方可以互通有无、调剂余缺,增加了双方消费的多样性,提高了经济体整体福利水平。这种主要局限于双方剩余产品交换的贸易形式决定了各经济体参与整个经济体社会分工的程度和范围都是低水平的、有限的,所以贸易对交换双方带来的利益是十分有限的,对双方的影响也是十分有限的。随着世界市场的形成和商品生产的普遍化,各经济体之间的经济贸易交往日益密切,国际分工日益深入和广泛,世界贸易就成为各国孤立分工的必要补充。世界市场贸易品种日益多样、规模日益扩大,贸易范围逐步从有形商品扩大到无形商品、从一般商品扩展到资本、技术、专利、商标等特殊商品。但传统商品贸易始终是国际市场的基础,也是世界各经济体参与世界分工的基本形式。

贸易之所以是世界各国参与世界分工、实现社会分工利益的主渠道,是由商品交换的过程及其性质决定的。"在通过劳动进行占有或劳动物化以后,产品的让渡或产品向社会形式的转化就表现为下一个规律。流通就是这样一种运动,在这一运动中,自己的产品成为交换价值(货币),即社会产品,而社会产品又成为自己的产品(个人的使用价值,个人消费的对象)。"[①]如果说社会分工把分散、孤立的生产者隔离、分化为一个个特殊的具体劳动,其劳动的私人性质只有通过商品交换或者贸易才能转化为社会总劳动的一部分,独立的生产者只有通过交换或者贸易才能把自身生产的片面性转化为丰富多样的需要,正是日益发达的贸易把日益片面的分工和生产编织成丰富多样化的生产和需求。交换或者贸易不仅是生产者(同时

---

① 《马克思恩格斯全集》第 46 卷(下),人民出版社,1980 年版,第 465 页。

也是消费者)参与社会分工、获得自身利益的渠道,也是实现社会分工总体利益的渠道。价值规律以及以此为基础的市场机制正是通过贸易这种媒介贯彻其内在的必然性,从而达到优化资源配置、提高生产率的社会效果。也正是通过交换或者贸易,各国可以把丰富的资源优势转化为经济优势,把世界生产的多样性转化为本地消费的丰富性,使分布严重不均的自然资源和社会资源均衡化。

四、资本主义生产方式的发展推动了国际分工、国际贸易的发展

国际贸易不仅是催生资本主义生产方式产生的重要助产婆,而且是资本主义生产方式进一步发展的必然产物。在资本主义确立时期,对外贸易成为资本原始积累、殖民掠夺的重要手段,在资本主义确立以后,国际贸易就成为资本逐利的主要工具。因此,马克思说:"对外贸易的扩大,虽然在资本主义生产方式的幼年时期是这种生产方式的基础,但在资本主义生产方式的发展中,由于这种生产方式的内在必然性,由于这种生产方式要求不断扩大市场,它成为这种生产方式本身的产物。"①

16 世纪至 18 世纪中叶,随着世界地理大发现和资本原始积累的进行,商品贸易突破了区域民族的界限向世界拓展,西欧资本主义国家及其所属的殖民地开始进行国际化的社会分工。而真正形成稳定和普遍的国际化分工的专业化生产则是 18 世纪产业革命以后。在产业革命的推动下,资本主义国家首先实现了国内生产的社会化专业分工,建立了全国范围内的社会分工体系,资本主义凭借大工业形成的强大的生产力,用其低廉价格的商品"重炮",成功地摧毁了落后国家和民族的"一切万里长城"、"征服野蛮人最顽固的仇外心理","它使未开化和半开化的国家从属于文明的国家,使农民的民族从属于资产阶级的民族,使东方从属于西方"。②产业革命以后形成的庞大的生产力以及商品经济自身发展的要求,必然突破民族地域的限制要求整个世界市场为其服务,这样对外频繁的经济联系促进了世界范围内的社会分工的发展,马克思说:"由于机器和蒸汽的应用,分工的规模已使大工业脱离了本国基地,完全依赖于世界市场、国际交换和国际分工。"③随着生产力的发展,国际贸易扩大,国际化分工深入发展,由社会化大工业生产所形成的"世界市场把全球各国人民,尤其是把各文明国家的人民彼此紧密地联系起来"。④ 对于落

---

① 《马克思恩格斯全集》第 25 卷,人民出版社,1974 年版,第 264 页。
② 《马克思恩格斯选集》第 1 卷,人民出版社,1972 年版,第 255 页。
③ 《马克思恩格斯全集》第 4 卷,人民出版社,1958 年版,第 169 页。
④ 《马克思恩格斯全集》第 4 卷,人民出版社,1958 年版,第 368 页。

后国家和民族来说,国际贸易和国际分工的结果是"过去那种地方的和民族的自给自足和闭关自守状态,被各民族的各方面的互相往来和各方面的互相依赖所代替了"。①

因此,国际贸易不仅是资本主义生产方式推动发展的,而且把世界各国的生产和消费都纳入到资本主义生产方式体系之中,并且"它按照自己的面貌为自己创造出一个世界"。② 因而,国际贸易必然打上了资本主义生产方式性质和特征的烙印。

第四节　国际分工发展的新趋势

自世界市场形成以来,国际分工依次经历了三种主要形式:垂直型国际分工、水平型国际分工以及生产环节型国际分工。从国际分工发展的趋势看,国际分工从国家间向产业间发展,从产业间向产业内部发展,从企业间外部分工向企业内部分工发展,从生产过程外部协作向生产过程内部协作发展。国际分工的主要形式从原来的以国家为界限的社会分工发展为以价值链为纽带的生产环节内部分工,社会分工从产业、企业间发展为产业内部和企业内部分工,社会分工与企业内部分工的界限日益模糊、日益融合发展。原来以交换为中介的企业间分工,日益被交换为中介的企业间协作所取代,分工从外部走向内部,协作从内部走向外部,二者逐渐融合发展。

产业间国际分工,是指经济技术发展水平相差悬殊的国家(如发达国家与发展中国家)之间的国际分工。它分为传统垂直型国际分工和现代垂直型国际分工两种。传统垂直型国际分工是一部分国家生产原材料或者初级产品,而另一部分国家生产制成品或者深加工产品的分工形态,前者如发展中国家生产初级产品,发达国家生产工业制成品,这是生产力发展阶段不同的国家之间的产业间的垂直分工;后者把加工制造业分为初步加工(粗加工)和深加工(精加工)制造业。产品从原料到制成品须经多次加工,只经过初加工的为初级产品,经过多次加工最后成为制成品。初级产品与制成品这两类产业的生产过程构成垂直联系,彼此互为市场。经济越发达,分工越细密,产品越复杂,工业化程度越高,产品加工的次序就越多。

---

① 《马克思恩格斯选集》第1卷,人民出版社,1972年版,第255页。
② 《马克思恩格斯选集》第1卷,人民出版社,1972年版,第255页。

现代垂直型国际分工是指同一产业内技术密集程度较高的产品与技术密集程度较低的产品之间的国际分工,或同一产品的生产过程中技术密集程度较高的工序与技术密集程度较低的工序之间的国际分工,这是相同产业内部因技术差距所引致的国际分工。从历史上看,19世纪形成的以发达国家为中心的国际分工是传统垂直型国际分工。当时英国等少数国家是工业国,绝大多数不发达的殖民地、半殖民地成为农业国,工业先进国家按自己的需要强迫落后的农业国进行分工,形成工业国支配农业国,农业国依附工业国的国际分工格局。迄今为止,这种国际分工仍然是工业发达国家与发展中国家之间的一种重要的分工形式。现代垂直型分工出现在第二次世界大战后,随着战后新兴发展中国家工业化的推进,原有分工格局遭受严重冲击和挑战,发达国家在工业制造业方面竞争力逐步削弱,而发展中国家竞争优势逐步提升,特别是在劳动力和资源性密集型产业逐步形成了越来越突出的价格竞争优势。发达国家为了保持较高利润水平,不得不把劳动、资源密集型产业或者生产环节向发展中国家转移,而逐步把生产转移到技术、资本密集型产业或者生产环节,这样原来的垂直型分工格局就演变为新的分工格局。

产业内国际分工是指经济发展水平相同或接近的国家(如发达国家以及一部分新兴工业化国家)之间在工业制成品生产上的国际分工。当代发达国家的相互贸易主要是建立在水平型国际分工的基础上的。水平分工可分为产业内与产业间水平分工。产业内水平分工又称为"差异化产品分工",是指同一产业内不同厂商生产的产品虽有相同或相近的技术程度,但其外观设计、内在质量、规格、品种、商标、牌号或价格有所差异,从而产生的国际分工和相互交换,它反映了垄断企业间的竞争和消费者偏好的多样化。随着科学技术和经济的发展,工业部门内部专业化生产程度越来越高。部门内部的分工、产品零部件的分工、各种加工工艺间的分工越来越细。这种部门内水平分工不仅存在于国内,而且广泛地存在于国与国之间。产业间水平分工是指不同产业所生产的制成品之间的国际分工和贸易。由于发达资本主义国家的工业发展有先有后,侧重的工业部门有所不同,各国技术水平和发展状况存在差别,因此,各类工业部门生产方面的国际分工日趋重要。各国以其优势工业部门的产品去换取劣势工业部门的产品。工业制成品生产之间的分工不断向纵深发展,由此形成水平型国际分工。

混合型国际分工是把垂直型国际分工和水平型国际分工结合起来的国际分工方式。德国是混合型国际分工的典型代表。它与第三世界国家之间是垂直型国际分工的,向发展中国家进口原料、出口工业品;而与发达国家之间则是水平型国际分工,在进口中,主要是机器设备和零配件。其对外投资主要集中在西欧发达的资本主义国家。

国际价值链分工,并不是一种独立于上述各种分工之外的新国际分工种类,而是对产业内分工或者融合分工内部价值分配关系的概括,它反映了生产组织内部的分工协作关系市场化的发展趋势。价值链作为当代经济学分析和描述现代产业内或企业内国际分工的工具,主要就是指产业内分工或产品内分工所形成的价值关系,价值链关系既概括了整个产业或者商品价值的生产和实现的完整性和统一性即各个组成价值链的生产或者流通环节相互连接、相互作用、相辅相成共同形成一个完整的生产体系,又揭示了作为生产体系的各个相对独立的分工环节的企业之间在价值分配关系上的不平等性。

国际分工是国际贸易的前提和条件,国际分工的不断深入和发展推动国际贸易的繁荣和发展;世界市场成为连接世界经济贸易关系和国际分工协作的中介。价值规律在世界范围内发挥作用,推动国民价值转换为国际价值,推动了社会分工、企业内分工的国际化,形成了利润率平均化与下降的趋势。分工的市场化、国际化构成了现代企业超额利润的主要来源:不仅使企业普遍获得了相对剩余价值,而且推动了生产、销售的垄断,使少数企业或企业集团获得了垄断利润,进而推动国际贸易、分工和市场的发展。市场的扩大、生产的高度集中和垄断为计划分工发展提供了动力,科技的进步和企业组织的变革推动了计划分工复杂和多层级化。复杂的多层级分工所形成的管理成本和难度的提高,是计划分工市场化的直接诱因。市场化分工和计划分工相互促进,融合发展,形成了全球网络化分工的新形式。

第二章　国际价值理论

我们现在看到的《资本论》四卷本,只是马克思布局谋篇研究资本主义生产关系这一未竟事业的一部分,由于种种历史原因,这位伟人没有在有生之年把他的"可能的续篇"完成。他曾在写作《政治经济学批判》一书时,先后拟定出分析政治经济学原理的"五篇计划"和"六册计划"两个体系。其中,"五篇计划"的第三篇为"资产阶级社会在国家形式上的概括;就它本身来考察;'非生产'阶级;税;国债;公共信用;人口;殖民地;向外国移民"。第四篇为"生产的国际关系;国际分工;国际交换;输出和输入;汇率"。第五篇为"世界市场和危机"。后来,马克思将"五篇计划"修改为"六册计划",其中后三部分分别为国家、国际贸易和世界市场。显然,通过这些写作计划我们可以看出,马克思在其写作计划中,将在一国范围内研究资本主义生产关系的基础上,将其研究成果上升到研究以国家为单位的资本主义生产活动形式,并更进一步地研究国际贸易及世界市场内的各国经济问题。在马克思的完整写作计划中,研究一国范围内资本主义生产关系形成的科学劳动价值论,必将在其后续研究中,必将由一国范围延伸到世界范围后,逐渐拓展到世界市场和国际分工运用和发展的国际价值理论。国际价值理论则是构建马克思国际贸易理论和世界经济理论的理论基础,显然,国际价值理论在马克思的后续研究中占据着重要位置。

但是,也正是因为马克思没有能够完成其未竟的事业,所以,马克思并没有留下系统的国际价值理论。现在我们探讨国际价值理论只能从《资本论》(三卷本)、《剩余价值理论》及马克思的其他手稿中仔细剖析找寻,并将存在于他的多如繁星的经济学手稿中找到关于国际价值理论的论述作为我们进一步研究的起点。

第一节　国民价值

　　无论是从逻辑上还是从历史发展的演进来看,国内市场都是国际市场形成的前提和条件。国内市场商品交换关系的总和形成了国内市场,在国内商品交换中就形成了商品的价值。当商品交换的范围超出国内市场形成了各国商品交换关系的总和即国际市场,就形成了商品的国际价值。

一、国民价值的含义

　　商品的国内价值,在《资本论》中也称为商品价值,本书为了与国际价值相区别,下文称国民价值。所谓商品价值就是凝结在商品中无差别的一般人类劳动,在商品经济中,商品价值体现为生产者之间平等交换劳动的社会关系。无差别的一般人类劳动也称为抽象劳动,也就是抽象化人类劳动的各种具体形式的人类劳动的"共同东西",即所有的人类劳动都是人类脑力和体力劳动的总和。通过商品交换,各种不同的具体的劳动形式得以还原为一般的抽象劳动;不同分工形成的不同的使用价值凝结为一般人类劳动,各种形式的个别劳动构成了国内社会总体劳动的一部分。抽象劳动形成了商品价值的实体,通过商品交换表现为不同量的价值即交换价值。商品价值量的大小是以国内社会必要劳动时间来衡量的。马克思对国内社会必要劳动时间的定义是:在现有的社会正常的生产条件下,在社会平均的劳动熟练程度和劳动强度下制造某种使用价值所需要的劳动时间。这是从理论抽象或者不考虑商品供求变化的条件来看,商品价值量是这样决定的,如果从动态或者引入供求影响,则商品价值量的决定就比较复杂了:在供求平衡条件下,商品价值量的大小是由中等生产条件的厂商生产该商品的劳动时间决定的;在供大于求的条件下,商品价值量的大小是由优等生产条件的厂商生产该商品的劳动时间决定的,中等和劣等生产条件的厂商将被淘汰出局;在供不应求的条件下,商品价值量的大小是由劣等生产条件的厂商生产该商品的劳动时间决定的,中等和优等生产条件的厂商将获得超额价值。从长期的观点来看,在价值规律的作用下,供求将趋于一致。

二、国民价值是形成国际价值的前提和基础

　　商品的国民价值无论是从历史的角度还是从逻辑的角度来看,都是其形成国

际价值的起点和前提。从国际贸易发展的历史来看,世界各国的国际贸易无一不是在国内贸易基础上发展起来的,而国内贸易则是从偶然的产品交换发展为一般的商品交换而发展起来的。也正是在这种意义上,马克思把贸易看作是发达的商品交换形式。国际贸易可以看作是国内贸易的特殊形式,是国内贸易空间延伸至国际市场的必然结果,而在国内贸易中形成的商品的国民价值随着商品进入国际市场而转变为国际价值。从逻辑上看,商品的国民价值是形成其国际价值的基础。按照劳动价值论的观点,任何商品都是其使用价值和价值的统一体,任何一件没有商品价值的东西,都无法在国内市场形成自己的价值,同样没有国民价值的产品是无法通过国内市场进入国际市场的,也就不可能形成国际价值。因此,商品的国民价值是形成该商品国际价值的前提和基础。

第二节　国际价值

一、国际价值理论的地位

马克思的国际价值理论是马克思主义国际贸易理论和世界经济理论的理论基石,是马克思主义经济学的重要组成部分。马克思主义经济学是运用马克思主义的基本原理、基本观点和无产阶级的立场研究现代生产方式及其生产关系运动规律和发展趋势的科学。现代生产方式日益国际化、一体化,现代生产关系逐渐打破国家民族的界限成为世界性的生产关系,国际贸易或者"世界经济"已经成为现代生产方式和生产关系的主要组成部分,反映该现象和规律的经济理论和范畴在马克思主义经济学的地位日益凸显。

第一,国际价值理论是马克思主义劳动价值论在国际市场的应用与发展,是马克思主义国际贸易理论和世界经济理论的基础。国际价值理论不仅科学地揭示了国际贸易(世界生产关系)的实质,而且深刻地解释了国际贸易发生的原因、一国选择国际贸易的基本模式以及国际贸易利益的分配格局。

第二,国际价值理论为我们科学地认识世界生产关系的实质和特点提供了依据。国际生产关系并不仅仅是简单的商品交换关系,它是商品交换关系掩盖下的各国劳动人民进行交换劳动的国际社会关系。而交换的标准就是国际价值。国际价值理论为我们认识世界贸易关系提供了客观的评价标准或者价值尺度,有了这样的客观价值尺度,我们就可以正确评判国际贸易关系的合理与否,也为我们建立公正合理的新国际经济贸易关系指明了努力和奋斗的方向。

第三,国际价值理论作为劳动价值论在国际贸易理论和世界经济理论的运用形式,成为建立国际剩余价值理论、国际生产价格理论、国际资本有机构成理论、国际利润理论、国际再生产理论等马克思主义国际贸易理论和世界经济理论的理论基础。

第四,国际价值是分析和认识国际经济贸易关系或者世界生产关系的逻辑起点。国际价值不仅成为各国参与世界分工、国际贸易的参照系或者价值标准,而且是进一步分析和认识世界分工、国际贸易内部关系的客观参照坐标。马克思的国际价值理论为我们科学认识世界生产关系的运动规律和发展趋势提供了科学的劳动价值论工具,为捍卫发展中国家的权利和无产阶级利益提供了理论武器。

二、国际价值的基本内容

进入国际市场的任何商品都是其国际价值的质、量的统一体。

1. 国际价值质的规定性

按照马克思有关著作的解释,商品的国际价值就是凝结在商品中的无差别的人类劳动,并且该劳动就是世界劳动的平均单位,任何一种商品国际价值的大小是由世界劳动的平均单位或者世界社会必要劳动时间决定的。而世界社会必要劳动时间,就是在世界经济现有的正常生产条件下,世界各国劳动者的平均熟练程度和劳动强度下生产某种使用价值所需要的劳动时间决定的。该单位是由世界生产该商品的不同国家的国民必要劳动时间所形成的平均数。在国内市场,供求均衡条件下,商品的价值是由中等程度的生产厂商的生产条件决定的。"每一个国家都有一个中等的劳动强度,在这个强度以下的劳动,生产一种商品时所耗费的时间要多于社会必要劳动时间,所以不能算作正常质量的劳动。在一个国家内,只有超过国民平均水平的强度,才会改变单纯以劳动的持续时间来计量的价值尺度。"[①]

在国际市场,商品的价值决定就比较复杂,马克思认为:"在以各个国家作为组成部分的世界市场上,情形就不同了。国家不同,劳动的中等强度也就不同;有的国家高些,有的国家低些。于是各国的平均数形成一个阶梯,它的计量单位是世界劳动的平均单位。因此,强度较大的国民劳动比强度较小的国民劳动,会在同一时

---

① 《马克思恩格斯全集》第 23 卷,人民出版社,1972 年版,第 613～614 页。

间内生产出更多的价值,而这又表现为更多的货币。"①这里,马克思通过对比商品在国内市场与国际市场的区别与联系,第一次明确揭示了国际价值的科学内涵——"世界劳动的平均单位",在 1861～1863 年的《经济学手稿》中,进一步明确地提出了"世界市场上的平均必要劳动时间"②的科学概念。按照马克思主义劳动价值论的基本内容来看,国际价值可以从以下几个方面进行理解:

(1)国际价值是凝结在商品中"真正"的人类抽象劳动。国际价值与国民价值相比,其范围已经超出国家、民族的界限,成为真正的世界范围内的人类抽象劳动的凝结。国际价值是由生产某种商品的具体劳动通过国际市场(一般会经过国内市场)的商品贸易还原为一般人类劳动,由国内分工形成的个别劳动转化为世界分工的一部分,成为世界社会总劳动的有机组成部分。在世界市场形成后,商品得以在国家与国家之间进行交换,处在世界贸易当中用以交换的产品才普遍地发展为真正意义上的商品,商品的国内价值也就发展为商品的国际价值。与此相应的,各国在世界市场上进行商品交换时,商品的价值就不再以国内价值为基础,不再取决于各国的社会必要劳动时间,而必须以国际价值为基础,由世界社会必要劳动时间来决定。即在充分发展的国际商品交换中,在世界最广泛的范围内和在世界各国劳动所创造的无限的产品系列中,一般人类劳动才获得了自身真正的存在,"在世界贸易中,商品普遍地展开自己的价值"。③

(2)国际价值的计量单位是"国际价值量"。任何商品的国际价值量就是该商品在国际市场价值量的大小。国际价值计量单位与国内市场不同,在国内市场,是由不同国家的社会必要劳动时间决定的,而在国际市场,并没有统一的世界必要劳动时间。这是因为,现今世界还主要存在以国家为边界的市场分割和利益主体,生产要素还不可能不受国家利益边界的制约而自由流动,世界市场还没有真正形成统一、开放、公平、公正的世界市场体系,世界市场不过是各个国家市场和部分区域市场的总和或者是世界商品交换关系的总和。因此,马克思认为:"国家不同,劳动的中等强度也就不同;有的国家高些,有的国家低些。"在世界市场"各国的平均数形成一个阶梯"就会构成与世界社会必要劳动时间的不同"距离"。而国际价值就是由世界各个国家的国内社会必要劳动时间形成的"一个阶梯"数列所形成的世界同一商品生产劳动的平均单位。

(3)劳动生产率、劳动强度和自然条件是影响国际价值的主要因素。国际价

---

① 《马克思恩格斯全集》第 23 卷,人民出版社,1972 年版,第 613～614 页。
② 《马克思恩格斯全集》第 47 卷,人民出版社,1979 年版,第 405 页。
③ 《马克思恩格斯全集》第 23 卷,人民出版社,1972 年版,第 163 页。

值既然是以世界必要劳动时间作为衡量标准,自然国际价值就是一个历史范畴,它随着世界社会必要劳动时间变化即世界平均劳动生产率变化而发生变化,即反比关系。劳动强度实际上是劳动生产率的转化形式,一般来说,相同的劳动生产率,如果劳动强度不同,就会导致单位工作日生产率不同,强度越大,生产率越高。自然条件也会影响劳动生产率,一般来说,优越的自然条件会大大提高劳动生产率,特别是那些与自然条件息息相关的商品生产,如农牧渔业、采掘业等。所以,劳动生产率是决定国际价值量大小的主要因素,劳动生产率较高的国家可以在国际贸易中获得较高的国际价值,而劳动生产率较低的国家却只能获得较低的国际价值。

(4)国际价值与国民价值相比,有较大的变化。国际价值之所以与国民价值有较大变化主要是因为形成国际价值的国际市场与国内市场有很多不同。在国内市场,生产要素的流动不受国家利益边界的约束,是自由流动的,市场主体所处市场环境是无差别的,享有的政策和权利是统一的、公开的,所以,以价值规律为基础的市场机制的作用是充分的,国民价值的实现是统一的、完整的。而在国际市场上,由于存在着不同市场主体的国家利益边界和关税等政策和制度壁垒,国际市场实际是被不同的国家和区域组织分割为不同的市场和利益边界,不仅生产要素流动受到国家利益边界的严重阻隔,而且不同国家的市场主体会遭遇不同的市场环境和不同的政策体制的制约,因而,国际价值的形成是有时滞和空间距离的,因为国际市场体系是不完整、不统一的。

2. 国际价值量的规定性

在国际市场上,国际价值量是进行正常国际贸易的价值量标准,是决定参与国际贸易的双方利益分配的基本依据。世界贸易中的商品交换依然是商品生产的私人劳动与社会劳动之间的矛盾在世界市场上的发展,也只有通过国际贸易,这一矛盾才能得以解决。在商品交换中,交换双方依然和在国内市场一样遵循价值规律,即按照国际价值量的大小进行等价交换。国际价值量是国际价值在量方面的规定性,它与国际价值质的规定性是统一的。国际价值是凝结在参与国际贸易的商品中的世界人类劳动,国际价值量则是指世界一般人类劳动的大小。国际价值量的大小仍然是用生产该商品的天然尺度劳动时间来衡量,不过与国内市场不同,商品的国际价值是由世界社会必要劳动时间来决定,而不是由生产该商品所在国家的国民社会必要劳动时间来衡量的。

如何正确理解世界社会必要劳动时间?世界社会必要劳动时间一是指在世界现有的正常生产条件下,表明世界社会必要劳动时间的时空范围和生产条件,世界生产条件强调的是世界各国的平均生产条件而不是某一国家特殊生产条件。现有的生产条件指出了该范畴的历史性,表明了任何世界社会必要劳动时间在不同的历史时期都是变化和发展的、是一个动态的历史概念。正常的生产条件排除了各种非正常的特殊生产条件,强调了该范畴适用的生产条件。二是指世界劳动者的平均劳动熟练程度和劳动强度的生产条件,强调的是世界生产劳动率的平均水平,而不是某一国家国民生产率水平。

决定国际价值量大小的因素是世界劳动生产率,而不是国民劳动生产率。马克思认为,"劳动生产力是由多种情况决定的,其中包括:工人的平均熟练程度,科学的发展水平和它在工艺上的应用程度,生产过程的社会结合,生产资料的规模和效能,以及自然条件"。① 用现代的话说,就是劳动生产率首先取决于劳动者素质和劳动技能,其次取决于生产者科学技术应用水平,再次取决于生产的管理和体制效率,最后取决于生产的自然条件的优劣。国际价值量的大小主要表现为其代表的世界社会必要劳动时间的多少,一般来说,它与世界平均劳动生产率成反比关系,即世界劳动生产率越高,单位商品所包含的世界社会必要劳动时间就越少,其国际价值量就越小,反之,就越大。当然,由于生产率的提高,世界生产该商品的数量会大大增加,世界并不因此增加商品总量的国际价值。从历史发展角度来看,人类劳动生产率会随着科技进步和劳动者素质技能的不断提高而提高,因此,单位商品的国际价值量会逐步降低。

但国际价值量与国民劳动生产率的关系并不是如此简单。在国际市场上,价值规律发挥作用的价值标准是世界社会必要劳动时间即世界平均劳动生产率。如果一国的劳动生产率高于该水平,该国在国内市场作为一般劳动的国民劳动在世界市场却被看作强度更高或者生产率较高的劳动,强度较大或者生产率较高的劳动会在同一时间内生产出更多的国际价值。在国民价值向国际价值转化的过程中,劳动生产率高的国家在同一时间内生产的商品会比劳动生产率低的国家得到更多的国际价值。在一定程度上,单位商品的国际价值量与国民劳动生产率是成正相关的,即国民劳动生产率越高其实现的国际价值就越大,国民劳动生产率越低其实现的国际价值就越小。因此,马克思认为:"一个国家的资本主义生产越发达,那里的国民劳动的强度和生产率,就越超过国际水平。因此,不同国家在同一劳动时间内所生产的同种商品的不同量,有不同的国际价值,从而表现为不同的价格,即表现为按各自的国际价值而不同的货币额。所以,货币的相对价值在资本主义生产方式较发达的国家里,比在资本主义生产方式不太发达的国家里要小。"②

① 《马克思恩格斯全集》第23卷,人民出版社,1972年版,第53页。
② 《马克思恩格斯全集》第23卷,人民出版社,1972年版,第614页。

三、国际价值的基本特点

国际价值与国民价值显著不同,这主要是由于价值规律在国际市场与国内市场的作用发生较大变化引起的。世界市场由于生产要素难以自由流动、市场体系被分割为一个个国内市场等原因而竞争不充分。马克思认为:"价值规律在国际上的应用,还会由于下述情况而发生更大的变化:只要生产效率较高的国家没有因竞争而被迫把它们的商品的出售价格降低到和商品的价值相等的程度,生产效率较高的国民劳动在世界市场上也被算作强度较大的劳动。"①正是因为国际价值规律的作用不够充分,国际价值才表现为不同的特点,其基本特点表现为:

1. 国际价值实现的不均衡性

由于世界市场空间范围巨大,由此必然造成商品流通时间和空间的不同差距,所以,国际价值实现的不均衡性首先表现为国际价值实现的时滞和空间差异上。其次,由于价值规律在国际市场发挥作用的国家、地区经济社会条件的不同,作用的时滞和空间差距,必然会产生作用程度和作用形式的显著差异。国际价值实现的不均衡性主要表现为同一商品生产条件不同的国家在国际市场上实现的国际价值的多寡不同,也就是马克思所谓的富国剥削穷国的现象。一般来说,自然条件优越、劳动生产率较高的国家能够在国际贸易中获得较多国际价值,而自然条件恶劣、劳动生产率较低的国家则只能获得较少的国际价值。马克思对此评述说:"一个国家的三个工作日也可能同另一个国家的一个工作日交换。价值规律在这里有了重大的变化。或者说,不同国家的工作日相互间的比例,可能像一个国家内熟练的复杂的劳动同不熟练的、简单的劳动的比例一样。在这种情况下,比较富有的国家剥削比较贫穷的国家,甚至当后者……从交换中得到好处的时候,情形也是这样。"②

2. 国际价值一般高于国民价值

马克思认为在国际贸易中生产率较高的国家能够获得高于国民价值的国际价值。由"投在对外贸易上的资本能提供较高的利润率,首先因为这里是和生产条件较为不利的其他国家所生产的商品进行竞争,所以,比较发达的国家高于商品的价值出售自己的商品,虽然比它的竞争国卖得便宜。只要比较发达的国家的劳动在这里作为比重较高的劳动来实现,利润率就会提高,因为这种劳动没有被作为质量较高的劳动来支付报酬,却被作为质量较高的劳动来出售……这好比一个工厂主采用了一种尚未普遍采用的新发明,他卖得比它的竞争者便宜,但仍然高于它的商

---

① 《马克思恩格斯全集》第 23 卷,人民出版社,1972 年版,第 614 页。
② 《马克思恩格斯全集》第 26 卷(Ⅲ),人民出版社,1975 年版,第 112 页。

品的个别价值出售,就是说,他把他所使用的劳动的特别高的生产力作为剩余劳动来实现,因此,他实现了一个超额利润"。① 即使是在落后国家,对外贸易也可以凭借优越的自然条件获得高于国内市场的利益。张幼文认为,价值增值是所有各种内容的国际贸易的结果和共性,并进一步把价值增值的起源分为:由国际贸易和分工本身形成的比较或绝对优势;由经济发展的相对差异所决定的生产率差异;由历史、自然原因所形成的要素禀赋的差异。认为由经济发展的相对差异所形成的劳动生产率和"一切影响生产率的因素,都间接地成为价值增值的起源"。② 一般来说,追逐超额利益才是推动国际贸易发展的推动力,具体原因将在后面展开叙述,这里从略。

3. 国际价值表现形式的不统一

国际价值与国民价值相比,其表现形式差异很大,不统一性更为显著。国际价值表现形式的差异性主要是由世界市场的国民市场、区域市场的分割所导致的市场体系不统一决定的。当然,由于世界市场的内部分割必然放大因世界市场时空距离所导致的时滞和空间效应,使相同的商品在国际市场不同时空,其货币表现有很大差异。由于不同的国民价值是由各国社会必要劳动时间决定的,不同的国民价值就会如马克思所说那样"各国的平均数形成一个阶梯",同一商品不同的国民价值所形成的阶梯差距也必然反映在该国参与国际贸易所形成的国际价值上,国际价值与当地国民价值在价值规律作用下会相互接近,抬高或压低国际价值在该区域的货币表现。因此,"不同国家在同一劳动时间内所生产的同种商品的不同量,有不同的国际价值,从而表现为不同的价格,即表现为按各自的国际价值而不同的货币额"。③

4. 超额剩余价值(利润)长期存在

马克思认为个别企业因劳动生产率比较高可以获得超额剩余价值的现象是暂时而不是长期的。在国内市场,由于个别生产企业率先采用先进科学技术、生产工艺或者管理制度而大幅度提高生产率,使该企业的个别劳动时间低于社会必要劳动时间,按照社会必要劳动时间进行商品交换,该企业就可以获得超过平均利润的超额剩余价值。由于国内市场价值规律的作用是充分的,其他企业也必然跟进先进技术、工艺或者管理。随着其他企业改进技术、工艺或者管理,必然相应地提高整个行业的生产率。随着生产率的提高,该行业的社会必要劳动时间相应缩短,超

① 《马克思恩格斯全集》第25卷,人民出版社,1974年版,第264~265页。
② 张幼文:《价值增值在国际贸易中的普遍意义》,《江苏社会科学》,1993年第5期,第20~25页。
③ 《马克思恩格斯全集》第23卷,人民出版社,1972年版,第614页。

额剩余价值就趋于消失。马克思认为随着整个社会劳动生产率的提高,用于补偿劳动力价值的必要劳动时间必然缩短,整个工作日内的剩余劳动时间会相应地缩短,企业会普遍获得相对剩余价值,从而提高了整个社会的剩余价值总量。但"价值规律在国际上的应用,还会由于下述情况而发生更大的变化:只要生产效率较高的国家没有因竞争而被迫把它们的商品的出售价格降低到和商品的价值相等的程度,生产效率较高的国民劳动在世界市场上也被算作强度较大的劳动"。① 在国际市场上,用于价值规律作用不够充分,个别企业凭借国家利益边界阻断其他国家的企业进行竞争,就可以长期占据较高生产率的位置,长期获得超额剩余价值或者超额利润。

第三节 国际价值的转化形式

商品的国际价值转化形式一般包括国际价格、国际生产价格、国际垄断价格和国际市场价格。商品的国际价值表现为世界货币形式,国际价值就转化为国际价格;随着不同行业利润平均化,国际价值转化为国际生产价格;如果参与国际贸易的企业是垄断企业,则国际生产价格就进一步转化为国际垄断价格;如果考虑国际市场供求的变化,国际价值进一步转化为国际市场价格。商品国际价值各种转化形式可以用图 2-1 所示的模型表示。

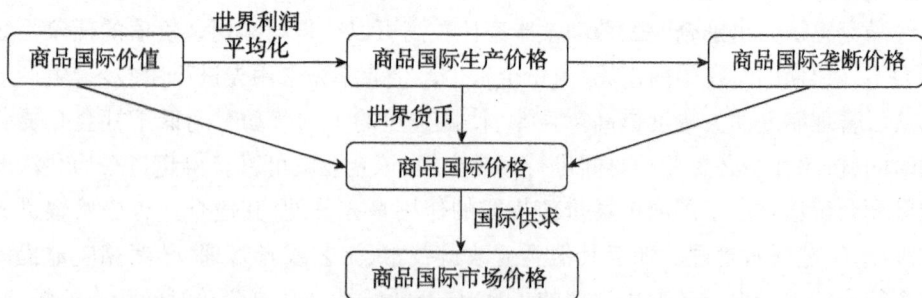

图 2-1 国际价值转化

① 《马克思恩格斯全集》第 23 卷,人民出版社,1972 年版,第 614 页。

一、国际价格的演化

在国际市场上,商品的国际价值是凝结在商品中无差别的人类劳动,人们是无法直接感知的,只有通过国际价值的表现形式即国际交换价值认识和感知国际价值的存在和变化。在贵金属货币作为世界货币时期,商品的国际交换价值直接表现为黄金、白银这样的货币形式。商品的价格不仅由其国际价值决定,还受到货币单位和货币材料生产和供求的影响。在世界货币统一于黄金阶段,由于黄金生产率提高缓慢,开采成本相对稳定,货币本身价值相对稳定,因而商品的国际价格也较为稳定。在世界货币演进为现代货币时期,现代货币的本质是表现为纸币的现代信用货币,世界货币的信用性质要求发行国承担起世界货币稳定的责任。美国凭借第二次世界大战时期积累的庞大黄金储备和2/3的世界财富,逐渐在第二次世界大战后垄断了世界货币的发行。在可兑换金本位信用世界货币时期,世界货币保持了近三十年的稳定,为战后世界的发展和繁荣提供了金融基础。20世纪70年代以来,世界货币进入了不可兑换信用世界货币时期。随着美国国力相对衰退和其他新兴工业大国的崛起,单靠美国已无法提供足够的世界货币信用,世界货币迈入了多元化、不稳定的新时期。信用货币时代,各国都把稳定物价作为金融管理和货币发行的首要目标,因而货币单位就成为标度生产率相对变化的"标准",也就是说货币贬值已经是公开的秘密了。随着现代货币单位使用价值化,商品的国际价值也将随之呈现出使用价值化的特点,即国际价值总量将随着劳动生产率的提高而高速累积,单位商品的国际价值货币量不是下降而是缓慢提升——当然这也与凯恩斯主义实践的影响直接相关。

二、国际生产价格

在自由竞争资本主义时期,世界市场在价值规律的作用下,不同的行业和部门利润率将逐步趋同,也就是说,利润率将平均化。在分割的世界市场,利润率平均化的趋势虽然会受到国家、区域边界的制约和影响,会形成利润率平均化的不同差异,但价值规律作为客观强制力发挥作用的结果,必然缩小世界利润率之间的差距,推动利润率趋向一致。在世界利润率平均化趋势的作用下,商品的国际价值转为国际生产价格。就目前而言,世界利润率平均化趋势或者利润率平均化程度的高低首先与商品或者劳务的贸易性有关。贸易性越强的商品,其流动就越充分,利润率平均化程度就会越高,反之,贸易性越差的商品和劳动利润率平均化程度越低。其次与企业进入的资本规模门槛有关,进入的资金规模越大,门槛越高,就越能限制资本流动和竞争,其利润率平均化水平会越低。最后与所需要技术复杂程度有关,技术越复杂,技术扩散速度和范围就会越小,利润率平均化水平就会越低。以此推理,贸易性强、资金、技术门槛低的生产领域其利润平均化程度较高,贸易性弱、资金、技术门槛高的行业和部门其利润平均化程度较低。换言之,前者在国际贸易中获得利益较低,后者获得利益较高。

三、国际垄断价格

在进入垄断资本主义时期,垄断已经成为主导的经济形式。在世界市场,少数具有垄断地位的企业或者企业集团就可以凭借对某些行业或者领域的生产或者流通的控制,通过垄断价格获取垄断利润。在此条件下,商品的生产价格转化为垄断价格。对于消费者而言,垄断意味着企业能够凭借其对生产或者销售的价格控制,制定远高于一般企业利润的垄断高价进行销售,通过向消费者转嫁成本获得超额利润。对于相关联的非垄断企业而言,垄断意味着企业能够凭借对生产或销售的垄断地位,低价收购中间产品或原材料,通过转移这些非垄断企业的部分剩余价值而获得超额利润。

四、国际市场价格

前面的分析,都没有考虑市场供求变化的影响或者只考虑供求平衡条件的情形。如果考虑市场供求的影响,商品的国际价格就转化为国际市场价格。在供求大体平衡的条件下,所谓商品国际市场价格,一方面,应看作是纳入世界市场中同一个部门内部的不同国家所生产的商品的平均国民价格;另一方面,又应看作是在这个部门的平均条件下生产的、构成该部门生产产品很大数量的那种商品的国民价格。在一些特殊的条件下,那些在最坏条件下或在最好条件下生产的商品的国民价值也会调节国际价格,而这种"国际价格"又成为国际市场价格波动的轴心。而在供求严重失衡的条件下,如果需求大于供给,以致当市场价格由最坏条件下生产的商品的国民价格来调节时也不降低,那么,这种在最坏条件下生产商品的国民价格就决定国际市场价格。这种情况只有在需求超过通常的需求或者供给低于通常的供给时才可能发生。如果供给大于需求,企业所生产的商品的量大于这种商品按中等的国际价格可以找到销路的量,那么,那种在最好条件下生产的商品的国民价格就调节国际市场价格。

在国际市场上,价值规律的作用形式并没有什么不同,在供求影响下,商品的市场价格围绕商品价格(价值)这个轴心上下波动,正是价值规律强制地发挥作用的表现形式,使商品的市场价格与其内在的价值趋于一致。从整个市场来看,全部的商品供求大体一致,全部商品的市场价格与其价值(通过货币表现为商品价格)总量是一致的,从长期波动趋势来看,市场价格上扬与下跌会相互抵消,商品市场价格与其商品价值趋于一致。在商品经济发展的不同历史阶段,作为市场价格波动的轴心或者调解市场价格的价值标准有着不同的具体内容。从资本主义发展的历程来看,在前资本主义时期,处于主导的商品生产是简单商品生产,也就是处于简单商品经济时期,商品的国际价格是商品价值直接的世界货币的表现,国际市场价格围绕波动的轴心就是商品的国际价值。在自由资本主义时期,统一的国内市场已经形成,价值规律作用得以在全国范围和不同行业及领域发挥作用,不同行业及领域的利润率趋于一致,商品的生产价格就成为调节市场价格波动的内在价值标准。这一原理也适用于国际市场。当世界市场在资本主义商品生产的扩张的推动下逐步形成时,价值规律作用范围也由国内市场延伸至国际市场,利润率平均化趋势逐步在世界内展开,国际市场价格波动轴心就由原来的国际价值让位于国际生产价格。随着世界市场竞争加剧、生产和销售日趋集中,市场垄断逐步占据了世界市场的主导地位,调节世界市场价格的价值标准就由原来的生产价格转变为垄断价格。

第四节 国际价值实现的重要前提: 世界市场的形成

马克思主义经济学把研究世界市场作为自己国际价值理论体系的逻辑起点。"世界市场是在各国国内市场基础上形成的,从一国的角度来讲,它是商品交换突破国家的界限扩展到世界范围的结果,是国内市场的延伸;从世界角度来看,它是各国国内市场相互联结、相互依存的有机整体,是商品和服务的国际流通过程,反映的是国际商品交换关系。"[①]就世界市场的形成而言,国际分工是世界市场的基础和条件,而根源则在于"资本一方面具有创造越来越多的剩余劳动的趋势,同样,它也具有创造越来越多的交换地点的补充趋势……从本质上说,就是推广以资本为基础的生产或与资本相适应的生产方式。创造世界市场的趋势已经直接包含在

---

① 王天义:《马克思关于世界市场与国际价值的理论》,《理论前沿》,2002 年第 7 期,第 22~23 页。

资本的概念本身中"。① 因为,资本天生所具有的对利润的追求和扩张冲动,使自身处于不断积累膨胀的状态,使以资本为基础的生产处于不断扩大的循环运动之中。随着资本的发展和在国内取得统治地位,生产与消费、供给与需求之间的矛盾变得日益突出,国内市场变得越来越狭小,以至不能满足资本扩张的需要而成为其发展的障碍,于是,资本就按照自身发展的逻辑,突破民族国家的界限走向世界。"资产阶级,由于开拓了世界市场,使一切国家的生产和消费都成为世界性的了。""工业所加工的,已经不是本地的原料,而是来自极其遥远的地区的原料;它们的产品不仅供本国消费,而且同时供世界各地消费。旧的、靠本国产品来满足的需要,被新的、要靠极其遥远的国家和地带的产品来满足的需要所代替了。过去那种地方的和民族的自给自足和闭关自守状态,被各民族的各方面的互相往来和各方面的互相依赖所代替了。物质的生产是如此,精神的生产也是如此。"② 由此,一国的社会分工超出了国界,欧洲发达资本主义国家凭借其大机器工业生产的优势,对殖民地国家进行殖民掠夺与倾销,从而把这些国家的国民经济纳入资本主义发达国家的经济体系,这不仅打破了殖民地国家的自然经济,而且还使它们卷入了国际交换,从而形成了欧洲殖民者国家与广大亚非拉等殖民地国家之间的垂直分工形式,即欧洲殖民者国家从事工业生产,殖民地国家成为它们的原料和粮食的供应地以及产品倾销的市场。以此为基础,资本主义的产生和发展使对外贸易和世界市场隶属于自身并成为自身存在的必要条件,促使其达到巨大的规模。马克思主义经济学认为,与资本推动的国际分工和世界市场的发展相适应,以世界市场的扩大为基础的国际贸易实践成为国际价值形成和实现的重要前提。

第五节　国际价值的影响因素

一、影响国际价值的传统因素

1. 国际商品生产的物质技术水平

在世界市场上,进入国际贸易范围参与国际交换的不同国家的同类商品生产

---

① 《马克思恩格斯全集》第46卷(上),人民出版社,1979年版,第391页。
② 《马克思恩格斯选集》第1卷,人民出版社,1972年版,第254~255页。

部门的不同生产者往往具有不同的物质基础条件,鉴于不同国家的要素禀赋差异和技术水平参差不齐,以劳动工具为标志的"现有的社会正常的生产条件"必然存在差别;势必影响该国的生产部门在世界范围内生产条件序列中的排位,进而影响该商品的国际价值量。

2. 国际商品生产企业的劳动强度

参与国际交换的商品的国际价值量要由国际平均的劳动强度和劳动耗费程度来决定,在参与以国际交换为目的的不同国家的商品生产企业中,由于劳动者的经验、技能、劳动效率都不会相同,那么,在单位时间内这些企业生产同类商品的体力、脑力耗费,即劳动强度也必将不同,因此,这些企业生产的商品的国际价值量也就会存在差异。

3. 世界市场的商品供求关系

在世界市场特定国际分工格局下,不同的生产领域要力求保持平衡,一方面,参与国际交换的商品生产者必须生产一种使用价值,即满足世界市场上的一种特殊需求,而各种范围不同的商品需要量联结成一个自然的体系;另一方面,国际价值规律决定国际社会在它所支配的全部社会劳动时间中如何配置对不同商品的需求。参与国际交换的某一生产部门的商品总体耗费的劳动如果与分配给这一部门的社会需求不符,则会造成国际贸易领域特定商品的供求不一致。如果供不应求,导致与国民价值总和相比,国际价值总量增大;如果供过于求,导致部分国民价值无法通过国际交换实现,从而造成劳动和资源浪费。如果参与国际交换的某种商品供求一致,那么该类商品总是能够完全被社会需求吸收,决定该类商品国际价值量的主要因素是进入国际贸易范围的该类商品的比重和生产时间。

4. 国际商品的生产效率

决定一类商品国际价值量的社会必要劳动时间将会随着各国社会必要劳动时间的变化而变化,如果同类生产部门的不同国家生产该类商品的社会必要劳动时间缩短了,那么,世界市场上参与国际交换的同类商品的社会必要劳动时间也必将随之缩短;反之,则扩大。由于上述商品的一国社会必要劳动时间是随着该国劳动生产率的改变而改变的,所以影响一国劳动生产率高低的因素在这一方面都将发生作用。这些因素主要包括一国劳动者的熟练程度、生产资料特别是生产工具的技术装备水平、企业内的劳动组织状况、社会的生产组织状况、科学技术发展水平和应用程度、原材料和零部件的优劣以及各种自然条件等。在参与国际交换的生产同类商品的不同部门和企业中,上述每一种因素对劳动生产率的影响程度都是不相同的。劳动生产率的变化,必然会引起该部门所生产商品的社会必要劳动时间的变化,从而引起商品国际价值量的变化。参与国际交换的商品的国际价值量与体现在该商品中的社会必要劳动的量成正比,与这一劳动的社会生产力成反比。这里的社会生产力就是指生产劳动的效率。那么,只要生产效率较高的国家还没有因为竞争而被迫把该国参与国际交换的商品的出售价格降低到和商品的国民价值相等的程度,生产效率较高的国民劳动在国际市场上就会被算作强度较大的劳动。这也就意味着那些生产效率较高、物质和社会生产条件优于世界平均劳动条件的国家提供的产品,其在世界市场上通过国际交换实现的国际价值会高于由其国内社会必要劳动时间决定的国民价值,而基于国际价值的产品国际市场价格也会高于其国民价值,从而能够通过国际贸易获得超额价值,在国际竞争中占有优势。

二、新技术革命与经济全球化

"经济全球化是社会化生产和高科技迅猛发展的结果,是生产社会化在当代高新科技迅猛发展条件下的新发展。""经济全球化,就目前阶段看也可以说是市场经济全球化。"①市场经济是当今经济全球化的体制基础,在世界市场经济体系当中资本主义市场经济具有明显优势,从生产关系的角度而言,当今经济全球化的本质仍然主要是受资本追求利润冲动的驱使;但是,从生产力的角度而言,技术革命特别是当今新技术革命推动的社会生产力的发展和生产社会化程度的提高才是经济全球化的根本动力。

20世纪90年代以来,新技术革命特别是信息技术推动经济全球化获得长足发展:

第一,由于信息技术发展而带来高性能电脑和各类高水平针对性应用软件的应用与普及、互联网和信息高速公路的应用与普及、移动通信技术的普及和不断更新换代等,一方面促进了相关高新产业的发展,另一方面大幅度降低商品、要素等流通成本,为种种现代化商务、贸易和金融模式的采用提供了技术平台。从而,大大提高了国际贸易当中商品、服务的流动性,促进了资本、劳动等要素的国际流动(见表2-1、表2-2)。

第二,随着世界市场制度的改善和竞争压力的增大,信息技术的快速发展与扩散,尤其是互联网及电子商务的发展,使作为经济全球化重要载体的跨国公司布局全球的生产网络得以形成和发展。② 在信息技术的支撑下,企业流通费用及其他非生产费用大为降低,使跨国公司可以根据世界各国的资源禀赋、市场条件等状况,实现技术研发、产品设计、零部件生产、产品组装、组织订货、商品销售等各环节

---

① 黄范章:《关于经济全球化的几点思考》,《世界经济与政治》,2000年第10期,第5~10页。
② 刘德学等:《全球生产网络与加工贸易升级》,经济科学出版社,2006年版,第2~3页。

表2-1　1990年和2002年国际贸易和外国直接投资状况

	货物贸易占GDP的百分比(%)		商业服务出口占商品出口的百分比(%)		外国直接投资总额占GDP的百分比(%)	
	1990年	2002年	1990年	2002年	1990年	2002年
全世界	32.5	40.3	21.5	23.1	2.7	6
低收入国家	26.9	37.3	14.6	19.4	0.5	1.7
中等收入国家	35.2	54.9	16.5	15.6	1	3.7
高收入国家	32.3	37.6	23.2	25.5	3	6.6

资料来源:世界银行:《2004年世界发展指标》,中国财政经济出版社,2005年版,第308页。

表2-2　1990年和2001年部分OECD国家中外国劳动力和人口状况

	外国人口占总人口的百分比(%)		外国劳动力占劳动力的百分比(%)	
	1990年	2001年	1990年	2001年
奥地利	5.9	9.4	7.4	11
比利时	9.1	8.2	7.1	8.9
法国	6.3	5.6	6.2	6.2
爱尔兰	2.3	3.9	2.6	4.6
意大利	1.4	2.4	1.4	3.8
日本	0.9	1.4	0.1	0.2
西班牙	0.7	2.7	0.6	3.4
英国	3.2	4.4	3.3	4.4

资料来源:世界银行:《2004年世界发展指标》,中国财政经济出版社,2005年版,第346页。

　　的全球分配。为此,跨国公司会把来自于不同国家和地区的众多不同企业、组织连接在一起,形成全球生产网络。

　　第三,新技术革命当中比如基因工程、航空航天、海洋开发等众多技术创新需要学科交叉,内容繁杂、研发周期长、成本与风险巨大,单个企业甚至单个国家往往无法单独承担和完成。"于是产生了技术创新全球化趋势。目前,企业的战略收购和兼并,实现企业技术资源的重组,已成为跨国企业并购的重要原因之一。另外企业的国际技术联盟、联合开展研究与开发活动,现已成为许多跨国公司重要的技术发展战略。同时,研究机构也展开了与跨国企业间的研究与开发联合行动。以上现象表明,当今技术创新的国际化趋势已日趋明显,它必然有力地推动经济全球化的发展。"[1]

第四,在新技术革命的推动下,要素全球流动、企业全球经营、产品全球生产,产业的国际化会逐步实现。"所谓国际化产业,就是产业内的产品生产和销售已实现高度国际化的产业,同时,产业内的主要企业的生产经营已不再以一个或少数国家为基地,而是面向全球并分布于世界各地的国际化生产体系。"[2]在产业国际化条件下,产业内企业产品生产实现规模化、集中化、国际化,伴随产品物质组成的高度国际化,产品价值的构成及形成过程也将实现高度国际化;主要厂商的市场竞争战略的制定与实施也会建立在产业市场全球一体化的基础上,所以,整个产业的市场结构和主要厂商间的市场竞争格局已突破了地区和国家界限。

第六节　国际价值的新变化、新特点

在新技术革命的推动下,经济全球化获得长足发展,一方面,为继承和发展马克思国际价值理论提供了实践条件;另一方面,当代经济全球化条件下,产品生产已经实现了全球化,价值构成和形成过程也已经全球化,而且产业内部企业之间的竞争也突破国界致使国民价值的概念弱化等,又为继承和发展国际价值论提出了新问题。

第一,产品价值构成国际化。随着经济全球化进程的推进,使世界各国工业部门生产的国际专业化迅速发展,生产专业化程度、零部件专业化程度和工艺专业化程度等日益提高,促使世界各国生产者之间的劳动分工正在发生深刻的调整与变革,国际分工表现为在产业间分工、产业内分工与产品内分工并存,而且越来越多地走向同一产品内部、同一产品价值链的不同环节上的分工。以信息技术尤其是互联网及电子商务为支撑,使作为经济全球化重要载体的跨国公司,其布局全球的生产网络得以形成和发展。跨国公司根据世界各国的资源禀赋、市场条件等状况,基本实现了技术研发、产品设计、零部件生产、产品组装、组织订货、商品销售等各环节的全球分配。所

---

① 陈国宏:《经济全球化与我国的技术发展战略》,经济科学出版社,2002年版,第25页。

② 张纪康:《论世界经济全球化中的产业国际化及其不平衡发展》,《世界经济与政治》,2000年第5期,第75~80页。

以,当今全球主要跨国企业的生产经营过程基本都是在全球范围内进行并实现的,其"产品的研究与开发、生产计划的制订、原材料和零配件的供配、生产工艺环节间的投入产出协调耦合、产品的销售乃至公司集团的整体和地区、部门管理都是在全球范围的大规模流转中实现的"。[①] 既然产品的研发设计、零部件的生产及产品组装等环节分别在不同国家进行,这一产品的总价值的构成也就表现为来自于不同的国家和地区,即实现了产品价值构成国际化。例如,早在 20 世纪 80 年代中期,IBM 公司个人计算机的价值构成就已经高度国际化了(见表 2-3)。

表 2-3 美国 IBM 个人计算机的单位价值构成

零部件	生产国别	价值(美元)
黑白显示器	韩国	85
半导体	美国	105
	日本	105
电源	日本	60
打印机	日本	160
软盘驱动器	新加坡	165
	美国组装	25
键盘	日本	50
组装	美国	105
总值		860
美国完成的价值增值		27.3%

资料来源:America. Hihg Tech Crisis,Business Week,11 March 1985,p. 60.

第二,流通费用在价值总量中占有重要地位。随着跨国公司产品生产全球网络的形成,技术研发、产品设计、零部件生产、产品组装、组织订货、商品销售等各环节分别在位于不同国家的众多机构和企业进行。那么关于产品研发和设计的技术、信息传输,关于零部件制造所需要的原材料的运输,关于产品组装所需要零部件、中间产品的传递以及产成品从企业到顾客手中的配送等环节,就沿着跨国企业的全球生产网络形成了一条国际供应链。"在供应链运营过程中,在供应链上生产

---

① 张纪康:《论世界经济全球化中的产业国际化及其不平衡的发展》,《世界经济与政治》,2000 年第 5 期,第 75~80 页。

和提供有关服务,开展各项业务活动,必然要占用和消耗一定的活劳动和物化劳动,这些活劳动和物化劳动的货币表现,就是供应链成本,也称为供应链费用。"①供应链费用表现为发生在流通领域的费用,一般而言,流通过程尽管是再生产总过程的一个阶段,但是在流通过程中,只是同一价值量发生了形式变化,不生产任何价值和剩余价值,所以,流通费用一般不计入价值总量。但是,马克思也指出:有两种性质的流通及其费用,一种是生产过程在流通领域的继续,包括必要的运输、保管、包装、加工等,其费用属于生产费用;另一种是属于实现价值量形式变化过程,其费用属于纯粹非生产费用。显然,由于产品生产的国际化,技术、信息、原材料、零部件和中间产品在各机构、企业之间的流通,产成品到顾客手中的部分配送过程,当然是"一种是生产过程在流通领域的继续",那么相应的供应链费用也就作为生产性流通费用创造价值和剩余价值,需要计入价值总量。由于跨国公司基于供应链条的企业内部交易量在国际贸易总额中所占比重不菲,所以,流通费用已在产品价值总量中占据重要地位。

第三,国际价值和国际生产价格的形成途径发生变化。在实现产品价值构成国际化条件下,国民价值仍然存在,但已经失去了原来的意义,即不再是对产成品意义上的国民价值,此时的国民价值是针对全球生产过程中具体环节的产物而言的。技术研发、产品设计、零部件生产、产品组装、组织订货、商品销售等各环节在全球不同国家分配,那么这些环节所对应产物的价值相应就是该环节所在国的国民价值。产成品的个别价值是这些国民价值之和。那么,得到产品个别价值后如何得到产品的国际价值呢?国际价值传统意义上的形成途径是由产品国内个别价值"平均"得到产品国内社会价值(国民价值),然后在国民价值的基础上再"平均"得到国际社会价值即国际价值。在经济全球化条件下,产业突破国界,产业国际化逐步实现,而该产业内部占主导地位的是少数几家跨国公司,这些跨国公司之间在产业内部的竞争导致产品个别价值实现产业内部的社会化,即由产成品的个别价值形成产业内部的产品社会价值,即国际价值。国际化产业内部的竞争形成国际价值,而国际化产业之间的竞争则会形成国际生产价格。即由于国际化产业发展的不平衡,跨国公司会通过产业间的资本流动带动其他要素的产业间流动,实现跨国公司要素全球配置的调整,这种调整具有各国际化产业间实现利润平均化的趋势,一旦国际化产业间的利润平均化,形成国际平均利润,则国际生产价格也相应形成。

① 刘刚:《供应链管理》,化学工业出版社,2005年版,第262页。

第三章 国际贸易运行机制理论

在价值规律基础上,以供求、价格和竞争规律相互作用所形成的市场机制仍是国际贸易遵循的基本规律。由于国际贸易受到空间位置、生产要素流动诸多限制以及民族利益界限的影响,国际市场的竞争是不充分的,价值规律作用的范围和程度有所降低。由于国际价值规律的作用不充分,国际价值的形成不是由生产某一种使用价值的全部生产商的平均劳动时间决定的,而是由参与国际贸易的生产企业的个别劳动时间所形成的世界必要劳动时间决定的。

价值规律作为商品生产者之间内在的、必然的经济联系,既是国内商品价值决定和交换的基本规律,也是国际贸易必须遵循的一般规律。

第一节 国际价值规律的基本内容

国际价值规律包括商品的国际价值决定和国际商品交换的基本规律。与国内情况一样,商品的国际价值量的大小就是由生产国际商品的必要劳动时间决定的,国际商品的交换要以商品的国际价值为基础实行等价交换。

所谓世界必要劳动时间,就是在世界的平均技术条件下,在各国劳动者的平均劳动强度下,生产某种使用价值所需要的必要劳动时间。[①] 在国际市场上,价值不是以某个国家劳动的平均单位即生产某种使用价值的国内社会必要劳动时间作为

---

① 陈征:《资本论解说》第 1 卷,福建人民出版社,1997 年版,第 528 页。

计量单位的,而是以"世界劳动的平均单位"即世界必要劳动时间作为计量的尺度。由于各自的劳动生产率的差异,不同的国家就形成了各自不同的中等强度的社会必要劳动时间和与之成反比的不同的价值阶梯,这些阶梯在价值规律作用下,就形成了以"世界劳动的平均单位"为计量单位的国际价值。这些价值如果以各国国民价值或者各国中等强度劳动时间的长度来看,就会形成某种产品的价值序列,如果把国际价值与各国国民价值相比较也会形成该产品的价值比值或者差额序列。如图 3-1 所示,OX 轴表示国际市场的国家集合,OY 轴表示各国际贸易参与国的某一商品的国内社会必要劳动时间(价值),v 线表示不同国家该商品的国民价值集合链,t 线表示不同国家该商品的国内社会必要劳动时间集合链。在国际市场,形成了该商品的国际价值或者世界必要劳动时间 p,各国国民价值与国际价值就会形成不同的价值差额。P 点表示该国国内社会必要劳动时间恰好等于世界平均数,B 点则表示该国国内社会必要劳动时间低于世界平均水平,A 点表示该国国内社会必要劳动时间高于世界平均水平。在国际市场上,生产同一商品的不同国家就会形成 MA、NP、QB……系列的价值链关系。如果把该产品的价值链关系视为参与世界市场的任一国家综合生产率的代表的集合,则这个集合大致描述了处于世界分工生产链关系的各个生产国家所处的价值位及其相互关系。

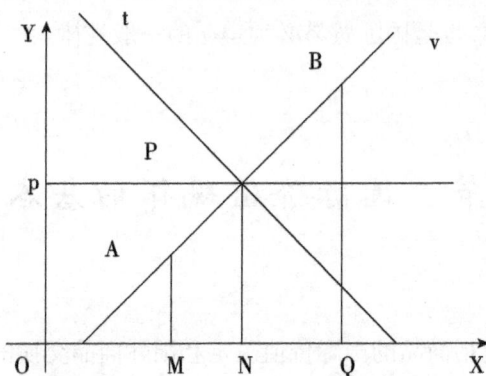

图 3-1　马克思国际价值

第二节 国际价值规律作用的基本形式

国际价值规律如同在国内市场一样,主要通过价格规律、供求规律和竞争规律及其相互作用、相互影响共同构成国际市场机制运行的基础。

一、价格规律

自从货币诞生以来,商品价值的表现形式交换价值就发展为商品价格。但商品价格的内容和基础仍然是商品的价值,即商品价格的高低是由生产该商品的社会必要劳动时间所决定,"价值规律支配着价格的运动,生产上所需要的劳动时间的减少或增加,会使生产价格降低或提高"[①]并随着社会必要劳动时间的发展变化而变化,从发展和变动的趋势看,价格与价值趋于一致,即"商品中包含的劳动量要代表社会必要的劳动","商品的个别价值(在这里的前提下,也就是出售价格)要同它的社会价值相一致"。[②] "即产品作为商品的性质,或商品作为资本主义生产的商品的性质,就会得出全部价值决定和得出全部生产由价值来进行调节。在这个十分独特的价值形式上,一方面,劳动只作为社会劳动起作用;另一方面,这个社会劳动的分配,它的产品的互相补充,它的产品的物质变换,它的从属和加入社会机构,却听任资本主义生产者个人偶然的、互相抵消的冲动去摆布。因为这些人不过作为商品所有者互相对立,每个人都企图尽可能以高价出售商品(甚至生产本身似乎也只是由他们任意调节的)。"[③]价格规律作用的方式是通过价格围绕价值这个轴线偏离和波动实现的。"可见,价格和价值量之间的量的不一致的可能性,或者价格偏离价值量的可能性,已经包含在价格形式本身中。但这并不是这种形式的缺点,相反地,却使这种形式成为这样一种生产方式的适当形式,在这种生产方式下,规则只能作为没有规则性的盲目起作用的平均数规律来为自己开辟道路。"[④]

在国际市场也是如此,国际商品价格水平的高低是由生产该商品的世界必要

---

① 《马克思恩格斯全集》第25卷,人民出版社,1974年版,第200页。
② 《马克思恩格斯全集》第25卷,人民出版社,1974年版,第203页。
③ 《马克思恩格斯全集》第25卷,人民出版社,1974年版,第995页。
④ 《马克思恩格斯全集》第23卷,人民出版社,1972年版,第120页。

劳动时间决定的,该商品价格的变动最终也是由生产该商品的世界必要劳动时间的变化决定的。国际市场可以从两个方面理解:其一,国际市场就是由各个国家市场组成的,因而就是世界各国国内市场的总和。由于各国内市场的自然条件和劳动生产率的差异,就必然形成各国不同的社会必要劳动时间,因而即使是同一商品在不同的国内市场也会有不同的价格。商品的国际价值对国际商品价格的决定和调节作用是通过国际市场的传导发挥作用的。对于非国际贸易商品或者劳务来说,由于各国市场的独立和分割,同一商品或者劳务的价值就难以通过国际市场影响到其他国家市场,但对于参与国际贸易的商品和劳务由于国际市场的传导,国际价值就会对每一个参与国际贸易的国内市场发挥影响和调节作用,国际价值对国际商品价格的决定和调节作用就会通过拉低较高的国民价值、抬高较低的国民价值而使各个参与国际贸易的国内市场的该商品的价格趋于一致,即趋于世界国际价值这一中轴线。其二,国际市场是指各国参与国际贸易的商品和劳务关系的总和。对于同一商品的不同国家的生产商来说,该商品的定价会因时空距离而产生一定程度的差异,但由于国际商品价格规律的作用,决定着该商品价格的高低和变化并不会发生较大的差异。恩格斯对此总结说:"总之,只要经济规律起作用,马克思的价值规律对于整个简单商品生产时期是普遍适用的,也就是说,直到简单商品生产由于资本主义生产形式的出现而发生变化之前是普遍适用的。在此之前,价格都以马克思的规律所决定的价值为重心,并且围绕着这种价值来变动,以致简单商品生产发展得越是充分,一个不为外部的暴力干扰所中断的较长时期内的平均价格就越是与价值趋于一致,直至量的差额小到可以忽略不计的程度。因此,马克思的价值规律,从开始出现把产品转化为商品的那种交换时起,直到公元十五世纪止这个时期内,在经济上是普遍适用的。"①

国际价格的决定和调节基准是世界必要时间而非个别国家的国内社会必要劳动时间。对于同一商品而言,处于多数生产条件的生产商生产该商品所使用的个别劳动时间就最为接近世界必要劳动时间,因而其生产时间就成为决定和调节其他生产商的基本条件。如果该生产条件是中等生产条件,则处于优等生产条件的生产商将获得超额剩余价值,而处于劣等生产条件的生产商将被淘汰;如果该生产条件处于优等生产条件,则处于中等和劣等生产条件的生产商均将逐步被淘汰;如果该生产条件处于劣等生产条件,则处于优等和中等的生产条件的生产商均将获得程度不同的超额剩余价值。"商品按照它们的价值来交换或出售是理所当然的,

---

① 《马克思恩格斯全集》第 25 卷,人民出版社,1974 年版,第 1018～1019 页。

是商品平衡的自然规律。应当从这个规律出发来说明偏离,而不是反过来,从偏离出发来说明规律本身。"①

萨缪尔森运用数学方法成功证明了世界市场同一商品的价格趋于一致的历史趋势,奥林也运用世界不同禀赋差异以及比较优势成功地论证了世界商品价格的趋同性。

二、供求规律

在价格规律基础上,如果引入供求关系,商品的价值或者价格就转化为市场价格。供求规律就是说明供求对生产价格影响以及在供求影响下商品的市场价格围绕商品的价值或者价格上下波动的规律,从发展和变动趋势看,供求将趋于平衡。"因此,供求关系一方面只是说明市场价格同市场价值的偏离,另一方面是说明抵销这种偏离的趋势,也就是抵销供求关系的影响的趋势。"②"供求可以在极不相同的形式上消除由供求不平衡所产生的影响。"以某种商品的供求基本平衡和该商品的市场价值由处于中等生产条件的生产商决定和调节为前提条件,如果需求出现减少或者生产规模扩大、供给增加,则生产供应就会过剩,因而就会引起市场价格降低,但市场价格低于市场价值,必然导致处于优等生产条件的生产商的剩余价值降低,处于中等生产条件的生产商无法获得正常剩余价值甚至亏损,部分企业或被淘汰或被迫减产甚至抽走资本,这样,供给就会减少;如果供给减少,或者由于消费者收入增加带来需求增加,导致产品供不应求,必然引起价格上涨,企业利润增加,进一步引导企业增加生产。如果市场价格高过市场价值,处于中等和优势生产条件的生产商就会普遍获得超额剩余价值,就会吸引更多投资者增加进来,导致供给增加;如果供给大于需求,又会再次引起市场价格降低,如此周而复始。这样,"因为各式各样的不平衡具有互相对立的性质,并且因为这些不平衡会彼此接连不断地发生,所以它们会由它们的相反的方向,由它们互相之间的矛盾而互相平衡。这样,虽然在任何一定的场合供求都是不一致的,但是它们的不平衡会这样接连发生——而且偏离到一个方向的结果,会引起另一个方向相反的偏离——以致就一个或长或短的时期的整体来看,供求总是一致的;不过这种一致只是作为过去的变动的平均,并且只是作为它们的矛盾的不断运动的结果。由此,各种同市场价值相偏离的市场价格,按平均数来看,就会平均化为市场价值,因为这种和市场价值的偏离会作为正负数互相抵销"。③

---

① 《马克思恩格斯全集》第25卷,人民出版社,1974年版,第209页。
② 《马克思恩格斯全集》第25卷,人民出版社,1974年版,第213页。
③ 《马克思恩格斯全集》第25卷,人民出版社,1974年版,第212页。

当然,商品价值本身的变化也会影响供求的变化,如果由于某种发明缩短了社会必要劳动时间,商品价值本身降低了,从而把许多原来不具备消费能力的消费者需求激发出来,需求就会增加。所以,在供大于求的情况下,也会激发企业投入科技创新,进而提高劳动生产率,降低该企业的个别劳动时间,可以获取正常剩余价值甚至超额剩余价值。当整个部门普遍应用了新的发明,普遍提高了劳动生产率,从而普遍降低了该商品的市场价值,从而扩大社会需求,进而实现供求平衡。反之,如果原材料、地租或者工资上升这也可以引起商品价值的上涨,以致需求本身减少。

一般情况下,如果供求基本平衡,商品的市场价格是由处于中等生产条件的生产商的个别劳动时间决定和调节的;如果供大于求,是由处于优势生产条件的生产商的个别劳动时间决定和调节的;而在供不应求的条件下,则是由处于劣势生产条件的生产商的个别劳动时间决定和调节的。在国际市场,由于市场时空巨大,供求对市场价格影响过程较长,会存在一定程度的时滞情况;不同国家的供求情况也会存在一定程度的差别,因而同一商品的市场价格也会存在一定的差异。

三、竞争规律

竞争规律是价值规律的主要表现形式,它是以价格规律、供求规律为补充,以追求价值或剩余价值为目的,以提高劳动生产率和资本转移为手段贯彻价值规律的作用和影响的。从长期来看,竞争规律的作用将降低商品的价值,将打破原有的供求关系,在新的条件下重塑新的供求平衡关系。在商品经济条件下尤其是在资本主义生产方式中,生产者为了争取最好的生产和销售条件、最大限度追求剩余价值而展开的以提高劳动生产率和资本转移为特征的竞争。价值规律作为外在必然性发挥作用:其一,是通过流通领域企业之间众多的偶然性竞争规律发挥作用,为自己强制地开辟道路的。"这个领域是一个竞争的领域,就每一个别情况来看,这个领域是偶然性占统治地位的。因此,在这个领域中,通过这些偶然性来为自己开辟道路并调节着这些偶然性的内部规律,只有在对这些偶然性进行大量概括的基础上才能看到。"[1]其二,通过竞争关系,调节商品生产者之间比例和结构关系的平衡。"所以,内在规律只有通过他们之间的竞争,他们互相施加的压力来实现,正是通过这种竞争和压力,各种偏离得以互相抵销。在这里,价值规律不过作为内在规律,对单个当事人作为盲目的自然规律起作用,并且是在生产各种偶然变动中,维持着生产的社会平衡。"[2]其三,竞争规律成为推动企业努力提高劳动生产率最有

---

① 《马克思恩格斯全集》第25卷,人民出版社,1974年版,第936页。
② 《马克思恩格斯全集》第25卷,人民出版社,1974年版,第995页。

力的杠杆。"这种为了价值和剩余价值而进行的生产……包含着一种不断发生作用的趋势,要把生产商品所必需的劳动时间,也就是把商品的价值,缩减到当时的社会平均水平以下。力求将成本价格缩减到它的最低限度的努力,成了提高劳动社会生产力的最有力的杠杆,不过在这里,劳动社会生产力的提高只是表现为资本生产力的不断提高"。① 其四,竞争必然导致不同生产部门的利润平均化,"相等的平均利润率怎样能够并且必须不仅不违反价值规律,而且反而要以价值规律为基础来形成"。② 从而商品价值转为生产价格。所谓生产价格就是国内不同生产部门的平均利润加其成本,利润率平均化以后,价值规律发挥作用的轴心和调节者就转为生产价格。"生产价格以一般利润率的存在为前提;而这个一般利润率,又以每个特殊生产部门的利润率已经分别化为同样大的平均率为前提。"③假设投在不同生产部门的资本有机构成不同(这是符合实际情况的),其剩余价值率也相等,"也就是说,由于等量资本按可变部分在一定量总资本中占有不同的百分比而推动极不等量的劳动,等量资本也就占有极不等量的剩余劳动,或者说,生产极不等量的剩余价值。根据这一点,不同生产部门中占统治地位的利润率,本来就是极不相同的。这些不同的利润率,通过竞争而平均化为一般利润率,而一般利润率就是所有这些不同利润率的平均数。按照这个一般利润率归于一定量资本(不管它的有机构成如何)的利润,就是平均利润"。④

第三节　国际价值规律的一般作用

国际价值规律的作用主要通过国际价格规律、国际供求规律和国际竞争规律在世界市场的相互作用、相互影响、相辅相成而发挥作用。但在资本主义生产方式主导世界市场的今天,国际价值规律作用是与剩余价值规律作用结合在一起的,很难把二者区分开来,因此,价值规律的作用也必然带有剩余价值规律的影响,而剩余价值规律发挥作用也是以价值规律为基础。一般来说,其作用的结果可以概括

① 《马克思恩格斯全集》第 25 卷,人民出版社,1974 年版,第 996 页。
② 《马克思恩格斯全集》第 25 卷,人民出版社,1974 年版,第 12 页。
③ 《马克思恩格斯全集》第 25 卷,人民出版社,1974 年版,第 176 页。
④ 《马克思恩格斯全集》第 25 卷,人民出版社,1974 年版,第 177 页。

为：国际资本积累日益加速，国际资本有机构成不断提高；生产日趋集中，国际垄断趋势不断加强；国际分工日益深化，生产社会化广度、深度不断加强；生产价格形成链条拉长，利润国际平均化趋势不断加强；提高劳动生产率和利润率的竞争日趋激烈，竞争手段日趋多元化；资本主义矛盾世界化，经济危机全球化；世界资源配置全球化，控制战略资源的世界竞争日趋激烈。

一、国际资本积累日益加速，国际资本有机构成不断提高

资本积累就是指企业把剩余价值的一部分用作追加投资，从而进一步扩大生产规模。正是企业对利润追逐和企业之间日益强化的竞争，迫使企业不仅把大量追加的资本运用于新发明、新发现"充当利用工业改良的手段"，[①]而且把不断扩大生产规模作为增加企业竞争优势和扩大企业利润的主要手段，"它的目的是保存现有资本价值和最大限度地增殖资本价值"[②]"为积累而积累，为生产而生产——古典经济学用这个公式表达了资产阶级时期的历史使命。"[③]"资本主义生产的发展，使投入工业企业的资本有不断增长的必要，而竞争使资本主义生产方式的内在规律作为外在的强制规律支配着每一个资本家。竞争迫使资本家不断扩大自己的资本来维持自己的资本，而他扩大资本只能靠累进的积累。"[④]由于国际贸易不仅把国内市场的竞争带进了世界市场，而且把不同国家的竞争者引入了国内市场，所以，世界市场的竞争会较国内市场更加激烈、广泛而持久。"竞争斗争是通过使商品便宜来进行的。在其他条件不变时，商品的便宜取决于劳动生产率，而劳动生产率又取决于生产规模。"[⑤]各国企业要获得竞争优势和更大的企业利润，最大限度地进行资本积累就成为国际竞争的必然法则。"工业企业规模的扩大，对于更广泛地组织许多人的总体劳动，对于更广泛地发展这种劳动的物质动力，也就是说，对于使分散的、按习惯进行的生产过程不断地变成社会结合的、用科学处理的生产过程来说，到处都成为起点。"[⑥]随着企业资本积累的加速，企业这种由资本技术构成决定并反映着资本技术构成变化的价值构成即资本有机构成就必然有逐步提升的历史趋势。马克思评论道：如果我们进一步假定，资本构成的这种逐渐变化，不仅发生在个别生产部门，而且或多或少地发生在一切生产部门，或者至少发生在具有

---

① 《马克思恩格斯全集》第23卷，人民出版社，1972年版，第689页。
② 《马克思恩格斯全集》第23卷，人民出版社，1972年版，第678页。
③ 《马克思恩格斯全集》第23卷，人民出版社，1972年版，第652~653页。
④ 《马克思恩格斯全集》第23卷，人民出版社，1972年版，第649~650页。
⑤ 《马克思恩格斯全集》第23卷，人民出版社，1972年版，第686~687页。
⑥ 《马克思恩格斯全集》第23卷，人民出版社，1972年版，第688页。

决定意义的生产部门,因而这种变化就包含着某一个社会的总资本的平均有机构成的变化,那么,不变资本同可变资本相比的这种逐渐增加,就必然会有这样的结果:在剩余价值率不变或资本对劳动的剥削程度不变的情况下,一般利润率会逐渐下降。但是,随着资本主义生产方式的发展,可变资本同不变资本相比,从而同被推动的总资本相比,会相对减少,这是资本主义生产方式的规律。[①]

二、生产日趋集中,国际垄断趋势不断加强

日益激烈的竞争会直接导致企业生产集中,而且信用制度的发展也会大大加快生产集中的速度和规模。一方面,竞争会直接导致资本的集中。就一般竞争的结果而言是较大的资本战胜较小的资本,表现为生产或者销售逐渐向较大的资本集中。"竞争的激烈程度同互相竞争的资本的多少成正比,同互相竞争的资本的大小成反比。竞争的结果总是许多较小的资本家垮台,他们的资本一部分转入胜利者手中,一部分归于消灭。"另一方面,信用制度兴起,信用不仅造就了一种迅速突破单个企业资本积累的速度和规模的社会制度,而且造就了一种崭新的利用社会闲散资金的企业组织形式:股份公司。"一种崭新的力量——信用事业,随同资本主义的生产而形成起来。起初,它作为积累的小小的助手不声不响地挤了进来,通过一根根无形的线把那些分散在社会表面上的大大小小的货币资金吸引到单个的或联合的资本家手中;但是很快它就成了竞争斗争中的一个新的可怕的武器;最后,它变成一个实现资本集中的庞大的社会机构。"[②]

资本集中不仅可以弥补单个资本积累速度过慢和规模较小的问题,而且"可以通过单纯改变既有资本的分配,通过单纯改变社会资本各组成部分的量的组合"[③]加速了资本积累和集中的趋势。随着资本主义生产和积累的发展,竞争和信用——集中的两个最强有力的杠杆,也以同样的程度发展起来。同时,积累的增进又使可以集中的材料即单个资本增加,而资本主义生产的扩大,又替那些要有资本的预先集中才能建立起来的强大工业企业,一方面创造了社会需要,另一方面创造了技术手段。因此,现在单个资本的互相吸引力和集中的趋势比以往任何时候都更加强烈。[④]

资本积累、集中的历史趋势,必然造成生产和流通的垄断。"资本所以能在这

---

① 《马克思恩格斯全集》第 25 卷,人民出版社,1974 年版,第 236 页。
② 《马克思恩格斯全集》第 23 卷,人民出版社,1972 年版,第 687 页。
③ 《马克思恩格斯全集》第 23 卷,人民出版社,1972 年版,第 687 页。
④ 《马克思恩格斯全集》第 23 卷,人民出版社,1972 年版,第 687 页。

里,在一个人手中大量增长,是因为它在那里,在许多单个人的手中被夺走了。在一个生产部门中,如果投入的全部资本已溶合为一个单个资本时,集中便达到了极限。在一个社会里,只有当社会总资本或者合并在唯一的资本家手中,或者合并在唯一的资本家公司手中的时候,集中才算达到极限。"①

三、国际分工日益深化,生产社会化广度、深度不断加强

在世界市场上,世界必要劳动时间成为调节参与国际贸易企业生产和销售的强制手段,对于每一个参与世界贸易的企业或者部门来说都是一样的。不管该企业或者部门生产某一商品时实际耗费了多少劳动时间,国际社会所承认的就是按照世界社会总劳动量分配给这类商品的份额。如果该生产商的个别劳动时间超过了这一标准,那么世界市场只会承认符合该标准的劳动量,而超出该标准的劳动量则不被承认;如果耗费在某商品生产上的个别劳动时间少于他在世界社会总劳动中的份额,那么,它将按照该份额标度的劳动量进行交易,企业或部门就会获得超过平均剩余价值的超额剩余价值。价值规律作用的结果为,处于劣势生产条件的企业或部门就会被淘汰出世界市场,生产就会逐渐集中于处于正常生产条件或者优势生产条件的企业或部门手中,从而形成世界的分工。如果世界市场供大于求,竞争十分激烈,则处于优势生产条件的企业或者部门的个别劳动时间成为世界市场调节者,则该商品的生产将淘汰所有中等生产条件的生产者,使生产逐步集中于少数优势企业或者部门。当优势企业或者部门在价值规律和追逐利润的驱使下,必然将展开更加激烈的竞争。而社会分工和基于分工基础上的生产协作作为推动生产力发展的一般杠杆和手段就会被更加深入、广泛地运用。国际分工不断引起更大的国际竞争,国际竞争也在更大范围和程度上加深国际分工与协作。国际分工从最初的产业间的产品分工发展为产业内的产品分工,再从产品间分工发展为产品内分工,与之相适应,基于分工基础的社会协作,也从一般市场化协作发展为企业内协作,再到企业、市场化融合协作。表现为企业生产、经营的社会化逐步从国内区域分工协作发展为全国分工协作,再到世界区域分工协作和世界分工协作。生产、经营社会化的广度不断扩大、深度逐步加强,最终形成生产、经营的国际化、全球化。

四、生产价格形成链条拉长,利润国际平均化趋势不断加强

在国际市场,每一个生产者与在国内市场一样都享有对等的权利,"资本就意

---

① 《马克思恩格斯全集》第 23 卷,人民出版社,1972 年版,第 687～688 页。

识到自己是一种社会权力；每个资本家都按照他在社会总资本中占有的份额而分享这种权力"。① "不管所生产的价值和剩余价值多么不同，成本价格对投在不同部门的等量资本来说总是一样的。成本价格的这种等同性，形成不同投资竞争的基础，而平均利润就是通过这种竞争确定的。"②如果生产者均按照商品的国际价值或者国际价格出售商品，那么处于不同生产条件的生产者将获得不同的利润率。对于同一部门的每一个生产者而言，为了争取最优的生产条件和追求最大利润的竞争，必然驱使处于优势的生产商拼命扩大生产规模和处于劣势的生产商采用最优的生产技术，结果就必然导致产能饱和、落后产能淘汰和超额利润消失，生产成本将趋于一致从而使利润趋于一致。对于不同生产部门的生产商而言，如果同样的投资不能带来同样的回报，同样的事情也会发生。"竞争首先在一个部门内实现的，是使商品的各种不同的个别价值形成一个相同的市场价值和市场价格。但只有不同部门的资本竞争，才能形成那种使不同部门之间的利润率平均化的生产价格。"③在国际市场上，各国内市场不仅面临着不同的自然条件、不同的劳动生产率以及不同的生产要素价格，因而即使在同一生产部门其利润率也可能是不同的，因而不同的生产部门的利润率平均化是在其国内市场利润率平均化的基础上逐步形成的。对于国内市场而言，交通运输成本较小，自然条件虽然可能差异较大，但由于资本和劳动力可以不受任何限制地自由流动，因而竞争就比较充分。所以，不仅同一生产部门的利润率平均化能够顺利实现，而且不同生产部门也会因竞争充分而利润平均化。而对于国际市场而言，由于交通运输成本一般较大、各地劳动生产率水平差异较大，加之自然条件差异较大，资源分布严重不均，就会势必导致各国的综合生产率相差很大。虽然世界市场的竞争会逐步缩小综合生产率的这种差别，但由于劳动力在世界市场难以自由流动，各国出于自身利益的考虑而设置了种种限制，加上非贸易商品和劳务的大量存在，所以，世界市场上不可能存在一个如国内市场一样平均化的利润率。因而，在价值规律作用下，世界市场虽然同一商品价格有趋于一致的必然性，但由于世界各地的综合生产率差异较大，因而世界市场就会形成一系列虽然接近但又十分不同的利润率水平，表现为一系列的生产价格链条，而且只要世界市场竞争的程度不足以消灭这种差别，即世界分工还没有将商品生产集中到某些优势生产条件的国家或部门，那么这种差别就将长期存在。但随着信息技术的普及，世界贸易商品和服务种类、范围不断扩大，世界贸易的便利

---

① 《马克思恩格斯全集》第 25 卷，人民出版社，1974 年版，第 218 页。
② 《马克思恩格斯全集》第 25 卷，人民出版社，1974 年版，第 172 页。
③ 《马克思恩格斯全集》第 25 卷，人民出版社，1974 年版，第 201 页。

化趋势进一步加强,特别是新兴工业化大国的不断崛起,国际贸易竞争日益广泛而激烈,生产价格系列的链条将逐步缩短,利润平均化趋势将趋于加强。"因此,一切不同生产部门的利润的总和,必然等于剩余价值的总和;社会总产品的生产价格的总和,必然等于它的价值的总和;但是很清楚,具有不同构成的各生产部门之间的平均化,总是力求使这些部门同那些具有中等构成的部门相等,而不管后者是同社会的平均数恰好一致,还是仅仅接近一致。在那些或多或少接近平均数的部门中间,又可以看到这样一种平均化的趋势,它力求达到理想的即实际上并不存在的中等水平,也就是说,以这种理想的中等水平为中心来进行调整。于是,这样一种趋势必然会起支配作用,它使生产价格成为价值的单纯转化形式,或者使利润转化为剩余价值的单纯部分,不过这些部分不是按照每个特殊生产部门所生产的剩余价值,而是按照每个生产部门所使用的资本量来分配的,因此,只要资本的量相等,那就不管资本的构成如何,它们都会从社会总资本所生产的总剩余价值中分到相等的份额(部分)。"①

五、提高劳动生产率和利润率的竞争日趋激烈,竞争手段日趋多元化

在资本有机构成不断提高的情况下,国际竞争会使利润率趋于不断下降。为了弥补利润率下降可能造成的总利润的下降,企业要么尽可能地扩大生产规模,要么尽可能地提高劳动生产率,把生产成本尽可能地降低。所以,"资本主义生产方式包含着绝对发展生产力的趋势,而不管价值及其中包含的剩余价值如何,也不管资本主义生产借以进行的社会关系如何"。② 资本的不断积累和集中成为生产者拼命扩大生产规模的基本手段,而不断扩大的生产规模又进一步为科学技术应用、生产方式的革命提供了条件,而生产方式的变革不仅引发社会分工协作的深入发展和广度拓展,又会进一步推动生产率的提高,如此周而复始。"这是资本主义生产的规律,它是由生产方法本身的不断革命,由不断和这种革命联系在一起的现有资本的贬值,由普遍的竞争斗争以及仅仅为了保存自身和避免灭亡而改进生产和扩大生产规模的必要性决定的。"③资本主义生产方式自诞生至今已经长达二百五十年左右,随着世界市场生产的高度集中,垄断已经成为普遍现象,生产者依靠扩大生产规模获取生产优势和提高利润的空间日益狭小,世界市场上各个生产商依靠科学技术进步不断提高生产率的竞争趋势不断得以强化,而且,竞争已经不再限

① 《马克思恩格斯全集》第25卷,人民出版社,1974年版,第193~194页。
② 《马克思恩格斯全集》第25卷,人民出版社,1974年版,第278页。
③ 《马克思恩格斯全集》第25卷,人民出版社,1974年版,第273页。

于单纯依靠劳动生产率的提高,竞争手段越来越多样化:花色、品种、客户群定位等差异化竞争更加广泛,打民族牌、文化牌甚至生态牌等已经成为新的竞争方式;产业政策、国家补贴、各种非关税壁垒层出不穷,总的来看,竞争更加深入和广泛。

六、世界资源配置全球化,控制战略资源的世界竞争日趋激烈

在国际市场,由于价值规律是与剩余价值规律结合而发挥作用的,也就是通过市场机制发挥作用,通过市场机制自发地调节经济资源在世界各生产部门、各生产单位进行配置。"事实上价值规律所影响的不是个别商品或物品,而总是各个特殊的因分工而互相独立的社会生产领域的总产品;因此,不仅在每个商品上只使用必要的劳动时间,而且在社会总劳动时间中,也只把必要的比例量使用在不同类的商品上。这是因为条件仍然是使用价值。但是,如果说个别商品的使用价值取决于该商品是否满足一种需要,那末,社会产品总量的使用价值就取决于这个总量是否满足适合于社会对每种特殊产品的特定数量的需要,从而劳动是否根据这种特定数量的社会需要按比例地分配在不同的生产领域(我们在论述资本在不同的生产领域的分配时,必须考虑到这一点)。在这里,社会需要,即社会规模的使用价值,对于社会总劳动时间分别用在各个特殊生产领域的份额来说,是有决定意义的。"①

通过贸易、投资推动世界资源配置优化。通过国际贸易,优势企业可以获得超额剩余价值,从而刺激优势企业不断扩大生产规模,生产逐步向优势企业集中和转移。由于国家利益的界限和诸多限制,生产要素在世界市场流动存在很多限制:很多服务类劳务或者商品不宜贸易,运输成本比重较大的商品受到运输距离限制,房地产商品受制于地域限制,易腐烂商品受制于时间限制,劳动力受制于国民福利权利的限制等,所以,在世界市场上以贸易形式进行的企业竞争难以充分,国际投资就成为弥补企业贸易竞争的有效手段。通过贸易和投资,世界经济资源分布不均状况得到有效调节,世界经济资源得到最有效的开发和利用,从而极大地提高了世界劳动生产率的水平。在世界工业化初期,世界贸易和投资可以极大地推动落后地区和国家的资源开发和利用,从而推动该地区工业化水平的提高和国民财富水平的提升,但在后工业化时期,由于资源日趋短缺、环境承载力日益萎缩、贸易和投资国际化,就必然形成资源和环境问题不断向发展中国家输入、财富和消费向发达国家转移的现象。发达国家依靠手中的资本、技术以及对市场垄断的先发优势,大

① 《马克思恩格斯全集》第25卷,人民出版社,1974年版,第716页。

肆从发展中国家转移财富、把因过度消费引发的资源、环境压力转移至发展中国家,从而充分享受高收入、高消费、低污染、低能耗、低物价的所谓高品质生活;而发展中国家由于资源性、高污染、低附加值生产的不断转入,加上资金、技术受制于人,市场竞争处于劣势,其人民不得不接受低收入、低消费、高污染、高能耗、高物价生活的长期困扰。也就是说,世界经济在一体化过程中将日益二元化,南北差距逐步扩大。如果少数发展中国家成功利用后发优势和国家竞争优势,成功实现了转型,特别是发展中大国的崛起,则必然强烈地改变原有的经济发展格局,必然会引起先发资本主义阵营的恐慌,则必然会引发发达资本主义大国对世界战略资源的掠夺和操控。正如美国战略学家所言,谁控制了石油谁将控制每一个国家,谁控制了粮食谁将控制每一个人。以美国为首的发达资本主义国家将动用所有资源,强化原有二元经济格局,尽可能抢占世界贸易战略高地和操控世界经济命脉及战略资源。

七、资本主义矛盾世界化,经济危机全球化

自从资本主义国家利用廉价的商品打开落后国家的市场,把所有不发达国家都卷入了世界市场,而且不断通过资本主义生产方式塑造世界市场,逐渐确立了资本主义生产方式在世界市场的主导地位,资本主义生产方式的内部矛盾也就逐渐从资本主义国家蔓延到世界各地,从而把经济危机带入了世界市场。

马克思认为,经济危机源于资本主义生产方式内在矛盾的对抗性质。"使实际资产者最深切地感到资本主义社会充满矛盾的运动的,是现代工业所经历的周期循环的变动,而这种变动的顶点就是普遍危机。"[①]

第一,资本主义的基本矛盾表现为生产与消费之间的对抗与冲突。一方面,资本主义生产方式具有不断推动生产力发展的历史趋势;另一方面,资本主义生产关系建立在对抗性质的基础上。资本主义的基本矛盾表现在生产与消费上是资本主义无限扩大的生产与劳动人民有支付能力的需求相对不足的矛盾即生产与消费之间对抗性质,也就是凯恩斯主义所谓的有效需求不足。"一切真正的危机最根本的原因,总不外乎群众的贫困和他们的有限的消费,资本主义生产却不顾这种情况而力图发展生产力,好像只有社会的绝对的消费能力才是生产力发展的界限。"[②]马克思通过总结资本主义积累的"绝对"的一般规律,揭示了在资本主义制度下生产与消费的对抗性矛盾,进一步解释了造成社会有效需求不足的根本根源。生产商在外在竞争压力和内在追逐剩余价值动机的推动下具有无限扩大生产的历史趋

---

① 马克思:《资本论》第1卷,人民出版社,2004年版,第24~25页。

② 马克思:《资本论》第3卷,人民出版社,2004年版,第555页。

势,而剩余价值规律的作用则把资本主义生产的目的牢牢局限在狭隘的追逐剩余价值的范围之内,决不允许任何工资的增长超出资本增殖的需要。"这种分配关系,使社会上大多数人的消费缩小到只能在相当狭小的界限以内变动的最低限度。这个消费力还受到追求积累的欲望的限制,受到扩大资本和扩大剩余价值生产规模的欲望的限制。这是资本主义生产的规律,它是由生产方法本身的不断革命,由不断和这种革命联系在一起的现有资本的贬值,由普遍的竞争斗争以及仅仅为了保存自身和避免灭亡而改进生产和扩大生产规模的必要性决定的。"①资本主义生产本质上是剩余价值生产,由于追逐剩余价值,资本家有着无限扩大资本积累的欲望。不断扩大的资本积累导致资本有机构成的不断提高,因而形成了相对过剩人口。而相对过剩人口不仅是资本主义发展的产物,而且是资本主义生产赖以存在和发展的必要条件。正是相对过剩人口构成的产业后备大军满足了资本主义生产周期性扩张和萎缩的需要。建立在经济利益对立基础上的社会分配关系,必然导致资本的绝对积累与劳动者贫困积累矛盾的不断加深,最终必然导致经济危机的爆发。

第二,资本主义生产方式的基本矛盾表现为生产的社会化与生产资料的私人占有之间的矛盾,其具体表现为个别企业生产的有组织性与整个社会化生产无政府状态之间的矛盾。生产的社会化主要就是指由于科技进步、竞争推动的社会分工协作不断深入、广泛的发展趋势。资本主义私有制(或者生产资料的所有权)这里主要指生产资料的私人(私人集团)全部或者局部占有。社会化生产和经营日益发展,必然增加其内部统一性所要求的内部协作关系的难度。社会分工作为发展生产力的主要杠杆,宏观上不断推动市场化分工范围的扩大,分工程度不断加深。从分工的广度看,从国内地区市场发展为国家市场、再由国家市场发展为世界区域市场和全球市场;从分工的专业化分布看,专业化生产日趋集中,逐步由国内集中发展为世界区域集中乃至全球化集中;分工的专业化程度不断加深,主要表现为生产、经营的日趋分化、集中和专业化,生产、经营专业化程度越来越高、分工不断细化、分工门类增多,专业化协作范围不断扩大,生产链条不断延长。微观上,主要由生产资料的变革引起的计划分工日益趋于分化与专业化,分工层级日益增多,分工协作的链条不断延长,协作过程日益复杂、冗长,分工协作程序和环节日益繁多和紧张。对于市场分工而言,承担社会分工的独立、专业化的生产主体企业其个别劳动都是构成社会总体劳动的一部分,价值规律不仅作为社会必要劳动时间调

---

① 《马克思恩格斯全集》第 25 卷,人民出版社,1974 年版,第 273 页。

节其利润率的高低,而且调节着不同生产者之间社会劳动分配的比例和结构。作为社会资本再生产过程必然要求社会总产品不仅在实物形态上而且要求在价值形式上必须全部得以实现,否则社会再生产就难以维持下去;社会总体劳动的统一性不仅要求生产与消费需求要保持平衡,第一部类与第二部类的生产保持平衡,而且产业资本循环的统一性也要求各个职能资本无论在实物形态还是在价值形式上都必须保持相互适应的比例和结构。对于计划分工来说,其内部分工主要是由其物质技术条件和生产方式决定的,并且随着技术进步和生产方式变革而不断得以调整和改变。随着社会分工发展为国际分工、市场化分工不断与计划分工日益融合发展,作为世界统一生产内部协作的统一性实现难度加大;分工范围空前广大,分工种类空前繁多,分工的环节和链条空前复杂且有所延长,因此协作的空间范围加大、种类繁杂、程序和环节增多,所以难度很大。"生产与消费的普遍联系和全面依存性"是"随同生产者与消费者彼此间的独立性和淡漠性而同时扩大的",并由"这种矛盾引起危机"。[①]"各种互相对抗的要素之间的冲突周期性地在危机中表现出来。危机永远只是现有矛盾的暂时的暴力的解决,永远只是使自己已经破坏的平衡得到瞬间恢复的暴力的爆发。"[②]

第四节 国际价值规律作用的特点

国际价值规律作用的特点与国内市场价格围绕价值波动形成的纵向曲线不同。在国内市场,由于价值规律的作用,低于平均生产率水平的企业在竞争中最终会被淘汰,而因一时高于平均生产率水平的企业在竞争中的扩张和同类产品生产企业的竞争,最终只能获得平均生产率水平的利润。马克思据此认为,具有较高劳动生产率的企业可以获得超过平均生产率水平的剩余价值,但这是暂时的,竞争必然导致超额剩余价值的消失,从而导致该行业社会必要劳动时间缩短,在整个社会均提高劳动生产率的条件下,各个企业就会因成本普遍下降而获得相对剩余价值。也就是说,对于生产同一产品的国内企业来说,在价值规律作用下,不同价值位生产企业一直存在着趋同的历史趋势。而对于生产不同商品的国内企业来说,在生

① 马克思:《政治经济学批判大纲》(1857~1858)第1分册,人民出版社,1975年版,第98页。
② 马克思:《资本论》第3卷,人民出版社,2004年版,第277~278页。

产要素流动不受限制的条件下,企业在资本逐利的动机下就会通过资本转移展开"利润最大化"的竞争,而最终导致利润率趋于平均化,也就会形成"同等资本获取同等利润"的现象。但在国际市场上,由于存在诸多限制,生产要素实际上是无法充分流动的,因而国际市场竞争是不完全竞争,价值规律的作用会受到很大制约或者扭曲,即使生产同一产品其世界价值就可能较大偏离或长期偏离"中等强度"的价值水平。所以,现实中国际价值的价值位差不是短期现象而是长期的事实。这样,具有较高劳动生产率的国家就会长期处于较高价值位,在国际贸易中获得较大利益;而具有较低劳动生产率的国家就可能长期处于价值位低端,而只能获得较少的国际贸易利益,这就形成所谓的"比较优势陷阱"现象。当然,形成这一现象的原因很多,从理论上讲,主要存在如下几个方面的原因。

一、垄断

世界市场经历过长期的竞争发展,商品的生产和销售已经高度集中,少数公司或企业集团已经垄断了国际市场。发达国家凭借先进生产力武装起来的强大的经济实力和先发优势,主导着国际经济关系,垄断了世界的主要市场。在国际市场,发达国家可以通过本国企业的垄断地位,长期索要垄断高价,通过国际贸易从落后国家转移部分剩余价值。垄断公司通过垄断和收买技术发明,人为地控制技术进步的节奏;通过兼并和收购消灭或者防范潜在的竞争对手;通过技术壁垒或者恶意竞争打压竞争对手;通过技术优势和创新,创造技术或者知识产权垄断;通过控制新产品的研发和设计、品牌和销售渠道垄断关键或核心技术、垄断流通销售渠道等高端环节,向低端生产企业索要部分剩余价值。垄断很大程度上限制了市场的有效竞争,所以,马克思说:"既然一切都成了垄断性的,那么即使在现在,也会有些工业部门去支配所有其他部门,并且保证那些主要从事于这些行业的民族来统治世界市场。"[①]某些国家对最好的生产条件或者高度集中的市场份额的垄断,不仅阻碍了国际贸易中超额利润率的下降,使不平等国际贸易长期化,而且致使国际市场价格长期偏离国际价值,事实上形成了不公平的国际经济秩序。

马克思认为,如果剩余价值平均化为平均利润的过程在不同生产部门内遇到人为的垄断或自然的垄断的障碍,特别是遇到土地所有权的垄断的障碍,以致有可能形成一个高于受垄断影响的商品的生产价格和价值的垄断价格,那么,由商品价值规定的界限也不会因此消失。某些商品的垄断价格不过是把其他商品生产者的

---

① 《马克思恩格斯全集》第 4 卷,人民出版社,1958 年版,第 458 页。

一部分利润转移到具有垄断价格的商品上。① 垄断按其不同的形成原因可以分为市场垄断、技术垄断、地租垄断和劳动力垄断。市场垄断主要通过市场竞争而导致的生产或流通环节的高度集中,形成了少数企业或企业集团对生产或者流通的独占性控制。技术垄断主要指企业通过技术优势所形成的知识产权、产业规则的垄断,从而控制某些产品的生产或流通。地租垄断主要是由于自然资源的地理分布不均或者特殊的地理位置,所形成的少数国家或地区对重要的经济资源的垄断性占有或者交通位置的垄断控制而形成的对某些经济资源的生产或流通的垄断。劳动力垄断主要是指在国际市场上由于国家间设置的劳动力流动壁垒所形成各国对劳动力国内市场的垄断。由于各国生产和再生产劳动力所形成的费用差异而形成各国劳动力成本在国际市场上的比较差异。劳动成本的差异目前已成为构成生产要素异质化竞争或者生产环节比较优势的主要原因。由于各国历史的、道德的因素形成的劳动力成本的巨大差异,形成了同质劳动在不同国家具有不同的报酬价位,同样的社会必要劳动在不同国度具有不同的劳动水平和质量。不同的劳动力质量和劳动成本的差额构成了劳动—技术密集型产业、产品或生产环节比较优势的源泉。

二、创新的利益差异

所谓创新,主要指通过改变现有的生产技术和工艺、组织管理制度、流通和营销手段,达到提高生产率和产品附加值的活动。随着信息化、网络化时代的到来,科学知识进入到了十倍速的增长时代,借助于日益加深的全球化,科技、知识、信息和商品交流日益频繁和密切,科技知识传播日益同步,科技在工业中运用的异步性差异日益缩小。在现代知识产权保护下,创新就成为各国创造新的国际竞争优势、获取垄断权益的重要手段。创新作为超复杂的现代科学劳动,不仅是倍加的一般科学劳动,而且是高风险高收益的特殊劳动。首先,创新劳动是建立在人类劳动基础上对前人知识的吸收和借鉴,是无偿的。其次,这种劳动需要很高的个人禀赋和知识素养,创新劳动和创新人才是非常稀缺的。最后,在现代知识产权制度下,形成了"赢者为王"市场法则,偶然的胜利者获得的回报不仅包含了所有失败者的成本和劳动,也包括诸多前人的无偿劳动,使"赢者"个人或者团体获得了社会总体劳动独占的形式,所以对胜利者的回报是超高的。创新劳动的成果在现代产权制度下,就会转化为对生产或者流通环节的市场垄断权,从而使创新性企业获得了垄

---

① 《马克思恩格斯全集》第 25 卷,人民出版社,1974 年版,第 973 页。

断利益。

三、生产要素的异质化

利润率平均化的前提条件是生产要素的可完全替代性,也就是同质性。这不仅与现代国际贸易理论相对立,而且与现代国际市场发展很不相符。现代国际贸易理论认为,生产要素的差异是形成国际分工和国际贸易的最主要因素。就生产要素的价值形式来看,是完全同质的,而生产要素在使用价值方面却又是千差万别的。首先,各国的自然禀赋差异很大;其次,资本所代表的技术、管理和设备水平也是很不相同的;再次,人力资本所形成的研发、创新、适应和生产能力也是千差万别的;最后,各种生产要素在不同的环境条件下所形成的综合生产率也是不同的。所以,生产要素的差异及其综合系统价值链整合能力的差异造成了不同国家的生产力差异。

四、国家利益的边界

经济全球化一方面使国家的经济利益边界日益模糊,另一方面高度市场化的国家利益界限使得国家利益在国际经济关系中越来越凸显出来。“在国际上,没有永恒的朋友,也没有永恒的敌人,只有永恒的利益”是当今国际关系的真实写照。当今国际关系中的国家利益已成为左右国际经济关系的主导因素。就中国与美国的国家关系来说,当初为了抗衡苏联的影响,美国放下架子同中国建立外交关系,在国际上支持中国的改革开放。而如今,在中国经济日益崛起、国际影响越来越大的背景下,美国对中国的态度发生了微妙的变化:提防、警惕甚至是遏制之心越来越重,自1989年以来对中国高科技产品输入的审查采取了更为严格的标准。而世界各国出自对自己利益的盘算,20世纪后期以来纷纷寻求组建有利于提高自身竞争力、防范国际化冲击的区域组织。各种区域组织就成为组织内部各成员国便利和互惠的平台,而成为歧视和阻遏非成员国的壁垒。

此外,地理位置的距离因素,也会成为某些商品获取比较优势利益甚至绝对优势利益的因素。对于那些易腐败变质或者运费比重较高的商品,运输的距离就成为制约贸易利益的最重要因素之一。

第四章　国际贸易动力理论

自大卫·李嘉图在 1817 年提出比较优势理论以来,该理论历经近两个世纪的发展和完善,已经构成现代国际贸易理论与发展中国家对外贸易政策的基石。该理论利用各国生产要素禀赋的丰歉和生产率差异解释参与国际贸易的双方获得比较优势的基本原因,以比较优势阐述国家之间相互贸易的基本动力和形成不同贸易方式的主要原因。马克思则认为,追逐利润(剩余价值)才是企业的唯一动力和目的,而利润(剩余价值)尤其是超额利润(剩余价值)的积累,才是企业发展壮大的源泉。国际贸易的动力究竟是比较优势利益还是超额利润,这是本章要探讨和解决的问题。

第一节　比较优势理论的发展及其遇到的挑战

一、比较优势理论

比较优势理论源于成本优势理论。资产阶级古典政治经济学的集大成者亚当·斯密在他的著作《国民财富的性质和原因的研究》中第一次系统地论证了自由贸易的利益条件和基础:成本绝对优势。他认为既然分工可以提高生产率,那么每一个生产者都专门从事其最有优势的产品的生产,然后彼此进行交换,则对双方都有利。他在劳动价值论的基础上,提出了基于分工的国内和国际贸易原则。他认为,"凡甲国有此优势,乙国无此优势,乙国向甲国购买总比自己制造有利",①

---

① [英]亚当·斯密:《国民财富的性质和原因的研究》(下),商务印书馆,1974 年版,第 30 页。

每个国家都有适宜生产的特定的有绝对有利条件的产品,如果都按照绝对有利的生产条件来进行专业化生产,然后彼此进行贸易,则对双方都有利。他说:"不受限制自然地、正常地进行的两地间的贸易,虽未必对两地同样有利,但必对两地有利。"①在 1817 年,大卫·李嘉图在其著作《政治经济学及赋税原理》一书中,继承了斯密的劳动价值论、自由贸易和专业化分工的思想,并在斯密的绝对成本学说基础上,提出了更一般化的比较成本理论,解决了在绝对成本处于劣势的国家能否参与双边贸易的理论问题,从而把自由贸易建立在更加坚实的理论基础上。其核心思想是,在各国之间其他条件大致相同的情况下,因为国家间技术水平相对差异而产生的各国生产同一商品的比较成本的差异,构成国际贸易的原因,并且决定着国际贸易的模式。按照这种贸易模式进行的自由贸易和国际分工促进世界范围内资源配置的改善,并为各贸易国带来国内福利水平的增进。哈伯勒以边际效用价值理论为基础,运用数理分析的方法,把机会成本和生产可能性边界引入到国际贸易的分析中,成功地解释和证明了比较成本优势理论。

二、俄林等的发展:要素禀赋理论

俄林等以各国要素禀赋差异和丰歉进一步论证了比较优势产生的原因。要素禀赋论又称要素比例学说,或赫克歇尔—俄林定理,是由瑞典经济学家赫克歇尔和他的学生俄林共同提出的现代比较优势理论,又称新古典贸易理论。赫克歇尔 1919 年初步提出了要素禀赋论,俄林继承和发展了他的观点,在批判继承李嘉图比较优势理论的基础上,他抛弃其劳动价值论基础,运用一般均衡分析方法,在《贸易学说》(1924)和《区域贸易和国际贸易》(1933)中系统地提出要素禀赋理论。20世纪 40 年代萨缪尔森在《实际工资和保护主义》(1941)和《国际贸易与要素价格均等化》(1949)文章中,对该理论作了重要的补充和发展,论证了要素价格均等化趋势。所以,该理论又称为"赫—俄—萨"(H－O－S)理论。俄林在《区域贸易和国际贸易》中第一次把贸易与产业布局结合起来,把比较优势理论、生产费用理论和相互依存理论、供求均衡理论结合起来解释国际贸易,形成了比较全面的贸易理论;把李嘉图运用比较成本差异解释的国际贸易格局推进一步,用生产要素禀赋差异解释比较成本的差异;把李嘉图的个量分析扩大至总量分析,从而奠定了现代西方国际贸易理论的基础。

在俄林的自然禀赋差异所形成的"自然优势"基础上,后人又进一步把要素禀

---

① 　[英]亚当·斯密:《国民财富的性质和原因的研究》(下),商务印书馆,1974 年版,第 61 页。

赋差异扩展至"后天获得优势"。俄裔美国经济学家里昂惕夫、美国经济学家基辛、舒尔茨等用劳动力或人力资本差异解释国际贸易的原因;在熊彼特的创新理论和卢卡斯、阿罗等的内生增长理论的基础上,英国经济学者波斯纳、美国经济学家维农、威尔士、梅杰和罗宾等从技术方面的差距和产品周期的变化寻找各国比较优势的差异。该学说认为,产品和生物一样具有生命周期,而整个产品周期可以分为若干个阶段:新生期、成长期、成熟期,模仿扩展期及衰退期等。不同的发展阶段需要不同的生产要素质量和生产要素结构,从而形成不同发展阶段国家所具有的不同的比较优势,该理论从技术的研发和扩散过程中,寻找技术优势差距,从技术差距和产品周期过程解释了处在不同发展过程的国家所具有的不同的比较优势。

三、穆勒等的补充完善:相互需求理论

相互需求理论运用相互需求差异说明比较优势获得,其实质是指由供求关系决定商品价值,需求的强度变化导致贸易条件的变化和利益分配的差异。英国经济学家詹姆斯·穆勒认为国际贸易的实质为物物交换,运用供给与需求平衡法则提出了"国际需求方程式",引入需求因素说明国际贸易的条件和利益分配的决定因素,奠定了相互需求理论的基础。马歇尔采用几何分析方法对穆勒的相互需求理论进一步进行修正和分析,创造性使用相互需求曲线(也叫"提供曲线")的分析方法,对边际成本递增条件下的国际贸易条件和利益分配进行分析,对相互需求理论进行全新的表述,为国际贸易理论提供了新的分析工具。

美国经济学家萨缪尔森接受了穆勒关于贸易的本质是物物交换的观点,并进一步认为,不同国家的消费需求和爱好不同,仍将诱导一部分国际贸易,从而会使双方的消费者剩余扩大而从中获益。瑞典经济学家林德则提出了需求偏好相似说(Theory of Preference),认为收入水平和收入结构是影响贸易双方国内需求结构和需求水平的主要因素,因而也是影响国际贸易的重要因素。

四、比较优势理论遇到的现实挑战

比较优势理论认为参与国际贸易的双方根据各自生产要素差异所形成的生产成本相对优势进行分工和贸易,则国际贸易对双方是互利的。该理论在实践中遇到两大挑战:

第一,静态比较优势与事实不符。该理论把参与国际贸易双方的优势进行静态比较,事实上锁定双方的优势和劣势,也就是发展中国家会落人"比较优势"陷阱无法自拔,而发达国家则由于先发优势一直处于国际贸易高端而坐享其成。事

实上,比较优势是动态的,参与国际贸易双方的比较劣势和比较优势是能够实现转换的,少数发展中国家通过自己努力,成功地跨越了比较优势陷阱,实现了比较优势的转型,晋升发达国家行列,发达国家也会因种种失误而陷入衰败。历史经验表明:在过去300年里,发达国家的比例不足20%,发展中国家的比例超过80%,在大约50年里,发展中国家升级为发达国家的概率约为5%,发达国家保持发达水平的概率约为90%,降级为发展中国家的概率约为10%。①

第二,比较优势理论成功解决了落后发展中国家参与国际贸易的优势来源问题,但却无法解决企业层面的盈利和后续发展问题。在较低生产率条件下,无法保证企业利用比较优势生产要素获得正常的、可持续的盈利。而这些问题与事实严重不符。以世界500强榜单变化来看,发展中国家的企业发展十分抢眼:以中国内地为例,1995年只有3家企业入围,中国内地上榜企业占500强总收入的比例仅为0.4%,而2010年,中国内地上榜企业竟飞增到46家,增长了14倍多,占到了500强总收入的8.4%,位居第三,仅次于美国和日本。印度和中国台湾、巴西和俄罗斯上榜企业的数量均获得了3~8倍的高速增长。②

第二节　马克思对比较优势理论的超越

面对着比较优势理论的实践挑战,马克思早在150年前就给出了明确的答案,追逐利润尤其是超额利润才是企业发展壮大的唯一源泉。追逐超额利润不仅可以圆满解释国内企业参与国际贸易的根本动机,回答了发展中国家企业迅速成长的源泉问题,而且可以阐明国家参与国际贸易的微观基础。所谓超额利润,就是企业利用其较高的生产率优势或者垄断地位获得了超过平均利润率以上的利润。本书特指企业通过参与国际贸易在国际市场获得了超过国内企业平均利润率以上的那部分利润。马克思在"对外贸易"有关理论中,详尽论证了无论是发达国家或是落后国家参与对外贸易的资本都能获得超额利润或较国内平均利润较高的利润。

---

① 胡迪:《中科院报告提出中国发达战略"四步走"》,http://cn.chinagate.cn/economics/2011 – 01/17/content_21752713.htm。

② L. Michael Cacace:《上榜企业数量增长最快的国家和地区》,http://www.fortunechina.com/fortune500/c/2010 – 10/27/content_43635.htm。

一、普遍的对外贸易是资本主义生产方式巩固自身统治的产物

资本主义生产是追求剩余价值的生产,对剩余价值的无限追求形成了资本主义不断扩大再生产的内在驱动力。在资本主义生产方式确立后,商品生产占据了经济生活的统治地位,自由贸易的内在要求不仅直接地表现为商品经济内部各经济主体的利益要求,也必然反映到资本主义国家的对外经济政策和理论主张中。重商主义反映了商业资本的利益要求和前资本主义国家的对外经济主张;亚当·斯密和大卫·李嘉图的自由贸易理论则进一步反映了产业资本的利益要求和先导资本主义国家的政策主张。在资本主义条件下,商品经济发展的内在要求必然代表着资产阶级的利益诉求。所以,马克思说:"在现代的社会条件下,到底什么是贸易自由呢? 这就是资本的自由,排除了一切仍然阻碍着资本前进的民族障碍,只不过是让资本能够充分地自由活动罢了。"①资本主义生产是追求剩余价值的生产,对剩余价值的无限追求,形成了资本主义不断扩大的再生产的内在驱动力。马克思说:"资本按其本性来说,力求超越空间界限。"②资本主义生产方式占据统治地位的过程其实质就是商品经济成为占据统治地位的组织经济形式的过程。首先,"使它和其他生产方式相区别的,不在于生产商品,而在于,成为商品是它的产品的统治地位的、决定的性质。"其次,"剩余价值的生产是生产的直接目的和决定动机。"③商品经济是为市场而进行生产的经济,为了确立商品生产的统治地位,资产阶级首先要占领和统一国内市场,然后才能进一步走出国门,参与国际分工,巩固和扩大国内市场。在国内市场上,资产阶级通过自己在市场上的统治地位,通过市场关系来扩张自己的势力——首先是通过价值规律的作用,使小商品生产者两极分化,摧毁小商品生产,逐步地扩大和开辟资本主义市场。再次,也是最根本的手段,通过产业革命,确立了资本主义生产方式的物质技术基础——机器大生产,通过不断进行技术和工艺进步,进行大规模、高效率、低成本的社会化大生产,不仅无情地在城市排除掉以往的生产方式,而且最终占领了整个乡村。恩格斯说:"大工业通过它不断更新的生产革命,使商品的生产费用越降越低,并且无情地排挤掉以往一切生产方式。它还由此最终地为资本征服了国内市场……使整个民族为资本服务。"④国内统一市场的形成和发展为资产阶级越出国界、开辟国际市场、参与国

---

① 《马克思恩格斯全集》第4卷,人民出版社,1958年版,第456页。
② 《马克思恩格斯全集》第26卷(Ⅱ),人民出版社,1973年版,第399页。
③ 《马克思恩格斯全集》第25卷,人民出版社,1974年版,第994~996页。
④ 《马克思恩格斯全集》第25卷,人民出版社,1974年版,第1027页。

际分工提供了条件和基础。最后,资本对剩余价值的无限追求,决定了资本主义对市场扩大的要求绝不以国内市场为满足,它必然要积极扩张国外市场,因为"市场的不断扩大是必要的,这是资本主义生产方式的一种需要"。① 随着资本主义的发展,在机器大工业兴起和国内统一市场形成以后,以发达的经济和军事实力为后盾的早期资本主义国家,必然要在国际分工基础上,寻求建立世界市场和由它们主导的资本主义市场体系。马克思说:"市场与商品生产过程地点间的距离(从位置的观点来考察市场),在一国范围内,然后在该国以外,构成重要的要素,特别在资本主义生产的基础上是如此,因为对资本主义的大部分产品来说,资本主义的市场是世界的市场。"②所以,为了最大限度地扩大市场和追逐剩余价值,资本必然"力求摧毁交往的一切地方限制,夺得整个地球作为它的市场"。③ 所以,马克思认为,"对外贸易的扩大,虽然在资本主义生产方式的幼年时期是这种生产方式的基础,但在资本主义生产的发展中,由于这种生产方式的内在必然性,由于这种生产方式要求不断扩大市场,它成为这种生产方式本身的产物"。④

二、获得超额利润是价值规律在世界市场发挥作用的必然结果

价值规律是在科学劳动价值的基础上,马克思发现并总结的商品经济运行的基本规律,揭示了商品价值的决定与交换的内容和基础,商品价值通过供求、价格和竞争机制作用而转化为部门生产价格、一般生产价格和市场价格。马克思第一次提出并概括了"国际价值"这一科学范畴,初步揭示了"价值规律在其国际范围的应用"⑤的基本内容和基础。随着世界市场的形成,价值规律的作用从国内市场延伸到世界市场。与在国内市场一样,资本"就意识到自己是一种社会权力;每个资本家都按照他在社会总资本中占有的份额而分享政治权力"。⑥ 以资本转移为特征的世界范围内的逐利竞争就此展开,利润平均化趋势逐步形成。在平均利润率作用下,参与国际分工的各国资本的利润率必然会出现利润趋同的趋势。因为,世界各国的生产条件越来越适应"资本主义生产方式",而"资本主义或多或少能够实现这种平均化","资本就越能够实现这种平均化"。⑦ 利润平均化形成后,国

① 《马克思恩格斯全集》第46卷(上),人民出版社,1979年版,第238页。
② 《马克思恩格斯全集》第49卷,人民出版社,1982年版,第312页。
③ 《马克思恩格斯全集》第46卷(下),人民出版社,1980年版,第33页。
④ 《马克思恩格斯全集》第25卷,人民出版社,1974年版,第264页。
⑤ 《马克思恩格斯全集》第23卷,人民出版社,1972年版,第613页。
⑥ 《马克思恩格斯全集》第25卷,人民出版社,1974年版,第217页。
⑦ 《马克思恩格斯全集》第25卷,人民出版社,1974年版,第218页。

际价值就会转化为国际生产价格,在这种情况下,价值规律发挥作用的基础就转化为国际生产价格。恩格斯明确指出:"现在,生产价格适用于国际贸易。"①

1. 价值规律作用的重大变化是产生超额利润的条件

与国内价值规律作用相比,国际价值规律作用的条件、内容和结果都发生了重大变化。

(1)由国内市场转化为国际市场,价值规律作用的结果不同。国际市场显然与国内市场不同,在国内市场,资本与劳动力的转移和流动一般不会受到特别的约束,价值规律的作用就比较充分,因而,不同行业和部门之间以资本和劳动力转移为特征的竞争就必然导致"同等资本同等利润"的结果。但在国际市场上,由于资本和劳动力转移会受到诸多限制,国际间不同行业和部门的竞争就会受到很大限制,国际间的利润率平均化水平会大打折扣。因此马克思认为,"平均化是会发生的",但平均化不到"原来的水平"。②这样,世界市场利润率和各个国家国内市场利润率水平就会形成不同的落差层次。实际上,俄林等提出,经萨缪尔森论证的"生产要素价格均等化"论断也是价值规律作用的结果,但它也代表着历史发展的趋势,而不是现实。实践中,国际利润率与各国内利润率、国际市场生产要素价格与各国内生产要素价格的差异,无疑会成为各国企业选择生产和贸易的重要因素。

(2)国际价值规律作用的内容和基础是国际价值而不是国民价值。所谓国际价值,就是在世界的平均技术条件下,在各国劳动者的平均劳动强度下,生产某种使用价值所需要的世界必要劳动时间。③ 在国内,商品的价值量的大小是由生产该商品的社会必要劳动时间决定的,而不是由生产该商品企业的个别劳动时间决定的,也就是说该商品的价值取决于国内中等强度的平均劳动时间。而在国际市场上,价值不是以某个国家劳动的平均单位作为计量单位的,而是以"世界劳动的平均单位"作为计量的尺度。这是因为在国际市场上,不同的国家由于各自的劳动生产率的差异,形成了各自不同的中等强度的社会必要劳动时间,而在这些阶梯不同的国家的劳动单位的平均数中,它们的计量单位只能是世界劳动的平均数,而由这种"世界劳动的平均单位"就形成了国际价值。

(3)价值规律的优胜劣汰所形成的资源配置功能,在国际市场就会形成经济资源向优势企业的国家转移的现象。通过国际贸易,生产率较高国家的企业就可以通过国际市场无偿占有部分生产率较低国家的企业的剩余价值或者利润,马克思把这

① 《马克思恩格斯全集》第25卷,人民出版社,1974年版,第1023页。
② 《马克思恩格斯全集》第25卷,人民出版社,1974年版,第265页。
③ 陈征:《资本论解说》(修订版)第Ⅰ卷,福建人民出版社,1997年版,第528页。

种现象称为"剥削"，①但这不是一般意义上的剥削。一般意义上的剥削是指资本家利用对生产资料的所有权在生产过程中无偿占有雇佣工人创造的剩余价值的现象。马克思从生产力的高度论证了产生不平等国际生产关系的原因在于生产力不平等，而且深刻揭示了国际贸易公平交易形式掩盖下的不平等交换的实质内容。

（4）国际贸易获得超额利润不是暂时现象，而是长期的普遍结果。马克思说："只要生产效率较高的国家没有因竞争而被迫把它们的商品的出售价格降低到和商品的价值相等的程度，生产效率较高的国民劳动在世界市场上也被算作强度较大的劳动。"②不仅发达国家可以稳获长期超额利润，发展中国家同样可以。在国内市场，由于资本和劳动可以不受限制地自由转移，"资本的不断趋势是，通过竞争来实现总资本所生产的剩余价值分配上的这个平均化，并克服这个平均化的一切阻碍"。③即使某些企业可以通过技术创新、资本更新或者制度创新创造较高生产率，可以获得暂时超额剩余价值（超额利润），但随着创新或者资本更新普遍化，整个部门生产率得到普遍提高，个别企业超额剩余价值消失，在整个社会生产率提高之后，取而代之的是普遍获得了相对剩余价值，从而提高利润水平。国际市场则不同，其一，由于价值规律作用差异，国内市场与国际市场就会形成了两个不同的平均利润率水平。其二，由于国内市场与国际市场分割，参与国际贸易的企业形成了国际市场平均利润率，而参与国内市场交换的企业则形成了国内市场平均利润率，即使同一国家的同一个企业也会形成国内国际两个不同层次的平均利润率。国内与国际企业的平均利润水平一般来说会有差异。其三，各国内生产要素价格差异与国际化平均利润率就会形成不同差额。所以，国内市场与国际市场、国民价值和国际价值的双向转换所形成的利益差额成为国内企业参与贸易的直接诱因。其四，由于国际市场的竞争不充分，④居于较高生产率的企业就可以因此而长期获得超额利润。

2. 较高的综合生产率是企业获得超额利润的直接原因

马克思认为，较高的综合生产率是对外贸易资本获得超额利润的直接原因。对于发达国家来说，由于国内企业劳动强度和劳动生产率较高，在国际市场"首先因为这里是和生产条件较为不利的其他国家所生产的商品进行竞争，所以，比较发达的国家高于商品的价值出售自己的商品，虽然比它的竞争国卖得便宜。只要比

---

① 《马克思恩格斯全集》第 26 卷（Ⅱ），人民出版社，1973 年版，第 112 页。
② 《马克思恩格斯全集》第 23 卷，人民出版社，1972 年版，第 613 页。
③ 《马克思恩格斯全集》第 25 卷，人民出版社，1974 年版，第 857 页。
④ 《马克思恩格斯全集》第 23 卷，人民出版社，1972 年版，第 613 页。

较发达的国家的劳动在这里作为比重较高的劳动来实现,利润率就会提高,因为这种劳动没有被作为质量较高的劳动来支付报酬,却被作为质量较高的劳动来出售"。所以,"投在对外贸易上的资本能提供较高的利润率",①如果从落后国家进口原材料和初级产品,"对外贸易一方面使不变资本的要素变得便宜,另一方面使可变资本转化成的必要生活资料变得便宜,它具有提高利润率的作用,因为它使剩余价值率提高,使不变资本价值降低"。② 对有商品输入和输出的国家来说,"同样的情况也都可能发生","这种国家所付出的实物形式的物化劳动多于它所得到的,但是它由此得到的商品比它自己所能生产的更便宜。这好比一个工厂主采用了一种尚未普遍采用的新发明,他卖得比他的竞争者便宜,但仍然高于他的商品的个别价值出售,就是说,他把他所使用的劳动的特别高的生产力作为剩余劳动来实现。因此,他实现了一个超额利润"。③ 对于落后国家来说,"它们能提供较高的利润率"是因为在那里,由于发展程度较低,劳动力再生产成本较低;工业水平不高,还存在庞大的农村剩余劳动力供给;资本有机构成还比较低,"劳动的剥削程度也较高","利润率一般较高"。④ 由于落后国家的工业资源开发利用较晚,资源开发潜力巨大,又加上资源、环保意识不强,法律体制不完善,劳动保护力度低下,所以,落后国家工业资源开发的环境成本、劳动成本都十分廉价,"处在有利条件下的国家,在交换中以较少的劳动换回较多的劳动","较高的利润率就可以和较低的商品价格同时存在"。⑤ 当然,对外贸易还可以扩大生产规模,促进资本周转,"加速积累","另一方面也加速可变资本同不变资本相比的相对减少",对于国内市场来说,是"加速利润率的下降",⑥但对于国际市场来说,则会进一步降低生产成本,提高利润率。对外贸易还为国内剩余产品和过剩资本找到了新的出路,"只有对外贸易才使作为价值的剩余产品的真正性质显示出来,因为对外贸易使剩余产品中包含的劳动作为社会劳动发展起来,这种劳动表现在无限系列的不同的使用价值上,并且在实际上使抽象财富有了意义。"⑦

3. 世界分工协作的深化利益是企业获得超额利润的不竭源泉

追求国际贸易利益即超额剩余价值是国内企业参与国际贸易的基本动力。从

---

① 《马克思恩格斯全集》第25卷,人民出版社,1974年版,第264~265页。
② 《马克思恩格斯全集》第25卷,人民出版社,1974年版,第264页。
③ 《马克思恩格斯全集》第25卷,人民出版社,1974年版,第265页。
④ 《马克思恩格斯全集》第25卷,人民出版社,1974年版,第265页。
⑤ 《马克思恩格斯全集》第25卷,人民出版社,1974年版,第265~266页。
⑥ 《马克思恩格斯全集》第25卷,人民出版社,1974年版,第266页。
⑦ 《马克思恩格斯全集》第26卷(Ⅲ),人民出版社,1973年版,第278页。

表面看,国际贸易利益直接来源于流通领域,来源于在国民价值与国际价值转换所形成的价值差额。① 从深层原因看,国际贸易的超额利润则来源于国际分工形成的专业化协作生产的利益。

建立在现代工业基础上的社会化大生产,在微观上是通过企业内部的分工协作来实现的。企业内部分工协作不仅具备一般协作的诸多好处,而且创造了一种新的集体生产力,这种分工协作新生产力,在不断并入自然力——科技力量的过程中,在不断推动生产力发展的资本主义生产方式的推动下,不断提高企业生产率;企业内分工通过科学技术的运用和协作水平的提升而提高劳动生产率并通过国际化成为参与国际贸易的企业获得垄断利润的重要途径。一方面,当专业化分工的累积和协作利益大于企业内部协作的管理成本时,原来市场化分工协作企业集群就倾向于一体化,企业一体化不仅有效规避高昂的市场交易成本,而且可以避免市场化带来的不确定性。在生产的纵向一体化和横向一体化过程中,原来市场化的企业间分工被内化为企业内分工,原来不同生产率之间企业竞争被内化为企业内部分工协作关系,这样不同阶梯的价值关系就会形成同一生产过程企业内部的不同价值层级和等级。另一方面,随着企业内部专业化分工的深入发展,企业内分工的层级增多,协作的难度加大,协调分工之间的管理和协调成本增高。当内部分工的协调和监管成本大于专业化分工的协作利益时,企业就倾向于市场化分工;当市场交易成本小于企业内部管理成本时,企业内部分工就会瓦解。这样,企业内部分工就会转化成为市场化分工。国际贸易不仅通过扩大市场来扩大企业内部分工协作的范围,而且通过企业纵向集中和横向融合推动企业内部分工协作的深化,从而在世界范围内收获分工协作的额外利益。

在宏观方面,市场化协作把社会分工所形成的孤立、分散的专业化生产企业或单位联结起来,构成了社会化大生产的宏观内容,并通过价值规律作用推动生产社会化演进,不断推动生产力发展。市场化国际分工通过国际竞争把社会资源日益集中在优势企业手中,使生产日益产生集中甚至垄断的趋势。市场化协作则通过贸易、投资等市场化手段把先进的生产技术、科学管理经验等传播至世界各国,不断推动先进生产力的普及和发展,进而提高世界劳动生产率,使参与企业普遍获得了相对剩余价值。在国际市场上,在价值规律的作用下,随着资源向优势企业转移和集中,剩余价值也就向优势企业所在国家集中和转移。所以,在国际贸易中,每个国家都会选择具有绝对优势的商品进行分工和生产,通过专业化分工,提高劳动

---

① 杨玉华:《国际贸易的不平等性与民族利益》,《中国经济问题》,2007 年第 6 期,第 63～67 页。

生产率,从而提高交易双方的福利水平,达到共赢的目的。因为当一个国家生产的某一商品在国际市场化上无法实现盈利的时候,即实现的国际价值小于国民价值甚至低于生产成本时,生产该商品的企业就会被淘汰出国际市场;而对于该国来说只能选择能够实现正常的市场价值的产品(超过或者等于国民价值)进行生产,而购买那些在国际市场不能实现正常国际价值的产品。

国际分工与协作是对外贸易的前提和条件,国际贸易不断推动国际分工的深化和发展;世界市场成为连接世界经济贸易关系和国际分工协作的中介;价值规律在世界范围发挥作用,推动国民价值转换为国际价值,推动了社会分工、企业内分工的国际化;分工的市场化、国际化构成了现代企业超额利润的主要来源;不仅使企业普遍获得了相对剩余价值,而且推动了生产、销售的垄断,使少数企业或企业集团获得了垄断利润,进而推动国际贸易、分工和市场的发展;市场的扩大、生产的高度集中和垄断为企业内部分工发展提供动力,科技的进步和企业组织的变革推动企业内部分工复杂和多层级化。复杂的多层级分工所形成的管理成本和难度的提高,是企业内部分工市场化的直接诱因。市场化分工和企业内分工相互促进、融合发展,形成了全球网络化分工的新形式。世界分工协作的深入发展是企业获得超额利润的不竭源泉。

4. 国际市场垄断

马克思认为,对剩余价值贪婪的追求和自由竞争所带来的外部压力,必然使得资本家大力扩大自己的生产规模,大量囤积生产资本,使得生产得以集中,资金得以集中。二者的集中必然导致垄断的出现。因为"竞争的结果总是许多较小的资本家垮台,他们的资本一部分转入胜利者手中,一部分归于消灭"。① 如果在一个生产部门投入的全部资本"已溶合为一个单个资本时,集中便达到了极限"。② 所以,垄断从另一种意义上也就意味着"独占"。

国际市场的垄断是在国内市场垄断的基础上发展起来的,是国内市场垄断的延续与扩大。当国内市场的资本集中度已趋近于饱和时,由于资本的本性,为了占有更多的市场份额,从而获取更多的利润,垄断组织就会迈出国门进入国际市场,从而导致资本与生产在国际市场的集中,形成国际市场的垄断。

当前的国际市场已经经历了长期、激烈的市场竞争的洗礼,商品的生产和销售已经趋于高度集中,国际市场已经被西方少数跨国公司或集团垄断。西方发达国家坐拥先发优势,凭借先进生产力武装起来的强大的经济实力,主导着国际经济关

---

① 《马克思恩格斯全集》第 23 卷,人民出版社,1972 年版,第 686~687 页。
② 《马克思恩格斯全集》第 23 卷,人民出版社,1972 年版,第 688 页。

系,垄断与掌控着世界主要市场。在国际市场上,发达国家可以通过企业的垄断地位,长期索要垄断高价,通过国际贸易从落后国家和广大消费者转移部分剩余价值。垄断公司可以通过垄断和收买技术发明,人为地控制技术进步的节奏;通过兼并和收购,消灭或者防范潜在的竞争对手;通过技术壁垒或者恶意竞争,打压竞争对手,提高入行门槛,消除潜在对手。通过技术优势和创新,创造技术或者知识产权垄断;通过控制新产品的研发和设计、垄断关键或核心技术、垄断品牌和销售渠道等高端生产和流通环节,向低端生产企业索要部分剩余价值。① 通过这种种手段,垄断公司和其背后的发达国家获取了巨大的国际超额剩余价值。恩格斯指出:"每一个竞争者,不管他是工人,是资本家,或是地主,都必然希望取得垄断地位。每一小群竞争者都必然希望取得垄断地位来对付所有其他的人。竞争建立在利害关系上,而利害关系又引起垄断;简言之,即竞争转为垄断。""竞争的矛盾在于每个人都想取得垄断地位,可是社会本身却会因垄断而遭受损失",②可见垄断对于获取超额剩余价值所起到的巨大作用。

第三节　企业获取超额剩余价值的渠道

一、国际贸易

国际贸易一直是获取超额贸易利益的主要渠道。在国际贸易中,一方面,发达国家借助于较高的生产率在国际价值规律的作用下,可以长期地获取超额利润;另一方面,可以借助于市场垄断地位,凭借垄断价格获取垄断利润。从世界银行统计来看,世界贸易额(包括服务贸易)从1980年的46116亿美元,增长到2010年的370529亿美元,年均几何增长率高达7.19%。从增长情况来看,1980～1985年年均增长2.965%、1986～1990年年均增长6.408%、1991～1995年年均增长6.600%、1996～2000年年均增长6.618%、2001～2005年年均增长6.321%、2006～2010年年均增长8.157%(扣除2009年因金融危机造成的巨幅下降),可见国际贸易呈加速

---

① 杨玉华:《国际贸易利益的"漏损":马克思国际贸易理论的现代解读》,《云南财经大学学报》,2008年第4期,第79页。

② 《马克思恩格斯全集》第1卷,人民出版社,1956年版,第612～613页。

增长态势;从贸易的结构来看,发达国家一直是国际贸易的主体,但随着发展中国家的兴起及其对外贸易能力的提升,发达国家贸易的份额呈现下降的趋势。从1980年以来的变动趋势来看,发达国家的份额是先增后减。1980年的占世界贸易额的77.10%,增长至1988年的84.17%,之后一路下滑,到2010年已经下降至63.62%。世界贸易发展情况如图4-1所示。

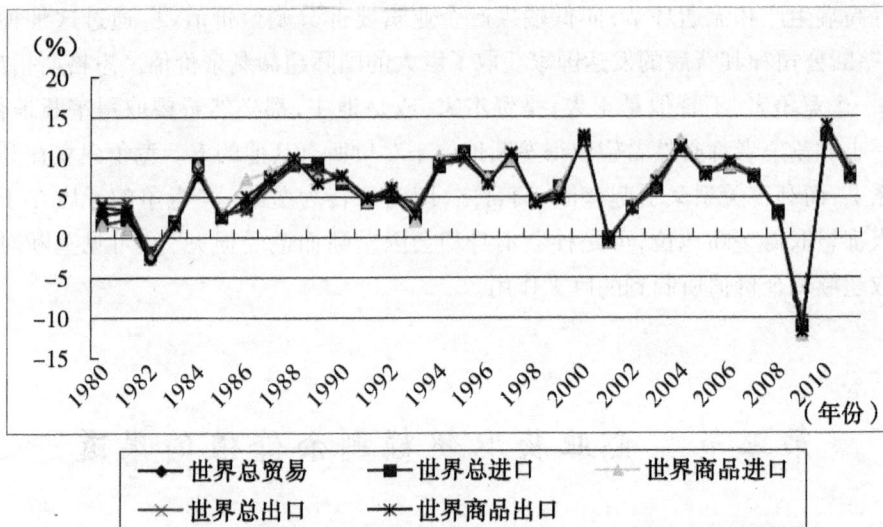

图4-1 世界贸易发展情况(1980~2010年)

二、国际投资

国际投资也是获取超额利润的重要渠道,而且随着发达国家对外投资地位的提升,对外投资越来越成为发达国家获取超额利润的主要渠道。发达国家是对外直接投资的主要国家,随着国内市场的饱和和资本的积累,国内就会出现大量的过剩资本,发展中国家一般资本比较匮乏,而生产要素价格比较低廉、环保门槛较低,投资回报丰厚。发展中国家资本市场的供需矛盾就给剩余资本找到了最佳的投资场所。第二次世界大战以来,跨国公司逐渐成为对外投资的主要形式,据联合国贸易与发展委员会2007年《世界投资报告》统计,到2007年世界跨国公司的数量已经达到了76760家,其分支机构达到了770000家,发达国家为58239家,发展中国家占18521家,发达国家对外投资占到世界总对外投资的77.03%。通过对外投资,跨国公司可以绕过关税和其他非关税壁垒,可以规避东道国因市场发育不完善带来的制度性风险,可以最大限度地利用东道国生产要素的竞争优势,也可以通过内部利润转移,悄无声息地把企业在东道国形成的利润转移至母公司。跨国公司凭借其市场垄断优势、技术竞争优势以及跨国分工的综合优势获取大量的超额利润。据北京师范大学的李翀教授收集的美国 2000 ~ 2006 年间对外投资的数据,美国对发达国家的投资收益率在 105.7% ,而对发展中国家投资收益高达 143.0% ,无论是对发达国家还是发展中国家,美国企业都获得了远高于国内市场 20% 的利润率。[①] 从对外投资的增长来看,1970 ~ 1975 年年均增长 19.78%、1976 ~ 1980 年年均增长 18.74%、1981 ~ 1985 年年均增长 2.54%、1986 ~ 1990 年年均增长 30.94%、1991 ~ 1995 年年均增长 11.92%、1996 ~ 2000 年年均增长 37.90%、2001 ~ 2005 年年均增长 0.18%、2006 ~ 2010 年年均增长 5.95%,增长态势呈现出倒 U 型趋势。20 世纪 70 年代增长较平稳,80 年代、90 年代均是波动上升的,80 年代上半叶降至 2.54% ,下半叶升至 30.94% 的新高;90 年代上半叶降至 11.92% ,后半叶再升至 37.90% 的历史新高。进入 21 世纪,投资进入低速增长时期。从波动周期来看,第一个谷底出现在 1976 年,第二个谷底出现在 1982 ~ 1983 年,第三个谷底出现在 1991 年,第四个谷底出现在 2001 年,第五个谷底出现在 2009 年。以美国为首的发达国家,20 世纪 70 年代中期,陷入滞胀泥潭,20 世纪 80 年代初期中东战争爆发,1991 年海湾战争爆发和苏东剧变,2001 年互联网经济泡沫破灭,2007 ~ 2009 年世界金融危机爆发。这些事件对国际投资影响很大。第二次世界大战后,科技革命对投资影响较大,特别是信息技术和互联网技术的成熟和广泛普及,在推动世界经济高速发展的同时,也带动了世界对外投资的高速增长。表现为 1983 ~ 1990 年和 1992 ~ 2000 年间的投资的高增长。从投资的国别结构来看,发达国家在第二次世界大战后科技革命推动下,对外投资一直保持了 80% ~ 92% 的高投资份额,随着新兴工业国家崛起,特别是"金砖国家"的崛起,发达国家投资出现明显下降态势。在 20 世纪 90 年代经历短期的滑落后曾一度回升至 90% 的历史高位,但在进入 21 世纪后则是一路下降,到 2010 年,发达国家投资额已经下降至 61.78% ,发展中国家对外投资则波动上扬,至 2010 年上扬至 48.22% 的历史新高。世界对外直接投资情况如图 4 - 2 所示。

---

① 李翀:《马克思国际经济学的构建》,商务印书馆,2009 年版,第 488 页。

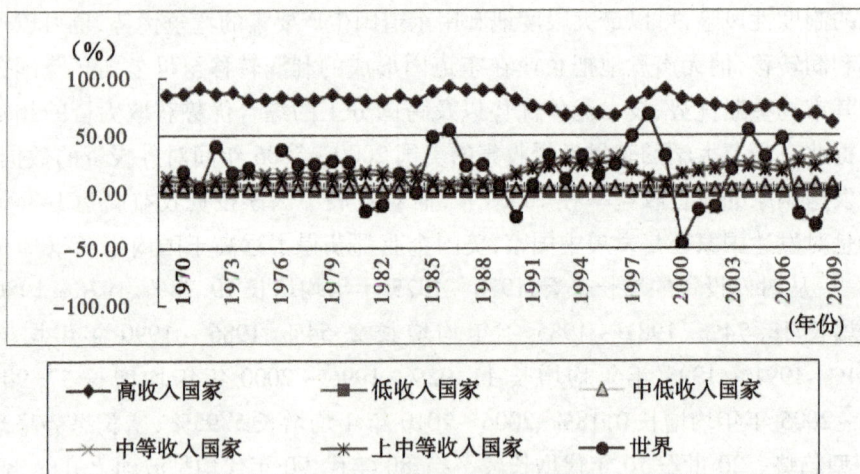

图4-2 世界对外直接投资情况(1970~2009年)

三、跨国公司对核心竞争力的垄断和控制

跨国公司凭借强大的科技实力和经济实力,控制了世界70%左右的知识产权、绝大部分的市场品牌和销售渠道。对于高新技术产品,跨国公司采取自己生产、垄断销售战略;对于成熟技术的产品,跨国公司采取控制知识产权和核心关键技术手段;对于劳动密集型一般加工制造产品,跨国公司则采取控制品牌、销售渠道等策略;对于依赖售后服务性产品,跨国公司则采取控制售后服务措施。这样,跨国公司通过市场垄断、技术创新和高端价值链控制等策略锁定了世界绝大部分超额利润。以笔记本电脑为例,2005年第2季度中国台湾企业笔记本电脑出货量达到1088万台,占全球笔记本电脑出货量的81.2%,占全球笔记本电脑代工总量的95%以上(水清木华研究中心,2006)。如果一台笔记本电脑成本为900美元,其成本结构如表4-1所示。在笔记本电脑世界分工格局中,操作系统由Windows(97%)、Linux(3%)瓜分;CPU由英特尔(85%)、AMD(15%)垄断;主板芯片前三名集中度达到了90.5%,其中英特尔占62.1%、威盛(VIA)占18.5%、思科(SIS)占9.9%;代工厂商前三名集中度达到了56%;其中广达占33%、仁宝占23%、伟创占10%;存储器前三名占55.9%,其中三星占31.7%、东芝占12.4%、英特尔占11.8%、飞索(Spansion)占10.4%;LCD面板前三名占55.6%,其中三星占22.2%、LG、飞利浦LCD占19.9%、友达光电占13.5%、奇美电子占8.7%;品牌销售商前三名占44.0%,其中戴尔占17.3%、惠普占15.7%、东芝占11.0%、宏碁占10.1%、联想占8.2%。据统计,2000~2004年5年间,微软年均收益率26.9%,英特尔年

均收益率22.1%,主板芯片威盛、阿维达(AVIDA)年均收益率分别为30.6%和9.2%,存储器力晶、华邦年均收益率分别为25.9%和18.7%,LCD面板友达光电和华映年均收益率分别为14.0%和12.6%,代工生产商广达、仁宝和英业年均收益率分别为7.4%、6.4%和5.1%,品牌销售商德尔、宏碁和联想年均收益率分别为6.0%、7.2%和5.3%。在笔记本电脑产品内分工中,各个生产环节的市场结构对收益分配的确有影响,垄断程度越高获益能力越强。[①]

表4-1　笔记本电脑成本结构

部件	CPU	显示屏	主板	硬盘	其他	软件	光驱	设计	内存	制造	外壳	合计
成本(美元)	207	153	108	90	90	81	54	45	27	27	18	900
比重(%)	23	17	12	10	10	9	6	5	3	3	2	100

资料来源:水清木华研究中心:《2005~2006年中国笔记本电脑产业研究报告》,http:www.pday.com.cn。

四、其他渠道

借助于国家政策和文化,形成对本国企业的扶植和对外来企业的排挤;借助于地区组织和国家间协定,有选择地排挤第三方企业,这已经发展为企业获取超额利润的第四种渠道。

第一,借助于国家政策的主要方式有:一是关税壁垒、技术壁垒及其他非关税条款。20世纪90年代以来,在世界贸易组织成员的共同努力下,关税壁垒得到了有效遏制,但各种非关税壁垒应运而生,尤其是技术壁垒更成为发达国家对付发展中国家贸易竞争进行贸易保护的有效工具。另外,对我国这样加入世界贸易组织较晚的国家索要很高要价,比如非市场国家条款,形成了不合理的歧视政策。二是国内产业政策、对外经济贸易政策等。例如,发展中国家普遍采取对外资超国民待遇保护政策、对战略产业扶持政策以及鼓励出口贸易政策。

第二,运用文化心理因素影响国民消费。这方面最成功的国家是韩国和美国。韩国通过民族文化和心理自尊、自信塑造,成功地塑造国民优先购买国货、排挤国外产品的消费倾向。美国则通过美国价值观和文化优越性的国际输出,塑造国际市场对美国产品、文化的信赖和崇拜,影响广大发展中国家的群体心理,培植崇尚美国货、迷信美国货的消费理念,从而帮助美国企业打开市场和销路。

第三,借助区域自由贸易协议、共同市场协议保护本地区的企业,排挤第三方

---

① 张纪:《产品内国际分工中的收益分配》,《中国工业经济》,2006年第7期,第36~44页。

企业的进入。

第四,利用国际经济组织和世界货币发行权谋取本国企业利益。一是少数发达国家利用在国际经济组织中的主导地位,左右国际市场规则的制定和执行,为本国企业谋取超市场的利益。二是美国等少数国家可以借助于美元世界货币的特殊地位,操控国际金融市场,谋取超市场化的巨额利益。美国自 20 世纪 80 年代以来,逐步推行借贷消费的生活模式,长期推行扩张性货币政策、维持低利率,为居民消费和企业扩张提供廉价的金融支持,特别是进入 21 世纪以来,滥用世界货币发行特权,肆意滥发美元和美元金融衍生品,对外输出通货膨胀和美元资本,对内大肆借贷消费,最终酿成了席卷世界的金融危机。通过输出通货膨胀和操控国际期货市场,美国企业赚取巨额财富,通过对外大量投资(投机)和国际金融市场的操控,美国攫取高额的利润。仅在中国,美国在危机期间从中国四大国有银行套取的利益就高达数千亿美元之多。

总之,企业凭借较高的生产率水平、垄断的市场地位或者企业内部分工,通过国民价值向国际价值转型,企业就可以获取超额的利润。当然国家利益界限、主权国家利益之间的博弈、美元金融霸权影响也会深刻影响企业利益的分配。

第四节　马克思与西方国际贸易动力理论的比较

马克思与西方国际贸易动力理论共同的理论渊源和文化传统,使它们在理论上也表现出很多的共同之处,但它们理论基础不同,研究目的、方法和立场迥异,也使它们的理论表现出很多的差异,甚至是冲突。

一、马克思与西方国际贸易动力理论的共同点

马克思与西方国际贸易动力理论都是对古典政治经济学的继承和发展,它们都从发达国家经验出发,研究国际贸易的发展趋势和特征,在理论上表现为诸多的共同特征。

第一,二者都把"经济人"假设作为分析的前提条件,也就是都是从经济利益方面寻找贸易的原因。经济人假设的分析传统来源于亚当·斯密。亚当·斯密认为"每一个人改善自身境况的一致的、经常的、不断的努力"不仅是"社会财富、国

民财富以及私人财富所赖以产生的重大因素",①而且是贸易开始的前提,他指出,为了各自利益考虑,生产者"应当把他们的全部精力集中到使用比邻人处于某种有利地位的方面,而以劳动生产物的一部分或同样的东西,即其一部分的价格,购买他们所需要的其他任何物品"。② 马克思的全部理论也都是建立在这样的前提条件下的,他笔下的资本就是资本家的同义词,他解释说:"这里涉及到的人,只是经济范畴的人格化,是一定的阶级关系和利益的承担者。我的观点是:社会经济形态的发展是一种自然历史过程。不管个人在主观上怎样超脱各种关系,他在社会意义上总是这些关系的产物。"③

第二,二者都从分工角度揭示国际贸易互惠利益的来源。"劳动生产力上最大的增进,以及运用劳动时所表现的更大的熟练、技巧和判断力,似乎都是分工的结果。"④亚当·斯密认为,既然分工可以提高生产率,那么每一个生产者都专门从事他最有优势的产品的生产,然后彼此进行交换,则对双方都有利。在对外贸易中,"在利润均等或几乎均等的情况下,每个个人自然会运用他的资本来给国内产业提供最大的援助,使本国尽量多的居民获得收入和就业机会"。⑤ 正是在利己动机的驱使下,人们通过相互交换得到满足各自需要的东西。马克思进一步把一个"民族分工的发展程度"作为标志"一个民族的生产力发展的水平"的主要表现,而且认为"各民族之间的相互关系取决于每一个民族的生产力、分工和内部交往的发展程度。这个原理是公认的……",⑥但二者所指分工其实是不同的,前者更多指企业内部分工,后者一般是指社会分工。

第三,二者都赞成国际贸易对生产力的积极推动作用。大卫·李嘉图把实现普遍的自由贸易看作对社会总资本最有利的分配和最能保障国家整体利益的制度,把对自由贸易的任何限制看作是对自己国家利益的限制,他认为"在完全的自由的制度下,各国都必然把它的资本和劳动用到最有利于本国的用途上。这种个体利益的追求很好地和整体的普遍幸福结合在一起。由于鼓励勤勉、奖励智巧、并最有效地利用自然所赋予的各种特殊力量,它使劳动得到最有效和最经济的分配;同时,由于增加生产的总额,它使人们都得到好处,并以利害关系和相互交往的共

---

① [英]亚当·斯密:《国民财富的性质和原因的研究》(上),商务印书馆,1972年版,第315页。
② [英]亚当·斯密:《国民财富的性质和原因的研究》(上),商务印书馆,1972年版,第28页。
③ 《马克思恩格斯全集》第23卷,人民出版社,1972年版,第12页。
④ [英]亚当·斯密:《国民财富的性质和原因的研究》(上),商务印书馆,1972年版,第5页。
⑤ [英]亚当·斯密:《国民财富的性质和原因的研究》(下),商务印书馆,1974年版,第26页。
⑥ 《马克思恩格斯全集》第3卷,人民出版社,1960年版,第24页。

同纽带把文明世界各民族结合成一个统一的社会"。① 马克思则站在人类发展的高度,高度评价资产阶级对于推动国际贸易发展和生产力的积极进步作用,虽然他并非完全赞同自由贸易政策,但他却客观地肯定了国际分工和国际贸易对推动世界发展的进步作用。②

第四,二者都运用比较方法揭示国际贸易利益形成的原因。西方经济学主要运用生产要素和生产成本的差异,主要是运用双边比较来解释国际贸易利益的成因。贸易双方通过国际分工形成比较利益是推动国际贸易原因。马克思更多地从生产力发展水平的差异、从价值规律作用的变化解释超额利润的形成原因,认为企业追逐利润尤其是超额利润才是推动资产阶级发展国际贸易的内在动力。

二、马克思与西方国际贸易动力理论的差异

虽然马克思与西方经济学的理论都源于古典经济学,但二者方向不同。马克思坚持并发展了劳动价值论,创立科学劳动价值论,使之成为国际贸易理论的基石,而西方经济学最终彻底放弃了劳动价值论基础,以均衡价格取而代之。在国际贸易动力理论方面,西方经济学则侧重从生产要素差异和双边比较利益的角度,揭示国际贸易的原因,马克思则进一步从生产力水平差异和企业动机方面揭示了形成比较利益背后的深层条件和动机。

1.理论基础不同

马克思的国际贸易理论建立在科学的劳动力价值论基础上,以国际价值理论为直接理论基础,深刻揭示了国际贸易运动经济规律的一般原理:国际价值规律是制约和规范国际贸易运动的基本规律,而国际价值规律派生出的国际生产价格规律、利润平均化利润则是其发挥作用的不同形式和具体内容。西方经济学则是以边际成本、均衡价格为基础,以比较优势为准则的分析体系。也就是说,西方国际贸易分析都是经济关系表面的现象,而没有、其实就没打算揭示经济现象背后的本质和规律。

2.分析的工具不同

马克思的分析工具是唯物辩证法和阶级分析法,马克思在分析国际贸易利益的时候,不仅看到了贸易推动双方生产力发展的巨大利益,而且清醒地指出了贸易利益在阶级之间、不同生产力水平国家之间的巨大差异和不公。例如,在分析一个国家采取关税保护或是自由贸易时,认为保护关税制度不过是为了在初期工业化

---

① [英]大卫·李嘉图:《政治经济学及赋税原理》,商务印书馆,1976年版,第119页。
② 杨玉华:《国家贸易对就业的影响——中国1978~2005年对外贸易与就业关系研究》,经济管理出版社,2007年版,第58页。

的国家"促进了国内自由竞争的发展","建立大工业的手段",①并指出,英国现代工业体系即依靠用蒸汽发动的机器的生产,就是在保护关税制度的羽翼之下于18世纪最后30多年中发展起来的。② 而当他们打败了一切外国的竞争者时,"在国内实行保护关税制度对工厂主说来是不需要的","他们的生存本身也依赖于出口的扩大",他们就会赞同自由贸易,两种制度这样巧妙地结合,"英国在国内市场上实行的保护关税制度,又用在国外对它的商品的一切可能的消费者实行自由贸易作了补充"。③ 并深刻指出资产阶级以自己利益冒充国家利益,一方面"保护关税成了它反对封建主义和专制政权的武器,是它聚集自己的力量和实现国内自由贸易的手段"。④ 另一方面"保护关税制度是制造工厂主、剥夺独立劳动者、使国民生产资料和生活资料转化为资本、用暴力方法缩短由旧生产方式向现代生产方式过渡的一种人为手段"。⑤ 而比较优势理论则运用静态比较分析的方法,采取的是超阶级和国家的立场,热情地赞扬国际贸易的互惠互利,却看不到国际贸易对发展中国家带来的损失和破坏作用,看不到国家关系的发展和变化,看不到比较利益的变化与逆转,看不到国际贸易对落后国家的阶级分化与对立、对生产方式和生产关系变革的积极推动作用。

3. 比较的内容和标准不同

比较优势理论主要从生产力要素的丰歉贵贱差异利用均衡化价格标准比较贸易双方优势差异,认为获取比较利益是国家参与世界贸易的动力,而随着贸易双方价格均势建立,比较优势将趋于缩小乃至消灭,世界将进入均衡发展;马克思则运用国际价值和生产力标准比较了贸易之间利益的差别,阐述了价值规律作用下的利润率平均化和下降的历史趋势,指出获取超额利润是企业发展的永恒动机和不竭的源泉。并由此推论出资本的集中和垄断是少数企业或企业集团获取超额利润的未来趋势。"既然一切都成了垄断性的,那末即使在现时,也会有些工业部门去支配所有其他部门,并且保证那些主要从事于这些行业的民族来统治世界市场。"⑥垄断不仅加剧了国内市场社会财富的两极分化,也加剧了世界市场的贫富差距。

4. 对待自由贸易的态度不同

比较优势理论过分看重国际贸易对贸易双方带来的巨大利益,热情推动自由

---

① 《马克思恩格斯全集》第4卷,人民出版社,1958年版,第458~459页。
② 《马克思恩格斯全集》第4卷,人民出版社,1958年版,第414页。
③ 《马克思恩格斯全集》第4卷,人民出版社,1958年版,第415页。
④ 《马克思恩格斯全集》第4卷,人民出版社,1958年版,第459页。
⑤ 《马克思恩格斯全集》第4卷,人民出版社,1958年版,第413~414页。
⑥ 《马克思恩格斯全集》第4卷,人民出版社,1958年版,第458页。

贸易,却往往忽视其带来的不利影响。李嘉图认为,互利的国际分工只能在自由贸易的条件下才能得以实现。"如果将国家在贸易上所加的一切限制一扫而空,让贸易在它自己负有火力点原则下寻找它的道路前进,那就准定会使贸易在差不多漫无止境的情况下增长。"①虽然其采取的似乎是不偏不倚超国家的立场,实际上,他们都是站在本民族的立场,代表发达国家和资本家阶级的利益。其实,比马克思早半个世纪的德国经济学家弗里德里希·李斯特早就看穿了自由贸易者的阴谋,他把落后国家如何根据本国具体国情和经济发展水平,研究在不平等的国际经济关系中推进生产力的发展和大力发展民族工业作为自己的经济理论研究的目的和主旨,他说:"每个国家都必须根据自己的国情,发展生产力;换句话说,每一个国家都有其独特的政治经济学。"②他把国家的职责和政治家的政治远见和才干与国家生产力的发展紧紧联系起来,认为在国际经济联系中,只有充分利用国家权力保护和促进本国生产力发展,才能使生产力发展的愿望和前景变成现实。他指出,如果外国资本和技术阻碍了本国民族工业的发展,政府有责任利用政府权力保护和扶持民族工业的发展和生产力的增进。③ 马克思正是看到自由贸易不平等交换的实质,看到自由贸易的完全利益落入了资本家阶级手中,看到发达国家所推动的国际贸易把所有不发达国家卷入了世界市场,并建立起依附于发达国家的世界贸易体系,他并不反对关税保护,认为那是初步工业化国家推动工业化而普遍采取的正常措施。对于自由贸易,因为"自由贸易制度加速了社会革命",也只有在这种革命意义上,马克思"才赞成自由贸易"。④

由此可见,马克思的国际贸易动力理论不仅有着统一的价值理论基础、具体的微观主体,而且从生产力发展的高度深刻揭示了形成国际关系不平等的条件及其基本内容,具有全面、发展、开放的理论特点。

① 斯拉伐:《李嘉图著作和通信集》第5卷,商务印书馆,1983年版,第447页。
② [德]李斯特:《政治经济学的国民体系》,商务印书馆,1961年版,第229页。
③ [德]李斯特:《政治经济学的国民体系》,商务印书馆,1961年版,第221页。
④ 《马克思恩格斯全集》第4卷,人民出版社,1958年版,第459页。

第五节　结论、问题与建议

一、结论

马克思的国际贸易动力理论认为生产力发展的不平衡是形成国际经济关系不平等的根源,而较高的生产力水平是企业参与国际贸易并获得超额利润的基本条件。国际贸易的动力不仅仅建立在生产要素的比较利益上,更直接地是建立在企业获取利润,尤其是超额利润的生产力发展和进步之中。我国对外贸易自改革开放以来,特别是加入世界贸易组织以后获得了巨大发展,国内骨干企业也伴随着我国经济贸易的发展而不断发展壮大,已经成为支撑中华民族伟大崛起的中流砥柱,已经成为我国参与国际分工、获取国际贸易利益的微观基础。我国及很多新兴工业化国家的崛起都证明了马克思国际贸易动力理论的科学性和普遍性,但现阶段我国对外贸易发展的困境却又揭示了实践与理论的偏离。

二、我国对外贸易盈利方面存在的问题

我国改革开放的实践表明,我国外贸企业的发展不是依靠国际市场超额利润,而是依靠国内市场的补贴发展起来的。以 2010 年为例,我国国内生产总值(GDP)为 397983 亿元,对外出口 15779.3 亿美元,折合人民币 107013.5 亿元,而出口企业,特别是本土出口企业利润平均只有 5% 左右。而这一年我国光出口退税一项就高达 7327 亿元,占到出口总额的 6.85%。[①] 也就是说,我国企业不仅不能获得超额利润,就连正常的国内 10% ~20% 的利润率都无法达到,几乎都是在亏本运营。再看看那些晋升 500 强的国内企业,几乎都是国内市场盈利的大户,一定程度上说,出口企业是依靠国内企业的盈利养活的,中国用转移国内财富到世界市场的方法,发展壮大起来了对外贸易。为什么我国企业出口得不到正常利润,更不用说超额利润,而只能依靠补贴生存呢?

---

① 根据中国统计局、商务部和外汇管理局有关数据计算。

1. 我国对外贸易是依靠外部市场发展壮大,具有外源发展的特征

长期的计划经济导致我国国内市场发育迟缓,为了解决外汇短缺和进口先进技术设备需要,出口企业主要担当出口创汇的历史责任。改革开放初期,由于人民币高估,外汇增长缓慢,20世纪80年代后期我国形成了鼓励出口的贸易政策,1994年我国人民币又一次性大幅贬值,2001年加入世界贸易组织,诸多利好进一步促进了出口的高速增长,一直到金融危机爆发前夕,我国对外贸易一路高歌猛进,跨入世界贸易大国的行列,也就是说,我国对外企业主要依赖国家扶持、人民币贬值以及加入世界贸易组织的利好获得的国际竞争优势,而不是靠国内市场的充分竞争培养起来的国际竞争优势。

2. 我国贸易企业主要依靠价格竞争获取竞争优势,"比较优势陷阱"困境突出

随着资源、环境约束的增强和劳动力成本的迅速攀升,我国的出口企业价格竞争优势大幅缩减,后续发展能力严重不足。其实我国国内市场与国际市场已经形成了严重分割:出口企业以外企和民营企业占据主导,占到了出口的85%左右。这些企业除外企利润率较高外,民营企业利润率一般都十分微薄。国内市场则主要是以国有企业为主导,它们的利润普遍较高。以2010年为例,国内500强企业只占世界500强企业营业收入的8.7%,利润却占到了19.9%,中国500强企业利润水平高于世界500强水平的1倍还多。① 而2010年上榜的500强中国企业除华为、沙钢集团外几乎是清一色的国有骨干企业,而且都是占据能源、金融、通信、交通运输、钢铁等控制国民经济命脉的主要领域,而且很多企业具备垄断地位。

3. 中国出口企业的国内市场发展环境比较差,严重削弱了企业的盈利能力

占中国出口半壁江山的外资企业由于长期享受超国民待遇,加上其产品主要用于出口,所以国内市场对其影响不大。国有企业,特别是处于垄断地位的国有企业,其产品主要供应国内,其强势的国内地位,加上部分具有垄断地位,是国内不规范市场的最大受益者。而民营企业占据了出口的1/3,它们处在外资企业和国企优势地位的夹缝中,处于非常不利的竞争环境中,除少数企业外,它们的出口一定程度上是依靠国家补贴得以生存和发展的。我国国内市场虽然十分巨大,但由于区域行政分割严重及市场发展不充分、不规范,企业信用严重短缺,企业间分工协作水平过低,加上现代物流发展滞后,流通成本居高不下,致使很多企业难以发展成为全国性大企业,从而造成企业同质化竞争过度,而上下游企业、同一领域企业之间分工多、协作少,所以,中国非垄断企业小、散、乱,同质化严重。

① 周展宏:《财富世界500强上的中国公司》,http://www.fortunechina.com/rankings/c/2010－07/13/content_42295.htm。

4. 中国出口企业创新能力严重不足,短期行为严重

中国出口企业只有0.03%的自主知识产权、15%左右的自有品牌,大多企业依靠简单模仿、加工组装或者贴牌进行生产,出口只有依赖价格竞争。国有企业主要依赖国内市场和垄断地位获得较高利润,缺乏创新动力,而依靠出口的民营企业,大多规模小、利润薄,没有能力创新。不要说创新,很多企业甚至无法保证商品质量的稳定性和性能的可靠性。所以,出口企业价格竞争严重,短期行为泛滥。

三、提高我国对外贸易盈利水平的建议

出口企业要发展壮大只有依靠赢得利润,尤其是超额利润才能发展和壮大。所以,中国政府和企业要在以下几个方面创造条件。

1. 严格整顿市场秩序,规范企业行为,培养企业良好的信用关系

规范有序、有信的企业行为是保证企业规范竞争、推进合作的前提条件。目前,我国企业集中度太低,企业之间信任度极低,企业横向、纵向融合度很低,企业规模效率差,企业同质化、过度竞争严重。因此,只有建立规范、有序的信用关系,才能更好地推进企业间整合,才能提高企业规模效率,减少过度竞争和同质化竞争问题。

2. 规范政府管理,完善政府的服务职能

国家和地方政府是企业发展壮大的最主要推动力量。国内国际市场分割、区域市场分割责任在政府,企业无序竞争责任也在政府,企业之间竞争的歧视和不公,根源也在政府。所以,必须规范政府行为,依法行政,变管理寓服务之中。企业之间分工与协作需要政府引导,国际良好的市场环境的维护,需要政府提供相关公共产品服务。目前,我国国际市场的信息收集和分享机制不畅,法律服务、政策咨询严重不足和滞后,所以,政府要在公共产品服务方面创新机制、培养队伍、完善服务。

3. 大力发展现代服务业,建立廉洁、高效、统一、公平的国内市场

国内充分、高效、公平的市场环境是出口企业发展壮大的第一平台。目前我国现代服务业发展严重滞后,企业发展急需的高水平的资金、技术、信息和物流服务严重短缺,市场效率较低;政府常常越俎代庖,不作为和乱作为层出不穷,导致政府越位、缺位,甚至官商勾结,市场竞争不公和内部分割严重。所以,大力发展现代服务业,提高市场的服务水平和质量,厘清市场和政府职能边界,强化政府的监管和公共服务职能,打造廉洁、高效、统一和公平的市场,才能为出口企业提供发展壮大的良好环境好平台。

4. 加大对企业创新活动的支持力度,鼓励企业培养长续发展能力

创新是企业长盛不衰的内在条件。我国企业之所以创新动力不足,主要因为

政府对企业创新保护和支持不足。所以,要继续推动国内市场开放,打破部分国有企业的垄断;清理国内市场的地方保护,充分发挥市场淘汰功能,促进优势企业发展和壮大;强化对知识产权的保护,支持和鼓励企业创新;加大监管和执法,严厉打击个别企业短期行为。国家要在税收、土地使用和政府采购等方面大力支持企业创新活动,遏制企业的短期行为。

5. 转变对外经济贸易政策,调整对外关税和准入政策,促进贸易结构优化和升级

我国长期以来形成的单向鼓励出口政策,现在到了应该调整的时候了。所以,新的对外贸易政策应该结构性鼓励与结构性限制相结合。对于那些符合结构调整和升级方向的企业和产品进行鼓励,对于能够实现正常利润的企业进行支持,对于能够实现超额利润的企业进行鼓励,否则进行限制。对于那些既不符合产业调整方向,又不能实现盈利的企业或者产品坚决进行淘汰。这样,我国就可以节约巨量的出口退税——其实,我国大量的出口退税,一方面在用国内企业的钱来补贴外资企业;另一方面,用我国人民的血汗补贴全球尤其是欧美发达国家的消费者,是很不理性的。另外,好钢应该用在刀刃上,变目前撒胡椒面似的出口退税为结构性退税,集中国家财力于优势和具备潜力及前途的企业和产品上,充分发挥政策的引导和调控功能。

第五章　国际贸易利益分配理论

　　按照生产要素的所有权分配是一般市场经济利润分配的规律,国际贸易利益的分配也是如此。在国际市场上,企业仍是参与国际贸易利益分配的主体,国家可以通过税收等经济杠杆调节国际贸易利益在企业间的再分配。国家作为民族利益、长远利益、整体利益的代表,可以通过国家所有权参与国际贸易利益的分配,其途径就是通过国家垄断资本参与国际贸易,从而参与国际贸易利润的形成和分配。

第一节　马克思的一般市场分配理论

　　马克思的分配理论包括资本主义市场分配理论及关于未来社会分配的构想。未来社会的分配理论包括社会主义按劳分配理论和共产主义按需分配理论。因为在世界市场进行的国际贸易和国际投资均是按照市场机制进行的,又因社会主义国家在20世纪80年代开始的市场化改革,最终,市场经济运行机制成为世界统一的经济运行机制。所以,只有市场分配理论才是国际贸易利益分配理论的理论基础。

一、市场分配的一般含义与分类

1.市场分配的一般含义

　　市场分配的一般含义是指新创造价值即由劳动者创造的用于补偿自身劳动力的价值 V 和超过自身价值的剩余价值 M 按照市场机制在生产要素和市场主体之间的分配关系,狭义的分配主要是指对由雇佣工人创造的超过工人自身价值即剩余价值在市场主体之间的分配。

2. 市场分配的一般形式和类别

市场分配按照分配时间的先后可以依次划分为生产要素分配、市场主体或者职能资本家分配、企业内部分配几个层次。按照分配机制的不同又可以划分为按生产要素所有权分配、按利润率平均化规律分配、按市场竞争结果分配、按生产资料垄断权进行分配。

二、分配的一般规律

1. 分工规律

分工规律主要是指人类生产方式内部的完整统一性在现代分工协作生产方式条件下发挥作用的条件和作用所表现出来的趋势。首先,分工规律制约着人类生产、消费的比例和结构关系。在现代生产方式条件下,社会分工表现为不同生产部门和领域所形成的不同的专业化生产以及生产的不同使用价值,而不同的生产部门和领域通过市场交换这个媒介形成了人类的社会总体劳动,进而构成了现代社会的各种生产关系和分配关系。社会分工规律的内在要求是:"不同的生产领域经常力求保持平衡,一方面因为,每一个商品生产者都必须生产一种使用价值,即满足一种特殊的社会需要,而这种需要的范围在量上是不同的,一种内在联系把各种不同的需要量连结成一个自然的体系。"社会分工规律发挥作用的结果就是强制地保持社会生产与社会需要的平衡以及各个部门和领域分工的合理比例关系。而分工规律在现代市场经济条件下是通过价值规律为基础的市场机制得以贯彻实施的。其次,分工规律制约着人类生产劳动内部各个部门和领域的结构和比例关系。人类生产方式的内部完整性和统一性的性质要求消费资料生产与生产资料的生产结构和比例保持合理的关系,而且制约着生产过程内部的各个职能资本的循环所形成的内部结构和比例关系。再次,分工规律制约着生产组织内部分工协作的统一性和协调性。它要求"保持比例数或比例的铁的规律使一定数量的工人从事一定的职能"。① 最后,社会分工的发展不断深化分工的广度和范围,推动着生产关系的不断调整和生产力结构的不断演进。在现代生产方式条件下,科学被并入生产过程,并被资本驱使为资本增殖服务。因而"现代工业的技术基础是革命的",科学技术的不断创新和进步在资本推动下"并入生产过程",推动着产业结构、产品结构以及职业结构得以不断提升和演变,从而"不断地使社会内部的分工发生革

---

① 《马克思恩格斯全集》第23卷,人民出版社,1972年版,第394页。

命"。社会分工规律不仅制约着人类生产的物质内容和组织形式,而且制约着人类生产的社会形式与社会关系。因此,在现代生产方式条件下,社会分工规律应当是起全面调节作用的基本规律,而价值规律则是社会分工规律发生作用的内在机制。①

2. 市场机制分配规律

市场机制分配规律就是通过市场机制对新增的社会价值在市场主体和生产要素之间进行分配。市场机制的基础是价值规律,市场机制发挥作用的形式主要是通过价格机制、供求机制和竞争机制进行贯彻实施的。价值规律要求市场主体之间以社会必要劳动时间为价值标准实行公平交换、公平竞争,调节市场主体和生产要素之间的劳动时间与劳动结构的配置比例和关系。

3. 所有权规律

在德语中,所有权与财产权(产权)是同义词,马克思认为,所谓所有权就是由国家法律赋予生产要素的主体对生产要素的所有权、占有权、支配权、继承权、索取权、经营权等一系列排他性权利。它是在商品生产和交换中形成并被法律认可的排他性权利,生产者在商品生产和交换中遵循价值规律,马克思把商品生产者对自己的劳动产品依法拥有并按照价值规律进行等价交换的现象概括为所有权规律。因此,所有权规律主要是指对市场主体或者生产要素所有者依法享有对其所生产的产品或者所拥有的生产要素的所有权以及拥有平等交换权利的现象和趋势的概括。在劳动条件与劳动者结合即"同一所有权,在产品归生产者所有"②的情况下,所有权规律就是"以商品生产和商品流通为基础的占有规律或私有权",③此时的所有权"是以自己的劳动为基础的","生产者用等价物交换等价物,只能靠自己劳动致富",④"因为互相对立的仅仅是权利平等的商品所有者,占有别人商品的手段只能是让渡自己的商品,而自己的商品又只能是由劳动创造的"。⑤ 在市场经济条件下,所有权、自由和平等被视为三位一体的权利。按照这一观点,所有权天生具有平等的性质,完全是一种平等的权利,各生产要素的主体根据各自的所有权可以在市场中进行自由处置、平等的交换,根据各自利益最大化原则进行权益交换。随着资本主义生产方式的确立,劳动条件与劳动者逐步分离,资本家和土地所有者垄断了生产资料的占有权,马克思据此把资本主义社会的所有权结构划分为三大基

① 罗文花:《马克思社会分工理论新析》,《马克思主义研究》,2008 年第 6 期,第 64~69 页。
② 《马克思恩格斯全集》第 24 卷,人民出版社,1972 年版,第 643~644 页。
③ 《马克思恩格斯全集》第 24 卷,人民出版社,1972 年版,第 640 页。
④ 《马克思恩格斯全集》第 24 卷,人民出版社,1972 年版,第 644 页。
⑤ 《马克思恩格斯全集》第 24 卷,人民出版社,1972 年版,第 640 页。

本类型:资本所有权、土地所有权、劳动力所有权。首先,资本所有权最初表现为一定数量的货币,但货币本身并不是资本,这些货币只有在被用来购买生产资料和劳动力进行剩余价值生产的条件下才能转化为资本。在单一结构的资本产权中,资本家拥有其财产的全部权利,如支配权、使用权、收益权等。与此相联系,生产过程中的指挥权、监督权也归资本家拥有。在资本所有权和经营权分离的条件下,资本所有权被划分为所有权与经营权,资本家依法获得对生产资料的所有权、支配权、剩余索取权,而经理人则取得了对生产资料的日常经营权、使用权以及经营收益权。其次,在两权分离情况下,土地所有权者凭借对土地所有权垄断获得了地租,而租地农业资本家则获得了对土地的占有、使用经营权,并在生产经营过程中获得了超过地租收入的农业经营利润。最后,劳动者则凭借对劳动力所有权依法出卖劳动力的使用权获得劳动力的价值或者工资收入,资本家则获得了对劳动力的占有和使用权。因此,按生产要素所有权分配的实质就是按产权分配,而不是因为各种要素都能创造价值。在市场经济社会里,生产要素归不同的主体所有。由法律保护的所有权具有各种排他性的功能。凡要进行生产,只能承认要素的所有权,以付出一定回报为条件,取得要素所有者的同意,才能使用归他们所有的各种要素进行生产。[1]

4. 利润率平均化规律

在完全竞争的市场环境中,各生产要素主体具有自由流动的权利和条件。各生产要素主体依据利益最大化原则进行流动和选择,最终的结果就是市场主体各自获得相同或者相似的利润率,各生产要素主体获得相同或者相近的回报率。这是价值规律发挥作用的结果,也是所有权规律的具体体现。"大工业通过它的不断更新的生产革命,使商品的生产费用越降越低,并且无情地排挤掉以往的一切生产方式。它还由此最终地为资本征服了国内市场,使自给自足的农民家庭的小生产和自然经济走上绝路,把小生产者间的直接交换排挤掉,使整个民族为资本服务。它还使不同商业部门和工业部门的利润率平均化为一个一般的利润率,最后,它在这个平均化过程中保证工业取得应有的支配地位,因为它把一向阻碍资本从一个部门转移到另一个部门的绝大部分障碍清除掉。"[2]在利润率平均化规律的作用下,"一切其他资本,不管它们的构成如何,在竞争的压力下,都力求和中等构成的资本拉平。但是,因为中等构成的资本是同社会平均资本相等或接近相等的,所以,一切资本,不管它们本身生产多少剩余价值,都力求通过它们的商品的价格来

---

[1] 吴宣恭:《产权、价值与分配的关系》,《当代经济研究》,2002年第2期,第17～22页。
[2] 《马克思恩格斯全集》第25卷,人民出版社,1974年版,第1027页。

实现平均利润,而不是实现这个剩余价值,也就是说,力求实现生产价格"。① 利润率平均化不是对价值规律的违背,而是价值规律发挥作用的结果:首先,一切不同生产部门的利润的总和,必然等于剩余价值的总和;社会总产品的生产价格的总和,必然等于它的价值的总和。其次,决定生产价格的平均利润,必定总是同一定资本作为社会总资本的一个相应部分所分到的剩余价值量接近相等。最后,价值规律支配着价格的运动,生产上所需要的劳动时间的减少或增加,会使生产价格降低或提高。"既然商品的总价值调节总剩余价值,而总剩余价值又调节平均利润从而一般利润率的水平,——这是一般的规律,也就是支配各种变动的规律,——那末,价值规律就调节生产价格。"② 利润率平均化并不是绝对的平均化,而只是不断发展的趋势和要求:"但是很清楚,具有不同构成的各生产部门之间的平均化,总是力求使这些部门同那些具有中等构成的部门相等,而不管后者是同社会的平均数恰好一致,还是仅仅接近一致。在那些或多或少接近平均数的部门中间,又可以看到这样一种平均化的趋势,它力求达到理想的即实际上并不存在的中等水平,也就是说,以这种理想的中等水平为中心来进行调整。于是,这样一种趋势必然会起支配作用,它使生产价格成为价值的单纯转化形式,或者使利润转化为剩余价值的单纯部分,不过这些部分不是按照每个特殊生产部门所生产的剩余价值,而是按照每个生产部门所使用的资本量来分配的,因此,只要资本的量相等,那就不管资本的构成如何,它们都会从社会总资本所生产的总剩余价值中分到相等的份额(部分)。"③

第二节　一般市场分配的结果

一、市场机制分配结果

虽然市场主体交换遵循等价交换,但"等价物的交换只存在于平均数中,并不是存在于每个个别场合"。马克思认为,即使在等价物相交换的平等关系中,两个

---

① 《马克思恩格斯全集》第 25 卷,人民出版社,1974 年版,第 194 页。
② 《马克思恩格斯全集》第 25 卷,人民出版社,1974 年版,第 200 ~ 201 页。
③ 《马克思恩格斯全集》第 25 卷,人民出版社,1974 年版,第 193 ~ 194 页。

所有权主体之间也不是绝对平等的。这里的平等是以同一尺度——社会必要劳动来计量的。由于商品生产者的个别劳动与社会劳动之间存在差异,即使按照同一标准即社会必要劳动交换,在耗费相同劳动和其他原材料的条件下,各个生产者所实现的剩余价值却往往是不相同的。在平均劳动生产率条件下可以获得平均剩余价值,如果低于平均劳动生产率则无法获得平均剩余价值甚至亏本,而具有较高生产率的生产者则可以获得超额剩余价值。所以,市场机制作用结果:一是优胜劣汰,生产要素向优势生产者集中。二是平等的市场权利获得不平等的收益。处于优势生产条件的生产者获得超额剩余价值,而处于劣势生产条件的生产者却无法获得平均剩余价值,要么被淘汰出局,要么勉强维持生存。三是在社会总需求一定的条件下,市场机制调节着社会资源和利益在市场主体之间的配置和分配,从而优化社会资源的配置。因此,对不同的商品生产者来说,平等的权利同时又意味着不平等的收益。

二、所有权规律分配的结果

商品生产所有权规律转变为资本主义占有规律。[①] 所有权规律是建立在一定的生产资料所有制基础上并受所有制条件制约的。现代市场经济所有权是建立在资本家对生产资料垄断性占有、土地所有者垄断性占有土地而劳动者被剥夺了生产资料的基础上的。"资本主义生产方式是一种特殊的、具有独特历史规定性的生产方式;它和任何其他一定的生产方式一样,把社会生产力及其发展形式的一定阶段作为自己的历史条件,而这个条件又是一个先行过程的历史结果和产物,并且是新的生产方式由以产生的现成基础。"[②]不同的生产资料所有制决定了不同要素所有者在生产中的地位和相互关系,进而决定了他们之间的分配方式和分配关系。资本主义生产关系的基础是生产资料的资本主义私有制,它的基本特征是劳动者被剥夺了劳动条件而只有劳动力所有权,资本家则垄断了生产的条件即生产资料。资本家通过所有权交换,购买了劳动力的使用权,获得在一定期间支配、使用劳动力的权利。在资本家的监督和指挥下,劳动力与生产条件结合起来并进行生产。由于全部的生产要素都是资本家买来的,资本家与被买来的各生产要素所有者之间就成为纯粹的经济关系,生产过程被资本家支配、监管,生产的产品全部归资本家所有。从所有权关系看,这种产品的归属关系是完全符合所有权规律要求的,所有权之间的交换是公平和合理的。因为生产的产品是资本家购买并归他支配、使

---

① 《马克思恩格斯全集》第 24 卷,人民出版社,1972 年版,第 635 页。
② 《马克思恩格斯全集》第 25 卷,人民出版社,1974 年版,第 998 页。

用的各种要素作用的结果,而资本家在购买这些要素时履行了等价交换的原则。但从价值上看,新产品中不仅包含了已被消费掉的生产资料的价值和再生产劳动力所需要的价值,还包含了超过劳动力价值的新增价值。这里,以资本主义的生产资料私有制为基础的生产关系,改变了以往独立劳动者占有自己劳动产品的规律,使资本家能够通过对生产资料的占有无偿地占有劳动者创造的全部剩余价值,商品生产所有权规律向无偿占有别人劳动的规律转化。在劳动者与生产资料相分离的资本主义私有制条件下,正如马克思指出的那样:"商品生产按自己本身内在的规律越是发展成为资本主义生产,商品生产的所有权规律也就越是转变为资本主义的占有规律。"①"现在,所有权对于资本家来说,表现为占有别人无酬劳动或产品的权利,而对于工人来说,则表现为不能占有自己的产品。"②而且"对过去无酬劳动的所有权,成为现今以日益扩大的规模占有活的无酬劳动的唯一条件"。③ 马克思对此评论说:那么很明显,以商品生产和商品流通为基础的占有规律或私有权规律,通过它本身内在的、不可避免的辩证法转变为自己的直接对立物。表现为最初行为的等价物交换,已经变得仅仅在表面上是交换,原因是用来交换劳动力的那部分资本本身只是不付等价物而占有别人劳动产品的一部分;这部分资本不仅必须由它的生产者即工人来补偿,而且在补偿时还要加上新的剩余额。这样一来,资本家和工人之间的交换关系,仅仅成为属于流通过程的一种表面现象,成为一种与内容本身无关的并只能使它神秘化的形式。劳动力的不断买卖是形式,其内容是资本家用他总是不付等价物而占有的别人的已经物化的劳动的一部分来不断再换取更大量的别人的活劳动。最初,在我们看来,所有权似乎是以自己的劳动为基础的,至少我们应当承认这样的假定,因为互相对立的仅仅是权利平等的商品所有者,占有别人商品的手段只能是让渡自己的商品,而自己的商品又只能是由劳动创造的。现在,所有权对于资本家来说,表现为占有别人无酬劳动或产品的权利,而对于工人来说,则表现为不能占有自己的产品。所有权和劳动的分离,成了似乎是一个以它们的同一性为出发点的规律的必然结果。④

三、利润率平均化分配的结果

利润率平均化是市场机制和市场主体所有权规律作用的结果,也是各市场主

---

① 《马克思恩格斯全集》第 23 卷,人民出版社,1972 年版,第 644 页。
② 《马克思恩格斯全集》第 23 卷,人民出版社,1972 年版,第 640 页。
③ 《马克思恩格斯全集》第 23 卷,人民出版社,1972 年版,第 639 页。
④ 《马克思恩格斯全集》第 23 卷,人民出版社,1972 年版,第 640 页。

体作为资本所有者追求其平等、自由的社会权利的必然产物。首先,利润率平均化是通过价值规律作用在生产部门内部得到贯彻和体现的。因生产条件不同、管理水平差距形成了不同的生产率水平的生产企业,在价值规律作用下,生产率水平较低的企业要么被淘汰出局,要么也改善生产条件和管理水平,缩小甚至拉平与先进企业的差距,结果不同的生产企业的利润率水平差距将逐步缩小甚至消失。所以,马克思认为,在完全竞争的市场条件下,个别企业依靠先进的技术、机器设备或者工艺等获得超额剩余价值的现象将是暂时的,将随着竞争而趋于消失。其次,在部门利润率平均化基础上,如果不同部门因资本有机构成等因素导致利润率的差异,那么,在追逐较高利润率的动机驱使下,资本家将会把资本转移到或者投资到利润较高的部门,为此,资本为追逐利益最大化的结果,将使不同部门的利润率逐步趋于一致,导致资本转移的原因消失,这样处于不同部门的资本家将不再进行资本转移,各个部门企业将按照大致相同或者相近的利润率进行投资或者生产。也就是说,利润率平均化将会形成等量资本获取等量利润的分配结果。部门内部利润率平均化是价值规律作用的直接结果,可以在不同的商品经济条件下得以实现,"竞争首先在一个部门内实现的,是使商品的各种不同的个别价值形成一个相同的市场价值和市场价格"。而不同部门的利润率平均化则需要统一的市场环境和较高的商品发展阶段,"但只有不同部门的资本的竞争,才能形成那种使不同部门之间的利润率平均化的生产价格。这后一过程同前一过程相比,要求资本主义生产方式发展到更高的水平"。①

资本的所有权与所履行资本的职能一旦分离,所有权结构便趋于复杂。这种"分离"有两种情况:一是资本(货币)所有权与使用权的分离,形成了借贷资本家与职能资本家两个所有权主体,前者拥有单纯的资本所有权,后者拥有资本的全部支配权和使用权;二是资本(生产资料)的所有权与经营权的分离,出现了股份公司这样一种所有权结构类型。在股份公司内部,"实际执行职能的资本家转化为单纯的经理,即别人的资本的管理人,而资本所有者则转化为单纯的所有者,即单纯的货币资本家"。资本所有者就将经营管理权委托给专职企业经理人去做,而自己只对重大决策和重要人事安排负责。马克思将这个现象概括为"职能同资本所有权相分离"。②

第一,如果职能资本家使用的资金并不都是自己的,而是有一部分甚至全部来自借贷资本,那么由利润率平均化所形成的平均利润将被分割为两部分——利息

---

① 《马克思恩格斯全集》第 25 卷,人民出版社,1974 年版,第 201 页。

② 《马克思恩格斯全集》第 25 卷,人民出版社,1974 年版,第 495 页。

和企业利润。在实际生活中,产业资本家和商业资本家常常需要向货币资本家借入一定的资本进行生产经营。在这种情况下,资本的所有权和使用权便分离了。一定量的货币资本在自有资本的产业资本家和商业资本家手中,它是作为所有权的资本,当它作为借贷资本转到产业资本家或商业资本家手中,便作为使用权的资本。由于资本的所有权与使用权分离,利润也就分为资本的所有权收入与执行资本职能的收入,即利息与企业主收入。对借贷资本家来说,"代表资本所有权的是贷出者即货币资本家。因此,他支付给贷出者的利息,表现为总利润中属于资本所有权本身的部分"。"因此,利息对他来说只是表现为资本所有权的果实,表现为抽掉了资本再生产过程的资本自身的果实,即不进行'劳动',不执行职能的资本的果实。""与此相反,属于能动资本家的那部分利润,现在则表现为企业主收入,这一收入好象完全是从他用资本在再生产过程中所完成的活动或职能产生出来的,特别是从他作为产业或商业企业主所执行的职能产生出来的。""而企业主收入对他来说则只是表现为他用资本所执行的职能的果实,表现为资本的运动和过程的果实,这种过程对他来说现在表现为他自己的活动,而与货币资本家的不活动,不参加生产过程形成对照。"①

首先,从数量关系上看,假如平均利润已定,企业主收入率就不是由工资决定,而是由利息率决定。"企业主收入率的高低与利息率成反比。"②其次,如果利息率既定,对于职能资本家来说,利息支出就是其借入资本的成本,只有超过利息之上的利润额才构成其利润收入。此时的企业利润则取决于该企业生产经营状况和平均利润率的高低。"企业主收入来自资本在再生产过程中的职能,也就是说,是由于执行职能的资本家执行产业资本和商业资本的这些职能而从事活动或行动得来的。但作为执行职能的资本的代表,就不像生息资本的代表那样领干薪。在资本主义生产的基础上,资本家指挥生产过程和流通过程。对生产劳动的剥削也要花费气力,不管是他自己花费气力,还是让别人替他花费气力。因为,在他看来,与利息相反,他的企业主收入是某种同资本的所有权无关的东西,不如说是他作为非所有者,作为劳动者执行职能的结果。"③"利息成了资本的社会形式,不过表现在一种中立的、没有差别的形式上;企业主收入成了资本的经济职能,不过这个职能的一定的、资本主义的性质被抽掉了。"④再次,职能资本家作为资本所有者从事生产

① 《马克思恩格斯全集》第25卷,人民出版社,1974年版,第419~420页。
② 《马克思恩格斯全集》第25卷,人民出版社,1974年版,第426页。
③ 《马克思恩格斯全集》第25卷,人民出版社,1974年版,第427页。
④ 《马克思恩格斯全集》第25卷,人民出版社,1974年版,第430页。

经营活动,也具有双重身份,获得全部利润即平均利润。"他的资本本身,就其提供的利润范畴来说,也分成资本所有权,即处在生产过程以外的、本身提供利息的资本,和处在生产过程以内的、由于在过程中活动而提供企业主收入的资本。"①这就是说,职能资本家即使使用自有资本从事生产经营活动,他的利润也同样要划分为利息和企业利润两部分,他以资本所有者身份获得利息,又以职能资本家的身份获得企业利润。"因此,利息这样固定下来,以致现在它不是表现为总利润的一种同生产无关的、仅仅在产业家用别人的资本从事经营时才偶然发生的分割。"②这种情况下的职能资本家获得全部收入表现为利润就是平均利润。"在资本主义社会中,这个剩余价值或剩余产品——如果我们把分配上的偶然变动撇开不说,只考察分配的调节规律,分配的正常界限——是作为一份份的股息,按照社会资本中每个资本应得的份额的比例,在资本家之间进行分配的。在这个形态上,剩余价值表现为资本应得的平均利润。"③

第二,在生产资料的所有权与经营权相分离的情况下,企业利润进一步分割为企业主收入和管理工资两部分。

建立在社会分工基础上较复杂的协作劳动需要"监督和指挥"这样的管理劳动职能,而建立在直接劳动者与生产资料所有者利益对立基础的生产方式,管理劳动具有强迫奴役的性质。一是凡是"直接生产过程具有社会结合过程的形态"的分工协作劳动,"都必然会产生监督劳动和指挥劳动"。"凡是有许多个人进行协作的劳动,过程的联系和统一都必然要表现在一个指挥的意志上,表现在各种与局部劳动无关而与工场全部活动有关的职能上,就像一个乐队要有一个指挥一样。这是一种生产劳动,是每一种结合的生产方式中必须进行的劳动。"④二是"凡是建立在作为直接生产者的劳动者和生产资料所有者之间的对立上的生产方式中,都必然会产生这种监督劳动"。⑤ 资本主义生产方式之所以需要监督劳动,"是由生产资料所有者和单纯的劳动力所有者之间的对立所引起的职能",⑥是因为资本主义生产过程是资本家凭借对生产资料的占有权对被迫出卖劳动力的劳动者进行雇佣劳动的过程,对资本家来说,是有偿使用劳动力生产剩余价值并进而占有剩余价值的过程,而对劳动者来说,是被雇佣出卖劳动力为资本家生产剩余价值的过程,

---

① 《马克思恩格斯全集》第25卷,人民出版社,1974年版,第421页。
② 《马克思恩格斯全集》第25卷,人民出版社,1974年版,第420页。
③ 《马克思恩格斯全集》第25卷,人民出版社,1974年版,第927页。
④ 《马克思恩格斯全集》第25卷,人民出版社,1974年版,第431页。
⑤ 《马克思恩格斯全集》第25卷,人民出版社,1974年版,第431页。
⑥ 《马克思恩格斯全集》第25卷,人民出版社,1974年版,第432页。

二者的经济关系建立在资本主义生产资料私有制基础上,其经济利益是相对立和冲突的。所以,需要专制的劳动监督使生产过程服从于资本增殖的需要。三是只要监督和指挥的劳动是建立在"对立的性质,由资本对劳动的统治产生"的职能的条件下,那么"在资本主义制度下,这种劳动也是直接地和不可分离地同由一切结合的社会劳动交给单个人作为特殊劳动去完成的生产职能,结合在一起的"。[①]

随着资本的发展和企业组织形式的发展,资本家最初所从事监督、指挥的管理劳动逐步从资本家的职能中独立出来,管理工资成为专门从事指挥、监督劳动的职业经理的收入形式。生产资料的占有权之所以与资本的职能分离出来,因为一是企业规模已经达到足够大,由企业形成的企业利润已经足够为聘请的专职经理人提供较高的报酬,此时的企业就有可能采取生产资料占有权与经营权分离的生产模式。二是由于企业内部分工协作关系日益复杂和市场竞争日益激烈,从事企业内部管理和外部经营活动的职能就越来越专业化,原来由生产资料所有者从事的管理和经营的职能就越来越由职业的经理人担当。在《资本论》中马克思详细论述了其中的主要变化。其一,出现了专门指挥劳动的职业经理,资本家作为生产、经营者的管理职能已成为多余:实际执行职能的资本家转化为单纯的经理,即别人的资本的管理者,而资本所有者则转化为单纯的所有者,即单纯的货币资本家。"并且随着信用的发展,这种货币资本本身取得了一种社会的性质,集中于银行,并且由银行贷出而不再是由它的直接所有者贷出;另一方面,又因为那些不能在任何名义下,即不能用借贷也不能用别的方式占有资本的单纯的经理,执行着一切应由执行职能的资本家自己担任的现实职能,所以,留下来的只有管理人员,资本家则作为多余的人从生产过程中消失了。"[②]其二,企业利润被划分为管理工资和企业主收入。在马克思生活的那个时代,无论是在工人的合作工厂还是资本主义的股份企业中,商业经理和产业经理的管理工资都已经同企业主收入分开了,而且这已经发展为一种历史趋势。"在与信用事业一起发展的股份企业,一般地说也有一种趋势,就是使这种管理劳动作为一种职能越来越同自有资本或借入资本的所有权相分离。"[③]其三,这些专门从事指挥劳动的职业经理的管理工资,越来越市场化、规范化。"一方面,这种监督工资像所有其他工资一样,会随着一个人数众多的产业经理和商业经理阶级的形成,越来越具有确定的水平和确定的市场价格,另一方面,这种工资又像所有熟练劳动的工资一样,会随着使特种熟练劳动力的生产费用

---

①　《马克思恩格斯全集》第 25 卷,人民出版社,1974 年版,第 434 页。

②　《马克思恩格斯全集》第 25 卷,人民出版社,1974 年版,第 436 页。

③　《马克思恩格斯全集》第 25 卷,人民出版社,1974 年版,第 436 页。

下降的一般发展,越来越降低。"①而且经理的薪水"这种劳动的价格,同任何别种劳动的价格一样,是在劳动市场上调节的"。② 其四,资本家的收入在两权分离情况下"纯粹采取利息的形式"。生产资料所有者获得的股息(包括利息和企业主收入),"这全部利润仍然只是在利息的形式上,即作为资本所有权的报酬获得的"。因此,"利润(不再只是利润的一部分,即从借入者获得的利润中理所当然地引出来的利息)表现为对别人的剩余劳动的单纯占有,这种占有之所以产生,是因为生产资料已经转化为资本,也就是生产资料已经和实际的生产者相分离,生产资料已经作为别人的财产,而与一切在生产中实际进行活动的个人(从经理一直到最后一个短工)相对立"。③ 这些企业一般"不变资本比可变资本庞大得多",因而这些企业"不一定参加一般利润率的平均化"从而"阻止一般利润率下降"。④ 两权分离的企业制度"它再生产出了一种新的金融贵族,一种新的寄生虫——发起人、创业人和徒有其名的董事"。⑤

第三节　国际贸易的利益分配理论

国际贸易利益的分配,这里的贸易利益仍然是指参与国际贸易的企业通过国际贸易这个渠道获得的由工人创造的新增的价值,正如前文所论述,国际贸易的利益相对于国内市场而言是超过正常国内利润的超额利润。

一、国际贸易分配的性质

国际贸易的分配同样也包括生产条件的分配和个人消费品的分配两个层次,而且生产条件的分配在国际贸易关系中是居于主导地位的分配关系,个人消费品的分配则居于从属的地位。因为国际贸易的主体主要是企业,而企业之间的分配首先表现为通过国际市场和贸易关系实现的企业利益,在企业内部的分配则涉及个人消费品的分配,而个人消费品的多寡取决于该企业在国际市场的收益水平和

① 《马克思恩格斯全集》第25卷,人民出版社,1974年版,第437页。
② 《马克思恩格斯全集》第25卷,人民出版社,1974年版,第494页。
③ 《马克思恩格斯全集》第25卷,人民出版社,1974年版,第494页。
④ 《马克思恩格斯全集》第25卷,人民出版社,1974年版,第494页。
⑤ 《马克思恩格斯全集》第25卷,人民出版社,1974年版,第496页。

收益总量。

马克思认为社会条件的"分配关系和分配方式只是表现为生产要素的背面"，"分配的结构完全取决于生产的结构，分配本身是生产的产物，不仅就对象说是如此，而且就形式说也是如此。就对象说，能分配的只是生产结果，就形式说，参与生产的一定形式决定分配的特定形式，决定参与分配的形式"。[①]

第一，从参与国际贸易的各国的生产条件来看，其差别表现为综合生产率水平的不同和差距。从生产自然禀赋条件来看，各国差异很大且各不相同。从生产要素的后天条件来看，各国的劳动力素质水平不同，科技创新的能力不同，管理水平相差悬殊，交通运输条件也千差万别，各国基础设施和公共服务也不尽相同。总的来看，发达国家后天的生产要素素质和基础设施、公共服务要远优于发展中国家，尤其是在公共服务方面，发达国家在服务的结构和内容上远优于发展中国家，在服务的便利和水平上要远高于发展中国家。

第二，从参与国际贸易的企业方面来看，发达国家也普遍居于优势地位，发达国家尽享先发优势：市场垄断优势、科技创新优势、行业规则和技术标准优势、品牌与营销优势、管理优势等。

第三，从国际贸易的管理和规制方面来看，国际贸易是在发达国家的推动下形成的，在国际贸易的国际协定方面、国际贸易的国际组织和国际贸易执行与裁决方面，发达国家均处于主导地位。所以，生产条件的分配是不平衡的，总的来看，对发达国家更加有利，而对发展中国家则相对不利。

从个人消费品的分配来看，个人消费品分配关系的性质是由该社会生产资料所有制的性质以及建立在生产资料所有制基础上的社会关系决定的。"因此，这些一定的分配形式是以生产条件的一定的社会性质和生产当事人之间的一定的社会关系为前提的。因此，一定的分配关系只是历史规定的生产关系的表现。"[②]个人消费品的分配方式不是人类可以自由选择和主观决定的，它是由生产资料所有制的结构及其关系决定的，"所谓的分配关系，是同生产过程的历史规定的特殊社会形式，以及人们在他们生活的再生产过程中互相所处的关系相适应的，并且是由这些形式和关系产生的。这些分配关系的历史性质就是生产关系的历史性质，分配关系不过表示生产关系的一个方面。资本主义的分配不同于各种由其他生产方式产生的分配形式，而每一种分配形式，都会同它由以产生并且与之相适应的一定的

---

① 《马克思恩格斯全集》第46卷（上），人民出版社，1979年版，第32～33页。
② 《马克思恩格斯全集》第25卷，人民出版社，1974年版，第997页。

生产形式一道消失"。① 任何个人消费品的分配不过是生产关系的再生产过程而已,因此,马克思说:"消费资料的任何一种分配,都不过是生产条件本身分配的结果。而生产条件的分配,则表现为生产方式本身的性质。"②所以,不平等的生产条件决定的国际贸易关系的性质必然形成与此相适应的国际个人消费品分配关系,因而,国际贸易利益的分配性质也是不平衡的、不公平的。

二、国际贸易利益分配的主体

1. 企业(跨国公司)

在国际市场上,企业仍是国际贸易的主体,在国际贸易中形成的国际贸易利益的分配中,企业自然就是国际贸易利益的分配主体。马克思认为,在对外贸易中,企业获得的利润一般要高于国内企业的平均利润水平。马克思认为个别企业凭借市场垄断获得高额垄断利润,一些国家(包括落后国家)可以凭借优越的自然资源等生产条件优势在国际贸易中获得超额利润,发达国家的一般企业可以凭借较高的生产率水平在国际市场长期获得超额利润。在国内市场的长期竞争过程中,生产日益集中,市场垄断日益成为占主导地位的企业生产和销售形式。在现代世界市场中,市场垄断最突出的表现就是跨国公司已经成为国际投资和贸易的主导因素。所谓跨国公司就是指以本国为基础,通过对外直接投资,在国外设立分支机构或子公司,从事国际化生产与销售的国际性企业。一般跨国公司应具备以下三个要素:一是跨国公司是一个工商企业,组成这个企业的实体在两个或两个以上的国家内经营业务,而不论其采取何种法律形式经营以及经营领域;二是这种企业有一个中央决策体系,因为具有共同的政策,该政策能够反映企业的全球战略目标;三是这种企业中的各个实体能通过控股或其他方式形成联合,且其中的一个或几个实体能对别的实体施加重大影响,各实体可以分享资源、信息及其责任。根据公司内部联系与经营结构的不同,跨国公司可分成三大类:横向型跨国公司,主要从事单一产品的生产经营,母公司和子公司很少有专业分工,但公司内部转移生产技术、销售技能和无形资产的数额较大;垂直型跨国公司,其母公司和子公司之间在经营内容上可以是不同行业但却生产经营相互关联的产品,但也包括母公司与子公司是同一个行业,但却处于不同生产经营阶段的情况;混合型跨国公司,经营多种产品和业务,且它们互补衔接,之间没有必然的联系。如表 5-1 所示。

---

① 《马克思恩格斯全集》第 25 卷,人民出版社,1974 年版,第 998~999 页。
② 《马克思恩格斯选集》第 3 卷,人民出版社,1972 年版,第 13 页。

表 5 - 1　核心资产与跨国公司的垄断竞争优势

企业类型 项目	一般企业	一般跨国公司	大型跨国公司*
选择的企业数(家)	125	194	172
研发支出占销售额比重(%)	0.6	1.6	2.6
广告费用占销售额比重(%)	1.7	1.9	2.5
净利润率(1960~1964 年)(%)	6.7	7.3	8.9

注:*指生产经营活动在 6 个及以上国家的跨国公司。

资料来源:胡德:《跨国公司经济学》,叶刚等译,经济科学出版社,1990 年版,第 80 页。

跨国公司比一般公司更有条件获取超额利润,大型跨国公司比一般跨国公司获得的利润更高。主要原因如下:

(1)跨国公司通过实行全球化战略,可以更好地利用世界生产要素和国际市场的差异,最大限度地获取世界分工的利益。跨国公司以整个世界市场为目标,在世界范围内布局生产和销售,力求在成本最低的地方生产,在利润最高的地方销售,目的是实现整个公司在全球利益的最大化,而不是局限于局部利益和地区利益的得失。

(2)跨国公司可以通过市场交易内部化,在世界范围攫取最大的内部规模效益。跨国公司内部有着复杂的分工体系和多层级的管理结构,可以把需要众多一般企业才能完成的市场化分工协作转化为企业内部分工协作,从而降低交易成本,规避市场风险。还可以通过子公司的直接对外投资,利用东道国国内的各种政策便利,减轻财务负担、规避各种关税壁垒和非关税壁垒,防止企业技术、隐性知识等竞争优势的外溢。

(3)跨国公司可以充分发挥外部规模经济的效益,形成垄断竞争优势。跨国公司一般生产经营规模巨大,财力雄厚,随着经济全球化的进一步发展以及国际间竞争的加剧,单一的商品出口已经不能满足跨国公司发展的需要,因而跨国公司越来越多地开始利用对外直接投资的方式来参与国际市场的竞争。卡夫斯、邓宁、彭罗斯等人都把规模经济看作是跨国公司形成垄断竞争优势的主要原因。[1] 因为企业规模越大,其越可能持续投入较大研发投入,从而最大可能地获得新技术和工艺;只有规模较大的企业才能承担得起越来越昂贵的专利申请和保护成本。因此,规模越大的企业获取新技术越多,而且新技术得到的保护越严密,那么,它就较一般企业更能获得垄断竞争优势。

---

① 李翀:《马克思国际经济学的构建》,商务印书馆,2009 年版,第 335 页。

(4)跨国公司更有条件和意愿进行综合经营,可以最大限度挖掘企业自身的资源优势和生产能力,分散经营风险。一般来说,跨国公司可以形成诸如品牌、渠道、技术、资金、人才等竞争优势,而综合经营有利于提高生产要素和副产品的利用率,充分挖掘自身资源的潜力,有利于分散经营风险,提高企业的综合生产能力。

(5)跨国公司可以把非核心业务、中间产品、生产流程等外包,通过内部分工市场化,降低经营成本和风险。跨国公司通过市场化外包,可以把资金、技术和人才、经营管理集中于核心竞争方面,从而加强了企业对核心竞争力的控制和发展能力,通过外包非核心竞争力的生产经营,可以更好地利用东道国的生产要素优势、政策优势,更好地规避关税和非关税壁垒,而且可以通过市场竞争关系(非核心生产经营,一般来说是非垄断性的),有效降低生产成本,通过对核心竞争力生产经营垄断,提高企业盈利水平。

2. 国家

国家作为阶级统治的工具,也具有社会管理和经济发展的诸多职能。现代国家建立在现代生产方式基础上,肩负着发展现代生产方式、维护现代生产方式良好运行的经济职能。现代国家按照统治的阶级基础划分为社会主义国家和资本主义国家。虽然它们阶级统治基础不同、维护的阶级利益截然相反,但因建立的生产方式基础物质技术相同、经济运行的机制一样,肩负的社会管理和经济发展的职能没有本质的区别。

(1)建立在社会分工协作基础上的社会化生产要求国家对企业生产进行监督、协调和指挥。马克思认为:凡是"直接生产过程具有社会结合过程的形态"的分工协作劳动,"都必然会产生监督劳动和指挥劳动",而且"这是一种生产劳动,是每一种结合的生产方式中必须进行的劳动"。① 现代生产方式是建立在生产者相互独立而又相互孤立的市场机制基础之上的,每个市场主体内部也建立在分工协作的基础上结合劳动,其内部生产是有组织、有计划地进行的生产,而企业外部的市场机制却是通过企业之间盲目的、杂乱的生产强制发挥作用,为自己开辟道路。随着生产的集中和市场化分工协作生产经营程度不断提高,也就是生产经营的社会化程度不断深化和扩张,单靠市场自发的力量越来越难以调节企业之间、生产和消费之间的矛盾和冲突,就需要超市场和企业的力量进行监督、指挥和协调。

(2)建立在经济利益对立基础上的强制性劳动更需要国家的监督和指挥,执行"由政府同人民大众相对立而产生的各种特殊职能"。② 马克思还认为,建立在

---

① 《马克思恩格斯全集》第25卷,人民出版社,1974年版,第431页。
② 《马克思恩格斯全集》第25卷,人民出版社,1974年版,第432页。

经济利益对立基础上的生产劳动也需要监督和指挥,因为劳动者是为别人进行劳动,就必然需要强制性监管和指挥才能保证生产的正常进行,"凡是建立在作为直接生产者的劳动者和生产资料所有者之间的对立上的生产方式中,都必然会产生这种监督劳动"。① 因而建立在生产资料私有制基础上的资本主义生产过程的监督、指挥等管理劳动也必然具有二重性。因此"现代国家却只是资产阶级社会为了维护资本主义生产方式的共同的外部条件使之不受工人和个别资本家的侵犯而建立的组织。现代国家,不管它的形式如何,本质上都是资本主义的机器,资本家的国家,理想的总资本家"。② 社会主义国家虽然消除了生产者与公有制生产资料所有者之间的经济对立,但由于能与公有制生产资料直接结合的毕竟是少数人,大多数劳动者被排除在公有制经济的利益之外,加上劳动还带有旧社会留下来的烙印即劳动仍然是个人谋生的手段,所以对于大多数劳动者而言,劳动结果与自己的切身利益关系不密切而且劳动过程带有一定的强制性,所以,监督、指挥劳动也具有一定的二重性。

(3)国家"执行由一切社会的性质产生的各种公共事务"③和提供市场经济发展需要的基础设施。对于公共事务提供的主要是公共产品,由于公共产品具有非排他性、共享的特征,所以该产品不能通过市场机制进行提供,一般都交给政府或政府出资兴办的非营利性企业提供。基础设施也具有公共产品的特征,由于其建设周期长、投入资金大,对于一般企业来说,难以在短期内盈利,基础设施也由政府或者政府出资的非营利性企业承担。马克思认为:"一旦出现以交换价值为基础的生产和分工",修筑道路这样的基础设施"就不是单个人的私事"而是"由国家利用赋税来修筑道路"。④ 马克思还以美国修筑铁路为例说明了这样做的经济原因。"一个国家,例如美国,甚至可以在生产方面感到铁路的必要性;但是,修筑铁路对于生产所产生的直接利益可能如此微小,以致投资只能造成亏本。那时,资本就把这些开支转嫁到国家肩上,或者,在国家按照传统对资本仍然占有优势的地方,国家还拥有特权和权力来迫使全体拿出他们的一部分收入而不是一部分资本来兴办这类公益工程,这些工程同时又是一般生产条件,因而不是某些资本家的特殊条件;在资本还没有采取股份公司形式的时候,它总是只寻求自己价值增殖的特殊条件,而把共同的条件作为全国的需要推给整个国家。资本只经营有利的企业,只经

---

① 《马克思恩格斯全集》第25卷,人民出版社,1974年版,第431页。
② 《马克思恩格斯全集》第20卷,人民出版社,1971年版,第303页。
③ 《马克思恩格斯全集》第25卷,人民出版社,1974年版,第432页。
④ 《马克思恩格斯全集》第46卷(下),人民出版社,1980年版,第20页。

营在它看来有利的企业。"①

（4）推动和保护本国现代生产方式的发展，捍卫国家、民族的经济利益。国家作为现代生产方式的推动者和维护者，在现代生产方式发展过程中扮演了十分重要的角色。当新兴的资产阶级已经意识到"资本和资本家阶级的利益的发展，资本主义生产的发展，已成了现代社会中国家实力和国家优势的基础"②的时候，国家就成为他们推动现代生产方式发展的最直接最有力的借助对象。对内，利用国家政治暴力，"通过加快剥夺独立的直接生产者，通过强制地加快资本的积累和积聚"剥夺小生产者的生产资料，加速资本主义生产条件的形成；对外，"通过以保护关税的形式主要向土地所有者、中小农民和手工业者征收赋税"，利用关税保护，扶植国内新兴资产阶级，推动国内工业的发展。"总之，通过加快形成资本主义生产方式的条件，来适时地加快这种转化。"③关税作为一个国家调整对外经济贸易关系主要的、经常性的手段，常常被用来保护国内早期市场经济的发展和自由竞争。"保护关税制度把一个国家的资本武装起来和别国的资本作斗争，加强一个国家的资本反对外国资本的力量。"④在市场经济发展的早期，政府对进口商品征收关税可达到削弱进口商品的竞争力，降低进口商品冲击、保护国内市场和民族工商业利益的目的。"因此，我们看到，在资产阶级开始以一个阶级自居的那些国家里（例如在德国），资产阶级便竭力争取保护关税。保护关税成了它反对封建主义和专制政权的武器，是它聚集自己的力量和实现国内自由贸易的手段。"⑤在国内市场已经基本成熟、民族工商业发展到足够强大的阶段，对外贸易已经成为国内现代生产方式发展的必要条件。当现代大工业已经"把每一生产部门脚下的自然形成的基础抽掉，并把这种生产部门的生产条件转移到它外部的普遍联系中去，——于是，过去多余的东西便转化为必要的东西，转化为历史地产生的必要性，——这就是资本的趋势。一切生产部门的共同基础是普遍交换本身，是世界市场，因而也是普遍交换所包含的全部活动、交易、需要等等"。⑥ 此时，对外贸易已经成为制约国内现代生产方式发展的重大问题，所以，大力倡导自由贸易、推动和保护自由贸易就又成为国家的重要的经济职责。历史和现实都充分表明，资本主义国家总是交替或者并行地采用"自由贸易"和"贸易保护"这样两种看似矛盾的对外贸易政策，其实

---

① 《马克思恩格斯全集》第46卷（下），人民出版社，1980年版，第24页。
② 《马克思恩格斯全集》第25卷，人民出版社，1974年版，第884～885页。
③ 《马克思恩格斯全集》第25卷，人民出版社，1974年版，第884页。
④ 《马克思恩格斯全集》第4卷，人民出版社，1958年版，第284页。
⑤ 《马克思恩格斯全集》第4卷，人民出版社，1958年版，第459页。
⑥ 《马克思恩格斯全集》第46卷（下），人民出版社，1980年版，第20页。

质无非都是为了更好地保护本国、本民族的经济利益。[①]

从马克思生活的那个时代到今天,资本主义生产方式已经发展广泛而变化深刻,已经由自由竞争资本主义,经由垄断资本主义,发展为现代的国家垄断资本主义。20世纪30年代垄断资本主义发展最终引发了席卷整个资本主义国家的世界经济危机和帝国主义之间的战争。垄断资本的高速发展不仅急剧扩大了社会生产力的发展,而且极大加剧了资本主义的基本矛盾,不断爆发的经济危机和帝国主义战争说明,资本主义生产方式已经无法像自由资本主义时期那样驾驭激烈增长的生产力。"激烈增长着的生产力对它的资本属性的这种反作用力,请求承认生产力的社会天性的这种日益增加的压力,迫使资本家阶级本身在资本关系内部可能的限度内越来越把生产力当作社会生产力对待。"危机和战争影响的广泛性以及对世界经济造成的巨大破坏、灾难,使人们开始认识到单靠市场机制这只看不见的手并不能自发地解决垄断资本主义自身日益积累的矛盾和问题,国家必须作为资本家的代表全面参与资本主义生产方式的调节和管理,全面参与资本主义生产与再生产的全过程。至此,资本主义国家与私人垄断资本融合形成真正的"总的资本家",凌驾于私人资本之上,对资本主义生产过程进行全面的干预和控制,在资本主义所许可的范围内对生产关系进行必要调整,以适应资本、生产社会化巨大发展的需要,进一步推动生产力的发展,保证垄断资本获取高额垄断利润,维护资产阶级整体利益和长远统治。

第一,通过投资或者收购兴办国有企业直接参与生产过程。在资本主义发展的早期,由于私人资本积累十分有限,又由于当时信用制度不发达,对丁当时社会发展急需大规模投资的基础工业和公共设施,无法依靠私人投资来募集,国家就必须以总资本家的身份进行投资,为资本主义生产方式的发展创造必要条件。第二次世界大战后,国有企业主要投资于基础设施领域、基础工业、公共服务部门、事关经济发展命脉的重要战略部门、科技创新的基础研究部门和新兴产业领域。总之,通过国有企业投资,为私人垄断资本提供廉价、高效、优质、全方位的公共服务,为私人资本提供所需要的劳动力培训,分担科技创新风险,提高本国企业竞争力和创造力。

第二,国有垄断资本与私人垄断资本结合的国私合营企业。国有垄断资本与私人垄断资本通过相互参与合办企业(可以分为国有企业控股企业和私人资本控股企业)或者通过共同出资创办企业形成合营企业。一方面,合营企业可以利用国有资本加强自身的经济实力,可以更加便利地得到国家的各种政策优惠,有利于私

① 许兴亚:《马克思的国际经济理论》,中国经济出版社,2002年版,第20页。

人垄断资本获取垄断利润;另一方面,也加强了国家对经济的干预和调节的实力,有利于国家对私人垄断资本的控制和调节。

第三,国家垄断资本与私人垄断资本的外部结合。首先,全面参与资本主义生产和再生产过程。其一,在生产过程的结合主要通过廉价出售国有资产、对企业进行各种形式补贴、通过优惠贷款直接向企业提供生产所需要的固定资本和流动资本。其二,投入巨资发展基础工业、基础设施和科学研究,为企业扩大再生产提供物质基础,为企业的科技创新提供基础研究和前期研究,为企业技术革新提供技术支持。其三,通过教育投资和社会保险等形式直接参与劳动力再生产。为企业提供了合格的劳动者和科技人才,为企业解除各种后顾之忧。其次,全面参与剩余价值的实现,维护垄断资本的切身利益。国家可以通过采购订货、收储等措施解决企业的销售困难,还可以通过对外援助和投资为企业对外投资和对外输出商品创造良好的外部环境;参与和调节剩余价值的再分配,维护垄断资本的整体利益和长远利益。国家通过财政政策、税收政策、金融政策、收入政策和经济计划对经济运行进行调控和干预。特别是经济危机和困难时期,扩张性财政政策有利于扩大国内需求,低税收、低利率政策有利于降低企业运营成本,经济计划有利于指导企业未来的投资方向,而合理的收入政策有利于维护劳动者稳定,这些都有利于缓和经济危机,推动经济复苏,从而维护垄断资本和企业的利益。

3. 国际经济组织和地区经济组织

在世界经济贸易关系中,国际经济组织、国际专业技术组织以及地区性的经济组织也会影响国际贸易利益的分配。

(1)联合国、布雷顿森林体系、世界贸易组织、国际货币基金组织、世界银行以及国际清算银行等国际经济组织,通过对世界经济贸易运行情况的监管、规制、协调、专业服务等多种手段对世界贸易政策、金融政策、财政政策、发展情况进行监督、协调和规制。国际组织按照筹建和运行的规则可以划分为均等性国际组织和实力性国际组织。前者包括联合国、世界贸易组织等,后者包括国际货币基金组织和世界银行等。前者以世界贸易组织为例,世界贸易组织是国际贸易领域最主要的政府间国际组织与国际贸易协调组织,统辖当今国际贸易中货物、服务、知识产权和投资等领域的规则,并对成员之间经济,贸易关系进行监督和管理。其主要职能就是在《建立世界贸易组织马拉喀什协定》的序言中指出的,世界贸易组织全体成员"在处理贸易和经济领域的关系时,应以提高生活、确保充分就业、大幅度和稳定地增加实际收入和有效需求、持续地开发和合理利用世界资源、拓展货物和服务的生产和贸易为目的,努力保护和维持环境,并通过与各国的不同经济发展水平相适应的方式来加强环保"。虽然该组织实行了国家对等而有区别原则,在规则上对发展中国家做了适当照顾,但发达国家可以凭借贸易大国的强势地位以及在人才、技术、资金等方面的优势,左右世界贸易组织的相关文件、决策与协议的制定,影响世界贸易组织的公正裁决。另外,发展中国家享受权利也受到自身条件的限制。虽然依照世界贸易组织的规则,发展中国家可以享受到特殊优惠待遇,但由于财力不足、人才匮乏、政局不稳等原因,一部分发展中国家无法参与或充分参与世界贸易组织的活动,从而无法从世界贸易组织的规则与行为中获益。后者以世界银行为例,是按照实力原则组建和运行的。欧美国家凭借强大的经济实力长期占据着世界银行领导位置,主导着世界银行的运行与管理。世界银行集团由5个机构组成:国际复兴开发银行(IBRD)、国际开发协会(IDA)、国际金融公司(IFC)、多边投资担保机构(MIGA)和解决投资争端国际中心(ICSID)。其中,国际复兴开发银行与国际开发协会常被合称为"世界银行"。每个世界银行成员国表决权(投票权)因其所占股份的比例不同而不同。每个成员国的表决权分为两个部分:第一个部分是所有成员国相同的,第二个部分则因每个成员国缴纳的会费而不同。世界银行通过的任何重要的决议必须由85%以上的表决权决定,也就是只要拥有15%的投票权就具备否决权。虽然2010年4月世界银行进行了改革,发达国家向发展中国家转移了3.13个百分点的投票权,使发展中国家整体投票权从44.06%提高到47.19%,但世界银行由发达国家控制的局面并没有根本改观,如表5-2所示。在改革之前,美国、欧盟的表决权均超过15%,虽然这次改革后,欧盟的表决权有所降低,但美国、欧盟仍然保留了否决权。

表5-2　世界银行投票权排名前十国家

名次	国家	改革后投票权(%)	改革前投票权(%)
1	美国	15.85	15.85
2	日本	6.84	7.62
3	中国	4.42	2.77
4	德国	4.00	4.35
5	法国	3.75	4.17
5	英国	3.75	4.17
7	印度	2.91	2.77
8	俄罗斯	2.77	2.77
8	沙特阿拉伯	2.77	2.77
10	意大利	2.64	2.71

资料来源:http://cn.chinagate.cn/economics/2010-04/26/content_19908244。

(2)世界专业技术组织。世界专业技术组织通过制定、规范专业技术标准程序、文件和专业技术标准,规范和指导世界企业的运营和管理,进而影响企业的发展和分配。例如,国际电信联盟(ITU)关于无线电和电信技术标准的数百条建议总计达 10000 多页,国际标准化组织(ISO)也公布了 10000 多条几乎涉及所有技术和领域的标准,国际结算标准委员会(IASC)和国际结算联盟(IFSC)为世界公司之间的结算和审计制定共同标准,国际证券委托组织(IOSCO)和国际保险监督协会(IAIS)也都在各自专业领域为行业的世界标准做出了努力。国际货币基金组织通过协调各国行动,确立了世界各国宏观经济统计数据的全球结构。① 发达国家可以凭借其强大的科技实力,抢占世界技术标准制定和准入制高点,长期垄断国际技术标准和规则的制定规制权,从而为国内企业、本国市场赢得技术标准的主导权和控制权,从而获取巨额的超市场的经济利益和政治利益。而发展中国家则苦于科技实力薄弱,在国际技术标准的制定和执行上常常处于被动、从属的地位。商业界流行一句谚语:"一流企业卖规则,二流企业卖专利,三流企业卖品牌,四流企业卖产品。"这句谚语十分准确地概括了少数企业垄断技术标准和规则制定权带来的滚滚财源。以手机通信为例,我国虽然拥有数亿手机用户,位居世界第一手机通信市场,但掌控手机通信标准的高盛公司,却可以凭借对 CDMA 的标准及其专利的垄断权,每年坐享近百亿美元的收入。当今世界,发达国家及其跨国公司几乎掌控了世界市场所有重要新兴产业技术标准的制定权和 80% 左右的专利权,可以坐享新兴产业发展数十年的丰厚红利,而发展中国家不得不把很大一部分新兴产业发展的利润拱手让给掌控技术标准和专利的发达国家和跨国公司。因此,世界技术标准垄断权在新兴产业领域必然制造出新的二元经济。

(3)区域性经济组织。区域性经济组织经历过 20 世纪 70 年代和 20 世纪 90 年代两次发展高潮,现在区域经济一体化已经成为经济全球化发展的重要形式,区域经济组织的大量出现促进了区域经济一体化,但对区域外国家却形成了排他性和歧视性的制度安排,可能会加重区域内贸易保护主义,从而对企业的发展以及贸易利益的分配产生影响。区域经济组织有利于本区域内企业的发展,有利于贸易利益流向本区域内,而对区域外的企业是一种歧视性制度安排。

---

① [英]简·阿特·斯图尔特:《解析全球化》,王艳莉译,吉林人民出版社,2003 年版,第 122~123 页。

第四节　分配规律在国际市场的作用特点

一、分工规律的作用

在现代生产方式条件下,分工规律在世界市场的作用主要是通过市场机制得到发挥的。分工规律通过人类生产自身分工协作和社会化结合劳动的内在规律强制地调节人类生产劳动的总体规模、内部结构与空间布局。首先,分工规律通过人类需求这个尺度裁量人类生产活动的总量,如果生产的总量过剩就会引起生产过剩,小规模、局部的生产过剩会通过市场信号或者政府调节得到解决或者缓解,如果大规模的全局过剩则会造成全球性生产过剩的经济危机。其次,分工规律通过人类生产过程的内部统一性和产业结构的内部平衡衔接要求调整人类的生产过程和产业结构。例如,农业生产部门(包括畜牧业)劳动作为人类生产的必要劳动,人类的必要劳动作为人类生存的保证,只有必要劳动得到保证人类才可能从事其他生产活动。在自然经济条件下,因为农业劳动生产率较低,限制了人类大规模从事的其他生产的可能性,限制了人类分工的进一步发展。欧洲 17 世纪形成了以改良农业耕作方法和使用肥料为主要内容的农业革命,较大幅度地提高了农作物的劳动生产率。正是由于农业生产率大幅度提高,为服务业、工业的兴起提供了源源不断的劳动力和原材料。工业革命的爆发进一步提升了农业的劳动生产率,农业逐步形成了越来越多的剩余劳动力。虽然工业的发展是以农业革命为基础的,但随着科技革命的兴起,工业劳动生产率急剧提升,使工业形成效益较高的生产部门,从而吸引劳动力从较低效益的生产部门转移出来。工业的技术革命不仅彻底改变了传统手工业生产的物质技术条件,而且形成了以社会化大生产为发展趋势的现代生产方式。科技革命不仅形成了现代生产方式不断变革的推动力,而且推动了社会分工的不断深入、广泛的发展。而劳动生产率的不断提高,不断把劳动力从饱和市场推向新兴生产领域,而新兴生产领域也以新的生产组织形式和较高的劳动生产率吸引着素质较高的劳动力。但服务业的发展比较特殊,按其形成的来源可以分为三部分:一是由原来生产领域的研发设计、营销以及售后服务等部门独立分化出来的,这些产业也统称生产性服务,相比加工制造部门,它们基本属于较复杂的生产劳动环节。二是与生产性服务密切相关的劳动力再生产需求所形成的领域和部门。如教育领域、医疗和卫生保健部门,这些部门的劳动总体来看属于高级的脑力劳动。三是由人们的日常生活、休闲、享受需要发展起来的行业领域,也称传统服务业。总的来看,服务业是人力依赖性行业,传统服务业依赖于低端劳动力,现代服务业则依赖于高端劳动力。生产部门劳动生产率的不断提高一方面会不断降低对劳动力的需求;另一方面会提升休闲娱乐和劳动力再生产的需求水平及扩大需求的规模。随着生产部门规模的逐步扩大和发展水平的提升,生产性服务业的规模和水平也会随之水涨船高,而且会对劳动力再生产提出更高的要求。所以,在世界范围内,产业结构逐步沿着农业、工业、服务业升级演进。在 19 世纪末 20 世纪初,西方发达国家已经步入工业化阶段,其他国家则基本处于初级产品主导阶段,世界分工属于垂直分工,在落后国家工业化发展早期,世界市场工业品需求旺盛,而初级产品则因供应国家众多而需求疲软,所以总的态势是工业品价格一路走强,初级产品价格一路走弱,这种现象被普雷维什、辛格等发展经济学家称为发展中国家的"贸易条件恶化"。随着落后国家工业化逐步兴起,世界市场的工业制造品需求开始减少,发达国家产业结构逐步向重工业提升,世界垂直分工开始向水平分工转移。随着国内生产力水平不断提高,劳动力价格不断攀升,发达国家在一般工业制成品领域开始丧失竞争优势,不得不把这些所谓夕阳产业向新兴的工业化国家日本、德国等国家转移。20 世纪 80 年代以来,以"金砖国家"为代表的新兴发展中大国工业化基本实现,全球工业品生产规模急剧扩张,初级产品,尤其是原材料工业需求旺盛,原材料产品价格开始不断攀升,尤其是那些生产集中度较高的产品。而一般工业制造品市场则随着新兴工业化大国的加入,价格一路下滑,尤其是像中国这样生产集中度较低而且缺乏核心竞争力的产品,产品同质化竞争和大国效应尤其显著。因此,分工规律不仅制约着全球生产与消费的总量平衡,而且推动全球产业结构的演进和世界分工格局的变化。

二、市场规律的作用

由于生产要素的流动受到很多限制,一般来说,在世界市场的竞争是不充分的,由此形成的不同的生产力发展水平之间的差距就能够长期保持。就生产要素价格来说,发达国家劳动力价格较高,环境要求较高,发展中国家劳动力价格较低,环境要求较低,发达国家资本较充裕,一般价格较低,而发展中国家资本较短缺,价格较高;发达国家教育科技发达,人才优势和科技优势显著,而发展中国家教育科技落后,人才短缺、科技创新不足。所以,发达国家一般资金密集型、技术密集型产业竞争优势强大,而发展中国家劳动密集型和资源密集型产业竞争力优势突出。但由于世界资源的分布不均,世界各国的资源优势又不必然与生产力发展水平相一致。如澳大利亚、加拿大等国由于地广人稀、资源丰富,在初级产品市场中优势十分突出,而像中国、日本、韩国则由于人口众多、人均资源十分贫乏,因而只有依靠人力资源优势发展本国经济。所以,在这些国家,教育的发展和科技的投入就成为制约其发展最突出的问题。从市场角度来看,一般发达国家市场经济源远流长,国内市场经过数百年发展已经十分成熟,市场制度法规完善,市场集中度和企业经营管理水平普遍较高,所以在国际市场,发达国家会占据先发优势,而发展中国家则由于国内市场发展迅速、生产要素价格低廉,可以充分借鉴先进国家的技术和管理经验,可以享有后发优势。从空间和差异性来看,世界市场空间距离大,生产、运输和销售成本差距显著,加上各国文化习俗差异也带来消费差异,世界市场即使在生产要素流动较充分的条件下仍然具有不完全竞争的特点。所以在市场机制作用下,垄断、不完全竞争、生产要素价格因素就成为影响国际贸易分配的主要因素。

三、所有权规律的作用

所有权规律在国际市场发挥作用主要有两大特点:一是同权不同价。国际贸易的生产或者经营者主要还是以国内市场的形式进行的,按照现代法律,所有权在同一的国内市场具备平等权利,但国际市场由于国界分割,造成了不同的市场价格。由于不同的生产要素所有权在不同的国家其市场价格是不同的,因而生产经营者可以利用生产要素定价差异采取最有利的生产要素组合进行生产和经营,从而谋求最大的经济利益。这也是参与国际分工的企业获取超额利润的主要手段之一。二是所有权规律同样在国际市场也会转变为占有规律,生产要素所有权对国际贸易收益的分配起着主导作用。不同的生产要素在不同的生产单位或者经营单位内部其地位和作用是不同的,因而造成了同权却地位不同,因而不同的所有权具有不同的市场议价能力。因而,所有权规律就发展为居于支配和领导地位的生产要素所有权对其他生产要素所有权的支配、控制规律,占有规律就转变为处于控制和支配地位的所有权对剩余价值的优先占有权。所有权虽然从法律方面讲是对等的权利,但在生产经营过程中所起作用和贡献是有差别的:在技术成熟的一般加工制造行业或者领域,由于进入技术门槛低,很容易被移植和仿制,所以该行业或领域竞争十分激烈;对于原材料行业或领域,其生产主要受制于原材料分布、开采条件,所以地理因素就十分突出,例如石油行业,原油的生产主要分布在石油储量丰富的国家和地区,而这些国家和地区由于共同的利益诉求逐步形成了石油输出国组织即欧佩克,形成了对全球石油生产的控制;对于高新技术领域,高新技术产品生产主要依赖科技创新体系、人才和资金支持,发达国家依靠自身的人才、资金以及创新体系发达完整的优势,容易在这方面形成知识所有权优势,就会形成创新型的市场垄断。因此,各生产要素在不同行业的地位和作用是不同的,其所有权在企业内部利益的分配格局中并不是对等的,居于生产或者经营领导或者控制地位的生产要素,其所有权就处于支配和控制地位,在利益分配格局中就处于优势地位,而一般生产要素则处于从属、被支配的地位,其所有权在分配中就处于劣势地位。所以,在所有权相等条件下,实力就起着决定作用。

生产要素的使用在经济全球化条件下可以是没有国界的,但是其所有权是有国籍的。生产要素所有权收益在以属地为原则进行统计的生产总值中,可以把外资在本地的生产能力统计为本地生产,但外资作为所有权收益却是归入外资注册地国家所有。在国际分工的格局中,对生产资料(包括非物质生产资料)尤其是对核心生产资料的控制权成为占有剩余价值的最主要依据,跨国公司可以凭借对核心生产资料所有权的控制权对非核心生产资料所有者索取大部分的剩余价值,主导和控制着整个企业的剩余索取权,控制和主导着对企业剩余价值的分配和处置。所以,跨国公司的多寡、跨国公司的规模和水平决定着一个国家在国际贸易分配格局中的地位和影响。

四、利润率平均化规律的作用

利润率平均化规律的作用由于世界市场生产要素的不完全流动以及不完全竞争而发生重大变化:国际市场的利润率平均化水平远不如国内市场,处于较高利润率水平的企业可以长期获取高额利润。马克思认为:"如果剩余价值平均化为平均利润的过程在不同生产部门内遇到人为的垄断或自然的垄断的障碍,特别是遇到土地所有权的垄断的障碍,以致有可能形成一个高于受垄断影响的商品的生产价格和价值的垄断价格,那末,由商品价值规定的界限也不会因此消失。某些商品的垄断价格,不过是把其他商品生产者的一部分利润,转移到具有垄断价格的商品上。"①其实,垄断企业还会通过向消费者索要高价获得高额利润。在国际市场,竞争比较充分的领域在经历几百年的集中之后必然形成垄断,恩格斯对此评价道:总之,历来受人称赞的自由竞争已经日暮途穷,必然要自行宣告明显的可耻破产。这种破产表现在,在每个国家里,一定部门的大工业家会联合成一个卡特尔,以便调

———
① 《马克思恩格斯全集》第25卷,人民出版社,1974年版,第973页。

节生产。一个委员会确定每个企业的产量,并最后分配接到的订货。在个别场合,甚至有时会成立国际卡特尔,如英国和德国在铁的生产方面成立的卡特尔。但是生产社会化的这个形式还嫌不足。各个公司的利益的对立,过于频繁地破坏了它,并恢复了竞争。因此,在有些部门,只要生产发展的程度允许的话,就把该工业部门的全部生产,集中成为一个大股份公司,实行统一领导。① 经历过数百年洗礼,垄断已经从发达国家国内市场延伸到国际市场。对于新兴行业和领域而言,它们常常是新的科技革命推动的产物,从其兴起之时就与科技创新和知识产权相联系,在市场上就必然表现为创新型的市场垄断。当然,特殊的地理条件、少数资源富集地区也会形成垄断地租性质的垄断利润,加上国家利益的界限以及经济区域化形成的区域性贸易壁垒,利润率平均化在国内市场要彻底些,在国际市场就会形成较大的差距。虽然利润率平均化趋势因为垄断和国际市场的巨大地理空间和国家、区域市场的界限而有所降低,但竞争作为市场机制最主要的作用形式,必然会强制地得以贯彻实行。所以,企业利润率因竞争而不断降低仍是每一个企业面临的挥之不去的趋势。因此,如何利用国际市场带来的规模效益、利用世界生产要素价格差异、参与国际分工的利益、科技创新的利益提高企业的生产率水平,创造新的超额利润源泉就成为各个国家的企业参与国际贸易的主要推动因素。

第五节　国际贸易分配的结果与趋势

一、国家之间贸易利益分配具有不平等性质

从国际贸易利益分配规律来看,发达国家具备在国际市场发展的先发优势,在科技、人才、资金方面占据优势,而发展中国家则具备后发优势,在生产要素价格、国内市场的发展方面具备优势,但总体来看,发达国家优势属于中高级优势,而发展中国家则属于低级优势。就生产要素所有权的地位和作用而言,一般发达国家居于主导和控制地位,因而,发达国家在国际贸易利益分配中多居于主导和控制地位,所以平等的权利获得的却是不平等的利益分配。

---

① 《马克思恩格斯全集》第25卷,人民出版社,1974年版,第495页。

二、垄断始终是国际贸易利益分配的主导因素

在国际贸易中,企业的市场垄断地位始终是企业获取超额利润的主要形式。从形成垄断的原因来看,可以由市场竞争引起的集中而形成垄断,由地理位置形成对资源富集区垄断占有而形成垄断,由科技创新转化而形成垄断,也可以由市场的差异化竞争形成的规模效应而形成垄断。但无论哪种形式,在国际市场中,垄断始终是跨国公司获取高额利润的主要形式。

三、跨国公司主导下的价值链分工中,利益分配是不均衡的

随着国际贸易的竞争日益深入,企业单靠全产品链的生产经营已经很难获取高额的利润,跨国公司就会把那些不具备竞争优势的生产经营环节和部门分包出去,或者采取对外投资的方式转移出去。这样,在跨国公司的主导下,由分包公司或者对外投资形成了全球化全产品的生产经营链,由于在生产经营过程中,不同的企业具有不同的地位和作用,那些掌控着核心竞争力的部门和企业获得了整个收入的大部分利润,而非核心竞争力的部门和企业只能获得较低的利润。

四、国际贸易有利于沿海国家和地区的发展

一般而言,国际贸易多是远距离贸易,交通运输成本就成为影响企业利润的一个重要因素。与陆路交通相比较而言,海洋运输是目前最廉价、最便捷的交通运输方式,国际贸易主要是通过海洋运输连接起来的。国际贸易临近海洋交通便利地区的特点,使得沿海成为国际贸易距离最短、成本最低的国际贸易区域。因此,国际贸易最有利于沿海地区的发展,贸易利益也首先由沿海地区分享。

五、国际贸易是国内企业做大做强的必然选择

国际市场规模不仅远超过国内市场,而且国际贸易的利益远高于国内贸易的利益,所以任何企业要做大做强就必须参与国际贸易。国内企业只有通过国际贸易不断获取较高的贸易利益和最大规模的国际市场需求,才能克服国内市场狭小、利润增长缓慢的弊端。当然,要想在国际市场立足并获取超额利润是有条件的:要么获得垄断地位,要么通过差异化竞争获取规模效益,要么通过世界分工全球化配置生产要素资源获取生产要素差价利益,要么通过国家等组织的政策辅助获得超额利益。

第六章　现代世界货币的演化

第一节　现代世界货币的性质

马克思认为,只有在世界贸易中,"商品普遍地展开自己的价值"。"在这里,商品独立的价值形态,也是作为世界货币与商品相对立。"而只有这样"货币的存在方式与货币的概念相适合了",因为"只有在世界市场上,货币才充分地作为这样一种商品起作用,这种商品的自然形式同时就是抽象人类劳动的直接的社会实现形式"。[①]

从世界货币的职能和作用来看,充当世界货币的国际美元的发展是基于世界经济贸易发展的需要,是从国内货币职能延伸出来的世界货币职能。马克思把世界货币的职能和作用概括为三种:一般支付手段的职能、一般购买手段的职能和一般财富的绝对社会化身的职能。[②] 作为现代世界货币,国际美元的性质不仅表现在国际美元的职能和作用上,也体现在国际美元的历史演进过程中。

一、现代世界货币的性质:现代信用货币

从世界货币的演变过程看,充当世界货币的国际美元是从贵金属货币经过可兑换信用货币发展而来的现代货币,是以国家货币身份充当世界货币职能,其本身不仅包含了国家货币与世界货币的矛盾,也包含了信用货币与纸币的内在冲突与问题。

---

① 《马克思恩格斯全集》第23卷,人民出版社,1972年版,第163页。
② 《马克思恩格斯全集》第23卷,人民出版社,1972年版,第164页。

马克思运用辩证法,按照历史和逻辑相统一的原则,从价值形式即货币产生的历史进程中,深刻揭示了货币的本质和一般职能。宏观上,货币形式的发展是商品经济内部矛盾和交换发展的结果。私人劳动与社会劳动是一切商品经济的基本矛盾,基于社会分工基础上孤立分散的个别劳动只有通过市场交换才能转化为社会总劳动的一部分,而交换价值或者货币就成为连接个人与社会的媒介和纽带。正是商品交换的发展和需要才推动了价值形式不断发展,而价值形式的发展和完善推动了交换和分工不断深化和扩大。微观上,货币的产生是商品内部矛盾辩证发展的产物。货币从商品世界分离出来,独立作为商品价值的一般形式,充当一切商品价值的代表而与一般商品相对立。通过价值独立化,商品内部矛盾外部化,商品的使用价值与价值、具体劳动与抽象劳动、私人劳动与社会劳动完成了分化。"通过使商品同交换价值分离来实现商品的交换价值;通过使交换分裂,来使交换易于进行;通过使直接商品交换的困难普遍化,来克服这种困难。"[1]价值形式经过特殊形式发展为一般形式,一般形式由地方形式发展为民族形式和国际形式;由普通商品形式发展为特殊商品形式,再由商品形式发展为符号形式和信用形式。货币形式的发展不仅使商品交换逐步突破了地域、民族的界限,成为连接商品世界人们之间社会关系的普遍纽带和媒介,而且满足了调控经济运行、适应经济发展的需要,成为便捷、高效、节约的商品贸易手段和媒介。货币"这种交换工具的或这种等价物的一种形式可以比其他形式更方便、更合适、更少一些困难。但是,一种特殊的交换工具,一种特殊的然而又是一般的等价物的存在所产生的困难,必然会在任何一种形式中(虽然各不相同)重复产生"。[2]

马克思从商品内部的矛盾运动和商品经济的发展历史总结了货币的本质,而且从货币发展规律中指出了其演变的历史趋势。马克思不仅指出了货币不同的文明形式——金属货币、纸币、信用货币、劳动货币(后者作为社会主义的形式),[3]而且分析了货币不同形式产生和发展的历史条件和趋势。从历史过程来看,贵金属货币的产生标志着人类迈入了商品经济时代。由于金银的物理、化学性质更适宜充当一般等价物,再加上金银分布广泛、提炼工艺简单、储量分散、产量增加缓慢,就使得金银的价值具有相对稳定的特点。简单商品经济时代,主要产业是经验性农业和手工业,商品的生产和贸易的增长较为缓慢,金银生产还是能够适应经济贸易发展的需求。进入商品经济初期,虽然工业革命带来了经济贸易爆炸式增长,但

---

① 《马克思恩格斯全集》第46卷(上),人民出版社,1979年版,第96~97页。
② 《马克思恩格斯全集》第46卷(上),人民出版社,1979年版,第69页。
③ 《马克思恩格斯全集》第46卷(上),人民出版社,1979年版,第63~64页。

由于非洲和美洲金银矿的发现和开采,大大提高了金银的产量,使得货币的材料供给基本能够满足快速发展的市场需求。从实践来看,英国 1816 年宣布实施金本位货币,德国在 1871 年实行金本位制,法国、丹麦、荷兰、意大利等欧洲大陆国家也随后相继采用了金本位制,19 世纪末,日本、俄国、美国也相继采用金本位货币。① 黄金之所以最终成为世界普遍的货币材料,就是因为黄金比白银产量增长更加稳定,更加适合经济本身发展的需要。各国相继推行黄金本位货币体制,是黄金成为世界货币的制度保证。

货币形式在现代信用制度和银行制度条件下,逐步由金属货币发展为信用货币和现代货币形式。金属货币靠自身材质和价值稳定性保持了商品价值标准的稳定,但金银分布不均和储量有限本身也是制约金银向更高级货币形式发展的先天约束因素。在工业革命的推动下,随着世界主要国家进入商品经济时代,世界市场迅速扩大,规模急剧扩张,一方面,黄金材料的增长无法满足高速增长的贸易需要;另一方面,大规模、远距离、高频度的贸易使得货币本身运输成本和交易成本急剧攀高。货币材料越来越成为制约贸易发展、拖累交易效率的重要因素。随着商品交易的日趋集中和规模的扩大,信用制度逐渐兴起,现代商业和银行制度确立起来。在商业信用条件下,交易时空分离,货币结算集中于银行,重复双向的交易价值就可以成为观念数字进行计算,从而大大减少了交易的货币流通和需求量;在银行信用体制下,银行不仅可以通过储蓄功能把社会闲散货币集中再投入流通,通过发行信用货币,以最小货币储备,增加数倍货币流通;而且可以通过银行的"创造货币"职能创造大量信用货币,从而可以在不增加货币发行条件下大大增加货币流通量。随着信用货币发行逐步集中于中央政府即各国中央银行,各国政府以国家实力为货币提供了稳定可靠的信用保证,信用货币开始与国家通过强制力发行的纸币融合为一,成为不兑换的信用货币或者纸币。至此,从货币流通职能产生的纸币与从货币支付职能产生的信用货币结合起来,成为功能完备的现代货币,货币形式完成了从商品货币向符号货币的转变。实际上,在金本位世界货币时期,因为英国提供了长期稳定的国家信用保证,英镑就发挥了世界信用货币的作用,英镑自从在 1560 ～ 1561 年由伊丽莎白女王稳定下来以后,其币值直到 1920 年乃至 1930 年始终不变。"……一英镑相当于四盎司纯银或半马克纯银,在欧洲货币价值表上英镑令人惊讶地划出一条长达三百多年的直线。"② 1944 ～ 1971 年,在原有金本位货币

---

① 潘英丽:《国际货币经济学》,华东师范大学出版社,2003 年版,第 2 页。
② [法]布罗代尔:《十五至十八世纪的物质文明、经济与资本主义》(第 3 卷),顾良、施康强译,生活·读书·新知三联书店,2002 年版,第 406 页。

的基础上,根据"布雷顿森林会议"的精神,确立了以黄金为本位的可兑换美元的世界信用货币时期。1971 年,原有美元信用货币体系崩溃;1978 年,《牙买加协议》生效,世界进入了以不兑换信用货币美元为主导的现代世界货币时期。货币的不同形式可以更好地适应社会生产的不同阶段,"一种货币形式可能消除另一种货币形式无法克服的缺点","但是,只要它们仍然是货币形式,只要货币仍然是重要的生产关系,那么,任何货币形式都不可能消除货币关系固有的矛盾,而只能在这种或那种形式上代表这些矛盾"。① 黄金货币以材料自身特点和稳定增长的数量为世界经济的发展提供了长期稳定的货币体系保证,英镑以长期稳定的信用保证提供了世界经济良好的运行环境,美元则以与黄金固定兑换率使其他货币与美元汇率挂钩,国际协议和国际组织监管保证了币值的稳定。进入现代世界货币时期,美元以国家货币的身份充当世界货币,国家货币与世界货币、信用货币和纸币双重身份所具有的内部矛盾和冲突,在缺乏强有力监管和国际合作的条件下,极有可能泛滥成灾,而且可以通过国际市场将国际美元的问题扩散至世界每一个角落。

二、世界货币职能:国内货币职能的延伸

从世界货币的职能和作用来看,世界货币的发展是基于世界经济贸易发展的需要,是从国内货币的职能延伸出来的。

一般说来,世界货币的职能和作用是从国家货币的职能和作用发展而来的。货币职能的产生是基于商品流通和经济发展的需要。正是基于商品流通和发展需要,货币作为特殊的商品从一般商品中分离出来固定地充当商品交换的一般等价物和社会财富的普遍代表;由流通领域扩展到生产领域,成为重要生产要素——非实体资本;从地方市场扩展至民族市场再扩大至世界市场。民族货币走向国际市场成为世界货币,其本质和职能并没有根本变化,世界货币的出现只不过标志着商品交换从国内市场扩展为世界市场,世界货币作为商品价值的一般代表或一般人类劳动化身从一国家范围扩展至世界范围,孤立民族的个别劳动的普遍联系成为世界性的。"在世界贸易中,商品普遍地展开自己的价值。因此,在这里,商品独立的价值形态,也是作为世界货币与商品相对立。只有在世界市场上,货币才充分地作为这样一种商品起作用,这种商品的自然形式同时就是抽象人类劳动的直接的社会实现形式。货币的存在方式与货币的概念相适合了。"②

马克思把世界货币的职能和作用概括为三种:一般支付手段的职能、一般购买

---

① 《马克思恩格斯全集》第 46 卷(上),人民出版社,1979 年版,第 64 页。
② 《马克思恩格斯全集》第 23 卷,人民出版社,1972 年版,第 163 页。

手段的职能和一般财富的绝对社会化身的职能。①

第一，世界货币作为商品价值的普遍代表，以自身价值作为商品交换双方的价值尺度，以自身价值作为一般等价物，充当交换双方交换的媒介。所以，"价值尺度和流通手段的统一是货币"。② 由于国际市场时空范围跨度大，商品交换常常是买卖分离进行的，所以世界货币的基本职能就十分突出地表现为"一般交换手段"。在国际间的商品流通中，世界货币"不是表现为流通手段，而是表现为一般交换手段。但是，这种一般交换手段，只是以购买手段和支付手段这两种发展了的形式起作用，而两者之间的关系在世界市场上是相反的"。③ 在国际贸易中，世界货币作为购买手段，通过交换使商品使用价值从卖者向买者单方面转移，然后货币作为支付手段补充实现商品价值或价格，这与国内市场货币执行商品流通媒介不同。货币执行流通媒介作用时，买卖时空统一，货币在交换过程中同时执行买卖双方交换的媒介，对于交易双方来说，货币都执行了支付职能，但这只是在双方使用价值交换过程中瞬间完成的。随着商业信用制度发展，商品流通有相当比例是以债权债务关系的形式实现的，"货币作为支付手段的职能，将靠缩小其作为购买手段的职能，尤其是缩小其作为货币贮藏因素的职能而扩展起来"。④ 而且"不同各国流通领域之间的商品交换越发展，世界货币作为支付手段以平衡国际差额的职能也就越发展"。⑤ 因此，马克思正是在这样意义上把支付手段称为世界货币的"最主要的职能"，⑥而世界货币"充当国际购买手段，主要是在各国间通常的物质变换的平衡突然遭到破坏的时候"。⑦

第二，随着世界货币支付职能的发展和国际信用的发展，世界货币预防风险和提供信用担保的职能即世界货币储备金职能迅速发展起来。在商品经济初期，货币就作为一般等价物退出流通领域成为贮藏货币。此时货币就成为剩余商品的一般价值形式即物质财富的代表而储备起来。"它所特有的使用价值，在成为它的等价物的种种使用价值的无限系列上实现。在它的坚固的金属实体中，它隐秘地包含着在商品世界中展开的一切物质财富。"货币作为社会物质财富的物质代表，"就形式上说，它是一般劳动的直接化身，就内容上说，它又是一切实在劳动的总

① 《马克思恩格斯全集》第23卷，人民出版社，1972年版，第164页。
② 《马克思恩格斯全集》第13卷，人民出版社，1962年版，第113页。
③ 《马克思恩格斯全集》第13卷，人民出版社，1962年版，第140页。
④ 《马克思恩格斯全集》第13卷，人民出版社，1962年版，第133页。
⑤ 《马克思恩格斯全集》第13卷，人民出版社，1962年版，第140页。
⑥ 《马克思恩格斯全集》第23卷，人民出版社，1972年版，第163页。
⑦ 《马克思恩格斯全集》第23卷，人民出版社，1972年版，第163页。

汇。它是表现为个体的一般财富"。① 贮藏货币是人们为了保存社会财富以备不时之需和积累财富。在信用社会,"为了国内流通,需要有准备金,为了世界市场的流通,也需要有准备金"。② 贮藏货币已经不再是为了单纯保存社会财富,而是为了满足国际货币支付需要、国家信用保证以及防范国际风险的需要。货币储备金职能"一部分来源于货币作为国内流通手段和国内支付手段的职能,一部分来源于货币作为世界货币的职能。在后一种职能上,始终需要实在的货币商品,真实的金和银"。③ 这是马克思在金属货币时期得出的结论。在信用货币时代,由于信用货币代替了"真金白银",贮藏货币保存社会财富的职能被削弱了,因为信用货币已经丧失了价值长期稳定的基础而趋于贬值,取而代之只能是为了满足流通手段、支付手段和世界货币准备金需要的贮藏。

第三,世界货币作为世界普遍认可的社会财富的一般代表发挥作用。在世界市场,不被世界认可的国家货币不能作为社会财富的一般代表,所以世界范围里非商品交换的资产转移和国际投资主要是以世界货币形式进行的。因此,马克思认为:"它们充当财富的绝对社会化身是在这样的场合:不是要买或是要支付,而是要把财富从一个国家转移到另一个国家。"④ 当然,在现代货币体制下,非世界货币的国家货币只要被所在国家或部分国家所认可,都可以作为该国或这些国家社会财富的代表发挥货币职能。

从历史演进的角度来看,现代世界货币国际美元是符号货币的表现形式、信用货币的内容;从职能和作用来看,主要是执行世界商品交换的一般手段、世界货币储备金和世界财富代表的职能。

第二节 现代世界货币的特征及其发展趋势

国际美元作为现代世界货币,它作为货币的本质没有变,履行世界货币的职能没有变,世界货币运动规律发挥作用的社会经济条件依然存在,但国际美元从内容

---

① 《马克思恩格斯全集》第13卷,人民出版社,1962年版,第114页。
② 《马克思恩格斯全集》第23卷,人民出版社,1972年版,第165页。
③ 《马克思恩格斯全集》第23卷,人民出版社,1972年版,第165页。
④ 《马克思恩格斯全集》第23卷,人民出版社,1972年版,第164~165页。

到形式都发生了深刻的变化,不仅在发行与运行方面与前期的信用货币具有不同的特征,而且在演进过程中呈现出日益显著的符号化的历史趋势和金融霸权主义的真实面目。

一、不同历史时期世界货币的发行和运行特征

作为成熟的世界货币经历过三种形态:贵金属货币、信用货币和现代货币,这三种货币都是与世界贸易发展需要而相适应的商品价值一般形式。从世界货币形成的基础看,民族货币体系仍然是世界货币赖以形成的制度基础。贵金属货币时期是基于世界各国相继采用了金银作为货币材料,因而世界货币就有统一货币和制度基础;同样各国相继采取信用货币和现代货币体系则是世界货币相继采取信用货币和现代货币形式的制度基础。从贵金属货币到现代货币,世界货币发行和协调机制都发生了深刻的变化:由原来的多元发行过渡到寡头发行,由原来的自发调节转变为自主调节,由国家信用扩展到世界信用,由国家货币发展为世界货币,由商品货币发展为符号货币。商品经济内部矛盾也由国家扩展至世界,由实体经济扩展至虚拟经济。

世界信用货币是在第二次世界大战后期形成和发展起来的。其实,早在金属货币时期,英镑就在英属殖民地内部和欧洲大陆充当了世界货币的角色。当时是英国依靠强大经济实力为英镑提供了长期稳定、可兑换的强大信用保证,使英镑成为世界信用货币的先驱。第二次世界大战后,美国依靠两次世界大战期间积累的雄厚物质财富和强大军事实力,通过"布雷顿森林会议"协议,形成了以黄金为本位的可兑换美元世界信用货币时期。美元的可兑换性保证了世界货币的长期稳定,为世界经济的恢复和繁荣提供了良好的金融环境。但由于世界货币的发行和调控是由主权国家垄断的,世界货币信用也是由美国一家承担的。就必然产生货币发行量与所需信用的不匹配问题、发行国的国内货币政策与世界货币市场调控的冲突、民族利益与世界利益不一致的问题,从而遭遇"特里芬难题"。在世界经济正常、均衡的发展环境下,信用货币可以以最小黄金储备满足货币体系的运行需要,而在世界经济困难或失衡严重的时期,信用吃紧,美元的可兑换性难以为继,该体系必然崩溃。

现代货币时期,也就是美元本位时期,世界货币发行完全与黄金脱钩,可以完全自主发行。该时期,虽然美国经济实力仍然十分强大,但与第二次世界大战后期相比,大不如前。美国已经无力也不愿为美元提供强大的信用保障,美元已经越来越成为缺乏信用保障的单纯的货币符号了。虽然世界货币运行有一套较完备的监

管组织和体系,但这些组织和体制都是第二次世界大战后按照实力原则组织和运行的,当时美国凭借超强经济实力获得压倒性权利,这些国际组织和制度已经沦落为捍卫美元地位和利益的"看门狗"。在没有外部约束条件下,美国可以利用发行美元的垄断地位超量发行美元,通过对外大量输出美元掠夺世界资源、转移世界财富、控制最有利的世界市场,谋一己之私。事实上,从 20 世纪 80 年代起,美国人民就已经放弃了勤劳、节俭的"资本主义精神",从政府到民间普遍信奉消费主义。如果美国货币当局放纵货币发行,任由世界货币贬值,发行国就可以获得其他国家无法染指的诸多利益:从世界市场赚取铸币费、通胀费、廉价投资世界等利益。[①]

二、现代世界货币的发展趋势

20 世纪 80 年代以来,国际美元的信用基础日益削弱,符号化态势日益强化,不稳定性和长期贬值趋势十分突出。随着世界多极化发展,欧元和人民币等区域性货币崛起,国际美元的垄断地位正在打破,世界货币多极化态势加速发展。

1. 现代世界货币的发展趋势是信用和符号化

信用货币是现代世界货币的内容规定,而符号或者虚拟货币则是现代世界货币的表现形式。一方面,现代货币已经丧失了依靠货币自身稳定币值的价值和材料基础,取而代之的是凭借国家信用提供价值保证和币值稳定;另一方面,货币虚拟化使货币发行成本几乎为零,货币发行管理就成为调节货币运行、稳定货币的关键因素。现代货币在解决原有货币体系矛盾的同时也产生新的矛盾,即虚拟货币自主发行与货币信用需求相匹配的问题:货币流通规律要求现代货币的流通与金属货币需求保持正常的比例关系,而自主发行的纸币必然经常性地破坏这一比例关系。在金属货币流通条件下,货币的价值是货币材料所包含的内在价值,这一价值依据商品价格的波动通过货币流进流出进行自我调节,保持稳定;在现代货币流通的条件下,单位货币的价值量是依据货币所代表的流通中金属货币量的多寡而不断变化的量,"在价值符号的流通中,实际货币流通的一切规律都反着表现出来了,颠倒过来了"。在流通中的商品价值一定的情况下,"纸票的价值却决定于流通的纸票的数量"。[②] 所以,世界货币的稳定需要强大的世界信用作支撑,世界货币的发行需要国际社会强有力的国际监管和协调一致的国际合作。

---

① 许少强:《美元霸权:生存基础、影响和我国的对策》,复旦大学学报(社会科学版),2005 年第 4 期,第 33~38 页。
② 《马克思恩格斯全集》第 23 卷,人民出版社,1972 年版,第 111 页。

2."价格标准"取代"价值标准"成为衡量现代世界货币币值波动的主要指标

自从确立布雷顿森林体系以来,如图6－1所示,国际美元作为世界信用货币健康运行了28年之久,其间黄金兑美元价格是法定的35美元/盎司,十分稳定,黄金作为"普遍价值"标准的特征十分突出。而进入现代美元体系以来,美元与黄金价格渐行渐远,黄金价格波动很大,最大波动幅度超过100%,黄金已经丧失了世界价格标准的特征;而美元的相对价格即美国的CPI却相对稳定,世界价格标准的特征日趋明显。20世纪80年代以来,CPI波幅逐期降低,进入20世纪90年代以来,年均只有约3%的波幅。现代货币已经彻底摆脱了金属货币的依赖,成为独立运行的货币体系,与原有金银货币渐行渐远,金银材料本身作为货币价值的基础已不复存在,虽然黄金价格依然具有价值标准意义,但现代货币管理普遍采用的是"价格标准"。相对于原有的黄金绝对标准,价格标准其实就是单位使用价值的货币表现,是与生产率相一致的相对标准,在生产率不断提高的历史趋势中,价格标准必然不断"贬值",即货币单位所包含的人类必要劳动时间相对缩小。

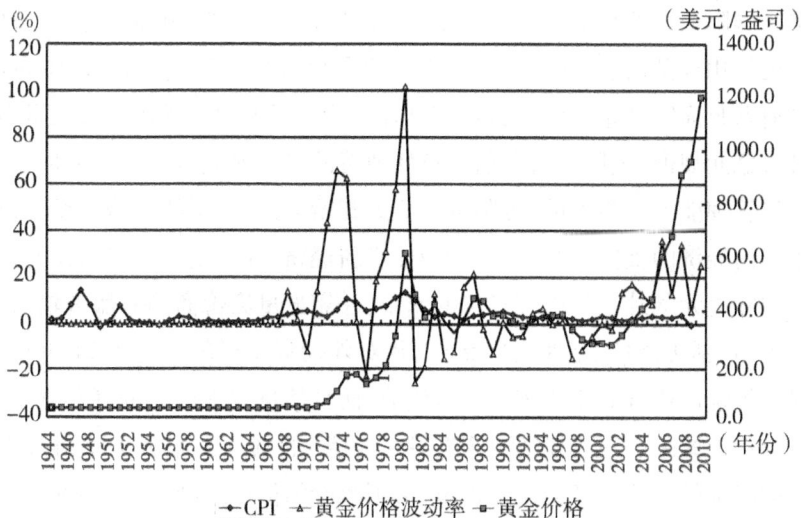

图6－1　黄金价格波动情况(1944～2010年)

3.现代世界货币具有不断贬值的历史趋势

从国际美元价格的长期趋势来看,绝对价格是波动下降的。黄金的美元价格已经从当初的35美元/盎司,涨了近45倍,也就是说,目前的美元价格指数只有20

世纪 60 年代的 1/45。就 CPI 来说,美元相对价格趋势是逐年增长的,但增速有降低的趋势,也就是说,美元世界价格标准是逐年"抬高"的,其价值的相对标准是逐年贬值的。如果以 1944 年为 100%,那么今天的物价水平已经涨到 1219%,如果以 1971 年物价为标准,也涨到 529%,分别涨了 11 倍和 4 倍,今天的美元相对价格只有 1944 年、1971 年的 1/11 和 1/4。可以说明,黄金价格作为世界价格标准变动幅度已经大大高于 CPI。因此,在现代货币体系中,世界价格已经丧失了绝对价值标准,取而代之的是相对标准,而且相对标准的水平是逐年"抬升"的,美元指数从119.07 下降到 81.72,下降幅度达到 45.7%。从汇率来看,2000 ~ 2006 年,美元对欧元贬值 62.1%,对英镑贬值 34.1%,对日元贬值 6.9%。国际美元长期的贬值趋势不仅给世界人民带来巨额的损失,而且绑架了拥有巨额外汇储备的国家,使这些国家沦为美元的工具。

4. 现代世界货币已经丧失了国际信用基础,不稳定性增强

在信用货币时期,由于美国拥有强大的国家信用和强大的国家竞争优势,美元保持了长期稳定,美元的世界货币地位被国际市场普遍接受。进入现代货币时期,随着美国国际地位的相对削弱,美元已经变得十分不稳定,贬值趋势十分明显,美国政府的信用根基已经动摇。自 20 世纪 80 年代以来,特别是进入 21 世纪以后,美国政府财政赤字高企,经常项目逆差居高不下,资本和金融账户流入资金已经开始突破万亿元规模,美国政府和居民负债消费的趋势愈演愈烈,这些都说明美国政府的经济管理能力大不如前,国际竞争能力开始衰退,美国的消费和繁荣已经开始偏离了国内经济的支撑。20 世纪 90 年代"新经济"的繁荣,在相当大的程度上是建立在国际美元基础上的虚拟经济的繁荣,是靠大量廉价商品和服务输入、美元的大量输出(包括美国债、金融衍生品)以及对外投资支撑的。进入 21 世纪,美国经济不仅在传统产业方面逐步丧失竞争优势,而且信息技术创新的红利逐步消散,美国经济的持续繁荣和过度消费是靠"美元经济"的剧烈膨胀和华尔街近乎疯狂的投机拉动起来的。从经济的角度来看,美国政府的信用已经破产,国际美元已经沦为毫无信用保障的货币符号。国际美元信用的日益破产,严重破坏了世界经济的稳定和健康发展,也给世界各国,特别是面临"资金缺口"的发展中国家带来极大的金融风险。2007 年爆发的金融危机,其实质就是美元的信用危机。①

---

① 杨玉华:《美国金融风暴的特征、原因及对策分析》,《贵州财经学院学报》,2009 年第 2 期,第 35 ~ 40 页。

5. 现代世界货币多元化趋势日益加强,美元的国际垄断地位正在打破

世界货币作为现代商品经济时代维系世界社会关系的主要媒介和桥梁,已经成为现代国际社会须臾不可离的经济工具。在现代经济贸易关系日益密切的条件下,世界货币已经成为世界各国经济贸易发展的"公共产品"。① 而维护"公共产品"足额稳定的供给不仅是世界人民的利益所在,也是世界货币发行者应尽的责任和义务。在信用货币时期,美国依靠第二次世界大战后积累的强大国家实力和雄厚的外汇储备,凭借国际协议取得了国际美元的垄断发行地位。第二次世界大战后,国际美元的长期稳定,为世界贸易和投资提供了便利、经济的金融工具,为世界经济复苏和繁荣做出了贡献;同时,美国也通过国际美元发行的垄断,获取了巨额的美元利益和廉价的世界贸易、投资的便利。现代货币符号化的表现形式,使得这一经济工具的发行成本几乎为零,但现代货币信用货币的内容却要求货币的发行者承担相应信用担保,才能确保世界货币职能的顺利执行和币值的稳定。国际美元发行地位的垄断要求美国政府肩负稳定美元币值、提供美元信用的责任。在现代货币时期,随着美国政府信用基础的破坏,美元利益与国际义务和责任的冲突日益严重,在缺乏严格有效国际监管的条件下,国际美元日益沦为美国政府攫取世界利益的金融工具。美国政府通过世界经济形成的"路径依赖",凭借国际美元的垄断地位,滥发美元,掠夺和转移世界财富。长期纵容美元币值贬值,美国不仅获得了巨量的美元铸币费、通胀费,而且借助美元投资控制世界优质资产,获取巨额的投资利益。现在,美元利益不仅支撑起美国日益庞大的负债消费经济,而且维持其世界最庞大的军事开支,世界货币的垄断和军事强权是维持"美元经济"繁荣和强大的两大支柱。

国际美元的长期贬值和较大波动,不仅严重挑战着各国政府的金融管理能力,破坏和腐蚀着现代经济的信用基础,而且日益成为世界经济发展的巨大难题和重大隐患。随着欧元的问世、人民币的崛起,国际美元的垄断地位正在削弱,世界货币多元化、地区化趋势日益明朗,世界货币多元化正在成为化解美元霸权的历史选择。

---

① 何帆、李婧:《美元国际化的路径、经验和教训》,《社会科学战线》,2005 年第 1 期,第 266～272 页。

第三节　结论与政策建议

一、结论

国际美元是在金属货币基础上经过信用货币演变而来的现代世界货币,虽然该货币在一定程度上克服了原有货币形式的弊端,但由于是国家货币充当世界货币,必然带来新的矛盾和冲突——信用货币内容与符号货币形式的矛盾、世界货币的职能与美国利益的冲突构成了制约国际美元发展态势的内在因素。随着美国实力的削弱和美国全球霸权主义的扩张,美国无力也不愿为世界货币的信用负责,国际美元已经沦为美国利益和美国霸权的金融工具。20世纪90年代以来,随着美国负债消费模式的扩张和美元的过量发行,国际美元的信用基础已经严重削弱,符号化趋势日益显著。随着国际美元垄断地位的削弱和动摇,世界货币地区化、多元化态势加强,美元利益与世界人民的博弈和斗争将进入新的时期。

二、政策建议

我国作为与世界经济贸易联系十分密切的发展中大国,世界货币的演变、美元利益的扩张与我国经济的长期发展和稳定息息相关。因此,要认清国际美元金融霸权的真面目,总结和把握国际美元的规律与发展趋势,既要合理充分地利用国际美元世界货币的职能,又要积极防范和预警"美元陷阱",才能有效地捍卫民族利益和经济安全。

第一,加强世界合作,推动国际金融机构改革和制度的创新,加强对国际美元的监管。只有切实有效的国际监管,才能约束和遏制美元霸权的恶意扩张,才能规范和制约国际美元的发行和运行,才能更好地维护世界货币公共产品地位和更好地发挥国际美元自然垄断的利益效应。

第二,加强对外资的监管,防范美国金融霸权的渗透和控制。对国际金融市场的垄断和控制是美国金融霸权的主要实现渠道。所以,要防范和遏制金融霸权首先就要严把外资进入关,加强监管和预警。为此,要推进金融体制改革,做大做强金融市场和企业,提高防范和抗击金融风险的能力;加强和改善监管,提高金融风险的识别和预警水平。

第三,优化外汇结构和投资方向,保持适度的储备水平。外汇储备主要是满足国际经济贸易发展需要、防范金融风险和提供信用保障的需要。但我国目前外汇储备水平过高,占 GDP 的 1/6;储备过于集中于美元,美元占比达 70% 以上;投资渠道单一,主要是投资美国债。我国面临日益严重的金融风险,已经因美元长期贬值遭受巨额的经济损失。因此,要推进储备和投资的多元化,降低持有美元金融资产的比例和水平。

第四,调整对外经济贸易战略,防止"三外"的盲目扩张。我国长期奉行出口导向型发展战略,在资源环境约束十分突出的今天,"三外"的盲目扩展,已经带来资源的大量低价流失和无序出口竞争,"三外"虽然可以带来漂亮的统计数字,但经济和社会效益却十分低下。因此,要在鼓励内需、内资的发展上下工夫,提高引资的质量和水平,才能提高出口的质量和效益。

第五,放弃盯住美元汇率政策,允许人民币的适度升值。本币的价值高低最终是建立在本国生产率的基础之上。改革开放以来,我国劳动生产率提高迅速,成为支撑我国国际竞争力的基础。日本、韩国等国的经验表明,在生产率相对提升的条件下,允许本币合理升值,不仅可以有效地抵冲美元贬值的冲击和损失,而且可以有效地防止本国财富的流失和贬值。有关数据表明,日本、韩国的名义财富增长的1/3 来源于本币升值,而我国本币(与美元的汇率)已经较改革初期贬值了 75%,只有当初的 1/4。所以,在不断提高劳动生产率的前提下,允许人民币适度升值,才是富民强国的务实选择。

第六,坚定、稳步地推进人民币国际化。我国经济的长期稳定发展,综合国力已经位居世界前列,已经成为世界贸易、投资大国,科技、人力资源大国,人民币已经开始走出国门,被周边地区和一部分发展中国家认可和接受。面对着国际美元的长期冲击和威胁,人民币地区化、国际化就成为我国分担国际金融风险、壮大我国金融市场的重要战略举措。

第七章　国际美元运动规律、特征及其发展趋势

第一节　世界货币基本运动规律

　　现代货币体制是在原有贵金属货币体制的基础上演化而来的,金属货币流通规律是信用货币和纸币流通的基础,也是现代货币流通的基础,金属货币流通"这个规律是普遍适用的",①该规律仍然是现代货币流通规律的基础。由于货币作为商品价值一般代表,货币流通的数量应该与需要流通的商品的价值货币量即价格相适应。就一定时间的流通过程来说,货币流通的数量是:商品价格总额/同名货币的流通次数＝执行流通手段职能的货币量。② 只不过现代社会商品的范围扩大了,不仅包括一般意义上的商品,还包括劳务、③货币商品和知识产权等特殊商品。就世界货币来说,商品价格形成的范围从一国市场扩展至世界市场。但上述货币流通量只是商品流通的最低需要量。"有时货币必须当作铸币被吸收,有时铸币必须当作货币被排斥。为了使实际流通的货币量总是同流通领域的饱和程度相适应,一个国家的现有的金银量必须大于执行铸币职能的金银量。"货币流通规律的实现是靠货币自身的职能转换而自发实现的,"这个条件是靠货币的贮藏形式来实现的",对于流通中的货币来说,货币贮藏起了货币流通蓄水池的作用,"既是排水渠,又是引水渠"。如果货币贬值,部分货币会因此而退出流通领域成为贮藏货币,

---

① 《马克思恩格斯全集》第23卷,人民出版社,1972年版,第138页。

② 《马克思恩格斯全集》第23卷,人民出版社,1972年版,第146页。

③ 《马克思恩格斯全集》第23卷,人民出版社,1972年版,第154页。

而在货币升值时,部分贮藏货币则会进入流通市场执行流通职能。所以,流通中货币永远不会溢出货币流通的渠道。①

信用货币是以金属货币为基础,在信用制度和现代银行体制的条件下产生的能够发挥货币职能的一种信用凭证或者货币符号。因为信用货币本身不包含价值,所以"信用货币只有在它的名义价值额上绝对代表现实货币时,它才是货币"。② 也就是说,信用货币是以金属货币为基础的,在流通中替代金属货币执行货币职能,其流通必然遵循货币流通的一般规律,但信用关系又有所不同。一般意义上,信用货币是一种随时可以兑换的货币,反映了银行与其客户、商品买卖双方的信用关系或者债务关系,它包括商业信用货币和银行信用货币,它们最终都取得了国家的信用保证:前者是通过契约关系确立的,后者则是通过集中于中央银行发行来实现的。正是信用关系的普遍发展,货币的支付和储备金职能都得到了充分的发展。

在商业信用关系条件下,货币流通量的公式因债务关系变化进行调整,待实现的商品流通总额与货币流通所代表的价值量就不再一致,商品流通总额加上到期支付总额,减去延期支付总额,减去彼此抵消的支付额,二者才会趋于一致。"若干卖的同时并行,使流通速度对铸币量的补偿作用受到了限制。反之,这种情况却为节省支付手段造成了新的杠杆。随着支付集中于同一地点,使这些支付互相抵销的专门机构和方法就自然地发展起来。""这样需要偿付的只是债务差额。支付越集中,差额相对地就越小,因而流通的支付手段量也相对地越小。"③一般来说,债权人与债务人的关系链条越长,他们之间支付频率越高,货币支付时间越长,货币流通的速度越快,所需要的货币量就会越小;反之,所需要的货币量就越大。

在信用制度条件下,银行发行的可兑换银行券才是真正意义上的信用货币,它是现代货币的直接来源。"已知通货的速度和支付的节约,现实流通的货币量是由商品的价格和交易量决定的。银行券的流通也受这个规律的支配。"④银行信用货币的流通依然是以金属货币流通规律为基础,遵循信用货币流通规律的。所以,只要银行券可以随时兑换货币,发行银行券的银行就绝不能任意增加流通的银行券的数目。⑤ 正是由于银行券的随时可兑换性保证了流通中银行券数量与实际流通所需要的金属货币量相适应,如果银行券币值低于货币购买力,形成贬值,银行券

---

① 《马克思恩格斯全集》第23卷,人民出版社,1972年版,第154页。
② 《马克思恩格斯全集》第25卷,人民出版社,1974年版,第585页。
③ 《马克思恩格斯全集》第25卷,人民出版社,1974年版,第157页。
④ 《马克思恩格斯全集》第25卷,人民出版社,1974年版,第592页。
⑤ 《马克思恩格斯全集》第25卷,人民出版社,1974年版,第592页。

就会回流至银行;银行券供不应求,物价低迷,银行就会扩大发行。"流通的银行券的数量是按照交易的需要来调节的,并且每一张多余的银行券都会立即回到它的发行者那里去。"①如果由于商业信用大大节约了货币流通量,缓解了金属货币材料增长不适应货币需要的矛盾,减少交易成本;银行信用货币大量发行,进一步摆脱了货币发行对金银货币材料的依赖,成为可以按需要进行发行的货币。因而"银行券的发行不是完全按照金属流通的规律来调节的"。在世界市场,世界货币的流通以金属货币的输入和输出作为调节手段,"如果金从国外输入,那末这就证明流通中货币不足,货币价值太高,商品价格太低,因而银行券必须同新输入的金成比例地投入流通。反之,它必须同金的流出国外成比例地从流通中收回"。② 换句话说,银行"必须依照贵金属的输入和输出或依照汇兑率来调节银行券的发行"。③也就是说,银行信用货币流通是按照金属货币流通规律运行的,"因此,它们的流进或流出使商品价格跌落或上涨。对商品价格的这种作用,现在必须人为地由银行仿照金属流通规律来进行了"。④

现代货币是在原有金属货币基础上发展起来的价值符号或虚拟货币,具有纸币和信用货币的双重身份,从本质上说,现代货币就是不兑现的信用货币或者是具有国家信用保证的纸币。它的流通不仅以金属货币流通规律为基础,而且遵循信用货币流通规律的制约。作为纸币,它是不包含价值内容的货币符号,离开了国家信用担保或者国家强制力,它就是一张废纸,所以马克思说:"纸币是金的符号或货币符号。纸币同商品价值的关系只不过是:商品价值观念地表现在一个金量上,这个金量则由纸象征地可感觉地体现出来。纸币只有代表金量(金量同其他一切商品量一样,也是价值量),才成为价值符号。"⑤由于纸币是代替同名金属货币来流通,所以其运动只能遵循"货币流通本身的规律"——货币的发行限于它象征地代表的金(或银)的实际流通的数量,因此,金属货币流通的最低限量"可以由纸做的象征来代替"。⑥ 另外,由于信用货币彻底摆脱了金属货币的约束,成为纯粹的货币或者价值符号,它在遵循信用货币流通规律制约的同时,又"受不能兑现的国家纸币的规律的支配"。当然,由于纸币或者不兑现信用货币的发行已经彻底摆脱了对金银货币材料生产的依赖,成为完全自主发行的货币,不仅满足了迅速扩大的经

---

① 《马克思恩格斯全集》第25卷,人民出版社,1974年版,第594页。
② 《马克思恩格斯全集》第25卷,人民出版社,1974年版,第622页。
③ 《马克思恩格斯全集》第25卷,人民出版社,1974年版,第622页。
④ 《马克思恩格斯全集》第25卷,人民出版社,1974年版,第621—622页。
⑤ 《马克思恩格斯全集》第23卷,人民出版社,1972年版,第146页。
⑥ 《马克思恩格斯全集》第23卷,人民出版社,1972年版,第146页。

济贸易的需要,也为国家利用货币发行调控经济运行提供了经常性的金融工具。现代货币在解决原有货币体系矛盾的同时,也包含新的矛盾:货币流通规律要求纸币的流通与金属货币需求保持正常的比例关系,而自主发行的纸币必然经常性地破坏这一比例关系。由于纸币是从货币作为流通手段的职能中产生出来的,纸币只有流通才有价值,一旦离开流通纸币就不能代表价值,所以,纸币一进入流通,就不可能再抛出来,"商品流通只能吸收一定量的金铸币,因而流通的货币量交替地紧缩和扩张是必然规律,而纸票却似乎不论增加多少都可以进入流通"。[①] 在金属货币流通条件下,货币的价值是货币材料所包含的内在价值,这一价值依据商品价格的波动通过货币流进流出进行自我调解,保持稳定;在纸币流通条件下,单位纸币的价值量是依据所代表的流通中金属货币量的多寡而不断变化的量,"在价值符号的流通中,实际货币流通的一切规律都反着表现出来了,颠倒过来了"。在流通中商品价值一定的情况下,"纸票的价值却决定于流通的纸票的数量"。因为,"当纸币发行数量适当时,纸币完成的并不是它作为价值符号所特有的运动,而它特有的运动不是从商品形态变化直接产生的,而是由于它同金的正确比例遭到破坏产生的"。[②]

　　现代货币已经彻底摆脱了金属货币的依赖,成为独立运行的货币体系,与原有金银货币渐行渐远,金银材料本身作为货币价值的基础已不复存在,虽然黄金价格依然具有价值标准意义,但现代货币管理普遍采用的是"价格标准",与原有的黄金价值"绝对标准"相比较来说,价格标准其实就是单位使用价值的货币表现,是与生产率相一致的相对标准,在生产率不断提高的历史趋势中,价格标准必然不断贬值,即货币单位的所包含人类必要劳动时间相对缩小。在凯恩斯主义影响下的各国货币管理政策,致力于追求经济与就业增长,必然放松货币发行,放纵货币的适度贬值,从而形成世界货币长期贬值的历史趋势。

第二节　国际美元的历史经验:趋势与特征

　　自从确立布雷顿森林体系以来,国际美元作为世界信用货币健康运行了近三

---

① 《马克思恩格斯全集》第 13 卷,人民出版社,1962 年版,第 112 ~ 113 页。
② 《马克思恩格斯全集》第 13 卷,人民出版社,1962 年版,第 112 页。

十年。在这近三十年间,黄金作为国际贸易和世界货币的"国际价值"十分稳定,每盎司黄金按照法定价格35美元的标准进行汇兑,从1945年开始一直保持到20世纪70年代。直到1968~1971年,波动开始放大,最大波动幅度达到了4~5美元,占法定35美元/盎司的14%,最终突破了官方允许的波动范围。也正是因为美元较大波动动摇了信用货币稳定的根基,最终导致世界美元信用货币体系的崩溃。进入现代美元体系以来,美元与黄金价格渐行渐远,黄金开始丧失国际价值标准的特征,波动幅度很大,价格很不稳定。

20世纪60年代是美元信用货币体系的后期,世界经济贸易已经处于"黄金发展"时期的后半期。第二次世界大战后,布雷顿森林体系的确立,为战后世界经济的复苏和繁荣提供了稳定的金融环境,世界经济贸易进入了"黄金时期"。该时期,战败国德国和日本再次崛起成为世界强国,亚洲"四小龙"造就了东亚奇迹,欧洲从战争废墟中重新站立起来,苏联和美国在第二次世界大战中确立的两极地位进一步得到巩固和加强。该阶段,美元保持了稳定,整个时期,黄金均价36.1美元,只略高于法定汇率1美元,年均波动0.41%。物价除初期和后期较高外,均保持稳定且在较低水平,年均增幅2.31%;经济保持较快增长,年均增幅4.22%;联邦基准利率保持在正常水平,年均4.45%。其他指标也较为健康:净储蓄率较高,年均10.6%;联邦增幅收支基本平衡,年均赤字只有54亿美元;国际收支情况良好,经常项目保持盈余,年均32.4亿美元,其中商品和服务年均盈余31亿美元;资本与金融账户保持负债水平,年均-27.2亿美元,如表7-1所示,说明美国资本市场呈净输出状态。

表7-1 美国的经济增长与收支情况

时期	类别	GDP增长率(%)	联邦政府收支(亿美元)	商品与服务贸易(亿美元)	经常项目(亿美元)	资本与金融账户(亿美元)
1961~1970年	时期年均	4.22	-54	31.0	32.4	-27.2
1971~1980年		3.21	-422	-89.0	-3.2	-48.5
1981~1990年		3.27	-1712	-907.8	-859.1	659.0
1991~2000年		3.41	-880	-1358.9	-1568.3	1544.4
2001~2009年		1.65	-3798	-5295.0	-6014.2	11986.3

资料来源:根据《总统年度经济报告》(united states government printing office,washington,2010)数据整理计算。

20 世纪 70 年代,美国经济的显著特征是"滞涨",经济增长低迷,物价高涨。如表 7-2 所示,从该时期标度美元价格的数据看:黄金价格年均 190.3 美元,比 20 世纪 60 年代年均增长 154.3 美元,年均增长 37.31%,到 1980 年竟冲高至年均 614 美元的高点;CPI 年均 7.08%,比上期增长 4.72 个百分点。其他金融数据:货币需求年均增长 9.12%,约为同期 GDP 增幅的 3 倍;储蓄率年均 8.49%,比上期降低 2.1 个百分点;联邦基准利率年均 7.73%,比上期增长 3.27 个百分点。国际竞争力水平进一步下降:GDP 增幅年均 3.21%,比上期降低 1.01 个百分点;政府财政赤字年均 422 亿美元,比上期扩大 7 倍以上;经常项目和国际贸易双方由顺差转为逆差,年均分别为 -89.0 亿美元和 -3.2 亿美元,分别比上期减少 120.0 亿美元和 35.6 亿美元;资本和金融账户年均 -48.5 亿美元,对世界资本输出进一步扩大,年均输出增加 21.3 亿美元。该时期,世界货币处于由信用货币向现代货币过渡时期,美元价格也表现为突出的过渡特色。随着美元固定兑换黄金制度的崩溃,美元摆脱了对黄金的依赖,自由波动,美元长期高估的压力得到爆发式释放:黄金价格迅速从 1971 年的 41.2 美元增长到 1975 年的 159 美元,几乎翻了两番。美元的巨幅贬值,有助于改善美国的国际经济贸易环境,在经过连续两年的经常项目逆差后,1973~1976 年连续保持了 4 年顺差。但好景不长,从 1977 年后,经常项目、商品和服务双方开始步入长期逆差通道,且迈入百亿级台阶,逆差呈不断扩大趋势。该时期,经济增长波动很大,其中 3 年增长为负,5 年达到或接近 5%;物价居高不下,特别是 20 世纪 70 年代中期至 20 世纪 80 年代初期,物价增幅年均接近 10%。其他宏观数据开始恶化:联邦政府赤字进一步扩大,年均赤字 422 亿美元;经常项目、国际贸易双方开始由盈余转向逆差,年均分别为 -89 亿美元和 -3.2 亿美元;净储蓄率开始下降,降幅达 2.1 个百分点,年均 8.5%。也就是说,美国国际竞争力进一步衰退,开始进入向世界输出美元、从世界输入资源和商品,即美国消费、全球买单的时期。

表 7-2　美元价格波动相关数据(1961~2009 年)

时期	类别	CPI (%)	黄金价格变动	黄金价格 (美元/盎司)	联邦基准利率	货币需求变动	储蓄率
1961~1970 年	时期年均	2.36	0.42	36.1	4.45	—	10.60
1971~1980 年		7.08	37.31	190.3	7.73	9.12	8.49
1981~1990 年		5.55	3.46	395.1	9.44	7.44	5.37
1991~2000 年		3.01	-2.91	340.5	4.96	3.90	5.00
2001~2009 年		2.89	15.29	615.2	2.58	6.11	1.87

资料来源:根据《总统年度经济报告》(united states government printing office,washington,2010)数据整理计算。

进入 20 世纪 80 年代,世界货币已经完全进入了现代货币时期。该时期,经济增长略好于前期,年均增长 3.27%,首尾较低,中间略高;黄金价格较前期高点有所回落,但年均高达 395.1 美元,高出前期一倍还多,年均涨势为 3.46%。CPI 涨幅较前期有所回落,年均 5.55%。从其他金融数据来看,基准利率进一步提高,年均达到了 9.44%,为历史最高;货币需求有所回落,年均增加为 7.44%,储蓄率进一步降低,只有 5.37%。从美国收支情况看,政府财政赤字迅猛上升,跨入千亿台阶,年均赤字 1712 亿美元,较前期增长了 3 倍;经常项目和国际贸易逆差迅速扩大,年均分别高达 -907.8 亿美元和 -859.1 亿美元,较前期分别大幅增加了 9 倍和 26 倍;对外资本和金融项目开始逆转,由原来的对外输出转为由世界输入,年均输入高达 659.0 亿美元,至此,美国在现代世界货币条件下形成了双负债资金循环模式。① 从此,美国负债消费、负债投资,全球买单的美元环流造就了美国长达 30 年的繁荣和富足。如图 7 - 1 所示,美国通过国际市场向其他国家购买商品、服务和资产,向世界市场输出美元,在统计数字上,表现为国际贸易逆差,政府、人民负债消费;通过向其他国家出售国债、金融衍生品,推动美元回流,表现在统计数据中,就是美国资本和金融账户的资本流入。统计数据显示:美国自 1980 年以来,累计形成债务高达 14 万亿美元,占到 1960 ~ 2009 年债务总和的 93.7%,也就是说,1980 年以前,美国几乎没有什么债务,而自 1980 年以来,债务累计已经相当于目前美国全年的总产值。实际上,从 21 世纪以来,美国除了向世界市场提供美元、美国国债即金融衍生品外,其他什么都没有提供,商品和服务是负债累累,就连金融和资本也是债台高筑,从经济角度说,美国已经濒临破产。

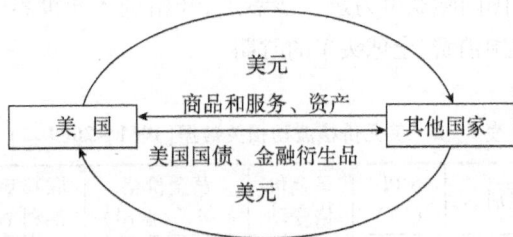

图 7 - 1   美国负债:美元环流示意

---

① 张纯威:《美元本位、美元环流与美元陷阱》,《国际金融研究》,2008 年第 6 期,第 4 ~ 13 页。

　　进入 20 世纪 90 年代,在信息技术革命推动下,美国形成了所谓的"新经济",其特点就是"三低一高",即低通胀、低失业、低消耗、高增长。数据显示,自 1992 年以来,美国进入了长达 9 年的高速增长时期,年均 3.81%。该时期,年均 GDP 增速为 3.41%,高于前期 0.15 个百分点;联邦政府收支情况大为改善,年均赤字只有 880 亿美元,比前期减少了 832 亿美元;经常项目和商品与服务贸易逆差年均分别为 1568.3 亿美元、1358.9 亿美元,比上期分别增加 709.2 亿美元、451.1 亿美元,但逆差扩大趋势有所放缓;资本与金融账户显示,年均输入 1544.4 亿美元,是 20 世纪 80 年代的近 2.5 倍,比前期增加 885.4 亿美元,说明前期所形成的两个债务资金循环不仅没被削弱,而且进一步得到强化。该时期美元进一步走稳,绝对价值有所上升。其中 CPI 年均增长 3.01%,比前期大幅降低 46%,比前期低了 2.54 个百分点;黄金价格每盎司年均 340.5 美元,价格进一步走低,均价降低了 54.6 美元;黄金价格波动幅度进一步缩小,只有年均 - 2.91%,该时期变动幅度只有 0.55%;联邦基准利率进一步降低,只有年均 4.96%,比前期年均低 4.48 个百分点;货币需求变动年均只有 3.90%,比前期低了 3.54 个百分点;储蓄率进一步降低,只有年均 5.00%,比前期还低了 0.37 个百分点。

　　进入 21 世纪,美国经济先后经历了互联网经济泡沫和房地产泡沫,最后在低利率金融政策刺激下,负债消费型经济发展模式急剧扩张,最终酿成了全球性金融危机。该时期美国经济最显著的特征就是"四低两高",即 GDP 增速低、通胀率低、低利率和低储蓄,政府负债高、经济贸易逆差高。该时期,年均 GDP 增速只有 1.65%、通胀率年均只有 2.89%、联邦基准利率只有 2.58%、储蓄率只有 1.87%,均处于历史最低水平。如表 7-3 所示,政府负债总额 91250 亿美元,占到 1960 年以来累计负债的 63.2%,比前期高出约 5 万亿美元,为历史最高水平。其中,政府赤字 31822 亿美元,占到 1960 年以来累计赤字的 49.0%,年均高出前期 18450 亿美元;经常项目逆差 58302 亿美元,占到 1960 年以来累计逆差的 74.7%,高出前期近 4 倍,年均高出 46003 亿美元;资本流入年均高达 1126 亿美元,占到 1960 年以来累计流入的 87.2%,高出前期 9 倍。从美元价格来看,该时期绝对价格大幅贬值,相对价格进一步趋稳。其中黄金价格飙升至年均 615.2 美元,几乎比前期增加一倍;黄金价格波动幅度增大,年均增速高达 15.29%;CPI 进一步走低,年均只有 2.89%;联邦基准利率和储蓄率均降到历史最低水平,分别只有年均 2.58% 和 1.87%,分别比前期降低 2.37 个百分点和 3.13 个百分点;货币需求增长强劲,年均增速 6.11%,达到了同期 GDP 增速的近 4 倍,高于前期 2.21 个百分点。

表 7 – 3　美国的负债累计(1960 ~ 2009 年)

	政府赤字(亿美元)	经常项目(亿美元)	资本与金融账户(亿美元)	负债总额(亿美元)	政府赤字(%)	经常项目(%)	资本与金融账户(%)	负债总额(%)
1960 ~ 1980 年	– 4072	302	– 5	– 3765	6.3	– 0.4	– 0.4	2.6
1980 ~ 1990 年	– 15650	– 7779	58	– 23487	24.1	10.0	4.5	16.3
1990 ~ 2000 年	– 13372	– 12299	112	25782	20.6	15.8	8.7	17.9
2000 ~ 2009 年	– 31822	– 58302	1126	– 91250	49.0	74.7	87.2	63.2
1980 ~ 2009 年	– 60844	– 78379	1297	– 140519	93.7	100.4	100.4	97.4
1960 ~ 2009 年	– 64916	– 78077	1291	– 144284	100.0	100.0	100.0	100.0

资料来源:根据《总统年度经济报告》(united states government printing office,washington,2010)数据整理计算。

　　自从布雷顿森林体系崩溃以来,国际美元呈现出与前期信用货币时期显著不同的特点与趋势。"绝对价格"高企且变动幅度很大,增势强劲;"相对价格"较高,但 20 世纪 90 年代以来较低且较为稳定。从统计数据来看,黄金价格从 1972 ~ 2009 年年均 372.88 美元,相当于信用货币时期的 10 倍还多,黄金价格波动幅度很大,年均波动 11.39%,特别是进入 21 世纪以来,黄金价格处于历史高点,增势强劲,该阶段年均 615 美元/盎司,几乎是现代货币整个时期年均的 2 倍,年均增幅高达 16.3%。从美元相对价格来看,现代货币时期,美国 CPI 年均增幅 4.52%,是同期 GDP 增幅的 1.58 倍,略高于信用货币时期的 1.56 倍。但进入 21 世纪以来,该数值较显著下降,2001 ~ 2009 年该数值只有 1.50 倍,说明美国名义 GDP 的增长 2/3 是来自物价上涨。从货币的需求来看,自 1971 年以来,货币需求年均增速 6.66%,1986 年以前该数值年均高达 9.25%,是同期 GDP 增速的近 3 倍,1987 年以来只有年均 4.85%,只有前者的 50%,只有同期 GDP 增速的 1.8 倍,显著降低,主要原因是信用卡的广泛使用,大大降低了现金的需求。但进入 21 世纪后,该数值显著回升,年均达到了 6.11%,比 1987 ~ 2000 年的 4.04% 高出近 50%,是同期 GDP 增速的 2.4 倍。从货币基准利率来看,整个信用货币时期只有年均 4.47%,而现代货币时期年均 6.36%,明显的前低后高。但在现代货币时期,却是前高后低,1990 年以前年均 9.03%,之后却只有 3.83%,特别是进入 21 世纪,只有年均 2.58%,已经低于 CPI,说明贷款消费已经比较经济。从货币储蓄率来看,信用货币时期年均高达 10.60%,而现代货币时期却只有年均 5.19%,只相当于前期的

50%,特别是进入21世纪,只有年均1.87%,不足信用货币时期的20%。从收支来看,信用货币时期政府财政收支基本平衡,略有赤字,年均只有6.9亿美元的赤字;现代货币时期赤字财政越演越烈,年均赤字168.7亿美元,特别是进入21世纪以来,赤字增长很快,年均高达379.8亿美元。其中,2009年赤字竟高达1412.7亿美元。从国际经济贸易关系来看,从宽松到恶劣。其中,经常项目由盈余转为负债,而且近年来负债增长迅速。1960～1971年,年均盈余2852亿美元,而1972～2009年,年均负债总额206366亿美元,特别是进入21世纪以来,年均负债总额高达601416亿美元;资本与金融账户显示,美国由以前资本输出国变成现在的输入国,而且输入数额巨大。1960～1982年年均净对外流出63亿美元,1983年以来,却转变为年均净流入4834亿美元,特别是进入21世纪以来,年均净流入11986亿美元。

第三节　美元变动的影响因素分析

影响国际美元变动的因素有很多。从黄金价格来看,首先取决于货币体制,在信用货币时期,国际美元保持持久稳定,而在现代货币时期,金价波动幅度大,且持续上涨;其次与经济增长态势息息相关,如果经济增长态势良好,则金价趋稳甚至下滑,如果经济形势恶化,则金价上涨,也就是说,金价是经济运行的反向晴雨表。从CPI来看,首先与货币体制有关,在信用货币时期波动小,虽有上涨趋势,但涨势很小,其涨速大大低于GDP;而在现代货币条件下波动较大,呈显著上涨态势且涨幅常常高于GDP,也就是说其名义GDP增速约有一半来自物价上涨。但20世纪80年代后,存在明显下降趋势,主要是因中国等发展中国家出口导向经济的崛起,为美国带来大量廉价商品,抑制了物价上涨势头。其次与经济增长速度息息相关,CPI与经济增速存在显著的负相关关系,经济增速降低,CPI上涨,反之,则下降。在货币的供求关系方面,利率、货币需求和储蓄率都会直接或间接影响到国际美元的走势。从利率来看,首先与经济形势相关,经济增长良好,物价较低,则基准利率较低,反之,利率较高。其次与储蓄率关系密切,储蓄率与利率双方走低。但在进入21世纪之后有些反常,之前除通胀较严重年份,利率均高于物价涨速,但现在利率接近物价水平,甚至很多年份大大低于物价指数,也就是说,美国现在奉行的是刺激消费的货币政策。从货币需求来看,在现代货币体制下,货币需求保持较高的水平,但随着信用卡的广泛使用,货币需求增势有进一步降低的趋势。货币需求一般保持 GDP 增速在 2 倍左右,但 21 世纪该比值有进一步扩大的趋势。也就是说,低储蓄、低利率和较高的货币需求都在助推美国负债消费模式,也推高了黄金价格。

本书根据格兰杰因果关系检验,确定影响国际美元变化的诸多因素。在检验过程中,根据赤池信息值(AIC)最小准则并参考施瓦茨值(SC),确定各个数据组中各变量的最佳滞后阶数,结果显示均为 2,然后对有关数据组进行因果关系双向检验。检验结果显示(见表 7-4),1960~2009 年度数据之间,GDP 是 CPI 和净储蓄率变动的原因,GDP 与联邦基准利率存在双向因果关系,也就说,经济的增长情况会引起 CPI、净储蓄率和联邦基准利率的相应变动,联邦基准利率的变动也会引起 GDP 的变动;黄金价格变动率、黄金价格自然对数均是 GDP 变动的原因,黄金价格变动率与黄金价格自然对数均是 CPI 变动的原因,说明黄金价格变动和黄金价格本身均引起 GDP 和 CPI 的变化;CPI 与货币需求增长率、CPI 与联邦基准利率之间互为因果,说明 CPI 的变动会引起货币需求增长率和联邦基准利率的变化,同样,货币需求增长率和联邦基准利率的变化也会导致 CPI 的变动;CPI 是黄金价格自然对数的原因,说明物价的变动会引起黄金价格的波动;联邦基准利率、黄金价格变动率均是货币需求增长率的原因,说明联邦基准利率、黄金价格变动率的调整或变动都会引起货币需求的变化;货币需求增长率、黄金价格变动率、黄金价格自然对数均是联邦基准利率的原因,说明联邦基准利率的变动是由货币需求增长率、黄金价格变动引起的;联邦基准利率、黄金价格变动率和黄金价格自然对数均是净储蓄率变化的原因,说明联邦基准利率和黄金价格的变动会引起储蓄率的变化。格兰杰检验了美元影响的客观存在,也说明了影响的复杂多样性。

表 7-4　格兰杰因果关系检验结果(Pairwise Granger Causality Tests)

零假设	观察数	F 统计量	相伴概率	因果结论
Y 不是 X_1 的原因	47	7.19409	0.0021	成立**
X_3 不是 Y 的原因	47	9.68554	0.0003	成立***
Y 不是 X_3 的原因	47	2.49047	0.0950	成立*
X_4 不是 Y 的原因	47	6.09933	0.0047	成立**
X_5 不是 Y 的原因	47	3.17003	0.0522	成立*
Y 不是 X_6 的原因	47	4.31307	0.0168	成立*
X_2 不是 X_1 的原因	37	6.25298	0.0051	成立**

零假设	观察数	F 统计量	相伴概率	因果结论
X_1 不是 X_2 的原因	37	5.13647	0.0116	成立*
X_3 不是 X_1 的原因	47	13.1623	4.E−05	成立***
X_1 不是 X_3 的原因	47	2.87719	0.0674	成立*
X_4 不是 X_1 的原因	47	19.1300	1.E−06	成立***
X_5 不是 X_1 的原因	47	15.6286	8.E−06	成立***
X_1 不是 X_5 的原因	47	2.76002	0.0748	成立*
X_3 不是 X_2 的原因	37	4.52809	0.0185	成立*
X_2 不是 X_3 的原因	37	3.30202	0.0497	成立*
X_4 不是 X_2 的原因	37	2.56179	0.0929	成立*
X_6 不是 X_2 的原因	37	6.48055	0.0043	成立**
X_4 不是 X_3 的原因	48	6.59353	0.0032	成立**
X_5 不是 X_3 的原因	48	4.18925	0.0218	成立*
X_3 不是 X_6 的原因	48	5.60135	0.0069	成立**
X_4 不是 X_6 的原因	48	3.04779	0.0578	成立*
X_5 不是 X_6 的原因	48	3.39226	0.0429	成立*

注:结果由 Eviews6.0 给出。其中 Y、X_1、X_2、X_3、X_4、X_5、X_6 分别代表 GDP、CPI、货币需求增长率、联邦基准利率、黄金价格变动率、黄金价格自然对数、净储蓄率,*、**、*** 分别表示置信区间为 0.1、0.01 和 0.001。

第四节 结论与启示

国际美元作为货币形态已经发生深刻的变化,但其作为货币的本质没有变,履行世界货币的职能没有变,作为世界货币,其运动规律发挥作用的社会经济条件依然存在。金融危机不仅严重打击了世界经济,而且为美国政府进一步滥发美元带来了口实,危机造成的信用短缺在短期内也挽救了美元的颓势。从国际美元的发展轨迹,可以得出以下结论和启示:

第一,世界货币形态的变化,适应了世界经济发展的需要,但也带来了新的矛盾和问题。金属货币发展为现代货币,货币形态由商品货币进入到信用货币和符号货币时期,价值形式进一步适应了世界市场发展的需要,并进而推动了世界经济贸易的发展,但由于现代货币本身没有任何价值,只是可变的价值符号,赋予政府以管理货币调控经济的条件,但也带来了币值不稳定的隐忧。"一种货币形式可能消除另一种货币形式无法克服的缺点",但是,"任何货币形式都不可能消除货币关系固有的矛盾,而只能在这种或那种形式上代表这些矛盾"。① 美元信用货币无法克服世界经济贸易信用需求与美国国力有限、世界货币需求与黄金有限的矛盾,最终崩溃了。现代货币条件下,美元兑换的难题不复存在了,但美国信用与世界货币不对称的矛盾、美国国内货币政策与世界市场的矛盾、美国经济发展不稳定性与世界经济发展不均衡性的问题依然存在。所以,主权国家货币充任世界货币,由于无法提供世界市场的信用保证,所以,就必然增加世界经济发展的不确定性和币值贬值的风险。

第二,美元储备要与各国的发展需要相适应,不要盲目追高。世界各国普遍充斥着美元情节或美元崇拜心态,特别是发展中国家尤其突出。刻意贬低本币、大量囤积美元、大力引进美元资本、鼓励出口换取美元等,尤其是那些饱受金融危机创伤的国家,甚至放弃本币,流通美元。这些都赋予美元神秘的力量和色彩,也抬高了美元的身价和地位。其实,美元就是美国的本币,只不过是执行世界货币职能的特殊货币而已。它不仅是世界市场的支付、购买媒介,而且是世界财富的化身,在世界市场具有广泛的接受性。美元情节其实就是早年马克思揭示的"货币崇拜"现象在世界市场的特殊表现形式。世界经济贸易关系和不同国家的发展水平通过国际美元得以联结和量化,世界人民的社会联系被美元赋予物的外壳。实际上,任何国家的货币只要双方接受,都可以成为双边贸易和投资的"国际货币",只要国家发展态势良好、国家信用充足,任何国家的民族货币都具备充当世界货币的潜在条件。美元崇拜助长了美元滥发,也绑架了世界人民。所以,要摒弃美元情节,合理、科学地利用美元的世界货币职能,量入为出,保持良好稳定的国家信用,避免过度追逐美元,陷入"美元陷阱"。

第三,世界货币的良好运行,需要发行国担负相应的信用责任。美元作为世界货币在为美国带来贸易投资便利和美元利益的同时,也要求美国政府肩负稳定美元币值、提供美元信用的责任。目前,美国政府放纵美元贬值、过度负债消费,是在破坏美元的信用基础,挥霍美元的世界货币地位,虽然可以凭借世界货币路径依赖

---

① 《马克思恩格斯全集》第46卷(上),人民出版社,1979年版,第64页。

享受一时,但不可能长久。现在,美元利益不仅支撑起美国日益庞大的负债消费经济,而且维持其世界最庞大的军事开支,世界货币的垄断和军事强权是维持"美元经济"繁荣和强大的两大支柱。在美元信用危机日甚的今天,为了捍卫美元的既得利益和长远利益,美国政府动辄动用经济、政治、文化等各种资源,甚至不惜冒险动用军事强权。科索沃战争、中东战争一定程度上就是打击刚刚诞生的准世界货币欧元、捍卫美元利益的战争。近来频频出现的对中国经济的围追堵截、军事的种种挑衅,某种程度上,就是为了遏制中国发展,防范中国对其美元利益形成威胁和挑战。事实上,美元的世界货币地位不是单靠世界强权就可以巩固得了的。在国内,要维护美元的世界货币地位,美国政府和人民必须励精图治,提高政府的管理效能;厉行节约,削减债务水平,放弃负债消费的不良生活方式;改革创新,恢复并提高美国的经济活力和竞争力,这样才能重振世界人民对美元的信心,稳定美元的币值,重建美元的信用。在国际上,美国的实力已经大不如前,没有国际社会的广泛合作,美国政府无力承担美元的信用责任。因此,美国政府应该放弃冷战思维和霸权主义政策,积极推进国际社会合作,特别是与世界大国的合作,分担世界货币的责任和共享世界货币的利益,才能维护美元的国际地位,恢复美元的世界货币信用。

第四,要构筑面向未来的世界货币体系,需要各国政府积极参与和共同努力。现代货币具有信用货币和符号货币双重属性,作为未来的世界货币将是世界大国合作分担信用风险和责任、共享世界货币利益的货币体系,因为随着世界多极化发展,任何一个国家的实力都不足以承担世界市场的信用责任,只有发展态势良好、国力强大、政局稳定和谐的政府才可能为世界提供一般国家所能承担的信用责任和风险。中国作为发展中大国,政局稳定、幅员辽阔、资源丰富、发展态势良好、外汇储备充足、对外经济贸易关系广泛、综合国力稳定上升,初步具备了提供国际信用的能力和条件。因此,要未雨绸缪,在大力提高综合国力的基础上,积极推进人民币国际化,积极参与世界货币体系的重构和建设,分担与自己国力相适应的世界市场的信用责任与风险,提高防范世界货币体系风险的能力和分享世界货币利益的水平。

第八章　马克思的汇率理论、汇率模型及其检验

近几年,随着我国经济国际化程度的迅速发展,汇率问题的研究正在成为人们关注的热点之一。就目前有关的研究文献来看,大都是借鉴西方现代汇率理论作为研究的基础。其中影响较大的汇率理论有购买力平价(PPP)理论(Cassel,1922)、利率平价理论(Keynes,1932)、均衡汇率理论(Gregor,1934;Keynes,1935)、货币主义汇率理论(Pigu,1920;Cagan,1956)、资产组合平衡理论(Mckinnon,1969;Branson,1975)、蒙代尔—弗莱明汇率理论(Mundell,1963;Fleming,1962)。前两者是建立在"一价律"——"相同的商品或者资产在不同国家价格相同"的基础上,它们认为汇率取决于两个国家货币购买力的比率;后者则是建立在货币数量论和供求价格论的基础上,它们基本采用均衡分析方法探讨汇率的决定或者影响因素。由于汇率影响因素的复杂多样性,目前的研究很难得出较为一致、令人满意的研究结论。为此,本章尝试运用马克思汇率理论及其模型对汇率的决定因素进行探讨并运用多国的历史数据进行验证,以期探索一条建立在劳动价值论基础上的汇率理论的研究路径。

第一节　马克思的汇率理论和汇率体制的演变

按照马克思六册著作的写作计划,汇率理论是其第五册"对外贸易"理论的重要内容,由于马克思过早地离开了人世,他只完成了第一分册的内容即现在我们所看到的三卷本的《资本论》(其中,第二卷和第三卷是在马克思逝世后由恩格斯整

理并补充出版的)。所以,马克思并没有系统地提出完整的汇率理论。但在《资本论》和《1857～1858 年经济学手稿》等经济学著作中,马克思不仅构建了完整而系统的货币理论(《资本论》第一卷),而且对汇率问题作了专节的精辟论述(《资本论》第三卷,第三十五章,第二节"汇兑率"),提出了有关汇率问题的基本观点,这就为解读马克思主义汇率理论和构建马克思汇率模型奠定了坚实的理论基础。事实上,理论界已经开始这方面的研究。青年学者沈国兵初步比较了马克思汇率理论与西方经济学汇率理论的异同,[1]北京师范大学李翀教授提出了"重建马克思主义的汇率理论"的命题,并借鉴购买力平价的模型,构建了综合商品贸易、金融资产投资和实物资产投资货币平价的"汇兑平价模型"。[2] 但由于该模型偏离了劳动价值论基础,因此,建立在劳动价值论(国际价值论)和马克思货币理论基础上的汇率理论尚待完成。

一、国际价值是形成汇率的基础

商品的国际价值不仅是国家之间进行商品贸易的基础,也是形成两国汇率的基础。工业革命以后,在资产阶级追逐利润的推动下,国际分工、国际贸易迅猛发展,世界市场逐步走向成熟。随着世界市场的形成,剩余价值规律的作用逐步在世界范围内发挥作用。[3] 在剩余价值规律的作用下,商品的国际价值就成为各国参与国际分工、进行国际贸易的客观依据。[4] 在国际市场上,由于生产率的差异,同一商品在不同的国家就表现为不同的国民价值。因而,商品贸易的价值不是以某个国家劳动的平均单位即生产某种使用价值的国内社会必要劳动时间作为计量单位的,而是以"世界劳动的平均单位"即世界必要劳动时间作为计量的尺度。在马克思看来,国际价值既是国际贸易的标准和依据,也是不同的国民价值相互比较和汇兑的价值基础。

二、金属货币汇率

马克思认为,货币是由商品中分离出来固定地充当一般等价物的特殊商品,它以自身的价值作为商品交换的尺度和媒介,贵金属金银以其独特的物理性质被历史选择作为独占的一般等价物成为现代商品交换的尺度、媒介和社会财富的代表,

---

① 沈国兵:《马克思主义汇率理论与西方经济学汇率理论比较研究》,《福建论坛》(经济社会版),2001年第 5 期,第 29～31 页。

② 李翀:《从价值的角度构建马克思主义的汇率理论》,《教学与研究》,2005 年第 2 期,第 29～35 页。

③ 《马克思恩格斯全集》第 23 卷,人民出版社,1972 年版,第 645 页。

④ 杨玉华:《国际贸易的不平等性与民族利益》,《中国经济问题》,2007 年第 6 期,第 63～67 页。

最终成为取代其他货币形式的货币完成形态。在国际市场上,"货币一越出国内流通领域,便失去了在这一领域内获得的价格标准、铸币、辅币和价值符号等地方形式,又恢复原来的贵金属块的形式"。① 纸币则是在金属货币基础上发展起来的由国家发行并强制流通的金属货币符号或者价值符号。实际上,金(银)本位制是第一次世界大战以前世界大多数国家通用的货币形式,所以,金银铸币平价就自然构成了不同国家货币兑换的客观标准,汇率作为交易双方货币间的比率或者比价,取决于两国货币所具有或者代表的价值量的比值。其特点包括:

第一,金属货币汇率数量关系简单明了。由于作为国际支付手段的货币是金属实体的金银,其本身就是直接的"价值实体"和"价值量","一国的货币可以用另一国的货币来表现,因此,所有的货币都可以归结为它们的金或银的含量;同时,金和银作为世界货币流通的两种商品,又可以归结为它们互相之间的不断变动的价值比率"。因此,汇率关系就转变为两国货币所代表的价值量之间的关系了,简单明了。

第二,汇率关系掩盖了不平等的交换内容。由于同一的商品或者劳务是由不同的国民劳动生产率所生产的,所以,同一社会必要劳动时间所生产的商品具有不同的国际价值。具有较高劳动生产率的国家就可以以较高的国际价值进行国际贸易;具有较低劳动生产率的国家在国际贸易中则只能获得较低的国际价值。

第三,国际贸易的规模和增长受制于金银的开采和生产。按照马克思货币流通规律,国际贸易所需的货币量等于国际贸易商品的总额与货币流通平均次数的商。所以,要保证国际贸易发展所需的货币量就必须使金银生产的增长与国际贸易额的增长相适应。

第四,汇率具有一定程度的资源配置作用。由于作为货币材料的金银矿藏的分布在地理上并不是均匀的,加上各国矿藏条件和劳动生产率的差异,就使得各国生产的金银或者货币所包含的国民价值与所代表的国际价值并不一致。汇率通过国际贸易就可以在世界范围内配置资源或者财富,使社会财富或者经济资源由金银生产率较低的一方流向较高的一方。

第五,货币的供求影响汇率的波动。马克思货币流通规律认为执行流通手段职能的货币量应该与其代表的商品流通所需要的价值量相适应,如果货币所代表的价值量小于商品流通所需要的价值量,则同样货币代表较少商品价值量,表现为物价上涨,相反,则表现为物价下跌。如果货币贬值,部分货币会因此而退出流通

---

① 《马克思恩格斯全集》第23卷,人民出版社,1972年版,第166页。

领域成为贮藏货币,而在货币升值时,部分贮藏货币则会进入流通市场执行流通职能。所以,流通中货币永远不会溢出货币流通的渠道。① 在国际市场上,货币供求对商品价格的影响通过汇率的波动表现出来。所以,金银"往返于不同国家的流通领域之间,这是一个随着汇率的不断变化而产生的运动"。②

三、金本位美元汇率

1944~1971 年,在金本位汇率的基础上,国际贸易进入了以美元作为主导结算工具的金本位美元汇率时期。随着世界经济贸易的快速发展,各国政府在金本位货币的基础上,普遍采用了信用货币体系。原因为:一是信用货币不仅便利了货币支付和流通,节约了流通成本,而且极大地节约了发行成本,使货币发行逐步摆脱了对黄金生产增长的依赖,能够按照市场的需求不受限制地进行发行。二是信用货币逐步摆脱了因黄金劳动生产率的差异而造成的财富和资源的配置效应的影响,使国际贸易更为公平。一方面,银行券作为货币符号,其发行突破了金属货币绝对数量的限制,可以以一定比例的货币保证金,发行较大数额的银行券;另一方面,作为信用货币,以兑现货币为信用,银行可以在存款基础上以较少的货币准备金创造信用货币,从而扩大货币的流通量。三是银行券等信用货币逐步集中于银行发行,主要信用货币即现代纸币由各国央行垄断发行,不仅可以以国家信用作担保,保证银行券随时兑现现实货币或现实购买力,而且为国家通过控制货币发行调节经济运行提供了条件和可能。

1944 年 7 月,美、英、苏、法等 44 个国家的代表在美国举行"联合国货币及金融会议"又称"布雷顿森林会议",确立了以黄金为本位的可兑换美元的世界货币地位,汇率从此进入了以美元为中心的美元汇率时期。之所以选择美元为世界货币,原因为:其一,在两次世界大战期间,美国依托较强的综合国力,逐渐成为战区主要战略物资的供应国,以美元为结算工具的国际贸易、国际金融比重迅速提升,初步在国际市场确立了了美元的主导地位;其二,第二次世界大战后,美国强大的经济实力和雄厚的黄金储备,为美元货币提供坚实的信用基础。第二次世界大战后,美国的经济总量占到世界经济总量的 1/2,黄金储备达到了世界黄金储备总量的3/4。新确立的可兑换的美元汇率体系具有以下特点:一是原来双向的汇率体系被单向的美元汇率体系所取代。二是美元取代黄金成为唯一的世界货币,美国央行垄断了世界货币发行,美国央行成为事实上的"世界央行",赋予美国政府向世界

---

① 《马克思恩格斯全集》第 23 卷,人民出版社,1972 年版,第 158 页。
② 《马克思恩格斯全集》第 23 卷,人民出版社,1972 年版,第 169 页。

索取美元铸币费的特权,而且客观上要求美国政府承担起"世界政府"的信用,从而大大放大了美元的信用风险。三是以美元为中心,形成了稳定的覆盖全球的国际货币体系和国际金融监管体制。以共同"协议"为基础,相继成立了国际货币基金组织以及其他协调国际金融关系的国际金融机构——世界银行、国际金融公司等,这些国际金融机构的建立为协调和维护现有的国际金融体系和秩序发挥了无法替代的积极作用,但由于这些组织是遵循实力原则运行的,因此,它们客观上也成为维护美元世界霸权地位以及以美国为代表的国际强势集团的利益的金融工具。四是美元的世界货币地位,使美国的货币政策国际化。国际化的美国货币政策,削弱了美国金融工具的国内效应,放大了其国际影响。因此,美国政府就可以利用金融工具的国际化效应,操纵金融工具,利用金融工具的资源配置功能,谋求美国利益最大化,损害其他国家尤其是发展中国家的利益。

四、现代美元汇率

在金本位汇率的基础上,世界经济贸易保持了近三十年稳定、持续的较快发展,也为美国谋取了巨大的经济利益,维持了美元的金融中心地位。"世界政府"的信用要求美国经济的增长所创造的美元价值能够抵补世界经济贸易关系发展所需美元的需要,美国黄金保有量的增长(包括黄金的产量和贸易顺差所带来的黄金储备的增长)足以满足各国不断增长的美元汇兑的需要。事实上,除了特殊的第二次世界大战时期,美国经济的增长不可能同时满足这样苛刻的条件,即使一时满足了,也难以持续。其实,金本位美元汇率确立时就潜伏了这样的信用危机,即著名的"特里芬难题"。[1] 随着美国经济实力的相对衰落和国际收支危机的发生,该种体制必然走向崩溃。1971 年 8 月,美国政府不得不停止了美元兑换黄金,金本位汇兑体制至此终结。世界进入了不兑换美元汇率的新时期。虽然充当世界货币的仍然是美元,但美元已经转变为不可兑换的信用货币或者纸币。此时的国际美元,一是确立了发行的独立性。由于不再与黄金挂钩,就彻底地摆脱了对黄金的依赖,可以完全按照市场的需求进行发行。二是成为完全的信用货币。"信用货币本身只有在它的名义价值额上绝对代表现实货币时,才是货币。"[2]由于美国政府对各国使用世界货币不具有强制权力,又由于美元不可兑换,缺乏黄金保证,不能兑换的信用货币"只有在它实际上得到国家信用支持的地方……才会成为一般的流通手

---

① 王正毅、张岩贵:《国际政治经济学》,商务印书馆,2003 年版,第 351 页。
② 《马克思恩格斯全集》第 25 卷,人民出版社,1974 年版,第 585 页。

段"。① 所以,美元的价值或者购买力只能由美国政府的信用作保证。三是货币流通规律发生了变化。一方面,信用货币仍然是以原有的金银货币为基础的,它的流通仍然遵循金属货币流通的规律;②另一方面,由于信用货币彻底摆脱了金属货币的约束,成为纯粹的货币或者价值符号,它又"受不能兑现的国家纸币的规律的支配",③即受制于"纸币的发行限于它象征地代表的金(或银)的实际流通的数量"。④ 四是出于对国家利益的追求,在发行成本几乎为零的条件下,美国央行具有无限扩大发行规模的冲动。通过超需求发行货币,人为地贬值美元,造成国际社会的美元贬值,从而达到转移世界财富的目的。因此,在缺乏强有力的国际监管和制约的条件下,美元货币具有不断贬值的历史趋势。

第二节　决定汇率的主要因素及汇率模型的构建

　　既然现代的美元汇率是由建立在国际价值基础上的金本位汇率演化而来的,作为现代世界货币的国际美元的价格也必然由其所代表的国际价值所决定。所以决定现代美元汇率的主要因素为:首先,取决于一个国家本币所代表价值量与美元所代表价值量的比率,也就是取决于二者所代表黄金量的比例关系。其次,美元汇率还受制于贸易双方货币价格的影响。货币价格的影响主要表现为货币发行量与市场实际需求的货币量的对比关系。最后,受制于国际经济贸易关系的商品的价格总额与流通中本币与美元数量的对比关系。由于各国本币发行规模能够充分满足国际经济贸易交流需要,而美元的供求则受制于本币国美元储备和国际经济贸易关系中美元流通所需数量的影响。所以,美元汇率供求方面的影响主要来自美元供求关系的影响。据此可以建立汇率数量关系模型如下:

---

① 《马克思恩格斯全集》第 25 卷,人民出版社,1974 年版,第 593 页。
② 《马克思恩格斯全集》第 25 卷,人民出版社,1974 年版,第 591 页。
③ 《马克思恩格斯全集》第 25 卷,人民出版社,1974 年版,第 594 页。
④ 《马克思恩格斯全集》第 23 卷,人民出版社,1972 年版,第 150 页。

一、美元汇率(R)取决于美元所代表的价值量(V)和本币所代表价值量(v)的比率

货币所代表的价值就是商品的价值量,而商品的价值量是由生产该商品所使用的国内社会必要劳动时间决定的,它与生产该商品的部门劳动生产率(e)成反比,而与国内社会必要劳动时间(t)成正比。本书以大写字母代表美国有关数据,小写字母代表本币国的有关数据,d代表增量或者求微分。

$$R_1 = V/v = (K_1/E)/(k_1/e) = K_2T/k_2t \qquad (8-1)$$

$$dR_1 = d(e/E) = d(t/T) \qquad (8-2)$$

式(8-2)表明,如果$e/E = t/T = 1$或n(常量),则$dR_1 = 0$;如果e/E或$t/T > 1$,则$dR_1 > 0$;如果e/E或$t/T < 1$,则$dR_1 < 0$。

二、美元汇率受到货币价格的影响

美元汇率的变动受到货币价格的影响,那是因为本币和美元所代表的价值都会受到货币价格的影响。各国的CPI是商品货币价格的主要代表,当然如果考虑国际市场的资本流动,利息率作为资本的价格也会影响汇率。本书以CPI为例进行说明。

$$R_2 = R_1/CPI_t = (V/CPI)/(v/cpi) = (V/v) \times (cpi/CPI) \qquad (8-3)$$

$$dR_2 = d(V/v) + d(cpi/CPI) \qquad (8-4)$$

式(8-4)表示如果$d(V/v) = -d(cpi/CPI)$,则$dR_2 = 0$。在$d(V/v) = 0$的条件下,如果$cpi/CPI = 1$或n(常量),则$dR_2 = 0$;如果$cpi/CPI > 1$,则$dR > 0$;如果$cpi/CPI < 1$,则$dR_2 < 0$。

三、美元汇率受到美元供求的影响

在本国美元储备或者流通量既定的情况下,如果该国在经济贸易关系中处于顺差,即美元供大于求,则对汇率(V/v)的影响是负面的;反之,则对汇率的影响是正面的。短期看,美元供求对汇率的影响远不及供求对商品价格的影响那样大。只有长期供求失衡和较高的偏离水平才会对汇率形成较为明显的影响。如果以美元储备(s)作为本币国美元供求的代表,则:

$$R_3 = R_2 \times f(s) \qquad (8-5)$$

$$dR_3 = (dR_2/ds_t) \times ds \qquad (8-6)$$

式(8-6)表明,如果汇率对美元储备变动的弹性系数为正,则本币国美元储

备的增长对汇率变动的影响为负,相反,则为正。

四、马克思汇率模型

综合式(8-2)、式(8-4)和式(8-6),则可得到以美元汇率为变量,以其他影响因素为自变量的一般马克思美元汇率模型:

$$\ln R = C + \alpha \ln(e/E) + \beta \ln(cpi/CPI) + \gamma \ln s + \varepsilon \tag{8-7}$$

式(8-7)中,ln 表示取自然对数,C 表示常数项,α、β、γ 分别表示各个变量的系数,ε 表示误差修正项。为了便于计算,在不影响原有数量关系的同时,把式(8-7)中 e/E 与 cpi/CPI 替换为 E/e 和 CPI/cpi,这只会改变 α、β 的符号,而不改变原有关系式的系数。新的汇率模型改写为:

$$\ln R = C + \alpha \ln(E/e) + \beta \ln(CPI/cpi) + \gamma \ln s + \varepsilon \tag{8-8}$$

第三节　国际经验的实证检验

为了验证马克思汇率模型式(8-8)的有效性,本书选取了 12 个对外经济贸易关系较活跃的样本国家 1980～2007 年的有关数据进行验证。这些国家除世界货币发行国美国之外,还包括发达国家 5 个:日本(ja)、德国(ge)、英国(en)、法国(fr)和加拿大(ca),新兴工业化国家和地区 4 个:韩国(ko)、新加坡(si)、中国香港(hk)和中国台湾(tw),以及发展中大国 2 个:中国(cn)和印度(in)。本书采用方法为协整方程和格兰杰因果关系检验。

一、数据的采用

本书原始数据均来自国际货币基金组织(International Monetary Fund)官方网站数据库"世界经济概览数据库"(World Economic Outlook Database, April 2007)。其中各国汇率由本币 GDP 和美元 GDP 按 1970 年不变价进行折算,外汇储备数据为经常项目账户(Current Account Balance)自 1980～2007 年统计年份数据累加之和,为保证该数据为正,起点数据设定为抵消储备为负值的最低数值作为基数。

二、数据平稳性检验

由于本书模型采用的有关变量均为时间序列数据,这些时间序列数据往往是不平稳的。而对不平稳的时间序列变量进行的回归分析就可能出现伪回归,导致回归结果失效。因此要对涉及的相关变量进行平稳性检验。本书运用 ADF(Augmented Dickey – fuller)方法对涉及的有关变量进行单根检验。检验结果显示(见表8 – 1),除中国香港的有关数据外,其余数列水平值均为不平稳数列,除英国、中国台湾的数列组合外,其余 9 组数列的组合均为 Ⅰ 阶或 Ⅱ 阶单整数列,英国和中国香港的数列组合在剔除外汇储备后的数列组合也是 Ⅰ 阶单整数列。

表8 – 1　11 个国家或地区数据(lnR、ln(E/e)、ln(CPI/cpi)、lns)单根检验结果
(Unit Root Test)

项目 / 国家或地区	lnR 平稳/阶次	ln(E/e)平稳/阶次	ln(CPI/cpi)平稳/阶次	lns 平稳/阶次	结论
中国香港	平稳/0	平稳/0	平稳/0	平稳/0	0 阶单整
日本、德国、法国、韩国、新加坡、中国、印度	平稳/Ⅰ	平稳/Ⅰ	平稳/Ⅰ	平稳/Ⅰ	Ⅰ 阶单整
加拿大	平稳/Ⅱ	平稳/Ⅱ	平稳/Ⅱ	平稳/Ⅱ	Ⅱ 阶单整
英国	平稳/Ⅰ	平稳/Ⅰ	平稳/Ⅰ	平稳/Ⅱ	非单整关系
中国台湾	平稳/Ⅰ	平稳/Ⅰ	平稳/Ⅰ	平稳/0	非单整关系

资料来源:结果由 Eviews5.0 给出。显著水平为 0.01 ~ 0.1 之间。

三、协整关系检验(Cointegration Test)

本书采用 Eviews 软件推荐的约翰逊—无约束协整关系雷克(最大特征值)检验方法,对有关数据进行协整关系检验。检验结果显示(见表8 – 2),在 1% 的显著水平下,11 个国家或地区的 lnR 与其他变量 ln(E/e)、ln(CPI/cpi)和 γlns 各自至少存在着一组协整关系(其中中国香港和中国台湾的数据之间存在着三组协整关系),可以对有关数量关系进行回归分析。

表8-2 11个国家或地区无约束协整关系雷克检验（最大特征值）结果
（Unrestricted Cointegration Rank Test）

项目 国家或地区	采用模型	滞后期	轨统计量	1%临界值	P值	协整关系
日本	模型1	(1,1)	127.1256	54.68150	0.0000	1个
德国	模型1	(1,1)	88.84672	54.68150	0.0000	1个
英国	模型1	(1,1)	74.49329	54.68150	0.0000	1个
法国	模型1	(1,1)	54.55766	54.68150	0.0103	1个
加拿大	模型1	(1,2)	64.06714	54.68150	0.0008	1个
韩国	模型1	(0,0)	66.04149	54.68150	0.0004	1个
新加坡	模型1	(0,0)	74.47021	54.68150	0.0000	1个
中国香港	模型1	(0,0)	158.6027	54.68150	0.0000	3个
中国台湾	模型1	(1,1)	91.84180	54.68150	0.0000	3个
中国	模型1	(1,2)	78.57013	47.85613	0.0000	1个
印度	模型1	(1,2)	84.08244	47.85613	0.0000	1个

资料来源：结果由 Eviews5.0 给出，模型1为带截距的线性模型。

四、回归结果分析

本书运用最小二乘估计法（OLS），对有关数量关系进行回归分析。回归方程显示（见表8-3），方程的拟合优度普遍较好，其中修正拟合优度达95%以上的为8个，占72.73%；85%以上的占90.91%。回归结果说明：其一，劳动生产率比值的显著性均达到0.0001以上，显性影响率达100%，影响性质为正，而且影响的系数最大，平均为0.7342，即劳动生产率每变动1%，将拉动汇率变动0.7342%。其二，居民消费物价指数比值的影响显著性有10个达到了0.1以上，其中9个达到了99%以上，显性影响率达到了90.91%，其中为正的影响率达到了60%，影响系数也较大，正面影响的系数平均达到了0.4787，即物价指数比值每变动1%，将拉高汇率增长0.4787%；负的影响率为40%，影响系数平均为 -0.9430，即物价指数比值每变动1%，将降低汇率0.9430%。其三，外汇储备变动对汇率影响的显著性较低，80%以上的显著性只有45.45%，其中正面影响的占60%，负面影响的占40%。如果把不显著的影响也算在内，则负面影响的占到55.56%，其影响系数普遍较低，最大的绝对值也没有超过0.1。

表 8-3　11 个国家或地区回归方程主要数据

项目 国家或地区	ln(E/e) /P	ln(CPI/cpi) /p	lns/p	特殊 方法	R(Ad-R)	F	D.W
日本	0.718593 (0.0000)	0.524066 (0.0009)	0.0222600 (0.1239)	MA(1)	0.9609 (0.9538)	135.21	1.86663
德国	0.750034 (0.0000)	0.126535 (0.0000)	-(不显著)	MA(1)	0.9434 (0.9387)	—	1.36775
英国	0.241339 (0.0021)	-0.62821 (0.0944)	-(不显著)	MA(1)	0.6500 (0.6044)	14.24	1.88236
法国	1.01557 (0.0000)	0.354483 (0.0006)	-0.014267 (0.0020)	—	0.9873 (0.9857)	598.24	1.4007
加拿大	0.743112 (0.0000)	1.00526 (0.0014)	+(不显著)	AR(1)	0.9874 (0.9850)	411.53	1.82637
韩国	0.515726 (0.0000)	-1.49353 (0.0000)	-0.010601 (0.2112)	MA(1)/ AR(1)	0.9548 (0.9462)	74.12	2.35827
新加坡	0.514737 (0.0000)	0.847144 (0.0000)	0.0113184 (0.1341)	MA(1)	0.9707 (0.9654)	182.38	1.80525
中国 香港	1.44990 (0.0000)	-0.875975 (0.0003)	0.0810690 (0.0005)	MA(1)/ MA(2)	0.8704 (0.8468)	—	1.90547
中国 台湾	0.78485 (0.0000)	不显著	不显著	AR(1)	0.9780 (0.9760)	510.38	1.75009
中国	0.84711 (0.0000)	0.014685 (0.0116)	不显著	AR(1)/ MA(1)	0.9935 (0.9926)	—	1.32371
印度	0.495346 (0.0000)	-0.774368 (0.0000)	-(不显著)	MA(1)	0.9655 (0.9627)	—	1.49553
有效率	100%/+	90.91%/ +60.0%	45.45%	—	优良率/ 90.91%	—	—

资料来源:结果由 Eviews5.0 给出。

五、格兰杰因果关系检验(Pairwise Granger Causality Tests)

本书选取格兰杰因果关系检验法,对它们之间的因果关系进行验证。在检验过程中,根据赤池信息值(AIC)最小的原则,选择相应的滞后期。检验结果显示(见表 8-4),劳动生产率比值、物价指数比值和外汇储备数据与汇率存在因果关系的共有 32 组数据,总有效率达 96.97%,其中因果关系显著性在 85% 以上的占72.73%。从因果关系的方向来看,双向因果关系占所有因果关系的 50%,正向因果关系占 34.38%,两者合计占 84.38%。劳动生产率影响为双向或正向关系的占

72.73%,物价指数影响为双向或正向关系的占63.64%;外汇储备影响为双向或者正向关系的占90%。所以,检验结果充分说明了马克思汇率方程的构建具有坚实的数理关系基础。

表8-4　11个国家或地区劳动生产率、物价指数和外汇储备与汇率之间格兰杰因果关系的检验结果

项目 国家或地区	因/果项	滞后期	观察数	F 统计量	P 值	因果关系
日本	ln(E/e)	6	21	2.62800	0.10338	双向
	ln(CPI/cpi)	6	21	0.09856	0.09856	双向
	lns	6	21	1.4E-05	1.4E-05	正向
德国	ln(E/e)	1	26	0.75034	0.39532	双向*
	ln(CPI/cpi)	1	26	1.95805	0.17506	正向
	lns	1	26	10.3107	0.00388	双向
英国	ln(E/e)	1	26	2.38277	0.13633	双向
	ln(CPI/cpi)	3	24	1.76492	0.19197	双向*
	lns	3	24	2.00062	0.15215	正向*
法国	ln(E/e)	1	26	1.33868	0.25914	双向*
	ln(CPI/cpi)	1	26	3.72108	0.06616	正向
	lns	2	25	1.48410	0.25063	双向*
加拿大	ln(E/e)	2	25	2.73005	0.08947	逆向
	ln(CPI/cpi)	5	22	2.07493	0.14542	正向
	lns	5	22	2.46181	0.09898	正向
韩国	ln(E/e)	5	22	1.16761	0.38390	正向*
	ln(CPI/cpi)	3	24	3.35084	0.04369	逆向
	lns	3	24	14.7809	5.5E-05	双向
新加坡	ln(E/e)	2	25	2.77126	0.08663	逆向
	ln(CPI/cpi)	1	26	14.5132	0.00090	正向
	lns	—	—	—	—	无*
中国香港	ln(E/e)	1	26	39.1234	2.2E-06	双向
	ln(CPI/cpi)	1	26	14.2067	0.00100	正向
	lns	1	26	8.41210	0.00806	双向
中国台湾	ln(E/e)	2	25	4.81353	0.01965	正向
	ln(CPI/cpi)	2	25	12.9386	0.00025	逆向
	lns	2	25	2.47393	0.10964	双向
中国	ln(E/e)	6	21	3.08977	0.07163	双向
	ln(CPI/cpi)	6	21	15.0846	0.00057	逆向
	lns	6	21	7.68125	0.00558	双向
印度	ln(E/e)	3	24	1.74575	0.19566	正向*
	ln(CPI/cpi)	3	24	2.73313	0.07592	双向
	lns	2	25	1.22471	0.30496	双向*

注:*P 值介于0.15~0.39 为不显著影响,大于0.39 为无因果关系。

资料来源:结果由 Eviews5.0 给出。

第四节 结论与政策建议

一、结论

实证分析表明,马克思汇率理论具有坚实的实证分析基础,协整关系和格兰杰因果关系的检验都证实了这种关系存在的真实有效性,回归分析则进一步显示了各个变量影响的具体效果。马克思汇率模型认为,首先,汇率的变动取决于劳动生产率的相对变化,这是马克思劳动价值论和马克思货币理论最基本的观点。其次,货币本身价格的相对变动,也会影响汇率。货币价格的变动最终还是由货币价值本身的变动引起的,所以它的影响就较前者相对弱些、小些。最后,汇率的变动还受到对国际货币需求相对变化的影响。实证分析显示,该影响还受到汇兑双方货币的相对价格变动的影响;因果关系检验证实了该关系存在的概率达到了 90%,但由于变量取值的原因(主要是该数值属于绝对数值,与其他的相对数值有所不同),导致该回归分析的显著性不太高。

1. 汇率的变动取决于劳动生产率的相对变动

多国的实证分析有力地验证了该观点的有效性:汇率的变动与两国劳动生产率比值(这里是美国与该国劳动生产率比值)成正比,即随着美国劳动生产率的相对提升,该国以美元标价的汇率会逐步提升,也就是说,该国的本币汇率会随着本国劳动生产率的提升而趋于上升。回归分析显示,该影响显著,且有效率高达100%,影响系数也最大,平均达到了 0.7342;格兰杰因果关系检验也证实了该关系存在的概率超过了 72.7%。同时,该结论不仅支持了巴拉萨—萨缪尔森假说(Balassa – Samuelson Hypothesis)的合理性,并且对其进行了修正。1964 年,巴拉萨和萨缪尔森提出该假说。该假说认为,在经济快速增长的国家里,由于对外贸易所拉动的贸易部门与非贸易部门劳动生产率的差异,最终拉动实际汇率的上升。本书分析认为,任何国家劳动生产率的相对提升都会推动该国汇率的提升,这主要是由于劳动生产率对价值的决定作用引致的而不仅仅是贸易部门与非贸易部门劳动生产率的差异拉动的。

2. 货币的价格也会引起汇率的变动

如果假定两国汇率的比值是常数即两国的劳动生产率均不变或者其变动后比值不变,则该论断的基本内容与卡塞尔20世纪20年代提出的购买力平价汇率理论是基本一致的,但后者的理论基础是货币数量论,而前者的则是劳动价值论。在金属货币条件下,金属货币价格受制于流通中商品的总价格与流通速度的影响,通过部分货币贮藏和流通职能转换的调节,货币价格与货币价值的偏离就会很小。但在纸币条件下,由于货币发行摆脱了货币材料供给的影响,可以自由调节,因而货币价格波动就可能大得多。有关实证分析表明,货币价格因素对汇率的影响较显著。其中回归方程影响显著率高达90.91%,因果关系显著率也达到63.64%,影响的系数仅次于劳动生产率。实证分析的结果证实了马克思汇率模型的合理性,也说明了购买力平价理论也具有一定的运用价值。从影响的性质来看,有60%为正,其余为负。也就是说,美元汇率随着美元价格相对升高而升高的概率为60%,其余则表现为降低;大部分本币汇率是随着本国相对价格走强而相对走强。该结论基本证实了马克思汇率模型的推论,但否定概率也不低,本书观点认为这也许与美国利用其发行世界货币的特殊地位干扰了部分国家本币汇率的走势有关。世界银行和国际货币基金组织利用购买力平价模型估计的世界各国的购买力数据表明,发达国家的汇率存在明显的高估倾向,而发展中国家则存在显著的低估倾向,这说明在以欧美发达国家主导国际金融秩序和以美元、欧元为主要世界货币的今天,汇率一定程度上被发达国家所操纵,成了少数发达国家谋取本国私利的工具。

3. 汇率会随着交易双方对国际货币需求关系的变化而变化

实证分析说明了汇率会随着交易双方对国际货币需求关系的变化而变化这种关系存在的显著性和可靠性。由于选取的有关数据与其他数据存在着一定程度的不可比性,因而回归分析表明,这种影响的显著性并不高而且影响的性质是不确定的,但这种分析仍然具有重要的理论意义:它间接证明了马歇尔—勒纳模型的合理性。马歇尔—勒纳模型认为,一国货币相对于他国货币贬值,能否改善该国的贸易收支状况,主要取决于贸易商品的需求和供给弹性程度。如果弹性之和大于1,则可以通过本币汇率的贬值改善贸易收支情况;如果小于1,则可能无法改善本国的贸易条件。也就是说,对国际货币的需求或者贸易收支的变动只有在满足一定的条件后,才能显著地影响汇率的变动。

二、我国制定和调整汇率的政策建议

马克思汇率理论表明,汇率不仅是调整国际贸易收支的工具,而且是标度一国物价水平和劳动生产率相对变化的重要指标。汇率的变动不仅影响着世界资源的配置,而且影响着以国际美元标度的国民财富水平的涨落。有关中国的实证分析表明,汇率的变动与外汇储备具有双向的因果关系,外汇储备水平的变动也会影响汇率的相对变动。回归方程的结果表明,中国劳动生产率每相对提高1%,则会提高本币汇率0.8471%,美国物价的相对提升会提高本币汇率0.015%,外汇储备变动的影响则不显著。据此看来,改革开放以来,我国长期推行的低汇率政策,虽然有力地促进了出口导向型贸易的快速增长,但也致使世界资源配置越来越不利于我国经济的发展,人民辛辛苦苦挣来的社会财富在相对缩水。为此,我们必须对该政策进行反思和调整。

1. 兼顾汇率的资源配置作用和对国民财富的调节作用

在运用汇率调节国际收支平衡的同时,要充分认识到汇率的资源配置作用和对国民财富的调节作用。汇率杠杆是国际社会惯用的调节国际收支平衡的工具,但在运用该工具的同时,我们必须清醒地看到汇率的资源配置作用和财富转移作用。低估本币虽然有利于促进价格竞争优势基础上的贸易出口的增长,但这会造成国内重要经济资源的廉价流失和国民财富某种程度的缩水。在资源和环境约束日益强化的国内外经济大环境中,除了利用差别汇率引导企业走资源节约、环境友好的新工业化发展之路外,还要善于利用汇率配置国际资源、转移国际财富的杠杆作用。在不断提升劳动生产率的基础上,适度、适时地有序提升本币汇率,可以有效抵消国际美元的贬值趋势带来的负面影响,有效地保护我国长期对外开放的发展成果,捍卫民族利益。

2. 适度提高本币汇率水平,推动经济贸易发展方式的转型

在劳动生产率不断提高的基础上,适度提高本币汇率水平,有利于推动经济贸易发展方式的转型。作为发展中大国,在发展早期由于资本和外汇"双缺口"的存在,适度贬值本币有利于促进在原有增长方式下的出口增长和增加对外商投资的吸引力。但随着我国经济发展水平的提高,原有贸易增长方式和引资方式越来越成为转变经济发展方式的阻力因素。低估本币可以强化原有的出口增长方式,而不利于原材料等紧缺物质、设备的进口增长,有利于鼓励引进投资而不利于企业"走出去"。因此,在劳动生产率相对提升的条件下,适度提高本币汇率水平,有助于推动企业发展由原来的价格竞争向质量、效益竞争转变,有助于提高引资的质量和水平,有助于降低国内企业的国际购并和"走出去"的成本,也有利于国民收入水平的有效提升。

3. 汇率变动水平与物价的通胀水平相适应

保持物价的通胀水平与汇率变动水平相适应,也是马克思汇率理论的重要观点。随着世界工业化水平的提升,特别是新兴经济体的高速增长,资源、能源的价格水平有稳步上升的态势,为了更好地发挥汇率、物价的良性互动作用,适度地维持一定的通胀水平,不仅是改变消费预期、适度刺激消费增长的有效手段,也是抵消国际美元长期贬值趋势影响、保持汇率相对稳定的重要条件。为此,就要彻底摒弃"为保持物价稳定而调控"的传统思维,把调控物价与维护汇率相对稳定结合起来,只要国内的物价水平与世界货币发行国的物价水平保持相对稳定就能维持汇率的相对稳定,就可以为国内经济和对外经济贸易的发展创造良好的发展环境。

4. 外汇储备要与国民经济发展的需要相适应

外汇储备要与国民经济发展的需要相适应。因为外汇储备与汇率具有双向的因果关系,要保持汇率相对稳定,就要求我们保持外汇储备的适度增长。如果外汇储备增长过慢或者外汇不能保持与国民经济发展需要相适应的水平,就可能引发国际货币的支付危机;如果外汇储备增长过快或者外汇储备水平过高,则会因国际美元长期贬值的趋势而蒙受巨大的损失。今天,我国拥有 2.5 万亿美元的巨额外汇储备,为我国经济的高速发展和抵抗世界金融危机的冲击提供了坚实的物质条件,但庞大的外汇储备也为我国外汇财富的保值、增值提出了严峻的挑战。在资源、能源日益短缺的国际背景下,在确保经济发展和防范经济危机冲击的前提下,投资重要战略资源或者能源的生产或者储备,不失为一种保值、增值的重要选择。

第九章　互惠贸易规律

通过国际贸易,各参与国家不仅发展了专业化生产,提高了劳动生产率,而且通过国际协作在全球范围内优化了资源配置效率,提高了生产要素利用效率,提高了整个世界的财富总量。虽然各参与贸易方获得利益的多寡不同,但都获得了高于孤立生产获得的福利水平和利润水平。国际分工所形成的生产使用价值的差异是国际贸易提高各国福利水平的来源,而专业化生产水平和国际协作水平的提升是世界生产率提高的源泉,国际价值与国民价值的转型则是形成国际贸易超额利益的直接来源。

第一节　互惠贸易规律的基本内容及国际贸易形成互惠利益的主要原因

一、互惠贸易规律的基本内容

马克思认为国际贸易是互惠的,在国际贸易中,参与贸易的任何一方都可以获得比贸易前更多的财富和更大的价值量。互惠贸易规律指参与国际贸易的国家会获得提高本国的生产率水平、增加社会的物质财富和商品价值等诸多利益。其一,纵向比较:参加国际贸易的国家比参加国际贸易之前能够提高本国的劳动生产率水平,获得更多的国民物质财富和经济利益。其二,横向比较:参与国际贸易的国家即使是获取利益小一致,但都会从国际贸易中获得劳动生产率提高、社会财富增大、经济利益提升等诸多利益。

二、国际贸易形成互惠利益的主要原因

1. 市场机制是形成互惠利益的基本条件

市场机制就是以价值规律为基础,以价格、供求和竞争规律相互影响、相互作用而形成。在竞争压力下,它以市场主体趋利避害为自利动机,以价格变动为导向,调节供求逐步趋于平衡。首先,通过市场机制,优胜劣汰,从而把经济资源集中于优势市场主体,又通过世界贸易、国际分工把经济资源配置于世界市场。在价格规律作用下,世界贸易可以有效地平衡世界物价,推动世界资源的均衡化配置和消费,从而最大限度地消除因经济资源的地理分布不平衡而带来的消费差异,可以有效地缓解因资源禀赋地理分布的丰歉差异而形成的经济差异。其次,市场机制推动市场主体不断加强经济管理,不断推动科技进步,不断提高劳动生产率。世界贸易不仅把逐利的范围扩大至每一个角落,也把市场竞争的压力传导至每一个市场主体,而对世界市场利益的角逐和竞争,驱使着每一个市场主体竭力地不断提高劳动生产率,从而推动世界生产率水平的不断提升和商品价值的减低,从而提高人类的整个福利水平,尤其是让利于每一个消费者。最后,世界贸易把国内市场分工带进世界市场,大大扩大了分工的时空范围,又通过市场机制作用于世界分工,不断推动世界分工向纵深发展。

2. 世界分工的发展

社会分工作为推动生产力发展的主要杠杆,通过世界贸易推动社会分工国际化,不仅把国内社会分工的诸多优点引入了世界市场,而且在国际市场获得许多新的发展。社会分工是怎么推动生产力发展的呢? 马克思至少在以下几个方面进行论述:

第一,分工能够产生劳动的特长和强化专业化劳动,促进专业化生产,从而提高了劳动生产率。由于企业内部分工、劳动的专业化,因而积累了劳动经验,提高了劳动的熟练程度、技巧和判断力;而社会分工则充分发挥了各自的比较优势,并把专业化分工劳动与社会劳动的分配结合起来,使"同量劳动生产更多的商品,从而使商品便宜和加速资本积累的手段"。[①]

第二,分工使劳动工具分化、简化和专业化,从而促进了劳动工具的革新和进步,马克思说:"每一次分工的加剧也同样引起机械方面的新发明。"[②]

第三,在分工基础上形成的协作,不仅能形成一种新的生产力,也形成了一种

---

① 《马克思恩格斯全集》第 23 卷,人民出版社,1972 年版,第 404 页。
② 《马克思恩格斯全集》第 4 卷,人民出版社,1958 年版,第 168 页。

崭新的生产组织、管理模式。在分工基础上的劳动协作一方面扩大了劳动的空间范围,而另一方面由于劳动者的集结和劳动过程的结合、生产资料的集聚,缩小了劳动场所,提高了生产资料和劳动效率,减少了生产费用,扩大了劳动产出。马克思认为,协作"创造了一种生产力,这种生产力本身必然是集体力"。① 分工造成了劳动量与生产资料在劳动过程质的划分和量的比例要求,"从而创造了社会劳动的一定组织,这样就同时发展了新的、社会的劳动生产力"。② 劳动过程内部的分工协作对生产过程提出了组织和管理劳动的问题,只有通过有效的组织和管理,各生产要素才能更好地结合在一起发挥总体劳动的功能,"随着劳动过程本身的协作性质的发展,生产劳动和它的承担者即生产工人的概念也必然扩大。为了从事生产劳动,现在不一定要亲自动手;只要成为总体工人的一个器官,完成他所属的某一种职能就够了"。③ 而社会分工,则要求不同的产业部门和生产单位按照一定的比例进行生产和销售。所以,随着商品经济的发展,劳动生产的社会化程度和现代化程度的提高,社会生产内部比例关系的要求越来越高,越来越要求从生产劳动的宏观、中观和微观不同的层面进行协调和有效的管理。

第四,分工与交换相互促进。社会分工的发展,不断推进商品经济的发展和贸易的拓展及深化。社会分工作为商品交换的基础是以产品归属于不同的所有者,即私有制和经济体的独立为条件的。恩格斯说:"在以自发的社会内部分工为生产的基本形式的地方,这种分工就使产品带有商品的形式,商品的相互交换,即买和卖,就使个体生产者有可能满足自己的各色各样的需要。"④随着社会分工的发展,商品交换的规模也相应地拓展。马克思说:"交换的需要和产品向纯交换价值的转化,是同分工,也就是生产的社会性质按同一程度发展的。"⑤随着商品经济的发展和商品贸易的扩张,社会分工必然突破民族的、地域的限制,成为国际化的社会分工。

国际分工和世界市场萌芽于 16~18 世纪中叶,世界地理大发现和资本原始积累的进行,使国际贸易突破了区域、民族的界限向世界拓展,西欧资本主义国家及其所属的殖民地开始进行国际化的社会分工。而真正形成稳定和普遍的国际化分工的专业化生产则是在 18 世纪的产业革命以后。在产业革命的推动下,资本主义国家首先实现了国内生产的社会化专业分工,建立了全国范围内的社会分工体系,

---

① 《马克思恩格斯全集》第 23 卷,人民出版社,1972 年版,第 362 页。
② 《马克思恩格斯全集》第 23 卷,人民出版社,1972 年版,第 403 页。
③ 《马克思恩格斯全集》第 23 卷,人民出版社,1972 年版,第 556 页。
④ 《马克思恩格斯选集》第 3 卷,人民出版社,1972 年版,第 309 页。
⑤ 《马克思恩格斯全集》第 46 卷(上),人民出版社,1979 年版,第 91 页。

资本主义凭借大工业形成的强大生产力,用其低廉的价格商品"重炮",成功地摧毁了落后国家和民族的"一切万里长城"、"征服野蛮人最顽固的仇外心理","它使未开化和半开化的国家从属于文明的国家,使农民的民族从属于资产阶级的民族,使东方从属于西方"。① 产业革命以后形成的庞大的生产力以及商品经济自身发展的要求,必然突破民族、地域的限制要求整个世界市场为其服务,这样对外频繁的经济联系促进了世界范围内的社会分工的发展,马克思说:"由于机器和蒸汽的应用,分工的规模已使大工业脱离了本国基地,完全依赖于世界市场、国际交换和国际分工。"② 随着生产力的发展,国际贸易的扩大,国际化分工深入,由社会化大工业所形成的"世界市场把全球各国人民,尤其是把各文明国家的人民彼此紧密地联系起来"。③ 对于落后国家和民族来说,国际贸易和国际分工的结果是"过去那种地方的民族的自给自足和闭关自守状态,被各民族的各个方面的相互往来和各方面的相互依赖所替代了"。④

第五,国际分工能够增加具有绝对优势国家出口商品的价值,也能够节约进口国的生产费用,从而提高生产率。从进出口贸易来看,由于存在着国际价值和国民价值的差异,具有较高劳动生产率的国家,可以用较少的国内劳动,换取较大的国际价值,进而增加该国的价值总额。因为生产率较高的国民劳动在世界市场上被看作强度较大的生产劳动,所以"比较发达的国家高于商品的价值出售自己的商品,虽然比它的竞争国卖得便宜。只要比较发达的国家的劳动在这里作为比重较高的劳动来实现,利润率就会提高,因为这种劳动没有被作为质量较高的劳动来支付报酬,却被作为质量较高的劳动来出售"。⑤ 从进口国来看,能够节约进口国的生产费用,从而提高了进口国的劳动生产率。在国际贸易中,由于存在国际价值和国民价值的差异,只要进口商品的价格低于本国生产该商品的价格,进口就会节约国内生产同一商品的劳动。马克思说:"对于商品输入和输出的国家来说,同样的情况也可能发生;就是说,这种国家所付出的实物形式的物化劳动多于它所得到的,但是它由此得到的商品比它自己所生产的便宜。"⑥ 由于进口比自己生产更便宜,所以就相应地提高了劳动生产率和经济效益。对于贸易双方来说,参与国际分工的双方都会由于贸易而降低生产费用,进而提高利润。"对外贸易一方面使不

① 《马克思恩格斯选集》第1卷,人民出版社,1972年版,第255页。
② 《马克思恩格斯全集》第4卷,人民出版社,1958年版,第169页。
③ 《马克思恩格斯全集》第4卷,人民出版社,1958年版,第368页。
④ 《马克思恩格斯选集》第1卷,人民出版社,1972年版,第255页。
⑤ 《马克思恩格斯全集》第25卷,人民出版社,1974年版,第264~265页。
⑥ 《马克思恩格斯全集》第25卷,人民出版社,1974年版,第265页。

变资本的要素变得便宜,一方面使可变资本转化成的必要生活资料变得便宜,它具有提高利润率的作用,因为它使剩余价值率提高,使不变资本的价值降低。"①

第六,国际分工在增加社会财富的基础上,提供的消费品具有多样性,从而提高世界的福利水平。国际贸易从最初的互通有无、调剂余缺以最终消费品形式丰富了世界消费品市场,到今天的利用生产要素的余缺形成的比较优势以及生产组织内部的经营管理优势和外部规模生产优势,在世界范围内进行分工协作,从而提高生产力水平,在世界范围内优化资源配置,使生产要素向优势企业集中和转移,最大限度地提高生产要素的利用效益,从而最大限度地提高劳动生产率,降低商品的生产成本和必要劳动时间,最广泛地提供多样化、廉价的最终消费品,从而大大丰富了世界人民的物质财富,提高了消费者的消费水平和消费多样性。

国际贸易推动国际分工发展:形成了统一的生产方式和运行机制,形成了统一的物质基础和利益分配格局。这些条件的形成又进一步推动国际分工广泛深入的发展。不管国内市场的运行机制如何,生产方式差异多大,国际贸易都逐渐把参与国际贸易的每一个国家融入世界市场的运行机制之中,而且把资本主义生产方式推广到世界每一个角落。随着资本主义生产方式的普及,以现代科技为基础的生产、管理的社会化、先进的技术和工艺逐步在世界范围内得到推广与普及。工业文明时代,机器大生产不仅奠定了先导资本主义国内市场的物质技术基础,而且成为其攻占世界市场、巩固世界市场的强大武器;同样,后工业文明时代,信息技术不仅成为发达国家抢占世界高端市场的杀手锏,而且成为其巩固、控制世界市场的主要工具。统一的生产方式与运行机制,被现代科学技术武装起来的生产、经营管理的社会化,又成为巩固世界分工、推动世界分工发展的基本条件。

3. 专业化分工:绝对优势或比较优势的发挥

在一定的生产力水平基础上,国际分工与孤立的国内生产相比,可以互通有无,使参与国分享本国不能生产的商品和服务,从而提高了本国的福利水平;可以充分挖掘本国具有的生产潜力,使本国具有绝对优势或比较优势的商品或服务的市场从国内扩大到世界范围,从而提高了本国的生产力水平和价值实现水平;通过国际分工,各国可以充分发挥专业化生产优势,逐渐累积专业化生产的知识、技术和工艺,从而提高各国的知识和技术水平,进而提高整个人类社会的生产力水平。例如,在孤立状态下,甲国与乙国分别只能生产商品 A 和 B,进行贸易后,甲乙双方的生产能力优势得到发挥,商品生产从原来

---

① 《马克思恩格斯全集》第 25 卷,人民出版社,1974 年版,第 264 页。

的满足国内需要扩展至满足交易双方的需要,不仅两国的生产力得到提升,本国资源优势得到发挥,而且本国使用价值的消费也由原来的一种增加到两种。这是外源式的贸易好处。其实,通过贸易,两国的绝对优势得以发挥,而且通过专业化累积可以获得内源式的增长动力。

现代国际贸易理论认为,基于比较优势的国际分工,是保障参与国际贸易的各国都获得利益的基本原则。马克思虽然没有系统论述比较优势理论,但却科学地分析了比较优势在国际分工中的应用。如果发达国家与落后国家在生产要素方面存在差异——落后国家劳动力和土地便宜而资本较贵,发达国家则资本便宜而工资和土地价格很高,"那么,资本家在前一个国家就会使用较多的劳动和土地,在后一个国家就会相对地使用较多资本。在估计两国国家之间这里可能在多大程度上进行竞争时,这些因素是起决定作用的要素"。① 现代贸易理论认为,基于生产要素差异基础上的国际分工所形成的比较优势,是形成参与贸易各国获得贸易利益的来源。下面用 5×5 模型对参与国际贸易前后各国的贸易利益进行对比论证。

基本假设:①参与贸易的各国的生产与需求基本平衡,则生产者的生产价值即市场价值。②各国综合生产率水平基本平衡,生产规模和生产率差异趋势基本相同。③各国由于自然资源分布差异、地理条件不同以及劳动生产率不同,最终形成了各自不同的部门生产率水平,而且这些生产率水平差异不仅可以在国内市场而且在国际市场也可以用基数表示。④假设世界存在 5 个国家,每一个国家只生产 5 种不同产品,且 5 种产品生产率均不相等。5×5 模型可以假设世界市场为 5 个国家甲、乙、丙、丁、戊,分别生产 5 种产品 A、B、C、D、E,而且每一国家相同产品生产率均不相同,且任一国家任一时期的产品生产率均可以用 5 级自然数 5、4、3、2、1 标度其生产率水平,即单位时间内所生产的产品分别为 5、4、3、2、1。

假设 5 国生产率水平如表 9-1 所示,甲国 A 产品生产率水平最高,为 5,E 为最低,为 1;乙国 B 产品生产率水平最高,为 5,A 为最低,为 1;丙国 C 产品生产率水平最高,为 5,B 为最低,为 1;丁国 D 产品生产率水平最高,为 5,C 为最低,为 1;戊国 E 产品生产率水平最高,为 5,D 为最低,为 1。则 5 国的生产率水平平均为 3。

---

① 马克思:《资本论》第 3 卷,人民出版社,2004 年版,第 990 页。

表9-1 5国参与分工前的生产力水平

产品\国家	A	B	C	D	E	平均
甲国生产率水平	5	4	3	2	1	3
乙国生产率水平	1	5	4	3	2	3
丙国生产率水平	2	1	5	4	3	3
丁国生产率水平	3	2	1	5	4	3
戊国生产率水平	4	3	2	1	5	3
5国平均生产率	3	3	3	3	3	3

假定满足国内市场需求的任一产品的使用价值均为"1",每一个国家满足国内生产的总时间为单位"1"。以甲国为例,则分工前最佳的国内生产时间分配为:1/5时间生产A、1/4时间生产B、1/3时间生产C、13/60时间生产D;对应的生产产量依次为:1、1、1、13/30,也就是说产品A、B和C刚好满足国内需求,D只满足13/30,E因生产率太低,只好放弃生产。此时国内需求为5,而产品的满足水平只有103/30,欠缺47/30。依此可以分别推出其他各国的最佳生产时间分配和产量组合。对于世界市场而言,在分工前,各国国内最佳时间分配和产量组合所形成的世界生产时间分配和产量组合就是最佳时间分配和产量组合。分别如表9-2、表9-3所示,则分工前5国最佳生产时间总和为5或平均为1,产量总和为103/6或平均为103/30。

表9-2 分工前国内5国最佳生产产量(使用价值)组合

产品\国家	A	B	C	D	E	合计
甲	1	1	1	13/30	0	103/30
乙	0	1	1	13/30	13/30	103/30
丙	13/30	0	1	1	1	103/30
丁	1	13/30	0	1	1	103/30
戊	1	1	13/30	0	1	103/30
合计	103/30	103/30	103/30	103/30	103/30	103/6

表 9 - 3　分工前 5 国最佳生产时间分配

产品 国家	A	B	C	D	E	合计
甲	1/5	1/4	1/3	13/60	0	1
乙	0	1/5	1/4	1/3	13/60	1
丙	13/60	0	1/5	1/4	1/3	1
丁	1/3	13/60	0	1/5	1/4	1
戊	1/4	1/3	13/60	0	1/5	1
合计	1	1	1	1	1	5

按照马克思对价值量的定义,国内市场商品的价值量是由该国的必要劳动时间所决定的,也就是由正常生产条件下中等条件的生产商所生产某一使用价值的生产时间决定的。以甲国为例,该国分工前最佳生产只能选择国内生产率较高的前 4 类产品,即用总生产时间 1 生产了 103/30 的总产品,则 4 种商品的单位商品的平均劳动时间为 30/103,该平均劳动时间就是该国的社会必要劳动时间,也就是说该国的商品价值就是由该水平的生产时间决定的,那么以该水平为标准可以依此计算出每一种商品的价值量。如表 9 - 4 所示,A 产品的价值量为 57/83、B 产品的价值量为 6/7、C 产品的价值量为 103/90、D 产品的价值量为 61/82,合计价值量为 103/30。可以依据同样方法推理出其他四国价值量组合也均为 103/30。从表中我们还可以得出,世界市场在分工前最佳价值量的分布是均衡的:5 国的国内价值总量相等,而且每一种商品的总价值量也是相等的。

表 9 - 4　分工前 5 国国内最佳生产的价值量组合

产品 国家	A	B	C	D	E	合计
甲	57/83	6/7	103/90	61/82	0	103/30
乙	0	57/83	6/7	103/90	61/82	103/30
丙	61/82	0	57/83	6/7	103/90	103/30
丁	103/90	61/82	0	57/83	6/7	103/30
戊	6/7	103/90	61/82	0	57/83	103/30
合计	103/30	103/30	103/30	103/30	103/30	103/6

如果 5 国完全按照最佳组合参与国际分工,则任何一种商品的生产将集中于生产率最高的国家进行生产,即甲、乙、丙、丁、戊分别只生产生产率最高的 A、B、C、D、E,那么,这 5 个国家所生产的使用价值、所耗费的劳动时间和所形成的价值分

别如表9－5所示。这样,5国虽然也都用与分工前一样的时间1,但却分别生产出了5个A、5个B、5个C、5个D、5个E,在任何一个国家的国内市场,该国所生产的全部产品除其中1个满足国内市场的需要外,其余4个产量用于满足其余4国的需求。分工后,各国生产均达到了最高生产率。这样,在最优生产率条件下所生产的某一种商品所需要的劳动时间就成为国内的也是世界的社会必要劳动时间。这样,5国所生产的使用价值或者商品均达到最大值5,世界的总生产量也达到最大,为:5×5＝25。此时,由于各国均完全参与国际分工,生产商品的社会必要劳动时间是按照世界社会必要劳动时间确定,而不是按照国内必要劳动时间确定。以甲国为例,甲国选择了生产产品A,并参与国际分工,此时满足国内市场需要的生产量为1,满足国际市场需要的生产量为5,也就是世界的生产率为1/5,与分工前一样,按照每个国家生产时间单位1分配,则可以加总获得世界必要劳动时间为5个单位,即生产的商品价值量为5,5国相加为:5×5＝25。

表9－5　5国分工后的最佳生产使用价值组合

产品 国家	A	B	C	D	E	合计
甲	5	0	0	0	0	5
乙	0	5	0	0	0	5
丙	0	0	5	0	0	5
丁	0	0	0	5	0	5
戊	0	0	0	0	5	5
合计	5	5	5	5	5	25

表9－5中显示,经过世界分工,5国均选择本国生产率最高的商品进行分工生产,当然,生产该商品也是在国际市场最具生产优势的选择。这样,每一个国家都选择了最佳的国内生产,同时,该生产在国际市场也为最佳,则这样形成的国际分工处于最佳状态。所以,此时各国的生产率达到最高,为单位时间生产使用价值5个单位,获得的价值量也最大,为5个单位。这里,任一国家均参与了世界分工,虽然就某一国家国内市场,该国选择的生产与分工前有很大不同。分工前,每一个国内市场是受国内价值规律的支配,该产品的生产只需要生产1个单位就满足了市场需要,而且该产品的价值形成是受国内社会必要劳动时间决定的。因为该产品劳动生产率最高,所以该产品形成价值并不高。在参与国际分工后,虽然满足国内需要的同样还是1个单位的该产品,但该产品的形成价值的价值规律已经发生变化。此时价值规律所形成的社会必要劳动时间已经是世界必要劳动时间。因为

该国生产该产品既是国内商品同时又是国际商品。也就是说,该国市场已经不是分工前的孤立市场,而是作为世界市场的一个组成部分,所以社会必要劳动时间计算标准已经是世界平均的中等生产条件。对于参与国际分工的任何一国来说,在国内的生产条件就是世界的平均的中等生产条件,因此,任一国家参与分工所生产的商品的劳动时间就成为决定该商品价值量的世界必要劳动时间,所以,5国参与分工所生产的商品的单位使用价值的价值量就是1。以甲国为例,该国生产的产品A,其1个单位的使用价值的价值量就是1,这样该国生产全部价值就是5个单位(见表9-6、表9-7)。参与分工后,该国的生产使用价值的总量达到5,远高于分工前的103/30;国内市场的需求也从原来的103/30提高到5,满足率达到了100%;所形成的价值量也从分工前的103/30提高到5。虽然世界各国所投入的绝对劳动时间并没有改变,但由于国民价值转化为国际价值,绝对价值量的标准也由分工前的国内社会必要劳动时间转变为世界必要劳动时间,世界必要劳动时间的总量却比分工前奇迹般"增长"了。因此,分工不仅提高了社会生产率,而且提高了社会需要的满足率和价值量。

表9-6 5国分工后的最佳生产时间组合

国家 \ 产品	A	B	C	D	E	合计
甲	1	0	0	0	0	1
乙	0	1	0	0	0	1
丙	0	0	1	0	0	1
丁	0	0	0	1	0	1
戊	0	0	0	0	1	1
合计	1	1	1	1	1	5

表9-7 5国分工后的最佳生产价值组合

国家 \ 产品	A	B	C	D	E	合计
甲	5	0	0	0	0	5
乙	0	5	0	0	0	5
丙	0	0	5	0	0	5
丁	0	0	0	5	0	5
戊	0	0	0	0	5	5
合计	5	5	5	5	5	25

我们可以把5国分工前后做一比较,分工后,不仅5国劳动生产率均达到最高,而且国内生产的使用价值和满足需求的程度均达到最大,形成的商品价值量也均最大。当然,也很容易证明,分工后虽然与分工前用同一的时间单位1,但所生产的使用价值显著高于分工前,实现的价值也高于分工前。很容易证明 $n \times n$ 模型(其中 $n \geq 2$,$n \in N$)均成立,最佳生产组合所生产的使用价值和形成的价值均为 $n \times n$。均显著高于孤立生产时任一国内生产的使用价值、形成的商品价值和消费者满足需要程度。下面列出 $n=2$、3、4、5、6、7、8、9、10 时,n 国分工前后满足国内使用价值1,在生产时间单位1的最佳生产的使用价值与价值组合的有关数据与比较,如表9-8所示。

表9-8　2~10国分工前最佳生产组合所形成的使用价值及价值与分工利益

n	10	9	8	7	6	5	4	3	2	1	合计(S)	n^2-S
U									1	1/2	3/2	2.50
V									3/4	3/4	3/2	2.50
U								1	1	1/6	7/6	7.83
V								2/5	3/5	1/5	7/6	7.83
U							1	1	5/6		17/6	13.17
V							5/7	1	7/6		17/6	13.17
U						1	1	1	13/30		103/30	21.57
V						57/83	6/7	103/90	61/82		103/30	21.57
U					1	1	1	1	1/10		41/10	31.90
V					41/60	41/50	41/40	41/30	41/200		41/10	31.90
U				1	1	1	1	101/140			661/140	44.28
V				661/980	661/840	661/700	661/560	478/421			661/140	44.28
U			1	1	1	1	1	97/280			1497/280	58.65
V			272/407	97/127	499/560	1034/967	544/407	71/115			1497/280	58.65
U		1	1	1	1	1	1	11/840			5051/840	74.99
V		153/229	115/153	853/993	459/458	184/153	230/153	10/381			5051/840	74.99
U	1	1	1	1	1	1	389/630				4169/630	93.38
V	538/813	25/34	493/596	173/183	1061/962	1031/779	95/93				4169/630	93.38

注:其中 U、V 分别代表使用价值和价值,$n^2 = n \times n$ 表示分工后形成的价值量,S 表示分工前所形成的价值量,n^2-S 表示分工合作带来的利益大小,小数点后保留两位。

从表9-8中不难发现,孤立的国内生产规模越大,其生产的使用价值、形成的商品价值效率越低,在既定时间内所满足程度越低,而参与分工后所生产的使用价值会越大、形成商品价值越多、消费满足程度越高,越有效率。当然这是在假设贸易成本为零的条件下,实际上,随着分工范围的扩大和贸易规模及频率的上升,商品的运输成本和交易成本会不断攀升,只有将贸易成本(包括运输成本)的增长有效地控制在远低于分工利益增长的条件下,国际分工才会得到越广泛和深入的发展。

4. 外部协作:规模效应

通过国际分工,参与企业扩大了市场规模,扩大了生产边界;通过国际市场的竞争,生产更加集中,企业的横向一体化得到更大范围的扩展,减少了交易频率和企业内部分工协作总成本,从而节约了市场交易成本和企业管理总成本,提高生产率;通过市场机制,经济资源得以在世界范围内优化配置,从而提高了世界资源利用效率。新贸易理论认为,即使在两个国家生产两种商品的国内社会必要劳动比例相同,仍然可以通过大规模生产或者生产厂商空间上的集聚,产生规模内或者规模外效应,提高劳动生产率,从而冲破"比例均衡",创造新的比较优势;不完全竞争—垄断理论,则认为通过产品的差异化市场细分,可以使原来不具有贸易条件的两国对同一产品的生产进行差异化分工和不同市场定位,从而创造贸易条件。对于具有不可分性的生产要素来说,大规模的生产可以充分提高生产要素的利用率,从而最大限度地降低单个商品的生产成本,产生纵向协同效应;而对于具有可分性的产品的生产,则可以充分通过相同或相近生产厂商的聚集,可以更加集约地利用空间,提高物资和人力以及技术、管理等资源的利用率,扩大知识外溢效益,从而产生跨产业的横向协同效应。

5. 内部协作:合作剩余

市场范围的扩张和生产的集中,都会推动企业内部的分工深化。对于专业化生产较强的企业来说,市场范围的扩张会推动专业化分工向纵深发展:横向分工环节更细,纵向层次更多。更细和多层次分工会加快内部专业化知识和技术的累进,推动技术创新和管理组织制度的革新,从而提高生产的效率,同时也会进一步形成更高的企业进入的专业化壁垒,提高企业生产的垄断性。而对于专业化生产不强的企业来说,则意味着更加激烈的竞争。一方面,会加快企业的集中和垄断,从而减少市场化分工协作的环节,减少社会协作和管理的成本;另一方面,企业生产的国际分工,会推动相同或相近企业集聚,推动企业间的专业化网络分工,会逐渐形成以核心企业为主导、与外围企业相配套的企业间分工协作关系网络,从而通过专业化分工和协作提高企业群的生产效率。

马克思在评论大卫·李嘉图《政治经济学和赋税原理》著作时认为,国际贸易不仅可以增加一国使用价值,而且可以增加该国的价值。"因此,随着新开辟的交换的源泉,国内贸易和对外贸易中的价值量都会增加。"①马克思对此进行了论证:其一,对外贸易可以"使本来不具有任何价值的东西成为交换对象,赋予它以价值"。例如,澳大利亚拥有十分丰富的铁矿资源,由于该国没有开发利用铁矿或者用于制造钢铁产品需要,因此,该产品在国内市场是"不具有任何价值的商品",但由于国外有很多有开发利用铁矿或者用于制造钢铁产品需要的国家国内铁矿资源十分贫乏,所以,在进行国际贸易条件下,澳大利亚的铁矿就由于对外贸易获得了价值。澳大利亚的这些铁矿资源"最初是由于可交换性而得到价值的","起初,完全是由于可交换性。因为后来它们很快就要被消费掉,所以劳动必须再生产它们,如果最初它们的价值是偶然决定的,那么,现在它们的价值则由它们的生产费用决定"。② 其二,通过对外贸易,一个国家可以利用进口的机器设备或者原材料,建立新的产业、生产新的产品,从而形成新的价值。仍以澳大利亚为例,澳大利亚铁矿资源产品获得了新的价值,澳大利亚就可能利用该价值进行投资,建立大量的奶牛养殖场,利用澳大利亚丰富的草场资源,生产牛奶等产品,而这些产品一部分满足国内需要,一部分远销国外,创造了包括国内和国际市场的新价值。马克思对此评论道:"用新价值创造新劳动,通过新劳动创造新价值,我总是一而再地以新价值交换新价值,再生产全部过程。"③其三,通过对外贸易,一个国家可以选择最有利的进出口商品,通过国内价值与国际价值多次转换,谋取价值增值。例如,澳大利亚商人发现从中国进口 IT 产品要比本国生产便宜,而从澳大利亚出口煤炭要比中国很多地方煤炭便宜。如果该商人通过对外贸易把本国生产的煤炭输入中国,在把对外贸易的盈利用在从中国进口 IT 产品,再销售于本国市场,这样,该商人就可以获得价值增值。所以,马克思说:"把一部分(价值)重新输出国外,并把另一部分与输出国外获利的同一价值相交换。这样,商业民族就能发财致富。"④马克思批评了大卫·李嘉图"对外贸易只会产生使用价值,不会产生价值"的错误观点,马克思认为,对外贸易不仅可以增加一国的使用价值,而且可以增加交换的商品种类,以较少本国劳动时间的产品交换本国较多劳动时间的商品,从而提高本国劳动

---

① 《马克思恩格斯全集》第 44 卷,人民出版社,1982 年版,第 119~120 页。

② 《马克思恩格斯全集》第 44 卷,人民出版社,1982 年版,第 119 页。

③ 《马克思恩格斯全集》第 44 卷,人民出版社,1982 年版,第 118 页。

④ 《马克思恩格斯全集》第 44 卷,人民出版社,1982 年版,第 118 页。

生产率,从而增加本国的价值量。"因此,交换使商品价值有了实现的可能性。任何可以交换的新的对象,归根到底其本身就是新的价值,所以会增加价值量。"

本节内容我们运用马克思的劳动价值理论论证了在一定条件下,任何国家都可以选择对自己有利的对外贸易商品,从而使双方在对外贸易中获利:不仅可以增加本国市场的使用价值,而且可以增加本国的价值量,从而证明了马克思"国际贸易是互惠的"有关论断。

第二节　互惠贸易规律发展的趋势与特点

互惠贸易规律目前主要受国家之间劳动生产率差异、地理位置、资源禀赋条件差别、市场垄断的巨大影响。

一、劳动生产率差异的影响

马克思认为,在国际贸易中,由于生产率的差异会导致国际贸易利益分配的不平等,劳动生产率较高的国家可以获得较高国际价值,而劳动生产率较低的国家所获得的国际价值较少,马克思把这种现象称为"国际剥削"。在现实国际贸易中,各国的生产率水平一致是偶然形象,大多数情况下是不相同的,所以,由此导致的国际剥削是十分普遍的现象。

二、地理、生产要素禀赋差异的影响

马克思的国际贸易理论中一般不考虑地理空间和自然条件的影响,只是把地理空间的距离和自然条件的不同作为一种例外处理。实际上,地理空间和自然条件的巨大差异越来越成为影响互惠贸易规律的主要因素之一。首先,地理空间会对互惠贸易产生巨大影响。巨大的地理空间必然产生一定的运输成本,特别是对于商品单位价值质量较大的商品,如果现代运输工具可以有效地降低运输成本,那么空间因素的影响将会大大降低,否则空间距离就会成为制约对外贸易发展的重要因素。就目前的运输工具而言,海运无疑是大宗商品长途运输最经济的运输工具,沿海地区就成为国际贸易优先发展的选择。其次,自然条件的差异、生产要素的禀赋差异也会严重影响贸易的互惠程度。生产要素的丰歉程度和价格水平会影响到企业对生产要素使用技术路线的选择,也会影响到一国贸易优势的形成和发挥,特别是资源性产品,自然资源产量规模和开采条件就成为决定该产品自然生产率的决定因素。所以,优越的自然条件本身就意味着较高的自然生产率,如果该国选择该资源产品出口,必然会以最小的成本获得较高的国际贸易收益,而自然资源贫乏的国家,就只能选择进口资源型产品,而出口非资源型产品,以平衡国际和国内市场,提高全球的资源生产率。对于后天生产要素禀赋差异而言,以产品的技术要求不同,可以划分为高端、中端和低端三个层次,处于低端的是劳动密集型产品,该类产品技术含量低,容易模仿,国际竞争充分,一般利益较低;资本—技术密集型产品,技术含量较高,需要一定的生产力发展水平,技术模仿难度较大,一般利润较高;处于高端的属于创新性高技术产品,由于该类产品具有高投入、高风险特征,但一旦创新成功,该产品就形成技术垄断,就会获得巨大超额利润。所以,以较低层次生产要素为主导的国家获得的国际贸易利益要远小于以高端生产要素为主导的国家。

三、科技创新的影响

科技作为现代生产力发展的第一推动力,已经成为创造新的贸易对象最主要的工具。科技创新可以提高劳动生产率,不断降低商品价格,扩大该商品的生产规模,从而极大地扩大国际贸易的广度;可以不断推陈出新,创造新的产品和需求,不断提升国际贸易的深度;可以提高产品的质量和效能,不断提升该产品的国际竞争力,从而提升市场需求强度,提高价格水平,形成很强的价格效应。这样,科技创新不仅可以通过扩大国际市场份额提高贸易商品的种类,保持甚至改善贸易条件,最大限度地获得国际贸易利益,除此之外,科技创新还可以通过形成知识产权、国际产品技术标准和行业规则,形成对产品市场、技术市场和行业标准及规则的垄断,不断谋取垄断利益。

四、垄断的影响

世界市场经过几百年的发展,特别是发达国家依靠先发优势,已经形成高度集中的垄断局面。垄断企业可以凭借对生产或者市场的垄断地位,通过垄断价格谋取最大的垄断利益。其一,依靠对产品生产的垄断长期向消费者索要高额的垄断价格,谋取垄断利益。这种垄断已经退居次要地位,因为随着国际竞争加剧和新兴工业国家崛起,一个国家或者企业已经很难在全部产品的生产中获得竞争优势,因而垄断企业更多地采取了产品内部垄断。其二,通过对上游生产设备垄断谋取行业垄断利益。例如,目前国际市场光纤产业,光纤设备生产技术垄断在国际几大巨头手中,而光纤生产却分布在很多新兴工业化国家,这样,上游垄断企业通过全球化生产布局,充分利用发展中国家的劳动力低廉优势,极大降低产品价格,提升产品的国际竞争力,扩大了产品的生产规模,而且通过对光纤设备垄断,把光纤产业的绝大部分利益掌控在自己手中。其三,通过对关键技术或者元部件的垄断,以垄断高价转移处于价值链低端企业的部分甚至绝大部分利润。例如,现在的平板电视市场,国际巨头通过垄断液晶面板和 IC 电路板生产,控制了全行业利润的80%。

五、国家管理的影响

国际市场是以国家为主体形成的,而世界各国出于对自身利益的考虑,加强了对国际贸易的管理与调控。国家的管理事实上造成了国际市场的国家分割,国家的行政管理界限不仅把国际贸易利益限制在国家利益边界以内,而且极大地影响了国际贸易的自由发展。其一,国家利益管理的边界极大地限制了生产要素自由流动,限制了国际贸易和国际分工深入、广泛的发展,强化了世界贸易不平衡分配的既有格局。其二,国家对国际贸易的管理和对国际贸易利益的影响,首先取决于一个国家对国际贸易规则和法律的制定与执行的影响及左右的程度,如果一个国家能够左右国际贸易规则和法律制定,就会保证该规则或者法律最大限度地反映本国的利益诉求和立场,否则就不能保证本国的特殊利益诉求。其次国家对国际贸易的管理水平和能力也会对国际贸易利益分配产生影响。一个对国际贸易法律和游戏规则非常娴熟,并且对国内企业、行业管理十分科学到位的政府就能够充分利用国际贸易规则进行有效管理,最大限度地捍卫本国企业利益,否则,该国政府将陷入管理失效的尴尬境地。

六、世界货币的影响

现行的世界货币已经和原来的黄金世界货币有了本质区别,是以纸币的形式、信用货币的内容的现代货币,现行的国际货币本质是由美国等世界强国本国货币充任的,这种货币体系自诞生之日起就存在着自身无法克服的缺陷,即一国政府发行与承担世界信用的冲突。世界货币的责任要求发行国承担起世界政府的信用责任,才能保证世界货币的健康稳定。而美国出于对本国私利的考虑不愿意也无力承担世界货币的信用责任。滥发美元不仅可以利用美元的世界货币地位掠夺世界财富、瓜分新兴国家的发展成果,而且可以维持美国政府和民众负债生活的正常运转,最大限度转嫁美债负担。因而,在目前乃至相当长时期内,滥发美元货币就成为美国追求本国私利的重要工具。

七、以属地为原则的贸易统计原则的影响

目前,国际贸易通行的统计原则是属地原则,以属地原则对对外贸易流进行统计,就把本不属于东道国利益的外资企业进行的贸易统计到该国的贸易数据中,把加工贸易等同于一般贸易进行统计。特别是对于外资企业对外贸易占比很高的国家,就会造成贸易统计数据的严重扭曲:对外贸易额很大,但获得的贸易利益很微薄。就像我国,我国对外贸易中外资企业长期占据了 50% 以上的份额,而外资企业在贸易中获得的巨大利益又以利润的形式回流母国。像日本,虽然从该国生产总值来看,日本自 20 世纪 80 年代末期以来,似乎就陷入停滞状态,但日本的国民财富增长却不见减少。原因就在于日本通过对外投资转移国内产业,在国外再造一个日本。旅居国外的日本企业每年创造了巨额的利益,源源不断地从投资国回流至母国。加工贸易是目前跨国公司利用发展中国家的廉价生产要素、进行全球化布局的主要方式,通过加工贸易,母国不仅获得产业链的绝大部分利益,而且通过加工贸易把巨额贸易数据转移到发展中国家。以我国为例,第一种形式是外企直接从事加工贸易,进口主要元器件,进行组装加工再出口,这样母国获得绝大部分利益,东道国仅获得就业和税收利益;第二种形式是跨国公司把发展中国家的企业纳入其产业链分工,自己仅控制价值链高端技术和关键元器件的生产,让发展中国家企业从事组装加工,通过加工贸易,跨国公司赚取了产业链几乎 100% 的利润,加工企业仅仅获得微薄的加工费用。比如 iPad 的中国组装商富士康,仅赚取不到 5% 利润。所以,属地原则进行统计的国际贸易掩盖了国际产业转移和跨国公司内部分工的实质,严重扭曲了国际贸易的内容,严重夸大了贸易产品属地国的贸易规模,严重掩盖了跨国公司作为国际贸易主导力量的实质。

综上所述,坚持和扩大对外开放是发展中国家获取比较利益和后发优势的必然选择。互惠规律要求我们要积极参与国际分工,才能分享国际分工和国际协作带来的利益,才能促进世界和本国的福利水平和生产力水平的提高。

第十章　利润率平均化规律

利润率平均化规律是国际资本追求利润最大化和国际贸易竞争的必然结果。一方面,利用生产要素的比较优势,参与国际贸易各国会尽量利用本国最富裕、最廉价的生产要素进行生产,从而减少其相对富裕度,提高其相对价格;进口那些相对稀缺却价格相对昂贵的生产要素,从而降低其相对稀缺性,降低其价格。另一方面,国际资本或跨国公司会投资或者把生产转移到生产价格相对低廉的国家和地区进行生产,从而降低其生产成本。从长远趋势看,二者都会使利润率趋于平均化。

第一节　国际利润率平均化规律的基本内容

国际利润率平均化就是国际资本在价值规律的作用下,在追求利润最大化的过程中,通过以资本转移为特征的自由竞争,力求把资本投资或者转移至最高利润的行业或领域,最终形成等量资本获取等量利润的趋势或现象。"如果商品都按照它们的价值出售,那就像已经说过的那样,不同生产部门由于投入其中的资本量的有机构成不同,会产生极不相同的利润率。但是资本会从利润率较低的部门抽走,投入利润率较高的其他部门。通过这种不断的流出和流入,总之,通过资本在不同部门之间根据利润率的升降进行的分配,供求之间就会形成这样一种比例,以致不同的生产部门都有相同的平均利润,因而价值也就转化为生产价格。"①在国内市

---

① 《马克思恩格斯全集》第25卷,人民出版社,1974年版,第218~219页。

场,"竞争首先在一个部门内实现的,是使商品的各种不同的个别价值形成一个相同的市场价值和市场价格。但只有不同部门的资本的竞争,才能形成那种使不同部门之间的利润率平均化的生产价格"。① 从长期趋势来看,同一生产部门的商品交换就是按照社会必要劳动时间进行等价交换,一定量的劳动只能与相同数量的劳动相交换,也就是说,在同一生产部门社会必要劳动时间就成为不同生产者的调节条件。而随着不同生产部门之间的竞争,资本有机构成较高的部门按照商品价值标准所获得的利润率就低得多,而资本有机构成较低的生产部门就会比较高,生产者追逐剩余价值的内在动力,就会驱使他们把资本从低利润部门转移到较高生产部门,竞争结果必然出现等量资本获取等量利润的趋势。"一切其他资本,不管它们的构成如何,在竞争的压力下,都力求和中等构成的资本拉平。但是,因为中等构成的资本是同社会平均资本相等或接近相等的,所以,一切资本,不管它们本身生产多少剩余价值,都力求通过它们的商品的价格来实现平均利润,而不是实现这个剩余价值,也就是说,力求实现生产价格。"②由此可见,等量资本获取等量利润并不违背价值规律,恰恰是在价值规律的基础上出现的必然经济现象。因为一切不同生产部门的利润总和,必然等于剩余价值的总和;社会总产品的生产价格总和,必然等于它的价值的总和。当然,等量资本获取等量利润只是长期的发展趋势而并不是绝对的事实,"但是很清楚,具有不同构成的各生产部门之间的平均化,总是力求使这些部门同那些具有中等构成的部门相等,而不管后者是同社会的平均数恰好一致,还是仅仅接近一致。在那些或多或少接近平均数的部门中间,又可以看到这样一种平均化的趋势,它力求达到理想的即实际上并不存在的中等水平,也就是说,以这种理想的中等水平为中心来进行调整"。③ 利润率平均化以后,原来部门的商品价值和价格就转化为部门生产成本加平均利润的生产价格和市场价格,这样,在利润率平均化趋势作用下,"它使生产价格成为价值的单纯转化形式,或者使利润转化为剩余价值的单纯部分,不过这些部分不是按照每个特殊生产部门所生产的剩余价值,而是按照每个生产部门所使用的资本量来分配的,因此,只要资本的量相等,那就不管资本的构成如何,它们都会从社会总资本所生产的总剩余价值中分到相等的份额(部分)"。④ 在国际市场,利润率平均化则是建立在国民市场利润率平均化基础上的。但由于生产要素流动受到诸多限制,利润率平均化

---

① 《马克思恩格斯全集》第 25 卷,人民出版社,1974 年版,第 201 页。
② 《马克思恩格斯全集》第 25 卷,人民出版社,1974 年版,第 194 页。
③ 《马克思恩格斯全集》第 25 卷,人民出版社,1974 年版,第 193~194 页。
④ 《马克思恩格斯全集》第 25 卷,人民出版社,1974 年版,第 194 页。

作为世界市场长期的发展趋势虽然没有改变,但利润率平均化程度有所降低,不同的生产部门由于生产要素流动条件不同而平均化也会有所差异,因而利润率平均化达不到国内的那种程度。在国际市场,在国际商品价格趋同的趋势与利润率平均化规律共同作用下,各国的利润率水平将呈现明显的差异化特点。

第二节　促进国际利润率平均化的一般原因

伴随着世界经济的发展,世界市场从无到有,从形成到发展,经历了漫长的历史过程,即便如此,在科技如此发达的现代社会,世界市场仍然有待进一步发展。第二次世界大战后,世界经济进入了突飞猛进的发展阶段,其中有不少因素促进了国际间利润率的平均化。

一、利润率平均化的物质技术基础

现代生产方式的全球化为利润率平均化提供了统一的物质技术基础。先导资本主义国家以先进机器大生产的廉价商品和对外武装侵略为手段打开落后国家的市场大门,把落后国家变为自己的原料来源地和商品倾销地,形成了近代以发达工业化国家为中心、东方从属于西方的世界市场格局。此时的利润率平均化只能是发达国家主导的国内市场向外延伸的结果。第二次世界大战后,随着战后新兴独立的民族国家的兴起,这些国家纷纷运用关税保护和工业化战略在发达国家主导的世界贸易中逐步崛起,以机器大工业为基础的工业化在落后国家普遍推进,以资本增殖为目的,以工厂制度为依托的现代生产方式逐步在世界推广和普及,为世界贸易的进一步发展提供了更为强大的动力,为利润率世界平均化进一步创造了统一的物质技术条件。

二、利润率平均化的市场环境

"两个平行市场"的统一,为利润率平均化提供了统一的市场机制保障。第二次世界大战后,建立起较稳定的国际金融秩序及新的科技革命兴起都为世界市场的发展注入了新的动力。但由于冷战的爆发,以苏联为首的社会主义阵营和以美国为首的资本主义阵营长期对立,在对外贸易中,把世界市场割裂为社会主义市场和资本主义市场即所谓的"两个平行市场",严重阻碍了世界市场的统一和深入发展。何况这两个市场的运行机制是截然不同的,社会主义采用高度集中的计划经济,而资本主义则是延续至今的市场经济,事实上造就了两个不同的资源配置机制,就阻断了价值规律在世界范围内发挥作用,利润率平均化只能在资本主义市场内部得以贯彻实施,而社会主义市场却因机制阻隔,利润率平均化很难发挥作用。随着社会主义国家市场化改革的逐步推进,市场经济最终在世界范围内得以统一,价值规律作用也在世界市场得以贯彻实施,利润率平均化趋势逐步得以加强。

三、利润率平均化的金融体制

世界金融体系的确立和稳定发展客观上促进了世界贸易和投资的快速发展,推动了世界生产格局的均衡化发展,进一步推动了世界利润率的平均化。第二次世界大战后,美国凭借雄厚的经济实力和外汇储备,根据布雷顿森林会议的安排,形成了以信用美元为中心的世界金融系统。与此同时,国际社会为了协调和监管世界经济贸易关系的稳定发展,建立了世界贸易组织、国际货币基金组织、世界银行等国际经济组织。世界信用货币美元体系的建立和国际经济组织的良好运行,有力地促进了战后世界经济复苏、贸易自由化发展,推动了世界经济近20年的繁荣。通过贸易自由化的发展,有力地推动了商品国际价值的形成和世界市场的发展,促进了国际利润率的平均化。在20世纪70年代,虽然随着美国经济实力相对衰落,美国被迫放弃了国际美元的兑换,世界市场进入了现代世界货币时期,世界货币信用风险加大,国际金融秩序波动加强。总体来看,世界贸易和投资还是继续向前发展的。世界市场在新的科技革命催生下,在中国、印度、巴西、俄罗斯等新兴大国不断崛起的推动下,获得了空前的发展。

四、利润率平均化的科技条件

新的科技革命的兴起和发展,推动了世界市场的深入发展和利润率的平均化。从世界市场的发展历史看,科技革命是其发展的原动力。18世纪兴起的以蒸汽机的广泛使用为标志的工业革命,最终确立了资本主义生产方式以及商品经济在世界范围的主导地位,最终形成了以先导资本主义国家为中心的东方从属于西方的世界贸易体系。19世纪末20世纪初,新崛起的以内燃机和电力广泛运用为代表的第二次工业革命,重工业崛起,交通运输业和通信业获得了巨大发展,加强了世界经济的交往和联系,世界商品市场进一步发展;随着重工业的崛起,促进了资本的集中和垄断的发展,推动资本输出和对外扩张。第二次世界大战后,以电子信息、原子能、航天、生物工程技术等为代表的新技术革命不断兴起。20 世纪 80 年代以后,以微电子技术为基础的信息技术革命和互联网的崛起,标志着新技术革命向纵深发展。新技术革命不仅带来了交通、通信方式的巨大变革,而且推动了生产方式、产业组织结构的巨大变化。生产出现了标准化、智能化、信息化、国际化的显著特征,世界生产组织的时空界限逐步打破,生产要素全球化配置进一步深化,生产要素的全球化流动趋势得到加强,国际分工开始打破生产流程和地域布局的界限,国际分工开始朝着产品内和纵向化发展,世界经济正融合成全球一体的"网络经济"。信息技术和现代通信技术的发展有力推动了货币电子化和金融系统网络化的进程,各种新型的金融工具与交易技术不断涌现,为巨额资金在国际间的流动提供了极大便利,从而使国际资本流动速度大大加快,有力地促进了国际利润率平均化的形成。

五、利润率平均化的市场主体

跨国公司的发展,为利润率平均化在更大范围内实现提供了载体。目前,跨国公司已经成为国际生产要素流动的主要载体和手段。跨国公司在国际范围内组织生产,促进了各国间货物、服务、技术及其他生产要素的跨国界流动,从而实现了生产要素在全球范围内优化配置;跨国公司以全球市场作为操作平台,通过对外直接投资,将资金、技术、原材料等生产要素以及生产过程的不同环节投放到其他国家,把生产过程分散到世界各地,将本地化生产与本地化研发纳入全球生产、供应和研发体系,实现研究与开发、生产制造、采购和销售的全球优化配置,从而使世界各国市场成为全球市场不可分割的组成部分;跨国公司之间组建战略同盟,在更广的地域范围内进行生产布局,使生产的社会化在世界范围内得以高度发展,使各国生产处于更加紧密的相互联系和相互依存之中,这就把各国的生产联结成统一的国际分工基础上的商品生产世界体系。①

六、利润率平均化的区域平台

第二次世界大战后,区域经济一体化持续发展,为利润率平均化提供了更加宽广的平台。通过区域经济一体化,打破区域内部生产要素流动的制度和技术壁垒,降低生产要素流动的门槛,推动区域内部各个国家之间贸易自由化、投资便利化,进一步缩小各成员国之间生产率水平和利润率的差异,从而强化利润率区域平均化的趋势。在区域经济一体化国家之间,由于各国劳动生产率的差异形成不同国

---

① 陈永志、李细满:《马克思国际价值理论与当代国际价值的变化》,《当代经济研究》,2007 年第 1 期,第 7～10 页。

家利润率水平和生产要素收益的差距,在趋利动机和竞争的压力下,必然引起区域间生产要素的流动,从而使生产要素在区域经济一体化的各个国家之间形成利润率平均化趋势和生产要素收益均等化,促进并加速"区域价值"向区域生产价格转化,进一步缩小不同区域间生产率水平和利润率水平的差异,从而在更大范围内和更高的水平上实现利润率平均化。通过区域经济一体化的发展,带动世界其他国家不断加入或者组成新的区域经济一体化组织,不断促进国际利润率平均化。

上述种种因素,从不同方面促进了国际间生产要素的流动,促进了世界市场的深入发展,有力地推动了国际间利润率的平均化发展趋势。

第三节　阻碍利润率平均化的因素

由于国际市场生产要素流动的诸多限制和地理空间的巨大差异,导致世界市场的竞争不充分,所以,在世界市场的利润率平均化水平要低于国内市场的水平。但是,需要指出的是,无论是资本国际化还是经济全球化,它们都还仅仅处于历史长河的起点上,资本主义在全世界的扩张远未完成,生产要素在各国之间的流动远非完全自由,因此,国际价值到国际生产价格的转化也还处于过程之中。尽管如此,我们仍然认为,处在国际价值向国际生产价格转化时期的世界市场价格,会受到双重制约——既受国际价值的制约,也受国际生产价格的制约;至于以哪一种制约为主,这可能主要取决于特定的产品市场和国际贸易的特定参与国。[①]

一、资源分布的不均与市场空间的距离

资源的地理分布和市场空间距离的差异,导致有些产业或者商品的竞争不充分。自然资源的地理分布不均是形成国际分工的重要条件,在后工业社会,其影响在不断上升。因为随着工业化规模不断扩张,经济资源的分布不均尤其是不可再生资源稀缺性的影响更加突出,这些因素与资本高度集中所形成的垄断一起构成了资本自由转移的最大障碍。加上国家对资源调控力度的加强,资源地理分布不均衡已经成为推动世界贸易发展的原因,也成为阻碍利润率平均化日益显著的重要因素。以石油

---

① 任治君:《经济全球化对世界市场价格决定的影响》,《经济学家》,2004年第4期,第58~62页。

资源为例,世界石油储量分布十分不平衡,与消费市场严重错位。2008 年,世界探明石油储量 1258.0 万亿桶,其中,北美 70.9 万亿桶,占 5.6%;中、南美洲 123.2 万亿桶,占 9.8%;欧洲 142.2 万亿桶,占 11.3%;中东地区 754.1 万亿桶,占 59.9%;非洲 125.6 万亿桶,占 10.0%;亚太地区 42.0 万亿桶,占 3.3%。而从消费来看,北美日消费 23753 千桶,占 27.4%;中、南美洲日消费 5901 千桶,占 6.9%;欧洲日消费 20158 千桶,占 24.3%;中东地区日消费 6423 千桶,占 7.8%;非洲日消费 2881 千桶,占 3.4%;亚太地区日消费 25339 千桶,占 30.1%。北美、欧洲和亚太地区探明储量只占世界的 20.2%,而该地区却消费了世界石油产量的 81.8%;中东地区探明储量占世界的 59.9%,却只消费了 7.8%。资源分布不均和消费错位,形成推动世界贸易的主要原因之一,而过度集中的资源分布也为少数企业或者国家控制世界市场提供了便利。主要产油国组成的"欧佩克"就是这样具备垄断性质的经济组织,它们控制了世界 955.8 万亿桶石油储量,占世界的 76.0%,生产石油占近 45% 的世界市场份额。① 另外,对于运输成本占比较大的商品和易腐烂商品来说,运输的距离远近和时间长短也是限制其贸易地理空间范围的重要原因。所以,地理原因就会成为制约生产要素流动和资本转移的一个重要因素。

二、生产要素流动的民族市场边界

生产要素国际流动由于限制很多很不充分,因而阻碍了利润率平均化程度。以最主要的生产要素劳动力、资本和技术为例。劳动力流动可以分为人才流动和普通劳动者流动。劳动力流动在国际市场均受到东道国的很多制度性限制,世界各国普遍采取了签证制度,不仅签证需要满足一定条件,而且对获得签证的劳动者也有时限、身份、活动领域等诸多限制,也就是说,东道国对劳动准入是选择性的。例如,北欧、日本因劳动力短缺和老龄化严重需要一定规模的低级熟练劳动力,如护工、护士、保姆等。一般而言,普通劳动者在国际市场流动会受到严格限制,高级专业人才的国际流动受限制较少。由于新的科技革命的影响,国际上普遍缺乏适应新兴产业的高级专门人才,因而世界各国对这些高级专业人才普遍采取了开放态度。但由于发达国家优厚的薪资、福利待遇和良好的工作、科研环境,对国际化高级专业人才具有很强的吸引力,而人才流动的方向主要是从发展中国家流向西方发达国家,并由此给发展中国家造成了现实的重大经济损失和潜在的难以估量的经济安全风险。劳动力的非自由流动,加之劳动力价格会受到历史的道德因素

---

① BP Statistical Review of World Energy June 2009. BP Statistical Review of World Energy, which can be found on the internet at:http://www.bp.com/statisticalreview.

的影响,必然造成劳动力价格的国民差异。当然,与劳动力相比,资本流动更加自由些。由于历史积累不同,发达国家资本要素较为丰裕,发展中国家一般资本较为稀缺,所以,发达国家对外资一般采取国民待遇甚至以种种理由限制外资,如美国就常常以国家安全为由拒绝来自中国企业的并购行为;而发展中国家常常采取超国民待遇以吸引外资,如中国就对外资实行长达30余年的优惠政策。相对于资本和劳动力的国际流动来说,技术在国际转移中的不均衡性也许更为突出,因为国际技术转移对于经济的增长具有更为重要的作用。第二次世界大战后的科技革命即第三次科学技术革命极大地推动了世界经济的发展,各国经济的增长越来越依赖于技术的进步和技术成果的有效利用。正因为如此,各国之间的竞争已演变为主要是科学技术实力的竞争和科学技术成果应用的竞争;谁能占有科学技术成果,谁能积极有效地利用这些科学技术成果,谁就能在国际竞争中处于优势地位,谁就能够在国际竞争中取胜。为此,除积极发展自主科学技术外,各国都高度重视引进外国的先进专利技术,这对于发展中国家来说尤其重要,它们可以利用后发优势,尽快缩短与发达资本主义国家之间的差距,迎头赶上先进国家的经济发展水平。但是,恰恰就是在技术的国际转移上,发达国家的限制较多。发达国家出于垄断的需要,出于经济利益、政治利益等方面的考虑,只愿意将传统的技术甚至是早已过时的技术转移给发展中国家,例如,将一些传统产业部门甚至对环境有严重污染的部门转移到发展中国家,而真正的先进技术和一流技术的国际转移是根本不可能的,这对于发展中国家社会经济的发展尤其是长远发展非常有害。①

三、不平等交换的国际贸易性质

由于生产率水平的差异导致劳动的不平等交换以及其他生产要素价格的不平等交换。在国际市场,即使在充分竞争和价值规律能够较好地发挥作用的条件下,由于参与国际贸易的国内要素禀赋开发条件和丰歉的巨大差异、产业结构的巨大差异也会造成等价交换条件下的不平等贸易。当然这里前一个"价"是指按照商品的国际价值进行等价交换,后一个"价"则是指国民价值。在要素禀赋开发条件和要素丰裕程度不同的国家,处于优越开发条件和要素十分丰裕的国家,即使付出劳动很少,但却表现为很高的劳动生产率;相反,处于劣势开发条件和要素十分贫瘠的国家,付出劳动即使很多,但却表现为较低的劳动生产率。所以,同样的资本投在这些国家的利润率会相差很大,投在开发条件优越和要素丰裕的国家会获得

---

① 任治君:《经济全球化对世界市场价格决定的影响》,《经济学家》,2004年第4期,第58~62页。

十分丰厚的利润,而投在处于劣势开发条件和要素匮乏的国家则利润很少甚至亏本。所以,马克思说:"处在有利条件下的国家,在交换中以较少的劳动换回较多的劳动。"[1]在产业结构差距很大的国家,如发达国家传统产业比重很低,而现代产业比重很高,服务业发达,农业比重很低。例如,欧美发达国家服务业平均在75%左右,农业在5%以下,现代产业产值占到GDP的80%左右,传统产业只有20%左右;而发展中国家,服务业十分落后,基本均在50%以下,农业占比较高,甚至达到20%以上,其中传统产业占据国民经济的80%左右,而现代产业十分落后,一般不足20%。现代产业资本有机构成高,对资源、环境依赖程度较低,劳动生产率高。在国际市场,在价值规律的作用下,利润率就会提高,因为这种劳动没有被作为质量较高的劳动来支付报酬,却被作为质量较高的劳动来出售。而传统产业对资源环境的依赖程度较高,资本有机构成较低,劳动生产率较低。同样的投资在国际市场获得利润较低。但是,随着要素的国际流动和国际价值向国际生产价格的转化,等价交换中发达国家以较少的劳动交换发展中国家较多的劳动的程度将会有所削弱。

四、广泛存在的市场垄断

各种形式垄断的广泛存在导致市场竞争不充分,阻止了利润率平均化。经过近三个世纪的发展,资本主义市场已经由自由竞争资本主义发展为垄断资本主义,再由一般垄断资本主义发展为国家垄断资本主义和国际垄断资本主义。国际市场在国家垄断资本和国际垄断资本的主导下,已经形成了高度垄断的市场格局。欧美发达资本主义国家由于企业起步早,国内市场发育成熟,国内市场经过几个世纪的充分竞争,已经形成高度垄断,所以,它们在国际市场尽得先发优势。从2011年全球500强企业中前100名来看,美国占29个,日本11个,德国、法国和英国各8个,发展中国家只有中国闯进前10名(前100名企业占7个,位居第6,但都是清一色的国有垄断企业,而前5名均来自发达资本主义国家)。[2]

国际市场已经高度垄断,几乎每一个行业或者领域都有几家跨国公司垄断。以技术企业为例,IT业CPU被英特尔、AMD所垄断,操作系统被微软、谷歌所垄断,这些属于技术创新型垄断;铁矿石被必和必拓(BHP Billiton Ltd.)、力拓(Rio Tinto PLC)及巴西淡水河谷公司(Vale)所左右,三大矿商大约控制了国际铁矿石贸

---

① 《马克思恩格斯全集》第25卷,人民出版社,1974年版,第265页。

② L. Michael Cacace:《上榜企业数量增长最快的国家和地区》,http://www.fortunechina.com/fortune500/c/2010-10/27/content_43635.htm.

易的75%,这是地理资源垄断;世界四大粮商 ADM(Archer Daniels Midland)、邦吉(Bunge)、嘉吉(Cargill)和路易达孚(Louis Dreyfus)则控制了世界粮食80%的交易量,这些属于市场集中导致垄断。世界市场的高度垄断必然会阻碍利润率下降。这样,居于世界垄断地位的跨国公司可以通过控制所谓的核心竞争力部门或生产流通环节,把非核心部门或生产流通环节分包给非垄断的企业,从而把国际竞争转化为企业内部分工,并且以企业内部全球化分工布局形式控制世界市场,从而有效地控制世界市场的竞争和利润分配。

五、各种形式的贸易保护和投资限制

各种形式的贸易保护和投资保护主义的存在,限制了世界市场的竞争,阻遏了利润率的平均化。在世界市场上,虽然生产要素的流动主要是受国际价值规律支配的,但是各国政府和企业出于自己利益的考虑,往往会采取各种各样的政策和措施来限制生产要素在国际间的自由流动、控制其流向。世界贸易组织等国际组织在国际自由贸易和国际投资便利化上做出了巨大贡献。然而,20世纪70年代以来,特别是2008年金融危机以来,各国为了尽快摆脱国际市场的冲击和促进国内经济的复苏,纷纷祭起了各种形式的贸易保护和投资保护的旗帜。一方面,在关税水平不断下降的情况下,西方发达国家为了防范发展中国家不断增长的廉价商品的冲击,广泛采取并不断强化种种非关税壁垒措施,作为实行贸易保护主义的主要手段,以限制别国商品的进入;另一方面,各国政府为了尽可能地限制别国资本分享本国市场份额和利润,又千方百计地通过各种借口对国际投资进行限制,将别国具有价格竞争优势的商品和投资拒于国门之外。现在,世界市场上国家的干预越来越多,各种贸易壁垒的新形式也不断出现,致使国际经济竞争更趋复杂化和白热化。这些贸易保护主义政策的实施,不同程度制约了国际价值职能的发挥。①

六、国内政策的外溢影响

世界市场的国家利益分隔,导致国内政策的外溢效应,阻止了利润率的平均化。面对着国际市场日益激烈的竞争,各国不仅对国际贸易和国际投资进行限制,而且采用各种方式对国内企业进行保护,对国内行业和领域进行引导和调控。一方面,各国普遍加强了对本国出口企业的明贴暗补,使出口商品的国别价值无法完全得以真实地反映;另一方面,通过国内产业政策、税收政策、金融政策等经济杠杆

---

① 陈永志、李细满:《马克思国际价值理论与当代国际价值的变化》,《当代经济研究》,2007年第1期,第7~10页。

对产业、企业的发展进行干预,这在一定程度上扭曲了出口商品国际价值的形成过程。国内政策会对国际市场形成一定程度的外溢效应。一般来说,国际化程度越高的国家,其国内政策对国际市场影响越大,而国际化程度较低的国家则影响较小;越是外向型经济,其国内政策对国际市场影响越大,较内向型的经济体对国际市场影响较小。美国等少数以主权国家货币行使国际货币职能的国家,其国内经济政策,对世界市场影响尤其突出。进入 21 世纪,美国奉行超低利率的货币政策,一方面,不断扩张的美元发行给美国带来源源不断的世界美元红利,同时带动了国际资源价格不断走高,引导国际市场利益向资源富集地区流动;另一方面,不断高涨的资源价格形成了对高速工业化的发展中国家利益的变相剥夺,特别是对中国这样对国外资源严重依赖的发展中大国利益侵害严重,影响很大。2008 年以来,随着美国量化宽松美元政策出台,包括"金砖国家"在内的发展中国家均出现了较为严重的通货膨胀。而发达国家由于其国内产业结构中现代服务业比重很高,对资源依赖程度较低,加上来自新兴工业化廉价商品的影响,其物价水平反而较低。如美国自 20 世纪 80 年代中叶以来就进入了长达 30 年的低物价时期。肆意滥发国际货币,必然造成世界物价高涨,形成对世界财富的变相掠夺和转移,从而造成有利于发达国家,尤其是有利于国际货币发行国的经济后果。

七、不公正的国际政治经济秩序

国际不公正的政治经济秩序,也阻止了利润流向发展中国家。当今世界政治经济秩序是在第二次世界大战后形成的,而协调和监管世界政治经济秩序的各种国际组织中的权重和准则都是按照国家实力原则进行制定和分配的。发达资本主义国家不仅占据世界银行、国际货币基金组织等世界经济组织领导和支配地位,并且以国际规则的形式主导着世界政治经济利益格局的分割和调整。而世界金融组织和经济组织规则的制定和裁决无不深深打上欧美发达国家的烙印。总的来说,国际组织和国际规则更多反映了发达国家的立场和利益,而对发展中国家的立场和利益则反映严重不足,保护不力。例如,美国是世界上单方面行使经济制裁权力最多的国家,而且以 301 条款等国内法的形式惩罚它认为违背美国利益的国家、企业或个人,美国之所以能够这样做而不受国际法规制约和限制,就是因为欧美国家拥有对国际法规、国际组织的绝对的主导权力,因而不受其约束。所以,世界市场必然受到国际政治、经济组织和国际政治经济规则的左右,国际价值规律作用也会因此而受到影响。

尽管经济全球化已经是不争的事实,但是仍然存在各种各样的因素阻碍国际利润率平均化趋势的形成,正是这些阻碍利润率平均化因素的存在,才使得利润率平均化只是一种过程和历史发展趋势,而不是一种理想的存在形式。一般来说,世界市场竞争越充分即垄断控制程度越低的行业和部门,其利润平均化程度越高,而世界市场竞争越不充分即垄断程度越高的行业和部门,其利润率平均化程度越低。但从发展的眼光来看,随着世界经济国际化的日益发展,国际贸易、国际分工更加广泛深入,利润率平均化程度会越来越高,平均化的趋势会越来越显著。所以,国际贸易发展的历史趋势是,利润率国际平均化将是不断发展和逐步趋近的历史进程。

利润率平均化,其本质就是通过企业之间充分竞争,获得较高利润甚至超额垄断利润的少数企业在价值规律作用下,利润逐步下降至平均水平的趋势。所以,利润率平均化就是伴随着较高企业利润逐步降为正常企业利润的过程或者趋势。正是利润率平均化趋势的作用,世界各国的产业结构才不断依据生产要素丰裕程度、价格变化情况不断推进产业结构升级和优化,不断从较低的生产率部门和行业升级到生产率较高的部门和行业;从而不断推动企业加大科技、管理的创新,不断提高劳动生产率;正是利润率平均化趋势不断拉低较高利润率的行业或企业利润,使得该行业或者企业被迫由较低利润地区和国家转移到利润较高的地区和国家;正是利润率平均化趋势不断提高相对剩余价值而减少绝对剩余价值生产,使得劳动者拥有的生活资料不断廉价和丰富。

第四节　利润率平均化的结果与影响

在世界市场,虽然利润率平均化因诸多原因受到很多限制,但利润率平均化作为市场机制发挥作用的表现形式,并不会因为有了阻力就会改变其作用的机制,只不过会改变自己的表现形式罢了。

一、迫使企业千方百计提高生产率

利润率平均化趋势作为价值规律强制地发生作用的表现形式,每时每刻都在通过企业之间的竞争贯彻下去。个别企业因技术进步、管理创新或者成本优势获得的超额垄断利润都会随着同行业企业的竞争不断削减,而那些不具备技术进步、管理创新或者成本优势的企业将随着竞争的不断加剧而不断地被淘汰出局。所以,任何企业要获得超额利润,就必须加大投入,不断推动技术创新,不断改善企业管理水平,不断地降低生产成本,千方百计提高生产率,以较高的劳动生产率优势不断地获取超额利润。

二、驱使企业想方设法获取垄断地位

利润率平均化趋势,意味着先进的科学技术通过学习的形式不断扩散出去,先进的管理经验不断得以复制,低价成本方法、工艺或者分工格局不断地被仿制出来,高额利润不断被同行们瓜分。要长期地保持企业的高额利润的主宰地位,企业最好的方法就是获取垄断地位。垄断地位可以通过并购消灭竞争对手或者潜在的竞争对手,或者通过技术的不断创新间接地获取企业垄断地位。当然,还可以通过生产的差异化战略,避免同行业企业的竞争,通过获取规模经济获取超额利润。

三、促使国家不断调整产业结构

处于不同生产力发展水平的国家,其内部生产要素结构和禀赋是有很大差异的,一般而言,处于较低生产力水平的国家其资源和劳动力价格竞争优势十分突出,而处于较高生产力水平的国家其技术、资本竞争优势较为突出,而处于高生产力水平的国家其技术创新优势较为突出。这样,处于不同发展水平的国家具备的竞争优势是不同的。利润率平均化趋势也迫使那些生产经营成本不断上升、竞争优势逐步丧失的行业退出国际市场。而任何国家为了保持国家的竞争优势不因为利润率平均化而受到削弱,就必须通过产业结构调整和升级:一方面,把已经丧失竞争优势的行业要么淘汰出去,要么转移到具有竞争优势的地区或者国家;另一方面,通过科技创新,培育新的行业或者领域。这样,不同层级的国家通过产业升级和结构调整攀升到较高的竞争优势层级,而转移出去的产业就可以在较低竞争优势层级获得发展的空间和余地。

四、推动企业不断深化企业内部分工和外部结合

利润率平均化在国际市场的特殊表现为企业充分利用国际分工,挖掘国际利润率差异化所形成的特殊利益提供了可能。国际分工不仅充分利用全球资源优势,也可以挖掘全球的市场潜力。企业可以通过全球化分工协作渠道,把生产放在最廉价的生产要素地区进行,把销售放在最昂贵的地区进行,最大限度地利用利润平均化的地区时空差异,谋取最大利益;也可以把具备竞争优势的生产环节或部门

留在本国,而把在本土不具备竞争优势而在有些国家具备优势的生产环节或部门转移至该国生产,从而增加产品竞争优势;也可以利用企业具备的营销优势、品牌优势以及设计优势,把那些不具备生产优势的产品或生产环节外包至具备生产优势的地区或国家,从而获得超额的利润。

五、要求国家致力于新产品、新兴产业的研发和储备

利润率平均化趋势表明了任何企业都会遇到产品生命周期问题,其实该问题的实质是产品的创新周期。要解决好产品的生命周期问题,就必须在产品创新环节加大投入,以不断的科技创新,不断推出新的产品,以不断更新的产品、科技创新抵消产品生命周期不断衰退带来的负面影响。例如,IT 业巨头英特尔,就是通过科技的不断创新、新产品的不断推出,成功地抵御了利润率不断下滑的"魔咒",而且通过企业的不断科技创新和新产品性能大幅度提升,引领了世界电脑的生产和消费潮流,使企业始终牢牢地占据了科技创新的垄断地位,长期地获得垄断的高额利润。所以,在新的科技革命兴起的新时期,任何国家都要未雨绸缪,致力于科技创新,为新产业的发展提供科技创新的技术支持和产业标准支持。

第十一章　技术进步规律

技术进步是国际竞争的结果也是企业追求超额利润的产物。随着技术的扩散,各国的劳动生产率之间的差异趋于缩小,技术进步带来的贸易利益会随之消散,而由于各国生产成本之间的差异,就会出现该商品的生产逐步向低成本国家转移,甚至出现整个产业转移的现象。创新国家的技术创新与后进国家的模仿生产,最后导致产业转移,周而复始地形成了产品的生命周期。

第一节　技术进步规律的基本内容及国际贸易推动技术进步的原因

一、技术进步规律的基本内容

由于国际贸易形成的国际竞争,给参与国带来了技术外溢效应,世界各国技术水平的差异有进一步缩小的历史趋势;正是由于技术水平差距缩小带来的竞争压力和追逐超额利润的动力,不断驱使参与国际贸易的企业推动技术进步。

二、国际贸易推动技术进步的原因

1.世界贸易有利于人类已有科技发明和生产力的分享和保存

马克思认为,人类交往或者贸易的扩大可以有效地传播已有的科学技术知识和技巧,通过科技知识更加广泛地传播,可以减少甚至避免人类突遭战争、自然灾难而形成的毁灭性结果,从而有利于保存人类的科技知识和已经获得的生产力。

"某一个地方创造出来的生产力,特别是发明,在往后的发展中是否会失传,取决于交往扩展的情况。当交往只限于毗邻地区的时候,每一种发明在每一个地方都必须重新开始;一些纯粹偶然的事件,例如蛮族的入侵,甚至是通常的战争,都足以使一个具有发达生产力和有高度需求的国家处于一切都必须从头开始的境地。在历史发展的最初阶段,每天都在重新发明,而且每个地方都是单独进行的。发达的生产力,即使在通商相当广泛的情况下,也难免遭到彻底的毁灭。"①只有当交往或者贸易成为世界性的,人类科技进步才能充分共享,人类通过科技知识的充分分享,不仅可以避免科技创新的重复浪费,而且通过知识传播,相互吸收和借鉴,推动科技知识的同步发展,才能确保科技知识不会因某地区突遭战争或自然灾难的破坏甚至毁灭而湮灭或者中断,所以,马克思认为:"只有在交往具有世界性质,并以大工业为基础的时候,只有在一切民族都卷入竞争的时候,保存住已创造出来的生产力才有了保障。"②

2.世界贸易推动了现代生产方式的普及、科学与生产的结合

科学在生产中的广泛应用即机器大工业奠定了现代生产方式在世界的统治地位,科学应用的资本性质不仅为科学的发展和应用提供了物质条件和实践工具,而且推动了现代生产方式在世界范围内的逐步推广,从而推动科学与生产结合的国际化。

第一,机器大生产奠定了现代生产方式的物质技术条件,确立了其在世界市场的统治地位。"它使自然科学从属于资本,并使分工丧失了自然性质的最后一点痕迹。它把自然形成的关系一概消灭掉(只要这一点在劳动范围内可能做到的话);它把这些关系变成金钱的关系。它建立了现代化大工业城市(它们像闪电般迅速地成长起来)来代替从前自然成长起来的城市。凡是它所渗入的地方,它就破坏了手工业和工业的一切旧阶段。它使商业城市最终战胜了乡村。"③

第二,现代生产方式不仅为现代科学的发展和应用提供了实践条件,而且驱使科学为资本服务,从而推动科学与生产的结合发展。"只有资本主义生产方式才第一次使自然科学为直接的生产过程服务,同时,生产的发展反过来又为从理论上征服自然提供了手段。""生产过程成了科学的应用,而科学反过来成了生产过程的因素即所谓职能。每一项发现都成了新的发明或生产方法的新的改进的基础。""科学获得的使命是:成为生产财富的手段,成为致富的手段。"④"因此,随着资本

---

① 《马克思恩格斯全集》第3卷,人民出版社,1960年版,第62页。

② 《马克思恩格斯全集》第3卷,人民出版社,1960年版,第62～63页。

③ 《马克思恩格斯全集》第3卷,人民出版社,1960年版,第68页。

④ 《马克思恩格斯全集》第47卷,人民出版社,1979年版,第570页。

主义生产的扩展,科学因素第一次被有意识地和广泛地加以发展、应用并体现在生活中,其规模是以往的时代根本想象不到的。"①

第三,现代生产方式内在驱动力和外在竞争压力,推动其不断开拓世界市场,不断推动现代生产方式的世界化。"历史中的资产阶级时期负有为新世界创造物质基础的使命:一方面要造成以全人类互相依赖为基础的世界交往,以及进行这种交往的工具,另一方面要发展人的生产力,把物质生产变成在科学的帮助下对自然力的统治。资产阶级的工业和商业正为新世界创造这些物质条件,正像地质变革为地球创造了表层一样。"②大工业生产在世界范围的不断推广本身就是科学在生产上应用的日益全球化,而现代生产方式全球化又作为新的起点,进一步推动科学与生产结合广泛深入地发展。

第四,国际贸易不仅加快了科学知识传播,推动了科学的生产实践,而且加剧了国家之间科学创造的竞争和科学应用的竞争,从而大大推动了世界科技进步。所以说,"随着大工业的发展,现实财富的创造较少地取决于劳动时间和已耗费的劳动量,较多地取决于在劳动时间内所运用的动因的力量,而这种动因自身——它们的巨大效率——又和生产它们所花费的直接劳动时间不成比例,相反地却取决于一般的科学水平和技术进步,或者说取决于科学在生产上的应用"。③

3. 国际贸易拓展了国际分工,推动了企业的技术进步

国际贸易拓展了国际市场,而更广阔的国际市场又为国际分工广泛而深入地发展提供了条件,而广泛深入的国际分工则为企业的科技进步提供了坚实的社会条件。宏观方面,一方面,国际贸易推动了世界经济资源越来越集中于优势企业,从而深化了国际分工,而企业规模不断扩大不仅推动了科学应用而且为科学研发投入提供了更加雄厚的经济条件;另一方面,日益扩大的国际市场促进了国际分工的广泛发展,专业化分工更加细致,从而为专业化的知识积累和科学创新提供了更为宽松的土壤。"任何新的生产力都会引起分工的进一步发展",因此,"一个民族的生产力发展的水平,最明显地表现在该民族分工的发展程度上"。④ 微观方面,广泛而深入的国际分工为企业内部的分工提供了越来越丰富的材料。国际贸易极大地扩大了企业的生产规模,而"工业企业规模的扩大,对于更广泛地组织许多人的总体劳动,对于更广泛地发展这种劳动的物质动力,也就是说,对于使分散的、按习惯进行的生产过程不断地

---

① 《马克思恩格斯全集》第47卷,人民出版社,1979年版,第572页。
② 《马克思恩格斯全集》第9卷,人民出版社,1961年版,第252页。
③ 《马克思恩格斯全集》第46卷(下),人民出版社,1980年版,第217页。
④ 《马克思恩格斯全集》第3卷,人民出版社,1960年版,第24页。

变成社会结合的、用科学处理的生产过程来说,到处都成为起点"。① 建立在分工基础上不断扩大的总体劳动,不但推动了以机器系统为中心的劳动资料的不断发展和完善,为更大规模、更高层次应用科学创造了可能,而且,建立在日益发展的分工基础上的总体劳动的协作、监督和管理本身就越来越成为复杂的科学行为。因此"科学就是靠这些发明来驱使自然力为劳动服务,并且劳动的社会性质或协作性质也是由于这些发明而得以发展起来"。② 由于"劳动资料取得机器这种物质存在方式,要求以自然力来代替人力,以自觉应用自然科学来代替从经验中得出的成规"。③ 机器大生产的原则把生产过程分解为各个组成阶段,并且要求"应用自然科学来解决由此产生的问题",而且"这个原则到处都起着决定性的作用"。④ 正是生产实践不断提出实践问题和不断积累认识过程才能不断推动科学的应用和发展,使科学成为"生产的另一个可变要素",⑤正是生产与科学结合的实践不断推动生产资料及机器设备的不断发展和完善,因此,"现代工业的技术基础是革命的","现代工业从来不把某一生产过程的现存形式看成和当作最后的形式"。⑥ 生产资料的发展水平和性质不仅决定着企业内部分工水平和性质,而且生产资料的变革与演进最终决定着企业分工的变换和发展。所以,一定程度上说,科学以及科学的工业化应用水平决定着企业分工的水平和性质,决定着生产力的发展水平。

4. 价值规律的作用促进了技术的全球化进步

价值规律在国际市场的作用主要通过国际竞争来实现。竞争可以分为对最优生产条件的竞争和对超额剩余价值的追逐。优胜劣汰的竞争迫使企业努力推进科技进步和管理创新,不断提高生产率。而对超额剩余价值的追逐,使得企业不得不时刻面对后来者的追赶和超越,面对着残酷的竞争导致的利润率不断下降的铁律,因此,加大科技投入、深化国际分工和生产、经营的社会化,就变得尤为重要。一方面,竞争不断形成资本和生产的集中,而集中必然产生垄断。垄断并不能消灭竞争,反而使竞争的范围、深度和持久性得到空前提高。高度集中的生产和资本,不仅为科学发展和应用提供了更加广阔的空间,而且激烈的竞争也使科学创新的投入和应用成为进行竞争的必要的、经常性的工具。另一方面,追逐超额剩余价值的动力,不仅推动科学广泛深入的应用,而且推动生产社会化程度的高度发展:企业

---

① 《马克思恩格斯全集》第 23 卷,人民出版社,1972 年版,第 688 页。
② 《马克思恩格斯全集》第 16 卷,人民出版社,1964 年版,第 140 页。
③ 《马克思恩格斯全集》第 23 卷,人民出版社,1972 年版,第 422 页。
④ 《马克思恩格斯全集》第 23 卷,人民出版社,1972 年版,第 505 页。
⑤ 《马克思恩格斯全集》第 49 卷,人民出版社,1982 年版,第 495 页。
⑥ 《马克思恩格斯全集》第 23 卷,人民出版社,1972 年版,第 533 页。

内部分工协作不断深化、社会分工日益广泛、细化,社会化生产劳动的协作水平不断提升,人类总体劳动的质量和规模逐渐提升。所以,"生产力的这种发展,归根到底总是来源于发挥着作用的劳动的社会性质,来源于社会内部的分工,来源于智力劳动特别是自然科学的发展"。①

第二节　科技进步的历史趋势与特点

一、技术进步速度快、范围广、规模大

科技进步周期加快,科技进步领域和范围空前广泛,由科技进步推动的产业规模也空前壮大。首先,科技进步速度更快,科技应用周期迅速缩短。据专家们研究,人类知识总量翻一番的时间在 20 世纪中期需要 50 年,而到 2020 年前后只需要 73 天,最近 30 年来,人类所取得的科技成果,比过去 2000 年的总和还要多。科技成果转化为商品的周期进一步缩短。在 19 世纪,电的发明到应用时隔 282 年,电磁波通信时隔 26 年,而到了 20 世纪,集成电路的应用仅仅用了 7 年的时间,而激光器仅仅用了 1 年,微型计算机近 6 个月就会有新一代产品问世。据统计,18 世纪时科技应用周期大约是 100 年,第二次世界大战前周期为 20 年,战后缩短为 7 年,现在一般只需要两三年,有的几乎一出来就可以转化为成果。信息技术的发展更是呈指数增长,如电话走进 50% 的美国家庭用了 60 年时间,而互联网进入 50% 的美国家庭只用了 5 年时间。其次,科技革命领域和范围也空前扩大,前两次科技革命主要发生在生产领域的动力和加工制造部门,而当代科技革命已经深入国民经济各个领域,包括生命、环境、材料、空间、电子信息等诸多领域。学科之间、科学和技术之间、自然科学和人文社会科学之间相互交叉渗透,导致众多跨学科领域的诞生。最近几十年来,交叉学科和新兴学科发展迅速,学科分支已经从 20 世纪初的 600 多门,发展到现在的 6000 多门。纳米、生命、信息、认知科学的融合,推动着人类整体认识能力的飞跃。最后,由科技革命推动的新兴产业规模越来越庞大。以信息技术为例,单就信息技术产业本身就已经占到 GDP 的 10% 左右,而信息技术已经渗

---

① 《马克思恩格斯全集》第 25 卷,人民出版社,1974 年版,第 97 页。

透至生产、生活、科研教学乃至思维认知等各个领域。

二、科技创新活动日益社会化

马克思认为现代社会分工形成了智力劳动与体力劳动的分化与对立,而现代生产方式不仅为现代科学研究提供了条件,也为科学研究独立分化提供了动力和条件。工业革命时期,科学研究仍然是科研人员作坊式单打独斗的过程,而现代科学研究,由于科学研究投资大、周期长,而且涉及范围十分广泛而复杂,科研任务不可能依靠个人作坊式研究来完成,许多尖端科研任务也难以依靠某一单位在短时期完成,因而常常需要多个科研生产部门和单位的联合来协作完成。在这些协作部门内部,各个学科、各个领域的科技人员分工协作、合作攻关。例如,人类第一颗原子弹的研制即著名的"曼哈顿计划"耗资 22 亿美元,参加的科技人员达到了 15 万人之众,目前还在进行的人类基因组计划,由美国牵头,先后吸引英国、日本、法国、德国、中国和印度参加,到 2006 年已经历时 21 年,基本完成人类 23 对基因的测序工作。目前该研究计划还在推进之中。科学研究已经由原来的作坊式个人研究发展为跨领域、多学科、跨地区甚至国际化的社会化研究工作。

三、科技创新手段信息化、网络化

科技创新在科技进步推动下,特别是在现代信息技术和网络技术推动下,科技创新手段逐步实现了信息化、网络化。从科技资料查询、检索到科学实践验证、生产的投入已经实现了信息化、网络化。在信息时代,信息技术和网络技术不仅可以实现跨时空信息同步共享和交流,而信息技术和网络技术的飞速发展和普及,将大大改变人类科研活动的方法和模式,使得全球性的、跨学科的、大规模的科研分工协作跨越时间、空间、物理障碍的资源共享与协同工作成为可能。

第一,现代科研跨学科多领域、全球化分工协作的特点,要求科研人员充分掌握和利用现代信息和网络技术,全面打破传统科研方式、方法的局限性,实现异地、跨领域的信息资源的同步分享和交流。

第二,现代科研具备需求规模大、周期短、多样化等特点,借助信息和网络技术,可以在不同学科领域及时地进行大规模跨地区整合,可以最大限度地突破传统科研体制因人手、学科、领域和空间的限制,实现跨地区、多领域的协同研究。

第二,对于多数成果诞生于实验室的科研来说,仿真与大规模计算始终是分析、发现和预测科研课题的主要手段之一。对于周期长、成本高、实验技术支持投入要求高的科研任务,一般传统科研手段很难在短期内获得成功,而依靠信息化这样的高科技手段,现代科研可以借助于模拟、仿真等信息技术手段有望打破传统科研所需要长周期、高成本、高实验强度的限度,以较低成本、有限实验数据,借助于计算机设计、仿真模拟技术,在较短周期内,达到研究目的。

第四,借助于信息技术和网络技术,落后地区可以充分借鉴前人和同代人的研究成果,缩短研究基础的差距、避免重复性研究浪费,从而实现跨越式发展。

第五,通过信息化手段,科研机构能够更好地同市场进行互动,加快科技产品的商品化,促使产、学、研三方实现有机结合,达到科学资源的更合理配置、基础设施在科研领域的率先应用。

四、科技成为第一生产力

马克思在人类进步历史中首次提出了科学技术是生产力的命题,而且把科学技术看作最高意义上的革命杠杆。现代生产方式不仅把科学并入生产过程,为科学劳动从社会分工中独立出来创造条件,而且把科学创新作为创造财富的重要手段。虽然在马克思所处时代科学对经济发展的贡献还十分有限,可马克思却以敏锐的洞察力和卓越的远见认识到了科学技术在推动人类发展进步中的突出作用。人类在经历过三次大的科技革命的今天,科学技术对经济发展的推动作用已经超越其他任何要素,成为名副其实的最高生产力。首先,科学技术已经成为经济发展的第一推动力,这已为近几十年世界在国民经济发展方面的历史所证明。第二次世界大战以来,科技进步因素在国民经济增长中的比重已上升到决定性的地位。在 19 世纪以前,科学技术进步的作用还十分有限,到 20 世纪初,科技因素在劳动生产率和经济增长中所占的比重也才仅仅达到 5%～20%,但是到了 50、60 年代,在发达国家就开始超越 50% 的界限,成为第一贡献要素。80 年代以来,在发达国家的这一比重已达到 60%～80%。据推算,中国广义的科技进步贡献率到 20 世纪末就开始突破 50%,目前贡献率达到 55% 左右。科技进步成为经济增长的主要推动力,科学技术实力成为决定国家综合国力强弱和国际地位高低的重要因素。其次,科学理论的创新已经成为引领科技、生产发展的先导因素。20 世纪人类发现历史上科学技术在经济发展中基本处于从属地位,但是生产实际的需要刺激了技术的发展,并进一步为科学理论的形成奠定了基础。20 世纪以来,生产、技术、科学的相互作用机制出现了逆转现象,科学理论不仅走在了技术和生产的前面,而且为技术和生产的发展开辟了各种可能的途径。例如,先有了量子理论,而后促进了集成电路和电子计算机的发展,奠定了信息产业的基础;运用相对论和原子核裂变原理形成了核技术,引发了核能工业;运用分子生物学和遗传学的最新成就,发展了生物技术,并催生具有巨大潜力的生物技术产业。所以,当代的科学技术往往是理论超前性的,也是知识密集型的。科学技术的这种特点,决定了它在经济发展中必然成为主导力量。以信息技术为例,20世纪70年代以来,信息技术革命极大地促进了世界经济结构的变革,信息制造业和信息服务业等新兴产业迅速崛起,成为带动世界经济增长的火车头。信息技术与传统产业的有机结合,有力地促进了传统产业的技术升级。美国信息技术的大力发展带来了超过110个月的经济长期繁荣。在未来几十年里,世界科学技术的突破,将进一步引发人类社会新的变革,对全球各国经济、社会发展带来深刻影响。最后,人类已经形成"科学——技术——生产"模式,科学已经日益成为直接的生产力。

五、科技创新主体企业化

马克思认为企业是科学与生产过程结合的主体,正是依托企业,科学技术不仅有了现代研究和应用的平台,而且高额的市场回报也为科学研究提供了强大的推动力量。科技创新主体企业化是现代市场国家普遍的做法。以2007/2008年世界主要国家研究与发展经费支出结构来看(见表11-1),中国、美国、日本、韩国、德国和比利时的研发经费支出中企业比重均已接近或者超过70%,日本和韩国更是分别达到了77.9%和76.2%。其他如英国、俄罗斯、法国、加拿大也达到了55%以上。其中,我国企业的研发经费支出从2003年的925.7亿元,占比为60%,提高到2007年的2611亿元,占比为72.3%。在我国,企业提供2/3的发明专利,3/4的技术创新,4/5以上的新产品开发。所以,无论是从我国还是世界主要发达国家来看,企业均已成为科技创新和进步的主体。

表11-1 2007/2008年世界主要国家研究与发展经费支出结构比较

执行部门	中国	美国	日本	英国	法国	德国	加拿大	比利时	韩国	俄罗斯
时间(年)	2007	2007	2007	2007	2007	2007	2008	2007	2007	2007
企业(%)	72.3	71.9	77.9	64.1	63.2	69.9	56.1	69.3	76.2	64.2
政府(%)	19.2	10.7	7.8	9.2	16.5	13.9	9.6	8.3	11.7	29.1
高校(%)	8.5	13.3	12.6	24.5	19.2	16.3	33.8	21.8	10.7	6.3
其他(%)	0.0	4.2	1.8	2.1	1.2	0.0	0.5	0.6	1.5	0.0

资料来源:根据《中国科技统计年鉴》(2009)整理。

六、科技创新竞争国际化

科技全球化加快,科技创新已经成为以综合国力为代表的国家竞争力的决定性因素。科技创新竞争日益成为国家间竞争的焦点。发达国家充分利用自身的技术和资本优势保持领先地位,并以知识产权、技术壁垒等新的贸易手段对其他国家实施压制或进行技术控制。据统计,目前全世界86%的研发投入、90%以上的发明专利都掌握在发达国家手里。凭借科技创新优势,发达国家掌控了世界诸多领域和产品的国际标准和规则,发达国家及其跨国公司形成了对世界市场特别是高技术市场的高度垄断,从中获取大量超额利润。发展中国家由于科技创新能力严重不足,不得不依靠廉价资源和劳动力参与国际分工,不仅国际收益微薄而且经济安全问题面临着日益严峻的挑战。面对正在兴起的科技革命浪潮冲击和日益加快的科技经济发展的总体态势,世界各主要国家都纷纷把科技创新作为国家的发展战略,把科技投资作为战略性投资,把超前部署和发展战略技术及产业作为带动经济发展的关键举措。世界各国都大幅度增加科技投入(见表 11 – 2),如美国 2007 年研究与发展(R&D)经费支出达到 3688 亿美元,占到当年 GDP 比重的 2.68%。其他主要科技大国也不示弱,日本、英国、法国、德国、加拿大、比利时、荷兰和韩国研究与发展经费支出比重均接近或者超过 2%,日本、韩国更是达到 3.4%以上的高水平,"金砖四国"的投资力度显得相对较弱。我国自提出科教兴国战略以来,不仅研究与发展经费支出逐年提高,而且其占 GDP 比重迅速提升,目前已接近发达国家平均水平。在发展战略性技术与产业方面,美国实施了信息高速公路计划、国家纳米技术计划和氢能研发计划,欧洲开展了科技框架计划和伽利略计划,韩国实施了先导技术研发计划和替代能源计划等。后发国家借助科技革命的历史机遇,利用后发优势实现社会生产力的跃升,同时加大对科技创新的支持和投资力度,就能够抓住机遇,通过科技进步和创新,迅速缩小与发达国家之间的距离,甚至成功地实现赶超发达国家的最终发展目标。在这些方面,日本和韩国做出了表率,一定程度上,日本和韩国的先后崛起就是建立在科技创新带来的后发优势的基础之上的。

表 11 – 2　世界主要国家的研究与发展经费及其占 GDP 的比重

单位:10 亿本国货币单位

时间(年)　国家	R&D 经费						R&D/GDP					
	1994	1995	2000	2005	2006	2007	1994	1995	2000	2005	2006	2007
中　国	30.63	34.87	89.57	245.00	300.31	371.02	0.64	0.57	0.90	1.34	1.42	1.44
美　国	169.61	184.08	267.77	324.46	343.75	368.80	2.42	2.51	2.74	2.62	2.66	2.68
日　本	13596	14408	15304	16673	17273	17756	2.79	2.92	3.04	3.32	3.39	3.44
英　国	13.68	14.03	17.72	21.68	23.20	25.13	2	1.94	1.85	1.76	1.76	1.79
法　国	26.76	27.30	30.95	36.53	37.84	39.37	2.32	2.29	2.15	2.10	2.10	2.08
德　国	38.90	40.46	50.62	55.74	58.85	61.54	2.18	2.19	2.45	2.48	2.54	2.54
加拿大	13.34	13.75	20.64	27.70	28.07	28.88	1.73	1.7	1.92	2.01	1.98	1.88
意大利	8.98	9.23	12.46	15.60	16.83	—	1.02	0.97	1.05	1.09	1.13	—
比利时	3.31	3.47	4.96	5.55	5.80	6.26	1.65	1.67	1.97	1.84	1.88	1.87
荷　兰	5.67	6.01	7.63	8.84	9.26	9.67	1.95	1.97	1.82	1.72	1.71	1.70
葡萄牙	0.44	0.46	0.93	1.20	1.56	1.92	0.56	0.54	0.76	0.81	1.00	1.18
西班牙	3.29	3.55	5.72	10.20	11.82	13.34	0.79	0.79	0.91	1.12	1.20	1.27
韩　国	7895	9441	13849	24155	27346	31301	2.32	2.37	2.39	2.98	3.22	3.47
俄罗斯	5.15	12.15	76.70	230.79	288.81	371.08	0.84	0.85	1.05	1.07	1.07	1.12
巴　西	3.23	5.63	10.90	17.18	—	—	0.92	0.87	0.99	0.97	1.02	—
印　度	66.22	74.84	176.6	216.38	—	—	0.73	0.71	0.86	0.61	—	—

资料来源:根据《中国科技统计年鉴》(2009)整理。

第三节　科技进步的影响

马克思认为科学是推动人类社会进步的最高意义上的革命因素。科学技术进步不仅是事关企业生死存亡的关键因素,是推动世界产业结构调整和布局的重要推动力量,而且科技的重大创新和突破改变了整个人类的生产、生活方式,剧烈地改变着世界的政治经济格局,左右着一个国家的前途与命运。

一、对国际政治经济格局演变产生巨大的影响

从第一次工业革命算起,世界已经经历过三次大科技革命,第一次工业革命产生于 1867～1840 年,在英国兴起,以蒸汽机的广泛应用为标志,推动英国和欧洲大陆在世界崛起,最终形成英国日不落大帝国殖民统治体系,世界形成了以英国为代表的西方工业化国家对整个东方落后民族的殖民统治体系。第二次工业革命产生于 1840～1950 年,由美国、英国、德国和法国领导,形成以内燃机和电机广泛应用为代表的电气化时代。该期间由于政治经济发展不平衡,德国、美国、日本等一些国家迅速崛起打破了原有殖民体系平衡,世界先后爆发了两次世界大战,如果说第一次世界大战调整了原有的殖民体系,产生了世界上第一个无产阶级专政国家——苏维埃俄国,剧烈地改变了世界的发展潮流;而第二次世界大战则彻底摧毁了世界殖民体系,颠覆了欧洲对世界的统治地位,奠定了世界以国家为主体的基本地理格局,形成了社会主义与资本主义两大阵营长期对峙的世界政治经济格局。第三次科技革命产生于 20 世纪 50 年代,以信息技术广泛应用为标志,形成了以美国为大脑,以欧洲、日本为四肢的现代信息和网络社会。

二、推动了世界产业结构的演进和生产方式的不断革新

第一次工业革命,推动了世界产业结构由农业为主体向以工业为主体的转型,生产的物质技术基础也由手工业向机器大工业转变,生产组织形式由原来的以家庭为单位的农业手工业组合向社会分工协作和企业内分工协作的社会化大生产转型,该阶段的工业化以机器化大生产所带动的轻纺工业的崛起为标志。第二次工业革命,内燃机和电的广泛使用形成了人类通信方式和交通运输方式的巨大变革。现代交通运输业和通信业崛起,不仅大大缩短了人们的地理空间,极大扩张了人类生产生活的空间范围,而且推动了人类生产方式的巨大变革。重工业、化学工业开始崛起,以公司制度为代表的现代企业大量出现。生产、资本、组织的社会化程度大大提高。资本主义开始由自由竞争过渡到垄断资本主义。第三次工业革命,信息技术、网络技术的广泛应用与普及,不仅极大地改变着人类生产方式的物质技术基础和组织结构形式,而且催生了知识技术传播和生产时代的到来。信息化技术不仅直接形成了生产的集约化、标准化、智能化,而且极大地推动了生产过程纵向分工和横向融合,形成了企业化分工市场化、国际化和市场分工的企业化、内部化。

三、对企业生产组织和经营方式产生较大冲击

第一次工业革命最终依靠机器大生产协作的效率打败了家庭手工业和工场手

工业,最终确立了以制度严格和内部等级分工协作为特色的工厂制度,最终确立了以机器体系为中心的企业内部分工协作组织。第二次工业革命则确立起以资本社会化、所有权和管理权分离的现代企业制度,企业内部则逐步形成了分工明确、复杂而统一的科层制管理体制。第三次科技革命则由于生产经营出现智能化和创新经常化的新特点,导致大量由科技创新推动的高性能技术企业成为推动经济发展的生力军。智能化、创新性成为企业生产组织和经营的最突出特色,生产组织管理不再以机器体系为中心,而是以创新和科研团队、管理团队和营销团队为中心,生产组织出现了积聚和分散两个相反的发展方向,分散化主要指原有的生产组织流程被打破而被分解为不同生产组织承担,集聚化主要是相同或者相近企业或生产经营单位出现了地理空间的积聚倾向。总的来看,企业管理和营销由原来的垂直化科层制组织向水平的网络化组织转化。

四、形成了企业的生命周期和国际分工阶梯化

第一次工业革命时期,虽然大规模的社会科技创新构成了工业化推动力量,但总的来说,科技进步和创新还没有成为企业经常性的任务,科技进步还主要由社会创新在企业外部提供。所以,整个资本主义生产周期,还是由社会创新的速度决定的,所以,马克思认为固定资本更新是推动企业走出危机的物质技术基础,也是奠定下次危机出现的新的物质技术基础。科技革命的后果就是形成以欧洲先导工业化国家为中心的国际垂直产业间分工。第二次工业革命时期,科技革命仍然是由社会创新的外部供给为主导,此时的科技创新开始由个人逐步过渡到团队和组织。但随着落后国家工业化的逐步推进和工业技术的跟进,垂直的产业间分工逐步向产业内的垂直分工发展。企业生命周期不仅取决于社会的科技进步,而且越来越取决于技术的传播和外溢速度了。第三次科技革命时期,不仅带来技术传播和知识外溢革命性变化,几乎同步的信息传播速度,决定了社会创新已经无法保证每一个企业都能从中盈利,而且,国内市场和国际市场经历过长期发展已经开始形成高度垄断,高度集中的生产也为企业科技创新提供了条件,所以该阶段,科技创新逐步由社会转入企业内部,科技创新由个人转为团队,科技创新已经开始主导企业的发展和命运。特别是高技术企业,企业的生命周期已经决定于它的创新周期。在国际市场居于垄断地位的跨国公司开始利用技术扩散周期,选择适合于不同技术水平的国家和地区进行全球化布局,从而使企业科技创新周期全球化。这样,跨国公司的全球化布局和处于不同技术层次的世界各国一道,形成了按照技术进步层级或者按照技术进步周期依次递进的处于不同国际分工水平的阶梯。

五、推动丧失生产率优势的产业或者生产环节向外转移

国际产业转移是指发生在国家之间的产业转移,是较发达国家或地区产业结构调整或者升级的产物。产业结构调整的原动力是科技革命。

1. 科技革命造就世界经济中心

第一次工业革命造就以英国为领导的欧洲经济中心,第二次工业革命造就了以美国、德国、英国等少数发达国家为中心的世界经济中心,第三次科技革命造就了美国一超独霸的经济地位,目前,随着美国实力的相对衰落、"金砖国家"的崛起,世界多极化趋势开始显现。

2. 科技进步推动的发达国家结构调整和升级,是世界产业结构升级、产业转移的直接推动力

发达的科技进步不断推动资本有机构成和劳动生产率的不断提高,一方面推动了结构调整和升级,另一方面也不断提高劳动力成本。在劳动力成本不断攀升的背景下,先是低端劳动力密集产业,接着是中高端劳动力密集产业逐步失去竞争优势。发达国家为了获得高额利润就不得不把已经失去优势的产业或者生产环节转移到国外。

3. 科技进步推动的发展中国家工业化和产业升级是承接世界产业转移的物质技术基础

发展中国家工业化水平不断提高,一方面,形成了强大的工业制造能力,也逐步形成对先进科技的吸收和消化能力;另一方面,丰富低廉的劳动力资源、自然资源以及逐步完善的基础设施和市场经济秩序是吸引发达国家投资的基本原因。科技革命中心的转移直接推动了世界制造业中心的转移。17世纪90年代,德国从英国手里接过了制造业中心的地位,世界产业中心开始了首次转移。第二次产业转移发生在18世纪30年代,美国形成了高附加值的精细化工产业,取代了德国的合成化学时代。20世纪60年代,以机械电气为代表,世界的制造业中心从美国转移到日本。目前,世界加工制造中心正在向中国转移。科技进步追赶效应推动了世界产业转移和结构的升级。第一次产业大转移发生在20世纪50年代,美国随着国内产业升级和调整,把钢铁、纺织等传统产业转移到日本、联邦德国等亟待重整经济的国家,推动了日、德经济的再次崛起;第二次产业大转移在20世纪60~80年代,随着联邦德国、日本的国内产业升级和调整,将钢铁、纺织品等附加值较低的劳动密集型产业转移到新兴工业化国家或地区,造就了东亚奇迹,带动了东亚经济的快速发展。第三次产业大转移发生在20世纪90年代,欧美和日本等发达国家

和亚洲新兴工业化国家或地区将自身不具有竞争优势的产业向以中国为代表的发展中国家转移,造就了中国"世界工厂"的地位和30年的高速经济增长。

在科技革命或科技进步的推动下,产业结构会不断调整和升级,随着发达国家产业结构调整和升级,产业可以通过国际贸易和国际投资等形式进行转移,从而大大推动国际分工和国际贸易向更大范围、规模和纵深发展。

第十二章　不平衡发展规律

不平衡发展规律揭示了世界各国经济贸易发展不均衡的一般规律。在国际贸易、国际投资的技术扩散作用的影响下,后发展国家可以利用"干中学"迅速缩小与发达国家的差距;由于国家在获取后发展优势中的独特作用,善于利用国家在国际贸易和国际投资中的作用,不仅可以利用企业集群、产业协作形成规模效应,而且可以利用技术革命浪潮带来的机遇,在某些领域和产业取得突破,从而获得产业或领域垄断地位。善于学习与吸收借鉴、善于发挥国家的独特作用和善于利用科技革命带来的机遇,就会形成某些国家在发展过程中赶超发展,从而打破原有的发展格局,形成不平衡发展的一般态势。

第一节　经济不平衡发展规律的基本内容及形成不平衡发展的基本原因

一、经济不平衡发展规律的基本内容

马克思认为人类社会的发展是一个自然的历史过程,他说,这些规律本身是"以铁的必然性发生作用并且正在实现的趋势",[1]但这是一个有先有后不平衡的发展历史进程。他在评价当时英国的工业化进程与其他国家发展的关系时说:"工业较发达的国家向工业较不发达的国家所显示的,只是后者未来的景象。"[2]马克

---

[1]　《马克思恩格斯全集》第23卷,人民出版社,1972年版,第8页。
[2]　《马克思恩格斯全集》第23卷,人民出版社,1972年版,第8页。

思认为人类即使发现并全面认识了人类自身发展运动的自然规律,仍然无法改变人类社会发展本身的进程。"它还是既不能跳过也不能用法令取消自然的发展阶段。"马克思认为人类在社会发展的历史面前不是被动地适应这一自然历史过程而是积极主动地通过自己的社会实践,自己创造自己历史的实践过程。所以,人类通过发挥自己的主观能动性,可以认识和把握社会发展的自然规律,在尊重规律条件下,利用社会发展规律"缩短和减轻分娩的痛苦"。① 马克思在谈到落后的发展问题时,落后国家在先进国家支援下可以实现跨越"资本主义卡夫丁峡谷"的发展,实现跨越式发展。"可以不通过资本主义制度的卡夫丁峡谷,而把资本主义制度所创造的一切积极的成果用到公社中来",直接走上社会主义道路。但跨越是有条件的,"一切都取决于它所处的历史环境"。② 所以,马克思的经济发展不平衡规律的基本内容:一是指人类社会发展的纵向不均衡。人类社会发展是一个符合客观规律性的自然历史进程,而这一历史进程本身就是不均衡的。二是指人类社会发展的横向不平衡性。主要是指各国的经济发展水平的不平衡性,包括生产力分布的不均衡性、生产力水平的不同步性、差异性,各国经济发展速度的不平衡性以及发展的阶段性、层次性、差异性。三是指少数落后国家可以创造条件,充分利用经济发展的规律,吸收和借鉴人类创造的物质和精神成果,实现跨越式发展。

二、形成不平衡发展的基本原因

1. 地理位置和自然条件、经济社会条件的差异

马克思认为自然条件的差异不仅造成了社会分工的第一个条件,也是造成社会发展多样性、不平衡性的一个重要因素。马克思在评价资本主义产生的自然条件时说:"资本主义生产方式以人对自然的支配为前提。"认为过于富饶的自然"使人离不开自然的手,就像小孩子离不开引带一样"。它不能使人自身的发展成为一种自然必然性。他说:"资本的祖国不是草木繁茂的热带,而是温带。不是土壤的绝对肥力,而是它的差异性和它的自然产品的多样性,形成社会分工的自然基础,并且通过人所处的自然环境的变化,促使他们自己的需要、能力、劳动资料和劳动方式趋于多样化。"③从历史的发展来看,第一次工业革命之所以发生在英国,最先引领了欧洲的工业革命,形成了欧洲工业化中心的世界地位,与英国所处自然环境和地理位置有着密切的关系。英国的地理位置使其深受地中海文明的沐浴,形成

---

① 《马克思恩格斯全集》第 23 卷,人民出版社,1972 年版,第 11 页。
② 《马克思恩格斯选集》第 3 卷,人民出版社,1995 年版,第 765 页。
③ 《马克思恩格斯全集》第 23 卷,人民出版社,1972 年版,第 561 页。

了特立独行的岛国文化和危机意识,使其能够较好地避开欧洲大陆战乱的纷扰又能较好地吸取大陆经验和教训,岛国优越的地理位置使其包容开放,形成了重视商业、敢于冒险的民族风格,所以,资产阶级革命和工业革命能够特立独行,独步世界。另外,英国拥有工业革命所需要的重要生产要素资源:较高的纺织业原料——棉花和羊毛产量、丰富的煤炭资源和铁矿资源以及海外殖民和贸易带来的巨额资金,圈地运动形成了丰富剩余劳动力。这些都为工业革命提供了最好的生产要素条件。英国的资产阶级革命为其发展资本主义生产方式扫清了道路,而工业革命最终奠定了英国的领先地位。正如一位英国人所总结的那样:大不列颠的确是各国中最适合于商业的国家,这是由于它的岛国的位置,同样也是由于它的政体的自由和优越性所致。同样,靠近英国地理优势和相近文化背景使欧洲其他邻国能够最先分享工业革命成果,走在世界工业化的前列。第二次科技革命之所以发生在德国、美国和其他欧洲发达国家也不是偶然的,这与其地理位置和自然条件息息相关。首先,美国看似与第一次工业革命发源地相距甚远,其实,美国早期是英国殖民地,而且其民众主要来自欧洲国家的移民或者后裔,所以,美国深受英国制度、文化的熏陶和影响。其次,发生科技革命的国家,也都具有商贸的传统和优越的地理位置。第三次科技革命之所以源于美国,也与地理位置和自然条件息息相关。美国东西两面均面临大洋,形成相对孤立的地理位置,使其远离两次世界大战炮火,而且借助于两次世界大战特殊需求高速发展起来。第二次世界大战后,欧洲的复兴,德国、日本以及亚洲四小龙的崛起,也与地理位置和经济文化条件关系密切。这些国家和地区都位于社会主义政权苏联和中国的前沿,出于扶植军事盟国和遏制社会主义势力的需要,美国产业转移优先选择这些国家。

2. 科技革命的影响

马克思不仅把科学看作生产力,而且把科学的应用看作推动生产力最有效的手段,是推动社会发展的最高意义的革命杠杆。"大工业把巨大的自然力和自然科学并入生产过程,必然大大提高劳动生产率,这一点是一目了然的。"[①]从实践来看,科技进步的不平衡不仅是造成发展不平衡的主要原因,科技革命本身也是造成某些国家快速崛起的直接原动力。以第一次工业革命为例,在 18～19 世纪,仅 200年的发明就远远超过了人类 5000 年历史发明的总和,工业革命涉及的主要领域包括纺织业、动力能源业、钢铁业和运输业。以蒸汽机发明来说,1680 年,法国物理学家尼斯·帕旁在英国试验成功第一台可以把热能转变为机械能的蒸汽泵;1698

---

① 《马克思恩格斯全集》第 23 卷,人民出版社,1972 年版,第 424 页。

年,英国人托马斯·塞维利发明了利用蒸汽力而制成的抽水机;1705年,英国人托马斯·纽科门制造出了第一台真正可用作动力的蒸汽抽水机;1769年,瓦特制成第一台单向蒸汽机;1781年,瓦特发明了一套齿轮联动装置,可以将活塞的往返直线运动转变为轮轴的旋转运动;1782年,瓦特制造出双向蒸汽机并取得专利;1784年,经过瓦特再次改进的蒸汽机,不仅能够适用于各种机械运动,而且增加了一种自动调节蒸汽机速率的装置。瓦特蒸汽机的问世,解决了工业发展中的动力问题。马克思说:"瓦特的伟大天才表现在1784年4月他所取得的专利的说明书中,他没有把自己的蒸汽机说成是一种用于特殊目的的发明,而是把它说成是大工业普遍应用的发动机。"蒸汽机的发明使机械化生产冲破了自然条件的限制,使人类进入蒸汽机时代,从而大大加速了工业革命的进程。工业革命的巨大成功也使英国崛起为世界工业霸主(见表12-1):1850年,英国生产了全世界金属制品、棉织品和铁产量的一半,煤产量的2/3,对外贸易占世界贸易总量的20%,其他如造船业、铁路修筑都居世界首位。1860年,英国生产了世界工业产品的40%~50%,欧洲工业品的55%~60%,对外贸易占到世界贸易的40%。同样,第二次科技革命,原发于德国、美国和其他欧洲工业化国家,从而造就了美国、德国、法国等国的崛起和英国的相对衰落。1851~1900年的50年中,德国在基础科学与技术科学方面取得的重大成果共计202项,远远超出英、法两国之和,20世纪初的20年中,德国就有20人获诺贝尔奖,无疑,德国已取代英国成为当时世界科学技术的中心。大量新技术、新设备的迅速采用,促使德国在最新技术基础上建立起完整的工业体系,其工业发展速度大大超过了英、法。尤其是1890~1900年,工业生产平均增长率为61%,达到第一次世界大战之前的最高水平。从19世纪70年代开始,英国的全球工业霸主的地位就已经丧失,其他欧美国家开始迎头赶上,以美国和德国最为显著。以国民生产总值为例,在1880~1900年20年,英国两个10年的增长率分别是2.2%和3.4%,美国和德国却分别达到了4.1%、2.9%和3.8%、3.4%,到1900~1913年,英国平均年增长率只有1.5%,美国、德国分别增长了3.9%和3.0%。1880年,英国制造品出口占到了世界总额的40%以上,到了1913年,英国、德国和美国三国在制造品出口总额中的比例变成了29.9%、26.4%和12.6%。世界制造业中心也从英国转移到美国和德国。第三次科技革命,美国的世界领导地位得到空前巩固和提升,不仅形成美国一超独霸的世界政治经济格局,而且形成美国在世界政治经济格局中的主导地位,世界产业转移的方向、布局和节奏无不深深地打上了美国的意志和战略诉求。

表 12-1 第一次工业革命时期,英国的重大发明及结果

领域	纺织业	动力能源业	运输业	钢铁业
重大发明	1733 年凯伊发明飞梭 1764~1767 年哈格里夫斯发明珍妮纺纱机 1769 年海斯发明水力纺纱机 1779 年克隆普敦发明了骡机,后被改良成自动棉纺纱机 1785 年艾德蒙特·卡特莱特又发明了动力织布机	1769 年瓦特发明单向蒸汽机 1782 年瓦特又制造出双向蒸汽机 1785 年瓦特在诺丁汉郡建立第一个蒸汽纺纱厂 1820 年出现煤矿卷扬机	1765 年开始用铁轨 1788 年开始架设铁桥 1811 年开始仿制汽船 1814 年史蒂芬逊发明蒸汽机车,并用于运煤 1825 年史蒂芬逊制成第一辆客运火车,修建第一条铁路	1709 年达比采用焦炭炼铁成功 1750 年亨茨曼发明坩埚炼钢工艺 1873 年波特获得搅拌精炼法专利
结果	1825 年蒸汽机 15000 台,375000 马力	1846 年,英国煤炭年产量已经达到4400 万吨	1844 年英国铁路已经长达 2235 英里	1840 年工业革命基本完成

资料来源:根据有关网上资料整理,http://zh.wikipedia.org/wiki/%E8%8B%B1%E5%9B%BD%E5%B7%A5%E4%B8%9A%E9%9D%A9%E5%91%BD。

3.技术追赶效益的差异

马克思把科学在资本主义生产中的应用看作形成不断推动资本主义生产方式不断变革的物质技术基础,"现代工业的技术基础是革命的",因为"现代工业从来不把某一生产过程的现存形式看成和当作最后的形式"。"现代工业通过机器、化学过程和其他方法,使工人的职能和劳动过程的社会结合不断地随着生产的技术基础发生变革。"①而且马克思预言未来生产力的发展主要取决于科学的应用程度。现代新增长理论高度重视科技进步的引领作用,认为:落后国家利用与先进国家的科技差距,通过引进投资和贸易、参与世界分工、承接世界产业转移等形式不断引进、学习和借鉴先进国家的技术、经验,从而更加有效地利用本国生产要素的价格优势实现快速发展,不断缩小发展差距,可以成功地实现追赶先进国家的发展目的。对于处于发展后列的国家来说,如何更加有效地利用科技革命成果、不断推动科技进步将决定其在世界发展格局中的地位这方面,第二次世界大战后的日本和韩国最具代表性。第二次世界大战后,日本充分利用被美国占领沦落为美国保护国的特殊地位和位居遏制社会主义桥头堡的地理位置,大力引进欧美等先进国

---

① 《马克思恩格斯全集》第 23 卷,人民出版社,1972 年版,第 533~534 页。

家的先进技术、不断承接由欧美先进国家转移出来的传统工业,成功地通过技术进步实现赶超的发展目标。据统计数据显示,1950~1959年,日本引进的外国新技术达2332件,其引进的最新设备在全部机械设备中所占比重迅速超过当时的欧美发达国家。这次国际产业转移的结果是确立了日本在东亚地区的雁阵发展队形中的"雁首"位置。韩国虽然与日本具有同样地理条件和与美国的特殊关系,但韩国工业基础较差,韩国通过技术创新,不断缩小与发达国家的技术差距,提高引进、吸收和消化先进技术的能力,从而也实现了追赶先进国家的发展战略。1962年,韩国人均GDP只有82美元,与我国当时的水平大体相当,到2001年达到8900美元,比我国高出9倍之多。在半导体、汽车、造船、钢铁、电子、信息通信等众多领域,韩国都比我国起步晚,但技术能力和国际竞争力已经跻身世界前列。韩国成功的最重要经验,就是依靠科技创新和科技进步带动经济飞速发展,实现富民强国的发展目标。韩国始终都把培养和增强自主创新能力作为国家的基本战略:一是始终致力于培育和发展自身的技术能力。从20世纪60年代大规模引进国外先进技术开始,就高度注重消化吸收,技术引进与消化吸收经费比例达到1:5。二是持续增加研究开发投入。研发投入占GDP的比重从1980年的0.77%增长到2007年的3.47%,投入强度位居世界之首。三是大力支持企业研发活动,使企业真正成为技术创新的主体。企业研究开发机构从1978年的48个增加到2003年的近10000个。

4. 国家作用的发挥程度不同

马克思十分重视国家在推动经济发展中的地位和作用,马克思认为英国在推进资本主义建立过程中,国家起了"助产婆"作用,认为在未来的共产主义社会,国家将全面担负起整个社会的管理和协调职能。在谈到落后国家利用关税实施国内工业保护的政策时,他是十分赞成的。因为他深知发达国家与落后国家之间的贸易不可能实现真正的公平,落后国家只有通过实施关税保护,才能快速发展本国工业,才能为公平的国际贸易提供条件。马克思对此评价说:"保护关税制度不过是为了在某个国家建立大工业的手段,也就是使这个国家依赖于世界市场,但自从对世界市场有了依赖性以来,对自由贸易也就有了或多或少的依赖性。此外,保护关税制度也促进了国内自由竞争的发展。因此,我们看到,在资产阶级开始以一个阶级自居的那些国家里(例如在德国),资产阶级便竭力争取保护关税。保护关税成了它反对封建主义和专制政权的武器,是它聚集自己的力量和实现国内自由贸易的手段。"①他之所以赞同实施自由的国际贸易,是因为他看到了自由贸易对封建社会的瓦解和破坏作用,他说:"但总的说来,保护关税制度在现今是保守的,而自由贸易制度却起着破坏的作用。自由贸易引起过去民族的瓦解,使无产阶级和资产阶级间的对立达到了顶点。总而言之,自由贸易制度加速了社会革命。先生们,也只有在这种革命意义上我才赞成自由贸易。"②

实践中,英国、德国、美国在其崛起过程中,无不把实施关税保护作为国内工业发展的保护伞,而在国内工业发展壮大之后却把推进自由贸易作为自己获取世界贸易利益的主要战略手段。除了实施与本国发展阶段相适应的对外政策外,国家对于发展的作用还体现在诸多方面:首先,国家可以为国内经济贸易发展提供良好的环境。英国1688年爆发的"光荣革命",彻底推翻了专制王权,奠定了英国君主立宪制度的基础。这一制度与欧洲大陆的君主专制制度相比,环境更加宽松、自由和开放,从而为英国迅速发展资本主义提供了有利条件。另外,英国在世界最早实行专利保护制度以及私有财产权的严格保护,也大大激发了普通民众参与科技发明的积极性和创造性,从而形成了三大变革,即技术的变革及其在生产中的应用、工厂制的出现以及经济结构的变化、经济的发展所引发的社会整体的变革。其次,利用国家力量培植科技创新的人才优势和科技创新优势。日本、德国两次成功崛起、美国第二次世界大战后一直保持世界领导地位以及亚洲四小龙的高速发展,都与这些国家和地区对教育、科技的重视密切相关。同样,德国和美国的发展也与国家对教育和科技的重视紧密相连。以德国为例,德国对教育高度重视,在政府对教育的财政投入方面,从1809年开始,财政拮据的普鲁士政府就每年拨款15万塔勒作为兴办柏林大学的经费;1838年,普鲁士政府用于教育的支出达300万塔勒,相当于同年英国教育支出的20多倍;1900年,德国教育经费占国民生产总值的1.9%;1913年德国教育支出占国家财政支出的16.8%,占国民收入的2.4%,仅次于居首位的国防支出。1763年弗里德里希颁布《普鲁士乡村学校法》,明文规定5~12岁儿童必须入校学习;1765年颁布《西里西亚罗马正教学校法》对培训教师做了具体规定;1794年国王威廉二世颁布《公民法》,使学校教育世俗化;1872年通过了国家对学校监督法等,这一系列法律促进了教育的发展。在19世纪初,德意志的许多邦就已实行了强迫义务教育制度,到19世纪末,统一的德国已经实现了初等教育的普及。正是对教育持续不断的高强度投入,德国实现了初等教育普及,大大提高了国民整体科学素质;德国科学技术实现了重大突破和飞跃。1851~

---

① 《马克思恩格斯全集》第4卷,人民出版社,1958年版,第459~460页。
② 《马克思恩格斯全集》第4卷,人民出版社,1958年版,第460页。

1900 年 50 年中,德国在基础科学与技术科学方面取得的重大成果共计 202 项,远远超出英、法两国之和,20 世纪初的 20 年中,德国就有 20 人获诺贝尔奖,无疑,德国已取代英国成为当时世界科学技术的中心。最后,形成包容、开放的社会经济制度,形成不断创新的社会经济机制。以德国为代表的欧洲国家的崛起,在很大程度上归功于经济制度的创新机制,它们并没有跟在英国后面亦步亦趋,而是接受了现代化的思想精髓,采取最新的科技成果,大力发展电力、化工、石油、电器、汽车等新兴产业。英国在第一次工业革命中的领导权,不仅依靠着煤和铁,也与英国科学家和工程师的研究发明息息相关。

第二节　不平衡发展的特点与趋势

一、生产力的发展具有显著的阶段性、演进性

马克思把人类社会的发展看作一个自然的历史过程,由于人类生产方式的不同特征,人类社会的演进可以依次划分为不同的社会时期,而每个不同的历史时期有着不同的生产力水平和生产关系特征,但总的来看,人类社会生产力水平不断由低水平演进到更高一级水平,社会关系则呈现出不断发展、自由化的阶段性历程。不仅在人类社会大的历史时期有显著的阶段性和演进性特征,而且在每一个不同历史时期内部也会呈现不同的发展阶段和特征。德国经济学家李斯特把人类工业化历程划分为不同的经济发展阶段。他在《政治经济学的国民体系》中,把生产力发展或者经济发展的阶段划分为原始未开化时期、畜牧时期、农业时期、农工业时期和农工商时期。[①] 第一阶段是自给自足的自然经济阶段,生产力极为低下,几乎没有什么剩余产品,唯一的国内工业是手工业;第二阶段,占统治地位的仍然是农业经济,但由于农业生产率水平提高,农业专业化分工提高,产量逐步提高,工业也开始发展起来;第三阶段,"本国工业虽然没有完全控制国内市场,但已占支配地位",[②]工农业之间开始形成一种和谐的平衡发展;第四阶段,实际上就是成熟的工业化阶段,在这一阶段,国内贸易在工农业生产高效率的基础上达到了相当大的规

---

① 弗里德里希·李斯特:《政治经济学的国民体系》,商务印书馆,1961 年版,第 155 页。
② 弗里德里希·李斯特:《政治经济学的国民体系》,商务印书馆,1961 年版,第 92 页。

模,工业发展到即使是在自由贸易的环境中也能够成功地与任何其他国家竞争的程度,人的智力资本得到充分的开发和利用,社会政治制度是一种开明、自由的制度。其实质就是探讨落后的国家发展生产力、实现工业化的进程和阶段问题。在这些理论中,以生产力发展为主线,以对外贸易保护为条件,系统提出了落后的发展中国家实施工业化的步骤和过程。他以政治家的务实和理论家的敏锐科学地预见了发展中国家的经济发展前景和发展过程,在他的理论中描述了"所有不发达国家的抱负"。[1] 美国经济学家 H. 钱纳里、库兹涅茨等人根据世界多国的历史数据把人类的工业化进程划分为不同阶段,建立了所谓的发展阶段标准模型,根据人均GDP 的水平,从低到高依此划分为初级产品生产阶段、工业化初级阶段、工业化中级阶段、工业化高级阶段、发达经济初级阶段和发达经济高级阶段,而且工业化是不断演进的历史过程(见表 12 - 2)。

表 12 - 2　根据 H. 钱纳里划分的经济发展阶段的人均 GDP

单位:美元

发展阶段	1964 年	1970 年	1980 年	1994 年	1998 年
初级产品生产阶段	100 ~ 200	140 ~ 280	300 ~ 600	480 ~ 1090	530 ~ 1200
工业化初级阶段	200 ~ 400	280 ~ 560	600 ~ 1200	1090 ~ 2180	1200 ~ 2400
工业化中级阶段	400 ~ 800	560 ~ 1120	1200 ~ 2400	2180 ~ 4370	2400 ~ 4800
工业化高级阶段	800 ~ 1500	1120 ~ 2100	2400 ~ 4500	4370 ~ 8190	4800 ~ 9000
发达经济初级阶段	1500 ~ 2400	2100 ~ 3300	4500 ~ 7200	8190 ~ 15120	9000 ~ 16600
发达经济高级阶段	2400 ~ 3600	3300 ~ 5040	7200 ~ 10800	15120 ~ 22680	16600 ~ 25000

资料来源:陈淮:《工业化仍在挑战中国》,《经济参考研究》,2001 年第 87 期;胡长顺:《中国工业化阶段与新工业化战略》,国务院发展研究中心信息网,2000 年 7 月 13 日。

二、不同的生产力水平会形成不同的产业结构

生产力水平的高低是一国发展水平的主要标志。不同的发展水平是与不同的产业结构相适应的,因为,不同的产业之间所需要的生产要素的禀赋有很大的不同,不同的产业也具有不同的物质技术条件和产业组织形式,会形成不同的生产

---

[1]　T. H. 冯·劳厄:《瑟奇·维特和俄国的工业化》(1963 年),转引自《政治经济学的体系·英文版编者序》,参见弗里德里希·李斯特:《政治经济学的国民体系》,商务印书馆,1961 年版,第 57 页。

率。一般来说,传统农业所需要的生产要素禀赋较简单、低水平,主要是土地和具有一定农业生产经验的农民和简单的生产工具,所形成的产业组织形式也十分简陋,因而生产率水平较低。工业需要的生产要素较复杂且要具备一定的条件:生产工具,机器;劳动者,具有一定科学知识和劳动技能的工人;产业组织形式较严密复杂,形成的生产率水平较高。现代服务业所从事的现代科学劳动,生产要素主要是高素质脑力劳动者和科学实验设备,因而形成很高的生产率。而传统服务业,主要是人类依赖性差异化服务,劳动效率不高。较高的生产率往往也意味着较高利润和较高的工资水平。所以,在生产率不断提高的条件下,农业和工业会依次逐渐形成较高收益和富余劳动力,一方面,富余劳动力会逐步向生产率较高并且收益较高的行业和领域主动转移。目前,我国大量的农业剩余劳动力向工业转移就属于这类现象。另一方面,富余劳动力不得不向需求不断扩大但是生产率提升较慢的产业和领域被迫流动。随着生活水平的提高,人们对服务需求越来越多、要求越来越高,所以较高的生产率水平不仅对应较高的服务业比重,尤其是与现代服务业的较快增长和较高比重相联系,而且也与服务业自身的特点密切相关。服务业属于人力资源依赖型产业,尤其是传统服务业。所以,其劳动生产率提高比较缓慢。传统服务业的增长不仅与需求规模的扩大有关,而且与其生产率提升缓慢有关,二者综合影响的结果就导致其份额相对提升。现代服务业的扩张主要是由于工农业服务需求的高速增长拉动的。根据世界多国的发展经验,库兹涅茨和钱纳里等人经过多年的研究,提出了产业结构标准模型。库兹涅茨模型和钱纳里等人的文献,进一步证实了产业结构演进的规律性论断,而且用量化的标准,给出了判断一国不同的发展阶段所具有的产业结构的一般特征和演进趋势:农业、工业、服务业,但由于采用样本国家数据差异和时期的不同,二者也存在明显的不同,如表 12 - 3 所示。一是库兹涅茨产业结构演进层次较少,演进的坡度较大,而钱纳里模型的层次较多,演进坡度较缓。二是从产值结构或收入结构的演变来看,两个模型起点上的农业比重的差距较小,都超过 45% 而不足 50%,二者相差只有 3% 左右,但非农产业内部结构差距较大:服务业在起点上都高于工业,但库兹涅茨模型只高出 12 个百分点,而钱纳里模型却高出 15 个百分点,服务业后者和工业比重差距都在 6 个百分点以上。从演进的结果来看,库兹涅茨模型工业比重的上升快于服务业,但都是逐步上升的趋势,工业、服务业产值比重前后分别上升了 27.4 个百分点和 7.5 个百分点,而钱纳里模型工业比重的上升也快于服务业,而且也具有逐步上升的趋势,工业和服务业从人均 100 美元提升到 1000 美元,分别增加 23 个百分点和 9.6 个百分点,钱纳里模型工业速率低于库兹涅茨模型而服务业却高于库兹涅茨模型,即在 1000 美元水平上,库兹涅兹模型工业比重略高于钱纳里模型,但服务业后者却高出前者 10 个百分点,且后者存在停滞的趋势。三是在就业结构上,存在着明显的就业增长滞后于产值的现象,而且滞后逐步缩小甚至消失,前者工业、服务业在工业化起点上就业比重几乎持平,但工业就业增长高于服务业,在 1000 美元水平上,工业就业比重高于服务业约 8 个百分点,后者服务业就业比重开始就远高于工业就业,这一差距虽有缩小的趋势,但一直保持到后期。

表 12 - 3   产业结构的"标准模型"比较

项目＼模型	人均 GDP(GNP)		产值结构			就业结构		
	1980 年(美元)	1958/1964 年(美元)	农业	工业	服务业	农业	工业	服务业
库兹涅茨模型[1958 年(美元)]	210 ~ 245	70	48.5	21.0	33.2	80.5	9.6	9.9
	450 ~ 525	150	36.1	28.4	35.5	63.3	17.0	19.71
	900 ~ 1050	300	26.5	36.9	36.6	46.1	26.8	27.1
	1500 ~ 1750	500	19.4	42.5	38.1	31.4	36.0	32.6
	3000 ~ 3500	1000	10.9	48.4	40.7	17	45.6	37.4
钱纳里模型[1964 年(美元)]	260 ~ 310	100	45.2	14.9	39.9	65.8	9.1	25.1
	520 ~ 620	200	32.7	21.5	45.7	55.7	16.4	27.9
	780 ~ 930	300	26.6	25.1	48.2	48.9	20.6	30.4
	1040 ~ 1240	400	22.8	27.6	49.6	43.8	23.5	32.7
	1240 ~ 1560	500	20.2	29.4	50.4	41.65	24.65	33.7
	1560 ~ 1860	600	18.6	31.4	50.0	39.5	25.8	34.7
	1860 ~ 2600	800	15.6	33.1	51.4	30	30.3	39.6
	2600 ~ 3100	1000	13.8	34.7	51.5	25.2	32.5	42.3
	3100 以上	1000 以上	12.7	37.9	49.5	15.9	36.8	47.3

资料来源:库兹涅茨:《各国的经济增长》,商务印书馆,1985 年版,第 21 页;钱纳里等:《发展的型式》,经济科学出版社,1988 年版,第 31 ~ 32 页;郭克莎:《结构优化与经济发展》,广东经济出版社,2001 年版,第 41 页。

三、不同的生产力发展阶段,产业结构变动趋势不同

钱纳里在 1960 年、1968 年先后发表了论文《产业增长模式》和《经济学和统计学评论》,开始用计量经济学的方法探讨发展模式的一致性问题,钱纳里和他的合

作者在 1975 年、1986 年合著的著作《发展的型式:1950~1970》和《工业化和经济增长的比较研究》中,建立了"标准产业模式"。首先,确立了一种均衡发展的标准产业结构,揭示了不同发展阶段的一般产业结构的特征和产业结构动态发展的一般规律。其次,揭示不同发展阶段产业结构变动的不同趋势:人均收入 100~1000 美元[1975 年(美元)]是经济结构变动最显著的发展阶段,"它们表明 75%~80% 的总结构变化发生在这一范围之内",①中点范围在 200~450 美元完成 50% 的水平,而在 900~1000 美元完成变化的 90%。② 当然,不同国家的结构转变绝没有一个统一的模式,因为结构转变要受到一个国家的资源禀赋、初始结构以及它所选择的发展政策的影响。③ 再次,他认为,初级产品份额的下降主要是由基础设施以及制造业份额上升所弥补的,而服务业份额变化不大(不变价)也就是主要由于制造业份额上升这一工业化过程引致的。④ 而产业结构的演进和结构的升级,对外开放和国际贸易起着重要的推动作用。最后,在产业结构的演进过程中,产值结构超前于劳动力就业结构的变化:在结构转变的大部分时期,农业劳动力的转移都存在滞后现象,而与此同时,工业就业的增加也远低于农业就业的减少,因此,"劳动力转移主要发生在农业和服务业之间"。⑤

四、不同的发展阶段所具有的生产要素竞争优势不同

马克思认为不同的发展阶段具有的生产率不同,而造成不同生产率水平差异的重要因素除了自然条件之外,主要有社会分工、科学的应用以及生产的社会化程度。自然禀赋理论说明了自然禀赋差异是造就经济差异和多样性的主要原因,而迈克尔·波特的国家竞争优势理论则说明了处于不同发展阶段生产要素竞争优势不同。虽然该理论仍然以生产要素作为优势的起点和基础,但该理论在承认天然条件对缔造以低工资快速成长为企业竞争优势中的重要作用的同时,更强调后天创造的生产要素在形成国家产业优势,尤其是对于先进经济体中带动生产率提高的产业具有主导作用,该理论认为,无论在任何时期,天然的生产要素都没有被创造、升级和专业化的人为的产业条件重要。⑥ 为了进一步研究生产要素与国家竞争力的内在关联,迈克尔·波特按照

---

① H. 钱纳里等:《发展的型式:1950~1970》,经济科学出版社,1988 年版,第 30 页。
② H. 钱纳里等:《发展的型式:1950~1970》,经济科学出版社,1988 年版,第 33 页。
③ H. 钱纳里等:《工业化和经济增长的比较研究》,上海三联书店,1989 年版,第 56 页。
④ H. 钱纳里等:《工业化和经济增长的比较研究》,上海三联书店,1989 年版,第 73 页。
⑤ H. 钱纳里等:《工业化和经济增长的比较研究》,上海三联书店,1989 年版,第 90 页。
⑥ 迈克尔·波特:《国家竞争优势》,华夏出版社,2002 年版,第 70 页。

在国家竞争力中作用的不同,把生产要素进一步划分为初级生产要素和高级生产要素;按照生产要素的专业化程度,把生产要素划分为一般性生产要素和专业性生产要素。在前一类划分中,初级生产要素包括天然资源、气候、地理位置、非技术工人和半技术工人、融资等;而高级生产要素包括现代通信基础的设施、高等教育的人力资源以及各大学研究所等。他认为,在国家和企业竞争优势上,初级生产要素的重要性越来越低,而以初级生产要素为基础的高级生产要素则是构成企业和国家竞争优势不可缺少的重要因素。在后一类划分中,一般性生产要素包括公路系统、融资、受过大学教育能够被使用于任何产业的具有上进心的员工;专业性生产要素则指技术性人力资源、先进的基础设施、专业知识领域以及其他更明确的且针对单一产业的因素。虽然一般性生产要素能够提供最基本的优势,但由于它所具有的普遍性而效果不显著,而专业性生产要素则能够给产业提供更具有决定性和持续力的竞争优势基础。迈克尔·波特认为,一个国家把竞争优势建立在初级生产要素和一般性生产要素上,是不稳定和不可持久的,而要建立国家持久和强大的竞争优势,就必须发展高级生产要素和专业性生产要素,而且是可得性强和质量高的生产要素。

迈克尔·波特根据不同国家的竞争优势在企业、产业和产业集群中不同的表现,把国家竞争优势依次划分为四个阶段(见图 12-1):生产要素导向(Factor-driven)阶段、投资导向(Investment-driven)阶段、创新导向(Innovation-driven)阶段和财富导向(Wealth-driven)阶段。波特认为,在这个系统中,前三个阶段是国家竞争优势发展的主要力量,通常会带来经济上的繁荣,第四个阶段则是经济发展的转折点,国家有可能因此而走上下坡路。在经济发展的第一个阶段,几乎所有的产业都是依靠基本的生产要素成功的,这些生产要素可以是天然资源、优越的农业生产条件或者大量的廉价劳动力资源,此时的企业或产品的竞争优势只能依靠价格优势取得竞争优势;而处于第二阶段的国家竞争优势则依赖于从政府到企业之间的积极投资的意愿和能力,此阶段大量的投资不仅会带来生产的繁荣和产品的改进,而且会借助于国际技术的转移渠道不断取得成熟的工业制造技术。迈克尔·波特认为,处于该阶段的企业不但要善于利用国外技术,而且要善于吸收和改良国外的技术,而这些才是突破生产要素导向阶段、顺利迈向投资导向阶段的关键。当国家进入到创新导向阶段,许多产业已经出现完整的钻石体系。在该阶段,钻石体系的关键因素不但发挥自己的功能,而且交互作用的效应大大增强。

进步　　　　　　　　　　　　　　　　衰退

生产要素导向 ── 投资导向 ── 创新导向 ── 财富导向

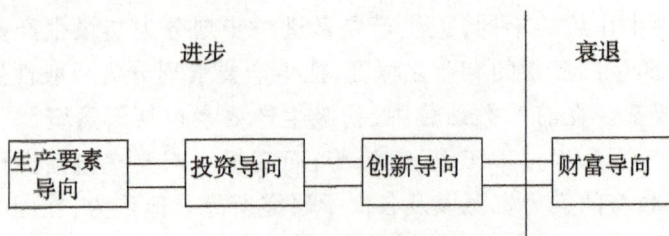

图 12 - 1　国家竞争优势发展的四个阶段

资料来源:迈克尔·波特:《国家竞争优势》,华夏出版社,2002 年版,第 534 页。

五、不同的发展水平和地区,发展速度不均衡

在不同的生产力发展阶段,这一历史过程发展是不平衡的。按照迈克尔·波特的发展阶段来说,前两个阶段属于经济起飞阶段,主要是投资驱动、价格竞争阶段,一般发展速度加快。第一阶段也称跨越中等收入陷阱阶段,由于原有价格竞争优势逐步丧失,新的资本技术优势正在培育时期,所以,该阶段常常会遭遇困难,甚至反复;如果能够顺利度过第二阶段,就意味着资本—技术优势已经形成,又会进入一个较快的发展时期;第三阶段,创新驱动开始发挥作用,如果没能形成良好的创新机制,则容易陷入停滞;第四阶段,经济进入成熟期,财富已经足够丰富,人们的创新和奋斗意愿会有所降低,经济发展速度逐步降低,经济进入相对平稳时期。下面以世界 1980～2010 年的发展经验说明(见表 12 - 4)。从纵向看,不同时期增长速度不同:五年期的经济发展具有波动性的发展态势。第一个十年和第二个十年均是前低后高,波峰与波谷相差不大。进入 21 世纪后,世界经济增速与前期波峰有所降低,但也处在历史高位,且较为平稳。如果扣掉金融危机的冲击,第三个十年经济增长也会处于波峰阶段。从不同的发展阶段和不同地区的发展历程看,不同发展阶段和不同地区的国家的增长轨迹均与世界发展轨迹吻合,但趋势不同。发达国家的经济增长是波动下降的,除第一个十年外,其他年份均低于世界平均增速,且与世界水平差距越来越大。发展中国家总体增长速度高于世界水平,除第一个十年外,发展中国家均显著高于世界水平,且与世界水平差距有明显拉大的趋势。从地区差异来看,欧美地区经济发展较低,亚洲地区最为活跃。欧盟地区经济增长均低于世界水平,且有不断降低的趋势。亚洲地区,尤以发展中国家势头最为强劲,而且具有显著加速发展的势头,就连迈入发达国家行列的亚洲四小龙增速也表现不俗,也大大高于世界水平。第一个十年,发达国家与发展中国家增速差别不是很大,说明发达国家在第三次科技革命推动下,经济增长取得较好成绩,特别是

进入第二个十年,发达国家在互联网技术推动下,经济增长保持较高速度,与世界水平差距有所扩大,还处于历史较高水平。除7国集团、欧盟外,该时期其他发达国家的增长速度均高于世界水平。而进入21世纪,欧盟和7国集团增长普遍乏力,远低于世界水平,说明第三次科技革命红利消退与2007年爆发的金融危机影响,对欧美发达国家冲击之大。亚洲国家的发展大大高于其他地区,且有加速的势头,说明亚洲以中国和印度等大国高速增长带来的拉动效应日益显著,说明其世界经济增长引擎地位不断得以强化。

表 12 - 4　　世界不同地区的经济增长与人均 GDP 水平(1980 ~ 2010 年)

年份 地区		1980 ~ 1985 年	1986 ~ 1990 年	1991 ~ 1995 年	1996 ~ 2000 年	2000 ~ 2005 年	2006 ~ 2010 年
世界	GDP 增速	2.735	3.750	2.635	3.763	3.645	3.588
发达国家	GDP 增速	2.503	3.760	2.267	3.372	2.172	1.053
	人均 GDP	11602	16403	20764	25329	30764	37095
7 国集团	GDP 增速	2.458	3.562	1.983	3.152	1.901	0.647
	人均 GDP	12602	17786	22398	27191	32666	38821
亚洲四小龙	GDP 增速	6.978	9.476	7.410	5.081	4.257	4.222
	人均 GDP	4356	7825	12467	17026	22665	31332
其他发达 国家	GDP 增速	4.119	5.387	4.688	4.217	3.457	3.198
	人均 GDP	7732	11534	15669	19928	25347	33098
欧盟地区	GDP 增速	1.347	3.134	1.511	2.922	1.957	1.032
	人均 GDP	9785	13416	16550	20025	24552	29868
新兴工业国	GDP 增速	3.251	3.726	3.349	4.435	5.880	6.652
	人均 GDP	1283	1660	2291	2871	3729	5514
中东欧地区	GDP 增速	1.637	2.099	0.931	3.691	4.492	3.182
	人均 GDP	4188	5570	6165	7590	9637	13801
独联体国家	GDP 增速	—	—	-9.710	1.719	6.787	4.261
	人均 GDP	—	—	5111	4718	6943	10572
亚洲发展 中国家	GDP 增速	6.483	6.736	8.416	6.323	7.748	9.232
	人均 GDP	533	831	1261	1818	2590	4289

年份 地区		1980~ 1985 年	1986~ 1990 年	1991~ 1995 年	1996~ 2000 年	2000~ 2005 年	2006~ 2010 年
东盟 5 国	GDP 增速	4.351	6.921	7.179	2.410	5.057	5.092
	人均 GDP	1079	1505	2261	2840	3489	4786
拉美及加 勒比地区	GDP 增速	1.924	2.124	3.511	3.133	2.704	4.003
	人均 GDP	4145	5012	6051	7155	8106	10536
中东、北 非地区	GDP 增速	1.799	2.111	3.676	3.971	5.016	4.869
	人均 GDP	3706	3946	4658	5484	6586	8493
撒哈拉以 南地区	GDP 增速	2.706	2.492	1.068	3.601	6.052	5.464
	人均 GDP	999	1126	1201	1332	1607	2121

资料来源:根据国际货币基金组织《世界展望数据库》(2011/11)整理计算。其中 GDP 增速按不变价计算,人均 GDP 按购买力平价(PPP)当前国际美元计算。

第十三章　不平等交换规律

　　不平等交换规律揭示的是平等贸易形势下掩盖的不平等贸易的内容和实质。先天或后天的生产要素的垄断性占有都会形成某一产品的生产或销售的垄断,从而使某些企业或企业集团(包括国家)长期获得超额利润。随着产品贸易发展到产品内贸易,不平等贸易也从不同产品生产和销售发展为同一产品不同的生产环节之间分享产业价值的巨大差异。

　　马克思在《资本论》、《剩余价值学说史》和《1857～1858 年经济学手稿》等著作中,提出了发达国家与落后国家的贸易关系是"不平等交换"的思想,深刻揭示了国际贸易关系的不平等性质。该思想作为马克思主义贸易理论的重要组成部分,不仅奠定了西方马克思主义"国际贸易理论"的思想基础,深刻影响着现代发展经济学的发展,而且为我们正确理解全球化背景下的现代国际贸易关系的性质,为我国面临的对外贸易发展战略的转型提供了理论上的指导。

第一节　马克思不平等贸易思想的内涵

　　马克思的不平等贸易思想认为,在正常的国际贸易中,由于发达国家劳动强度较大和较高的劳动生产率,在同落后国家贸易中,就可以获得高于国际价值的价值,而落后国家却只能获得低于国际价值的价值。马克思的不平等贸易思想包含下面几个方面。

一、不平等贸易是以国际价值为尺度的

马克思在阐述不平等贸易思想时明确指出,这里的交换尺度"不等于资本家和工人之间的交换尺度",①资本家和工人之间的交换尺度是国民价格或者价值——也就是一般意义上的社会必要劳动时间,在这里,该尺度很显然不适用于国家之间的贸易关系,而另有自己的交换尺度。马克思在《资本论》第 1 卷的第 20 章中,在经济学说史上第一次提出了"国际价值"这一科学概念,科学地解释价值规律的国际内容,为我们揭示了国际贸易价值尺度的具体内涵。所谓国际价值,就是在世界的平均技术条件下,在各国劳动者的平均劳动强度下,生产某种使用价值所需要的世界必要劳动时间。② 在国内,商品价值量的大小是由生产该商品的社会必要劳动时间决定的,而不是由生产该商品企业的个别劳动时间决定的,也就是说该商品的价值取决于国内中等强度的平均劳动时间。而在国际市场上,价值不是以某个国家劳动的平均单位作为计量单位的,而是以"世界劳动的平均单位"作为计量的尺度。这是因为在国际市场上,不同的国家由于各自的劳动生产率的差异,形成了各自不同的中等强度的社会必要劳动时间,而在这些不同国家的劳动单位的平均数中,它们的计量单位只能是世界劳动的平均数,而由这种"世界劳动的平均单位"就形成了国际价值。

二、不平等贸易是指双方盈利程度的不均等

马克思的不平等贸易思想,假定在双方"两国都获利"③的情况下,双方的盈利水平不相同,其中一国可以无偿地攫取另一国的一部分剩余价值而产生不平等交换。马克思认为,一般情况下,一国的社会生产力越发达,那里的国内劳动强度和生产率就越大,形成的国际价值就会越大,"就会超过国际水平",④反之,同样的劳动只形成较小的国际价值,从而低于国际水平,在国际市场上就会因国家之间的生产力水平不同而形成不平等的贸易关系。如果一国在生产某一商品的国内社会必要劳动时间多于世界必要劳动时间,则该国在国际贸易中处于不利地位,其实现的国际价值就会低于在国内实现的价值量;反之,该国则在国际贸易中处于有利地位,其生产的商品不仅在国际贸易中能够按照高于其在本国内的价值交易,获取超

① 《马克思恩格斯全集》第 46 卷(下),人民出版社,1980 年版,第 402 页。
② 陈征:《资本论解说》第 1 卷,福建人民出版社,1997 年版,第 528 页。
③ 《马克思恩格斯全集》第 46 卷(下),人民出版社,1980 年版,第 401 页。
④ 马克思:《资本论》第 1 卷,人民出版社,2004 年版,第 645 页。

额剩余价值,而且在国际市场上,它可以凭借其较高的劳动生产率,把商品降到低于国际价值以下甚至等于其国内价值销售,以打压对手,争夺世界市场。所以,马克思说:"只有生产率较高的国家没有因竞争而被迫把它们的商品所出售价格降到和商品的价值相等的程度,生产率较高的国民劳动在世界市场上才被算作强度较大的劳动。"①

三、不平等贸易是在正常的贸易条件下形成的

在不平等贸易规律中,马克思强调了不平等贸易关系的正常属性,把"价值规律在其国际范围的应用",②把"根据利润规律进行交换"③双方获利的正常贸易条件作为立论的前提,把非正常的暴力强制和商业欺诈等一切非正常贸易情况均排斥在外,认为在不同劳动强度和生产率国家之间的贸易性质是不平等贸易,而且明确指出:不平等的生产力水平决定了国家之间经济关系的不平等性质,这就深刻揭示了国际贸易是公平交易形式掩盖下的不平等交换的实质内容。

四、不平等贸易是"不平等"的双赢

国际贸易之所以不平等,马克思认为是一国无偿占有另一国的一部分剩余价值。因此,马克思把这种现象称为"剥削",④但这不是一般意义上的剥削。马克思把这种不平等交换比例关系,类比为一国之内熟练劳动与简单劳动的比例关系。但这是不确切的比方,因为国际贸易中的"无偿占有"反映的是在价值规律作用下在国际市场上不同生产率国家之间实现的经济利益差异,而熟练劳动与简单劳动关系则是反映同一国度内不同性质的劳动力生产和再生产所需要的社会必要劳动的比例关系,虽然二者都遵循价值规律,但前者是世界必要劳动时间作为比较的尺度,而后者则是以国内社会必要劳动时间作为标准的。如果根据马克思的超额剩余价值理论,把这种无偿占有理解为超额剩余价值就更容易理解。因为高强度、高生产率的劳动在生产同一使用价值的时候花费的个别劳动时间就会低于社会必要劳动,就会大大低于低强度、低生产率的个别劳动时间,因而在交易过程中,前者就会获得超过平均水平的超额剩余价值,而后者就会有部分个别劳动时间得不到补偿和承认而吃亏。事实上,在国际贸易中,一国会因较高的生产率在国际市场上实

① 马克思:《资本论》第1卷,人民出版社,2004年版,第645页。
② 马克思:《资本论》第1卷,人民出版社,2004年版,第645页。
③ 《马克思恩格斯全集》第46卷(下),人民出版社,1980年版,第401页。
④ 《马克思恩格斯全集》第26卷(Ⅱ),人民出版社,1974年版,第112页。

现大于国际水平的国际价值,而落后国家则因实现国际价值较少而低于国际水平,但却因以较低国内生产劳动时间的代价换回了较高国内社会劳动时间的产品而收益,所谓"剥削"或者"无偿占有"就是指这种因国际价值实现程度的差异而导致贸易双方受益不同的差别,但这种贸易对于贸易双方来说,是双赢,而不是一方剥夺另一方的零和博弈。

第二节　产生不平等贸易的原因:
价值规律作用的重大变化

马克思在《资本论》中,论述了发达国家在没有因为竞争而把本国商品的价值降低到国际水平的条件下,生产率较高国家的劳动在国际市场被当作强度较大的劳动,实现较大的国际价值从而对落后国家形成不平等贸易的现象,并把该现象称为价值规律在国际应用中的"重大变化"。其实,马克思在《剩余价值学说史》中,还把价值规律在国内与国际应用的区别都视为"重大变化"。根据有关内容,价值规律的重大变化还包括以下内容。

一、由原来的优胜劣汰变为共存共赢

在国内市场,价值规律是以社会必要劳动时间为尺度调节生产者的利益分配,具有较高生产率的企业不仅可以获得正常的剩余价值,而且可以获得超额剩余价值,处于平均水平的企业则获得平均的剩余价值,而较低生产率的企业不仅不能获得平均的剩余价值,甚至连成本都无法收回。这样在价值规律作用下,优胜劣汰,两极分化。而在国际市场上,国际贸易是以互利互惠为原则进行的,即使是再发达的国家也不能把另一个国家的商品从国际市场赶尽杀绝。

二、由国内优化配置资源变为专业化分工

国内市场价值规律的优胜劣汰法则,使有限的经济资源逐步向优势企业集中和转移,价值规律起到了优化资源配置的作用。而在国际市场,国际贸易是按照比较优势的原则进行的,每个国家在国际贸易中,会选择具有绝对优势或者具有相对优势的商品进行分工和交换,通过专业化分工,提高劳动生产率,从而提高交易双方的福利水平,达到共赢的目的。

三、劳动生产率与价值关系由简单变为复杂

在国内市场上,某一种商品的价值是由社会必要劳动时间决定的,所以商品的价值是与生产该商品的平均劳动生产率成反比的,整个社会生产该商品的劳动生产率的提高则意味着价值的降低。而在国际市场上,一个商品的国际价值是由世界必要劳动时间决定的,而不是由个别国家的社会必要劳动时间决定的,所以,一个国家生产该商品的社会必要劳动时间越少,也就是劳动生产率越高,则实现的国际价值越大,反之亦反。从动态来看,如果一个国家生产该商品的劳动生产率的变化与国际平均劳动生产率变化相一致,则该国的在国家贸易中的利益分配格局不发生变化,如果劳动生产率的提高速度低于世界平均水平,则意味着在国际贸易中分享的利益越来越少,相反,则说明该国分享利益的水平提升。

四、由国内生产价格向国际生产价格转变,但利润平均化的程度较低

在国际市场上,随着国际经济一体化的发展,世界经济逐步形成统一的世界市场体系。在这个世界市场体系中,价值规律就会随着世界市场发展的深入而越来越在全球市场的范围内发挥作用。这样,以资本转移为特征的世界范围内的利润平均化趋势就会越来越显著。在平均利润率作用下,参与国际分工的各国资本的利润率必然会出现利润趋同的趋势。因为,在国际化日益发展的今天,世界各国生产的条件越来越适应"资本主义生产方式",而"资本主义或多或少能够实现这种平均化",[①]利润平均化形成后,国际价值就自然转化为"国际生产价格"。在这种情况下,国际市场价格围绕着上下波动的轴心就由原来的国际价值转化为国际生产价格。虽然马克思并没有提出"国际生产价格"理论,但他关于国内生产价格的理论同样"适用于国际贸易"。[②] 但国际市场显然与国内市场不同,在国内市场,资本与劳动力的转移和流动一般不会受到特别的约束,价值规律的作用就比较充分,因而,不同行业和部门之间以资本和劳动力转移为特征的竞争就必然导致"同等资本同等利润"的结果。但在国际市场上,由于资本和劳动力转移会受到诸多限制,国际间不同行业和部门的竞争就会受到很大限制,国际间的利润率平均化水平会大打折扣。因此马克思认为,"平均化是会发生的",但平均化不到"原来的水平",[③]这样不均等的利润率就是成为形成国家之间不平等贸易的一个主要因素。

---

① 马克思:《资本论》第 3 卷,人民出版社,2004 年版,第 218 页。
② 马克思:《资本论》第 3 卷,人民出版社,2004 年版,第 1023 页。
③ 马克思:《资本论》第 3 卷,人民出版社,2004 年版,第 266 页。

第三节　形成不平等贸易的一般条件

一、自然资源分布和开发条件的差异

自然条件的差异不仅是形成贸易的一般条件也是产生贸易利益不均衡的主要条件之一。异常丰富的资源、优越的开发条件本身就会形成很高的自然生产率。当然这是在资源分布不均衡和开发条件差异十分显著情况下才是有效的。正是由于一些重要的经济资源在地球上的分布严重不均，而且储藏条件差别很大。所以，世界资源富集地区和国家就会形成垄断地租和级差地租，而资源相对贫乏的地区和国家就不得不额外付出这些地租才能获取生产所需要的原材料。同时，资源相对集中的生产和经营也为这些国家控制资源的生产和销售创造了便利的条件，在相关国家的企业合谋下，一些资源生产和销售很容易形成垄断，从而可以长期获取高额的垄断利润。

二、竞争不充分的国际市场形成了企业的垄断竞争优势

国际市场由于容量大，国家之间、地区之间差异较大，就为企业进行差别化竞争提供了充分的条件。在差异化竞争的情况下，企业可以凭借国际市场的巨大生产和销售规模所形成的规模外效应和规模内效应，形成企业在国际市场的垄断竞争优势。

三、不平等的企业市场地位导致利益差异

在国际市场，一些企业凭借技术创新优势、市场垄断优势可以获得对市场的控制和主导权，而不具备技术创新优势和市场垄断优势的企业就被迫接受创新型企业和市场垄断企业的控制和领导。处于创新和垄断地位的企业可以凭借自己对市场的控制和主导权获得超额垄断利润，而处于竞争地位的企业就只能获得平均利润。因而市场地位不同的企业其获得的利润是不同的。

四、不同的市场环境也会对企业利润形成影响

不同的国家提供的市场环境是有差异的，而且不同发展阶段的国家提供的市

场环境差距更大。一般来说,发达国家提供的市场环境更宽松,发展中国家提供的市场环境要差些。发达国家市场比较成熟,法律制度完善、市场文明程度高,而且教育发达、科技体系完备,因而可以提供更加公平、宽松的市场环境,可以提供更加优质的生产要素,但生产要素价格一般较高;而发展中国家一般市场环境较差,法律制度不完备、市场文明程度较低,而且教育落后、科技创新能力低下,但生产要素价格便宜,市场发展潜力巨大。这样,在高端生产和经营方面,发达国家具有很强的竞争优势,而在低端生产和经营方面,发展中国家具有优势。一般高端生产经营利润丰厚,而低端生产则利润微薄。

第四节　世界不平等贸易的发展趋势

　　国际市场存在不平等贸易的条件,根据马克思的有关论述有两个:一是参与贸易双方的生产率水平存在着差异,二是国际市场的竞争不充分,二者缺一不可。如果国际市场竞争不充分,则意味着生产率落后的国家无法提高生产率或者缩小与发达国家的生产率差异,那么这种不平等贸易将会延续下去,落后国家就会陷入"比较优势陷阱",落后国家与发达国家的差距就将保持甚至扩大。如果在竞争充分的条件下,生产率较高一方的贸易价格被迫降到世界平均水平,则不平等贸易将消失,当然,这就意味着生产率较低的一方已经通过技术进步或者其他有利生产条件,将生产率提高到或者接近国际水平的地步。日本的崛起和亚洲四小龙的成功,均属于这种奋起直追的典型,事实上,正是由于新兴工业国家和地区的快速进步,才迫使发达国家向外转移相对落后的产业。国际市场的竞争,总体上会减少国际贸易的不平等程度,减少参与国的超额剩余价值水平,降低生产商的剩余价值率。所以,从长期的动态来看,各参与国生产商的利润率会趋于下降,或者说,国际贸易的不平等水平趋于降低。

　　如果供求长期失衡,国际市场的供给水平低于国际市场的消费水平,则会出现卖方市场的现象,在国际市场上,最差生产条件的国内社会必要劳动时间就会成为国际价值的决定者,最差的生产条件国家获得正常的国际价值外,其余较好生产条件的生产国都会实现超过正常水平的世界价值,即国际超额利润,此时消费者被迫以较高价格支付国际消费。如果世界市场供大于求,则会出现买方市场,较好生产条件国家的国内社会必要劳动时间就成为国际价值的实现标准,大多数国家则无法实现正常的国际价值,此时各国消费者获得了消费者剩余,而生产厂家则会被迫让渡部分国际剩余价值。如果国际市场供求大致平衡,中等程度的生产条件成为国际价值的实现标准,消费者和生产者均分别获得了正常的剩余价值和消费者剩余。如果从各国国民价值的角度来看,在国际市场供求平衡条件下,各国生产者均获得了超额剩余价值,而在国际卖方市场条件下,生产者可以获得超额的国际剩余价值,也就是获得了超过正常超额剩余价值的价值,消费者普遍支付了较高的消费价格。目前的国际石油市场和其他供给相对短缺的不可再生资源或能源产品市场就属于这种情况。而在国际买方市场条件下,则大多数生产商不得不部分甚至全部让渡超额剩余价值,消费者则获得了消费者剩余,现在的国际制造业产品市场以及其他的供给相对过剩的市场,就属于这种情况。从世界市场的供求看,供求均衡只是偶然的现象,大量存在的是不均衡,价值规律正是通过价格、供求的波动发挥作用,使价值与价格总体上或者在长期的趋势上相符合。"它们的价值是它们的价格围绕着运动的重心,而且价格的不断涨落也是围绕这个重心来拉平的。"[①]但是,国际价格围绕国际价值波动的短暂偏离也会给贸易国带来很明显的影响,在国际分工日益深入、国际生产和国际消费时空布局不均日益强化的今天,某些商品供求波动尤其是较长时期的偏离就会出现,就会给以消费为主的国家和以生产为主的国家带来截然不同的影响,产生新的贸易不平等。

从长期的发展趋势看,"不平等"将随着竞争加剧而逐步消失,但在经济资源地域分布不均衡和日益专业化分工的条件下,供求关系就会阻碍贸易不平等和不平等现象长期下降的趋势。如今,当代国际贸易的新变化也正在深刻地影响着不平等贸易下降的历史趋势:市场垄断、知识产权的滥用、贸易壁垒和供求影响因素的凸显,都强化了贸易的不平等趋势;产业内、公司内贸易和国际投资的发展则使不平等国际贸易更加隐蔽和复杂。因此,要维护发展中国家的民族利益,就必须充分认识和把握国际不平等贸易的当代趋势和特点,在日益复杂、多样的国际贸易关系中,立足于各国的比较优势,努力探求打破国际垄断、提升国际竞争的有效形式和途径。

---

① 马克思:《资本论》第 3 卷,人民出版社,2004 年版,第 199 页。

第五节　国际不平等贸易的新特点

自 20 世纪 80 年代以来,特别是进入 21 世纪以来,在信息技术革命推动下,经济全球化发展迅猛,国际贸易进入了新的发展阶段,国际市场的不平等贸易也出现了许多新的特点。

一、国际市场垄断组织高度发展,不平等贸易水平下降趋势严重受阻

世界市场经历过长期的竞争发展,商品的生产和销售已经普遍高度集中,少数的公司或集团已经垄断了国际市场。发达国家凭借先进生产力武装起来的强大的经济实力和先发优势,主导着国际经济关系,垄断了世界的主要市场。在国际市场,发达国家可以通过企业的垄断地位,长期索要垄断高价,通过国际贸易从落后国家转移部分剩余价值。垄断公司还可以通过垄断和收买技术发明,人为地控制技术进步的节奏,通过兼并和收购消灭或防范潜在的竞争对手,通过技术壁垒或恶意竞争打压竞争对手,通过技术优势和创新,创造技术或知识产权垄断,通过控制新产品的研发和设计,垄断关键或核心技术、垄断品牌和销售渠道等高端生产和流通环节,向低端生产企业索要部分剩余价值。垄断很大程度上限制了市场的有效竞争,所以,马克思说:"既然一切都成了垄断性的,那么即使在现在,也会有些工业部门去支配所有其他部门,并且保证那些主要从事于这些行业的民族来统治世界市场。"[①]发达国家对最好生产条件和市场的垄断,不仅阻碍了国际贸易中超额利润率的下降,使不平等国际贸易长期化,而且致使国际市场价格长期偏离国际市场价值,事实上形成了不公平的国际经济秩序。

二、自然资源日益短缺,稀缺性和供求因素的影响逐渐凸显

随着大量不可再生矿产资源和能源资源探明储量和保有储量的增长越来越赶不上人类的消耗和开发的速度,资源短缺时代到了。资源的稀缺程度和空间分布越来越成为制约国际贸易供求关系的最主要的因素。那些在可预见的时期内储量

---

① 《马克思恩格斯全集》第 4 卷,人民出版社,1958 年版,第 458 页。

不可能大幅增长和消耗渐涨而又无法替代的自然资源,将陆续步入卖方市场,对于坐拥富裕资源的地区和国家来说,意味着可以凭借地理位置的垄断占有而获取丰厚的垄断地租收益,而对于相对短缺的国家和地区来说,则意味着高价和剥夺。马克思科学地分析了落后国家利用有利的自然条件以较少的劳动在国际贸易中获得较高利润率的现象,①指出了各国自然条件的差异同样也构成了国际分工产生与发展的基础的可能性。②

三、创新的地位日益重要,滥用知识产权保护加剧了不平等贸易

随着信息化、网络化时代的到来,科学知识进入到了十倍速的增长时代,借助于日益加深的全球化,科技、知识、信息和商品的交流日益频繁和密切,科技知识传播日益同步,科技在工业中运用的异步性差异日益缩小,发达国家对科技知识的垄断地位和占有优势越来越受到来自新兴工业化国家和地区的挑战。因此,对于可保持科技领先地位的创新投资活动越来越受到各国政府的高度重视,对于可保持技术优势和技术垄断收益的知识产权,拥有先发优势的发达国家和跨国公司几乎已到了滥用的程度。合理的知识产权保护是保障创新收益、激励创新的重要手段,而对知识产权的滥用和过度保护,不仅会形成事实上的市场垄断,而且会形成以保护创新的名义扼杀创新的结果。很多跨国公司不仅对自有知识产权进行了几乎苛刻的保护,而且对各种潜在的创新和突破进行围追堵截式的防范和扼杀。对现有技术的过度保护,限制了技术的扩散和竞争,大大延缓了技术推广和创新,延长并保护了发达国家凭借知识产权而形成的垄断利益,这对于后发展国家利用后发优势,打破比较优势陷阱的努力,无疑是严重的打击。因此,创新不仅会保持发达国家的竞争优势,而且在滥用知识产权的条件下,会进一步拉大这种差距。

四、非关税壁垒成为产生不平等贸易的一个新因素

为了保护国内落后生产企业的利益和限制新兴工业化国家出口对国内市场的冲击,发达国家在进入 21 世纪以来,纷纷祭起了贸易保护的旗帜。首先,采用国内技术优势和对国际贸易规则的主导权,打压发展中国家的正常贸易出口。反倾销手段是对付"非市场国家"最便捷有效的手段,因采取"代用国"标准的随意性和主观性,就造成了反倾销诉讼"卓有成效"。其次,打着环保、健康等旗帜,制定近乎苛刻的技术准入标准,排斥正常的贸易进口。非关税壁垒手段的大量使用,扰乱了

---

① 马克思:《资本论》第 3 卷,人民出版社,2004 年版,第 265 页。
② 许兴亚:《马克思的国际经济理论》,中国经济出版社,2002 年版,第 78 页。

正常的国际贸易秩序,削弱了发展中国家的比较优势,损害了发展中国家的正常贸易权益,也严重损害了发达国家国内消费者的利益,是损人不利己的做法。就我国来说,从 1979 年到 2004 年 9 月底,共有 34 个国家和地区发起 665 起针对我国产品的反倾销、反补贴、保障措施及特保措施调查案件,涉案金额 115.96 亿美元,影响我国约 191 亿美元产品出口。[①]

五、产业内、公司内贸易使不平等贸易采取更为隐蔽的形式

随着发展中国家工业水平的提高,原来以产业分工为特征的国际垂直分工越来越多地被现代产业内水平分工所替代。一方面,第二次世界大战后,许多新兴的工业化国家的崛起打破了原有的国际分工格局,发展中国家与发达国家在工业生产能力和劳动生产率水平上的差距大为缩小,发达国家在国际贸易中的超额利润率逐步下降,国际不平等贸易程度逐步缩小,发达国家在工业领域的比较优势正在消失,而发展中国家在劳动力、自然资源方面的比较优势则逐渐凸显。发达国家要保持其国际竞争优势和较高的超额利润率,就不得不放弃某些已经丧失比较优势的生产和部门。另一方面,发展中国家逐步提高的工业生产能力和不断扩张的生产规模,为利用庞大的劳动力优势和本地的自然资源优势提供了可能,而现代科技的发展,也为产业内国际分工提供了条件。通过产业内国际分工,发达国家在向外转移产业的同时,又把产业内高技术、高附加值的生产和流通环节或部门牢牢掌控在自己手中。这样,国际市场原有的不平等贸易就部分地被产业内不同价值链环节的梯度分工和不均等的价值分享格局所取代,不平等的国际贸易真实水平就被产业内国际分工所掩盖。以美国为例,美国对海外的直接投资在 1960 年只占国内生产总值的 6%,而到 1996 年上升到 20%,比重上升了 3 倍多。美国在 1998 年通过出口直接向国外销售了 9330 亿美元的商品,而通过美国公司的国外分支机构却销售了高达 2.81 万亿美元的商品,[②]也就是说,发达国家对外直接贸易数量只占较小的比重,而大量的贸易是通过跨国公司和海外投资进行的。所以,以贸易属地原则进行统计的对外贸易统计数据,就会在很大程度上掩盖国际不平等贸易的水平。

六、国际投资把国际不平等贸易引入了国内市场

国际投资包括以国际货币流通形式的间接投资和以产业资本流动的直接投

① 文婧、王宇等:《贸易摩擦接踵而至,外贸政策将现转折性调整》,《经济参考报》,2006 年 4 月 3 日。
② [美]道格拉斯·A.欧文:《备受非议的自由贸易》,中信出版社、辽宁教育出版社,2003 年版,第 10 页。

资。据国际清算银行等组织的资料统计,2000 年国际金融资本高达 975533 亿美元,相当于 3 倍同期的全球国内 GDP,[①]可见其规模之巨,对世界经济影响之大。在国际间接投资中,发达国家作为投资的主体通过掌控国际金融组织、国际金融市场和利用发行世界货币的特权谋取超常的国家利益。按照马克思的货币理论,充当世界货币的只能是货真价实的真金白银,而如今充当世界货币的只是强势国家的货币符号,这就使得充当世界货币的少数发达国家,获得了垄断世界货币发行的特殊地位,获得了向使用国索取世界货币"铸币费"的权利。有关统计显示,发达国家不仅是直接对外投资(FDI)最主要的来源国,而且也是接受 FDI 的主体。2002年,全世界 FDI 流出 6473.6 亿美元,其中发达国家流出 6000.6 亿美元,占 92.7%,发展中国家流出 431.0 亿美元,只占 6.7%;全球流入 6511.9 亿美元,其中发达国家流入 4603.3 亿美元,占 70.7%,发展中国家流入只有 1621.5 亿美元,只占24.9%。[②]发展中国家为了弥补国内的发展资金和外汇的短缺,为了学习和借鉴发达国家的先进技术和管理经验,纷纷出台了许多对外资的优惠政策和措施,事实上使外资享受诸多超国民待遇。我国就是其中典型的代表,不仅给予外资各种税收减免的政策优惠,还在土地使用权转让、水电使用等诸多方面享受地方政府提供的各种特惠措施。这样,国际市场的不平等贸易就通过直接投资和产业转移堂而皇之走进了发展中国家国内市场。外资企业不仅可以依靠较高的生产率稳获超额剩余价值,而且可以获取地方政府和国家给予的"超国民剩余价值"。

---

① 李琮:《经济全球化新论》,中国社会科学出版社,2005 年版,第 76 页。

② 根据 UNCTAD FDI/TNC Database 的《World Investment Report》, 2003 年版, 第 253、249 页计算。

第十四章 马克思的国际贸易政策理论

国际贸易政策就是在某一特定时期内一个国家采取的进出口贸易政策的总和,它是一个国家经济政策与对外政策的重要组成部分。成功有效的国际贸易政策可以最大限度地发挥本国的生产要素和资源优势,推动本国生产力的发展,在平等互惠关系中,最大程度地利用国际市场和国际生产要素和资源优势,维护本民族的国家利益;而失效、失败的国际贸易政策会不利于发挥本国生产要素、资源的优势,不能很好地利用国际市场和国际资源,阻滞甚至冲击本国生产力的发展,损害本民族的长远利益和根本利益。

第一节 国家在对外贸易中的地位和作用

一、推动和保护本国现代生产方式的发展,捍卫国家、民族经济利益

马克思高度重视国家在对外贸易中的地位和作用。在资产阶级建立统治的过程中,国家起了助产婆的作用,推动资产阶级在世界普遍建立现代生产方式。尽管该时期"整个商业生活和工业生活""超出了国家和民族的范围","尽管另一方面它对外仍然需要以民族的姿态出现,对内仍然需要组成国家的形式"。[①] 此时的国

---

① 《马克思恩格斯全集》第3卷,人民出版社,1960年版,第41页。

家,不仅肩负起对内维护现代生产方式正常运行、协调社会化生产的经济职能,还要肩负起对外推动和保护本国现代生产方式的发展,捍卫国家、民族的经济利益。国家作为现代生产方式的推动者和维护者,在现代生产方式发展过程中扮演了十分重要的角色。因为新兴的资产阶级和社会精英开始意识到"资本和资本家阶级的利益的发展,资本主义生产的发展,已成了现代社会中国家实力和国家优势的基础"①的时候,国家就成为他们推动现代生产方式发展的最直接、最有力的借助对象。在国内,利用国家政治暴力,"通过加快剥夺独立的直接生产者,通过强制地加快资本的积累和积聚"剥夺小生产者的生产资料,加速资本主义生产条件的形成;对外,"通过以保护关税的形式主要向土地所有者、中小农民和手工业者征收赋税",利用关税保护,扶植国内新兴资产阶级,推动国内工业的发展。"总之,通过加快形成资本主义生产方式的条件,来适时地加快这种转化。"②关税作为一个国家调整对外经济贸易关系主要的、经常性的手段,常常被用来保护国内早期市场经济的发展和自由竞争。"保护关税制度把一个国家的资本武装起来和别国的资本作斗争,加强一个国家的资本反对外国资本的力量。"③在市场经济发展的早期,政府对进口商品征收关税可达到削弱进口商品的竞争力、降低进口商品冲击、保护国内市场和民族工商业利益的目的。"因此,我们看到,在资产阶级开始以一个阶级自居的那些国家里(例如在德国),资产阶级便竭力争取保护关税。保护关税成了它反对封建主义和专制政权的武器,是它聚集自己的力量和实现国内自由贸易的手段。"④在国内市场已经基本成熟、民族工商业发展到足够强大的阶段,对外贸易已经成为国内现代生产方式发展的必要条件。当现代大工业已经"把每一生产部门脚下的自然形成的基础抽掉,并把这种生产部门的生产条件转移到它外部的普遍联系中去,——于是,过去多余的东西便转化为必要的东西,转化为历史地产生的必要性,——这就是资本的趋势。一切生产部门的共同基础是普遍交换本身,是世界市场,因而也是普遍交换所包含的全部活动、交易、需要等等"。⑤ 此时,对外贸易已经成为制约国内现代生产方式发展生死攸关的重大问题,所以,大力倡导自由贸易、推动和保护自由贸易就又成为国家的重要的经济职责。历史和现实都充分表明:资本主义国家总是交替或者并行地采用"自由贸易"和"贸易保护"这两种看似矛盾的对外贸易政策。其实质无非都是为了更好地保护本国、本民族的经济

---

① 《马克思恩格斯全集》第25卷,人民出版社,1974年版,第884~885页。
② 《马克思恩格斯全集》第25卷,人民出版社,1974年版,第884页。
③ 《马克思恩格斯全集》第4卷,人民出版社,1958年版,第204页。
④ 《马克思恩格斯全集》第4卷,人民出版社,1958年版,第459页。
⑤ 《马克思恩格斯全集》第46卷(下),人民出版社,1980年版,第19~20页。

利益。①

二、中央政府的权力和资本的集中一起增长

实践中,英国、德国、美国在其崛起过程中,无不把实施关税保护作为国内工业发展的保护伞,而在国内工业发展壮大之后却把推进自由贸易作为自己获取世界贸易利益的主要战略手段。因此说:"而现代国家却只是资产阶级社会为了维护资本主义生产方式的共同的外部条件使之不受工人和个别资本家的侵犯而建立的组织。现代国家,不管它的形式如何,本质上都是资本主义的机器,资本家的国家,理想的总资本家。它愈是把更多的生产力据为己有,就愈是成为真正的总资本家,愈是剥削更多的公民。"②随着生产日益集中,越来越庞大的社会生产力已经越来越超出个别资本驾驭和控制的能力,社会就越来越需要超越个别资本利益之上的国家出面"维持秩序"和推动越来越巨大的社会生产力的发展,所以"中央政府的权力是和资本的集中一起增长的"。③ 国家在对外贸易中的地位和作用不断得以强化。

第二节　马克思国际贸易政策的基本观点与主张

马克思的国际贸易政策理论主要包括自由贸易和关税保护政策的主张。它产生于自由资本主义时期,是在对处于资本主义不同发展阶段的西方主要国家所采取的不同的贸易政策进行评判的过程中形成的。因为马克思所处的时代,对外贸易政策基本以关税政策为主,因而对外贸易政策主要包括自由贸易政策和关税保护政策,因而,马克思的对外贸易政策主要包括自由贸易的政策主张和关税保护政策主张。

一、自由贸易政策

马克思对自由贸易政策的主张是矛盾的。一方面,马克思时刻揭示了自由贸

---

① 许兴亚:《马克思的国际经济理论》,中国经济出版社,2002年版,第20页。
② 《马克思恩格斯全集》第20卷,人民出版社,1971年版,第303页。
③ 《马克思恩格斯全集》第46卷(上),人民出版社,1979年版,第5页。

易政策的本质是资本剥削的自由,科学地解释国际贸易不平等交换关系的内容,不赞成无条件的自由贸易;另一方面,客观地认识到自由贸易推动生产力发展和社会变革的历史进步作用,又赞同自由贸易政策。

1.自由贸易政策的本质

马克思深刻地揭示了自由贸易政策的本质:自由贸易本质是维护本国资产阶级利益、巩固资本主义生产方式统治的客观需要,并不能解决本国的利益对立和阶级对抗。对外自由贸易的本质到底是什么呢?那就是资本追逐剩余价值的自由。马克思在《关于自由贸易的演说》不仅用商品输出国英国和输入国印度工人阶级不断贫困化的事实驳斥了自由贸易改善劳动者处境的论调,揭示"工人阶级的苦难的处境就是资产阶级繁荣的必要条件",①"在自由贸易的情况下工人一定要经受经济规律的全部灾难"的客观现实。② 他指出:"在现代的社会条件下,到底什么是自由贸易呢? 这就是资本的自由。排除一些仍然阻碍着资本前进的民族障碍,只不过是让资本能充分地自由活动罢了。不管一种商品交换另一种商品的条件如何有利,只要雇佣劳动和资本的关系继续存在,就永远会有剥削阶级和被剥削阶级存在。"③而且在自由贸易的环境中,工人将看到"摆脱羁绊的资本对他的奴役并不亚于受关税束缚的资本对他的奴役",从而"使这两个阶级的对立更形显著"。④ 这种自由"这不是每个人在对待别人的关系上的自由。这是资本榨取工人最后脂膏的自由"。⑤

追逐剩余价值之所以是自由贸易的本质,主要原因有以下两点:

(1)自由贸易或对外贸易的扩张已成为现代生产方式发展的基本条件。"对外贸易的扩大,虽然在资本主义生产方式的幼年时期是这种生产方式的基础,但在资本主义生产方式的发展中,由于这种生产方式的内在必然性,由于这种生产方式要求不断扩大市场,它成为这种生产方式本身的产物。"⑥一个国家如果"一旦自从对世界市场有了依赖性以来,对自由贸易也就有了或多或少的依赖性"。⑦

特别是对于国内市场已经十分成熟、饱和的国家而言,透过自由贸易"使输出

① 《马克思恩格斯全集》第4卷,人民出版社,1958年版,第456页。
② 《马克思恩格斯全集》第4卷,人民出版社,1958年版,第455页。
③ 《马克思恩格斯全集》第4卷,人民出版社,1958年版,第456页。
④ 《马克思恩格斯全集》第4卷,人民出版社,1958年版,第457页。
⑤ 《马克思恩格斯全集》第4卷,人民出版社,1958年版,第457页。
⑥ 《马克思恩格斯全集》第25卷,人民出版社,1974年版,第264页。
⑦ 《马克思恩格斯全集》第4卷,人民出版社,1958年版,第458页。

工业品的数量不断增长,实际上成了关系这个国家的生死存亡的问题"。①

(2)自由贸易可以获得比国内资本更高的剩余价值率。一般来说,对外贸易可以获得较高的利润。不仅生产率较高的发达国家对外贸易可以获得较高的超额利润,即使在生产率较低的落后国家也可以获得较高的对外贸易利润。而自由贸易可以比一般对外贸易提供更有利的盈利条件:一是可以降低甚至消除因关税保护而带来的税负,从而为参与贸易的企业提供更加有利的政策环境;二是自由贸易把世界廉价的商品带进国内市场,可以降低国内商品的价格,从而降低包括工资在内的生产成本;三是自由贸易可以为生产力较发达的国家获取超额剩余价值创造更为有利的国际市场环境,有利于推动现代生产方式在落后国家的推广和世界经济一体化,从而为资本全球化扩张创造条件。

2. 自由贸易政策将资本剥削扩展至世界范围

这里的剥削既包括一般意义上的剥削,也包括因不公平交换关系而形成的国际"剥削"。事实上,在自由资本主义时期,西方先发展的少数工业化国家是利用机器大工业武装起来的坚船利炮和廉价商品,借助于战争和不平等条约,打开了落后的东方国家的贸易大门,把资本主义生产方式和剥削方式强行扩展进来,从而建立起以少数西方工业化国家为中心、以广大的东方农业国家为附属的世界垂直分工格局。

在该世界市场体系中,少数发达国家,可以凭借生产率优势"剥削"落后国家,长期获取大量的超额利润。自由贸易把国内市场的垄断扩展到国际市场,进而获取垄断利润。马克思对此评价道:"既然一切都成了垄断性的,那末即使在现时,也会有些工业部门去支配所有其他部门,并且保证那些主要从事于这些行业的民族来统治世界市场。"②借助于资本输出,少数发达国家就将资本主义雇佣关系引入了落后国家,进而剥削当地的工人。为此,马克思批评自由贸易者不懂得国际贸易形成的"剥削","怪不得自由贸易的信徒弄不懂一国如何牺牲别国而致富;要知道这些先生们更不想懂得,在每一个国家内,一个阶级是如何牺牲另一阶级而致富的"。③ 讥讽其颠倒黑白,把国际剥削说成友爱,"即使自由贸易在世界各国之间建立起友爱关系,这种友爱关系也未必更具有友爱的特色。把世界范围的剥削美其名曰普遍的友爱,这种观念只有资产阶级才想得出来"。④

① 《马克思恩格斯全集》第20卷,人民出版社,1971年版,第414页。
② 《马克思恩格斯全集》第4卷,人民出版社,1958年版,第458页。
③ 《马克思恩格斯全集》第4卷,人民出版社,1958年版,第458页。
④ 《马克思恩格斯全集》第4卷,人民出版社,1958年版,第457页。

3. 自由贸易把经济危机扩散到世界市场

自由贸易政策将资本主义的生产方式推广到世界各国,也把资本主义的基本矛盾带给了世界。资本主义生产的盲目性、垄断性、无限扩张的生产与有限需求之间的矛盾也迅速扩展至世界。从短期内和有限的范围来看,自由贸易政策可以将一国或少数国家的供求矛盾通过国际市场疏散开来;从长期和全局来看,自由贸易政策也会将供求矛盾通过国际贸易的链条不断积聚,最终导致爆发。"在任何个别国家内的自由竞争所引起的一切破坏现象,都会在世界市场上以更大的规模再现出来。"[1]

正因为马克思看透了自由贸易政策的本质,充分认识到自由贸易带来的负面影响,所以,马克思并没有在一般意义上赞同自由贸易。"自由贸易引起过去民族的瓦解,使无产阶级和资产阶级间的对立达到了顶点。总而言之,自由贸易制度加速了社会革命。先生们,也只有在这种革命意义上我才赞成自由贸易。"[2]恩格斯进一步解释说:"马克思认为:自由贸易是现代资本主义生产的正常条件。只有实行自由贸易,蒸汽、电力、机器的巨大生产力才能够获得充分的发展;这种发展的速度愈快,也就会愈快、愈充分地实现其不可避免的后果:社会分裂为两个阶级——资本家阶级和雇佣工人阶级……一句话,生产力发展到了这种程度,以致生产力所依赖的社会制度变成了生产力不能忍受的桎梏;唯一可能的出路,就是实行社会革命,把社会生产力从过时的社会制度的桎梏下解放出来,把真正的生产者、广大人民群众从雇佣奴役状况中解放出来。而由于自由贸易是这种历史演进的自然的、正常的环境,是最迅速地使不可避免的社会革命所必需的条件得以造成的经济培养基,——由于这个原因,而且只是由于这个原因,马克思才宣布赞成自由贸易。"[3]

二、保护关税政策

在自由资本主义时期,贸易保护主要采取的是高关税政策,在当时,该政策也称为保护关税政策。从贸易保护的历史来看,在自由资本主义时期,新兴的资本主义国家为了保护国内刚兴起的工业,纷纷选择了高关税政策,以削弱先进工业化国家产品的竞争力,保护国内的幼稚产业。在垄断资本主义时期,为了保护国内大工业集团对国内市场的垄断,各国竞相出台了保护贸易政策。第二次世界大战以后,"自由贸易政策有利于国内经济的发展"逐渐取得了世界共识,以关税及贸易总协

---

① 《马克思恩格斯全集》第 4 卷,人民出版社,1958 年版,第 157 页。
② 《马克思恩格斯全集》第 4 卷,人民出版社,1958 年版,第 459 页。
③ 《马克思恩格斯全集》第 21 卷,人民出版社,1965 年版,第 416 页。

定(GATT)为代表的世界自由贸易体系蓬勃发展。随着新型工业化国家兴起,尤其是以金砖国家为代表的新兴大国的崛起,发达国家的竞争力不断削弱,发达国家在传统领域竞争力不断受到来自新兴国家挑战,传统市场不断受到蚕食,世界政治经济格局正在悄悄发生变革。为了保护国内市场和国内企业,发达国家依靠资金技术优势,相继亮出了形形色色的非关税贸易壁垒的套路在全球范围内阻击新型工业化国家的崛起。

虽然保护关税总体来说是不利于生产力的发展的,但在谈到落后国家利用关税实施国内工业保护的政策时,马克思还是十分赞成的。因为他深知发达国家与落后国家之间的贸易不可能实现真正的公平,落后国家只有通过实施关税保护,才能快速发展本国工业,才能为公平的国际贸易创造条件。

1. 保护关税的本质

保护关税政策并不是资产阶级学者所宣扬的保护国内工人阶级利益的政策,而是巩固和扩大资产阶级统治、维护其自身利益的对外政策。因此,马克思对保护关税政策的评价:"保护关税制度在现今是保守的。"[1]

(1)保护关税是巩固和扩大资产阶级统治的经济工具。保护关税制度作为"把一个国家的资本武装起来和别国的资本作斗争","加强本国资本同外国资本的斗争力量",[2]成为第一次工业革命时期西方很多国家建立以蒸汽机为动力的机器大工业、保护国内市场采取的主要措施。"保护关税制度当时被认为是西欧一切文明国家的正常政策。"[3]保护关税制度作为"建立大工业的手段",也促进了国内自由竞争的发展。"因此,我们看到,在资产阶级开始以一个阶级自居的那些国家里(例如在德国),资产阶级便竭力争取保护关税。保护关税成了它反对封建主义和专制政权的武器,是它聚集自己的力量和实现国内自由贸易的手段。"[4]但这种保护关税并不是一视同仁地保护国内的所有企业,而主要是用来保护机器大工业,"他们要求实行保护关税,不过是为了用机器挤掉手工劳动,用现代的生产代替宗法式的生产。一句话,他们是想扩大资产阶级的统治,特别是大工业资本家的统治"。[5] 保护关税在先导工业化国家推动了国内小生产者的两极分化,加速了资本主义生产关系进程;在落后国家,保护关税政策会导致资本家阶级把"剩余价值送给外

---

① 《马克思恩格斯全集》第4卷,人民出版社,1958年版,第459页。
② 《马克思恩格斯全集》第4卷,人民出版社,1958年版,第284页。
③ 《马克思恩格斯全集》第21卷,人民出版社,1965年版,第414页。
④ 《马克思恩格斯全集》第4卷,人民出版社,1958年版,第458~459页。
⑤ 《马克思恩格斯全集》第4卷,人民出版社,1958年版,第282页。

国"、"用克扣工资的办法来获取利润",①从而加重了对工人的剥削。因此,保护关税本身的目的并不是为了维护工人阶级利益,而是巩固和扩大资产阶级的利益。

（2）保护关税政策把资本的利益充当国家、民族利益来发展和维护。关税保护披上了保护国家、民族利益的外衣,"他们借口只致力于国民财富和国家资源,实际上把资本家阶级的利益和发财致富宣布为国家的最终目的,并且宣告资产阶级社会替代了旧时的天国"。② 关税保护通过国家强制在资本主义发展初期"把丧失财产的人按照对资本有利的条件转变成工人","因为这些条件当时还没有通过工人之间的相互竞争而被强加给他们"。③ 通过保护关税等政策加快了对小生产者的暴力剥夺,"它所引起的对农民、手工业者,一句话,对一切下层中产阶级分子的暴力剥夺。关于这一点,甚至在资产阶级经济学家中间也没有异议。现代财政制度的剥夺作用,被这一制度的一个组成部分即保护关税制度加强了"。④ 马克思在谈现代财税制度时,认为在现代生产方式条件下,"资本是资产阶级社会的支配一切的经济权力","它必须成为起点又成为终点"。⑤ 马克思认为:"保护关税制度是制造工厂主、剥夺独立劳动者、使国民生产资料和生活资料转化为资本、用暴力方法缩短由旧生产方式向现代生产方式过渡的一种人为手段。"⑥恩格斯对此评论说:"保护关税制度在十七世纪产生的时期是这样,在十九世纪的许多年代里,仍然是这样。"⑦

2. 保护关税政策的影响

关于保护关税政策的影响,马克思在《关于自由贸易的演说》及其有关内容论述中精辟地概括了保护关税政策的一般影响,恩格斯在对马克思的有关贸易政策主张捍卫和阐述中进一步充实和丰富了有关内容。恩格斯通过回顾工业革命以来,在资本主义的发展中西方各国贸易政策的沿革及其影响,从无产阶级的立场出发,分析了保护关税政策的影响。

（1）保护关税有利于幼稚工业的发展和发展中国家的崛起。马克思精辟地分析了保护关税的作用和目的:"保护关税成了它反对封建主义和专制政权的武器,是它聚集自己的力量和实现国内自由贸易的手段。"其一,"保护关税制度不过是为了在某

① 《马克思恩格斯全集》第36卷,人民出版社,1974年版,第275页。
② 《马克思恩格斯全集》第25卷,人民出版社,1974年版,第885页。
③ 《马克思恩格斯全集》第46卷（下）,人民出版社,1980年版,第254页。
④ 《马克思恩格斯全集》第23卷,人民出版社,1972年版,第825页。
⑤ 《马克思恩格斯全集》第46卷（上）,人民出版社,1979年版,第45页。
⑥ 《马克思恩格斯全集》第21卷,人民出版社,1965年版,第413页。
⑦ 《马克思恩格斯全集》第21卷,人民出版社,1965年版,第414页。

个国家建立大工业的手段";其二,"保护关税制度也促进了国内自由竞争的发展"。①恩格斯以英国等西方先导国家的发展和美国的崛起为例,进一步分析了保护关税在推动先导国家资本主义发展和落后国家发展资本主义中的积极作用。

对于发展中国家而言,保护关税无疑是实现赶超发展的最好选择。恩格斯认为,现代生产方式要求每一个有条件的发展中国家都必须最终建立自己的工业,才能获得生存和发展的空间和机会,"在我们的时代,任何一个大民族没有自己的工业都不能生存"。像美国这样地大物博、人口较多的大国,就有很好的资源禀赋条件成为工业大国。要想从一个当时十分落后的农业国发展为工业大国,"如果它有一切希望不仅赶上而且超过自己的竞争者,那末在它面前就敞开着两条道路:或者是实行自由贸易,进行比如说五十年的费用极大的竞争斗争来反对领先于美国工业约一百年的英国工业;或者是用保护关税在比如说二十五年中堵住英国工业品的来路,几乎有绝对把握地坚信,二十五年以后自己就能够在自由的世界市场上占有一个地位"。② 事实证明,美国成功地利用保护关税不仅发展起自身工业,逐渐摆脱了对英国等工业国家的依赖,而且成功跻身为世界一流的工业化强国。因此,恩格斯认为:"因此,作为人为地制造工厂主的手段,保护关税制度不仅可以有益于还在继续同封建制度作斗争的尚未充分发展的资本家阶级,而且也可以有益于像美国这样一个国家——它从未见过封建制度、但是已经达到势必从农业向工业过渡的这一发展阶段——新兴资本家阶级。"③充分利用保护关税政策,不仅可以促进落后发展中国家利用后发优势迅速崛起,而且会最终打破由先导工业大国形成的工业垄断局面,促进世界经济更加均衡的发展。

(2)过度的保护关税不利于生产力的发展和国内企业竞争力的提高。马克思对保护关税政策的总体评价,认为该政策不利于促进生产力的发展,因而是保守的制度。马克思把对外贸易看作现代生产方式正常运行的外部条件,认为保护关税无非落后发展中国家"聚集自己的力量和实现国内自由贸易的手段"。④ 一旦国内建立起现代生产方式和形成国内自由贸易环境,自由贸易必然是生产力发展的客观选择。其一,滥用保护关税会导致保护落后、扼杀本国的竞争力。恩格斯以德国、法国和美国为例,说明了滥用保护关税政策导致的保护落后、破坏社会生产力发展的恶果。美国在内战爆发后由于"在造船业方面实行保护关税制度,既扼杀了

---

① 《马克思恩格斯全集》第 4 卷,人民出版社,1958 年版,第 458~459 页。
② 《马克思恩格斯全集》第 21 卷,人民出版社,1965 年版,第 418 页。
③ 《马克思恩格斯全集》第 21 卷,人民出版社,1965 年版,第 419 页。
④ 《马克思恩格斯全集》第 4 卷,人民出版社,1958 年版,第 459 页。

航运业,又扼杀了造船业",①美国滥用贸易保护,航运业不仅丧失了在内战前的世界竞争力,而且最终导致其在国内市场也丧失了竞争力,最终损害了相关的造船业的发展,使其陷入长期的落后状态。德国的情况有所不同,德国几乎是在自由贸易环境中建立起自己的工业基础,实现了从农业国向工业国转变。"在实行这种非常自由主义的税率的情况下,尽管建立在手工劳动基础上的德国家庭工业遭到依靠蒸汽进行生产的英国工厂竞争的无情压制,从手工劳动向机器生产的过渡在德国还是逐渐地实现了;现在这一过渡几乎已经完成。德国从农业国转变为工业国也是以同样速度进行的;……",②从 1874 年起,德国已经成为对外贸易第二大国和采用蒸汽机最多的国家,在国际市场已经能够成功地同当时最发达的英国进行自由竞争的情况下,"正当自由贸易看来对德国比任何时候都更为必要的时候,德国却转而实行了保护关税制度",③过度的保护必然导致国内产业的过度膨胀和产生垄断,结果,"防御外国竞争的保护变成垄断权来反对本国消费者,即反对给予这一保护的民族本身",④"他在国外市场上被迫以不惜亏蚀的价格出售商品而遭受的损失可能在国内市场上得到补偿"。⑤ "由于实行保护关税制度引起生活必需品价格的上涨,工资就要提高。那时,德国的工业家就不能够像现在极其常见的那样,用克扣自己工人的正常工资的办法来补偿自己商品的不惜亏蚀的低价了,他们就会被排挤出市场了。德国的保护关税制度正在杀害一只下金蛋的母鸡。"⑥由于过度保护形成过度的国内竞争,"对于一个主要依靠廉价劳动力来维持自己的工业在中立市场上的地位的国家来说,会加倍地导致破产"。⑦ 其二,滥用保护关税,会形成恶性循环,恶化国内竞争环境,最终损害国内企业的竞争力。恩格斯对此评论说:"保护关税制度再好也不过是一种无穷螺旋,你永远不会知道什么时候才会把它转到头。你保护一个工业部门,同时也就直接或间接地损害了其他一切工业部门,因此你就必须把它们也保护起来。这样一来你又会给你原先保护的那个工业部门造成损失,你就必须补偿它的亏损,这一补偿又会像前面的情况一样,影响到其他一切部门,并且使它们也有权利要求补偿,——就这样继续下去,ininfinitum

① 《马克思恩格斯全集》第 21 卷,人民出版社,1965 年版,第 420 页。
② 《马克思恩格斯全集》第 21 卷,人民出版社,1965 年版,第 423 页。
③ 《马克思恩格斯全集》第 21 卷,人民出版社,1965 年版,第 424 页。
④ 《马克思恩格斯全集》第 21 卷,人民出版社,1965 年版,第 428 页。
⑤ 《马克思恩格斯全集》第 21 卷,人民出版社,1965 年版,第 423 页。
⑥ 《马克思恩格斯全集》第 21 卷,人民出版社,1965 年版,第 425 页。
⑦ 《马克思恩格斯全集》第 21 卷,人民出版社,1965 年版,第 425～426 页。

〔没有尽头〕。"①其三,保护政策一旦实行,会形成很大的惯性,很难取消。"保护关税制度最糟糕的一点就是一旦实行起来,就不容易再摆脱了。无论确定公平的税率是多么困难,但怎么也没有转过来实行自由贸易的困难大。"②这样,有些产业早已跨过了产业保护的必要阶段,就会因不适当的长期保护而妨害产业进一步发展和壮大。

(3)保护关税政策要适度,要因时因势而变。保护关税的目的就是保护国内幼稚产业发展、保护国内自由竞争条件的形成,一旦国内产业具备了产业竞争的基本条件,关税保护必然让位于自由竞争,因为只有竞争才能最终培养和提高国内企业的竞争实力。所以,其一,产业保护要适时,一旦行业发展水平达到可以抵抗国际市场冲击、参与国际市场竞争条件就必须取消保护关税。其二,保护关税要适度。关税的高低直接影响到产品价格,进而影响产品需求和市场销售。现代贸易理论认为,只有需求弹性大于1的时候,关税的保护作用才能得到有效发挥。同样过高的关税会降低产品的需求,要保持一定的市场需求或市场竞争力就必须保持适度的价格水平,因而关税过低起不到保护作用,而过高则损害市场竞争力,因此保护关税水平要恰到好处才能发挥其应有作用。其三,保护关税要因势而变。任何科技进步、工艺改进、管理的革新都会剧烈地改变劳动生产率水平,从而影响产品价格和需求,所以,恩格斯说:"生产方法的改进在当代是这样迅速地接连不断地出现,是这样突然而彻底地改变着整个工业部门的性质,以致昨天还可能有不少好处的一种保护关税税率,到今天就变了。"③

第三节　马克思国际贸易政策思想的当代意义

马克思的国际贸易政策主张,虽然是由马克思、恩格斯在自由资本主义时期,在对资本主义国家对外贸易政策的评论中提出来,但对于今天我国对外贸易政策的制定和调整依然具有很强的指导意义。其依据如下:

---

① 《马克思恩格斯全集》第21卷,人民出版社,1965年版,第419页。
② 《马克思恩格斯全集》第21卷,人民出版社,1965年版,第421页。
③ 《马克思恩格斯全集》第21卷,人民出版社,1965年版,第420页。

一、实行社会主义市场经济的体制环境,采用现代生产方式

我国现在处于并将长期处于社会主义初级阶段的国情,决定了我国必须长期把市场经济作为解放和发展生产力的基本体制,而马克思的国际贸易政策则反映了市场经济条件下国际贸易政策的阶级本质和基本的发展趋势。马克思经济理论所揭示的现代生产方式及其运动规律依然有效,虽然世界经济和科技发展已经发生了巨大变化,但世界各国现代生产方式的基本方式和内容并没有改变,其内在矛盾、运动规律和发展趋势并没有本质的变化。

二、资本主义生产关系的经济环境

我国对外贸易的国际环境仍然是资本主义生产关系。资本仍然是现代世界市场秩序的中心和决定因素。虽然我国参与国际贸易的企业有一部分属于社会主义公有制经济,但在国际市场上,其仍然是代表国家、民族利益的"国家资本",作为市场主体与资本主义企业在参与世界市场贸易方面并没有本质区别。其社会主义经济本色主要体现在企业内部生产关系以及在国内市场中,对我国社会主义经济主导地位和主导作用的发挥过程中。

三、国际贸易政策的基本职能和作用

国际贸易政策作为调节国际经济关系、维护国家利益、推动生产力发展的基本作用和职能并没有变化。

无论自由贸易政策还是贸易保护政策都是一个国家调节国际经济贸易关系、维护国家利益和推动生产力发展的对外经济工具。随着现代经济贸易关系的发展,国际贸易的内容和形式在变化,政策的内容和形式也在变化,但贸易政策的工具性质没变,其职能也没有变化。所以,马克思对国际贸易本质的深刻认识,对对外贸易政策的精辟论述仍然具有超越时代的指导作用。

四、马克思主义的认识论基础

从生产力的高度认识国际贸易的利弊得失,以辩证发展的观点对待国际贸易政策。辩证唯物主义和历史唯物主义方法论和认识论是我们站得高、看得远的理论武器。现代国际贸易发展和贸易政策演变更需要我们用马克思主义基本原理、基本观点认识和分析国际贸易及其政策的演变和发展。自由贸易是第二次世界大战后世界经济发展的主流,从世界经济发展的角度和正常贸易条件来看,自由贸易

有利于世界分工的发展,有利于世界生产力的发展和科技的共同进步,因此我们赞同自由贸易。贸易保护总体来看是保守的,不利于生产力的发展和科技的进步,但对于我们这样的一个发展中大国,在世贸组织框架内,在遵守世界贸易组织规则和有关法律的前提下,用好用足贸易保护政策和措施,仍然是国家的责任和职责。

五、阶级利益分析的基本方法

阶级利益分析是马克思国际贸易思想的一大特色,也是最突出的优点。在当今资本主义生产关系主导的世界生产关系中,在发达资本主义主导的世界政治经济格局中,阶级利益分析方法使我们清醒地认识到国际资本本质、国际贸易的经济属性和利益导向,为我们团结广大发展中国家、捍卫和维护发展中国家利益提供了理论和方法支撑,也为我们认识和管理国际资本、本国资本的国际贸易行为提供了一双慧眼,也为制定和调整国际贸易政策提供了锐利的理论武器。

第十五章 我国对外贸易的实践及其
对马克思贸易理论的验证

第一节 我国对外贸易的发展实践

一、我国对外贸易的发展

为了验证马克思的贸易理论,我们对我国与世界贸易的发展经验进行了比较。如表15－1所示,中国对外贸易的发展可以大体分为两个阶段:计划经济时期(1950～1977年)和改革开放时期(1978～2010年)。

表15－1　中国贸易与世界贸易增速的比较(1950～2010年)

	1950～1977年	1950～1959年	1960～1977年	1978～2010年	1978～1991年	1992～2010年	2001～2010年	2001～2007年
中国出口增速(%)	10.17	21.50%	4.91%	17.15%	16.43%	17.62%	21.87%	28.90%
中国进口增速(%)	9.75	19.55%	5.16%	16.30%	14.37%	17.16%	21.40%	25.60%
中国贸易增速(%)	9.96	20.53%	5.03%	16.72%	15.40%	17.40%	21.65%	27.37%
世界贸易增速(%)	11.36	7.47%	13.35%	7.93%	7.88%	8.02%	10.31%	14.33%

资料来源:根据《WTO数据库》有关数据整理计算。

1.我国对外贸易发展的纵向比较

两个时期相比较:计划经济时期对外贸易增长较为缓慢,年均只有9.96%,低于世界贸易增长水平 1.40 个百分点,其中出口略高于进口,出口年均 10.17%,进口年均 9.75%,低于出口 0.42 个百分点。在改革开放时期,对外贸易增长较快,达到年均 16.72%,远高于世界平均水平,约是世界水平的 2 倍。出口增速略大于进口,约高 0.85 个百分点。从增长的波动来看,世界贸易在第一个阶段其增长是加速的,从 1950~1959 年的 7.47% 增长到 1960~1977 年的 13.35%,增速几乎增长了 1 倍,而该阶段中国的对外贸易却是减速的,而且下降幅度很大。从 20 世纪 50 年代的年均 20.53% 下降至 1960~1977 年的 5.03%,只有前期的 1/4。从改革开放时期来看,中国与世界贸易增长趋势相同,都是加速增长的。但中国的增速更快,中国整个时期高出世界贸易平均增速 8.8 个百分点。从 1978~1991 年、1992~2010 年两个阶段来看,世界贸易年均增速略有增长,但中国对外贸易增长十分强劲,后一个阶段比前一个阶段提高了近 3 个百分点。从有关数据可以得出一个结论,中国的对外开放有力地促进了对外贸易和经济的增长。中国对外贸易第一个增长高峰时期出现在 20 世纪 50 年代,当时刚诞生不久的新中国坚持了"一边倒"的对外政策,同以苏联为首的社会主义国家建立较密切的经济贸易关系,加上苏联对中国经济建设的大力援助,新中国迎来了第一个经济发展和对外贸易增长的高潮。但随着中国国内经济建设出现严重困难和中苏关系恶化,中国对外贸易遇到严重困难。党的十一届三中全会以来,中国迎来了改革开放的新时期,随着中国工作重心转移到经济建设方面来,中国的经济和对外开放又焕发出勃勃生机。1978~1991 年,中国对外贸易增长保持了年均 15.4%,已经大大高于计划经济时期,但还低于 20 世纪 50 年代,在 1992~2010 年,对外贸易增长又提高了 2 个百分点,到 2001 年加入世界贸易组织以来,我国的对外贸易创造了年均 21.65% 的新纪录,超过之前 20 世纪 50 年代的增长高峰,尤其是 2001~2007 年,更是高达 27.37% 的年均增长。

2. 我国对外贸易发展的横向比较

如果与世界贸易做横向比较,尤其是和世界最发达的经济体美国相比,整合表 15-2 中的数据可以看出中国对外贸易的发展趋势。在 20 世纪 50 年代即新中国成立初期我国对外贸易额只有 11.3 亿美元,不足世界贸易的 1%,只相当于美国对外贸易额的 1/16。到了 1959 年,中国的贸易额增长到 60.6 亿美元,占世界贸易的比重也攀升至 2.52%,同期美国的贸易额 346.5 亿美元,占到世界贸易的比重 14.38%,二者的差距有缩小的趋势。到 1977 年,中国的贸易额为 146.7 亿美元,占世界贸易的比重却下降至 0.64%,同期美国贸易额 2835.9 亿美元,占世界贸易的比重 12.34%,差距并没有缩小。改革开放以来,中国贸易额增长迅速,从 1978

年的 210.9 亿美元,占世界贸易的 0.79%,增长到 2010 年的 29729.2 亿美元,占世界的贸易的比重上升至 9.70%,成为仅次于美国的第二大贸易国家。其中,中国 2010 年出口贸易额为 15778.2 亿美元,超过了同期美国的 12782.63 亿美元约 3000 亿美元,成为世界第一大出口国,进口贸易额为 13951.0 亿美元,比同期美国的 19691.84 亿美元少 4600 亿美元,为世界第二大进口国。

表 15 -2　中国与世界商品贸易的比较(1950～2010 年)

	1950 年	1959 年	1977 年	1978 年	1991 年	1992 年	2001 年	2007 年	2010 年
世界出口(亿美元)	620	1180	11280	13070	35150	37660	61910	140030	152370
世界进口(亿美元)	640	1230	11710	13580	36320	38810	64830	143040	154020
世界贸易额(亿美元)	1260	2410	22990	26650	71470	76470	126740	283070	306390
中国出口(亿美元)	5.5	31.7	75.2	99.5	719.1	849.4	2661.0	12204.6	15778.2
中国进口(亿美元)	5.8	28.9	71.5	111.3	637.9	805.9	2435.5	9561.2	13951.0
中国贸易额(亿美元)	11.3	60.6	146.7	210.9	1357.0	1655.3	5096.5	21765.7	29729.2
中国贸易比重(%)	0.90	2.52	0.64	0.79	1.90	2.16	4.02	7.69	9.70
美国贸易比重(%)	15.80	14.38	12.34	12.45	13.01	13.10	15.06	11.19	10.60
中国出口比重(%)	0.89	2.69	0.67	0.76	2.05	2.26	4.30	8.72	10.36
美国出口比重(%)	16.58	14.95	10.92	11.16	12.00	11.90	11.78	8.20	8.39
中国进口比重(%)	0.91	2.35	0.61	0.82	1.76	2.08	3.76	6.68	9.06
美国进口比重(%)	15.05	13.83	13.70	13.70	14.00	14.27	18.19	14.12	12.79

资料来源:根据《TWO 数据库》有关数据整理计算。

二、对外贸易对我国经济增长的影响

对外贸易对我国经济增长有什么影响？我们可以先从两者的增长趋势图来看,中国的经济增长与进出口贸易总体趋势是一致的,进出口贸易的波动略微滞后,也就是说,中国的对外贸易与中国经济增长呈正相关关系。

1. 对外贸易与经济增长的格兰杰双向因果关系检验

为了验证中国的经济增长与对外贸易的关系,本书在格兰杰双向因果检验方法进行检验基础上,以中国经济(GDP)增长为因变量,以中国进出口增速等数据为自变量进行最小二乘法分析,这里 Y、CX、CM、CT、WT、WX 和 WM 分别代表中国 GDP 增速、中国出口增速、中国进口增速、中国进出口总额增速、世界进出口总额增速、世界出口增速和世界进口增速。中国对外贸易和世界贸易数据期间均为 1953 ~ 2010 年,共 57 年,具体数据如图 15 - 1 所示。

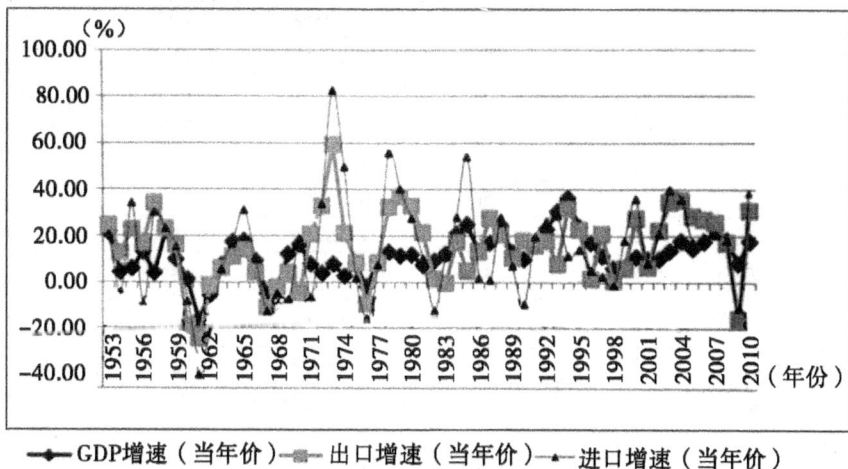

图 15 - 1　中国经济增长与对外贸易增长(1953 ~ 2010 年)

如表 15 - 3 所示,格兰杰双向因果检验的结果说明:中国的经济增长与进出口增长之间存在着单向因果关系,即中国对外贸易的进出口的增长是推动中国经济增长的原因,其影响的显著水平均高于 0.25。中国的经济增长还与世界进出口增长存在单向的因果关系,也就说,世界进出口的增长能引起中国经济增长的变化,其显著水平均在 0.15 水平以上。所以,中国的进出口的增长、世界贸易的繁荣均是中国经济增长的原因。

表15-3 格兰杰因果关系检验结果(Pairwise Granger Causality Tests)

因/果关系零假设	滞后期	观察数	F 统计量	P 值	因果关系
CX/Y	2	56	1.59539	0.2001	成立 *
Y/CX	2	56	0.04687	0.9543	不成立
CM/Y	2	56	2.74279	0.0739	成立
Y/CM	2	56	0.74312	0.4807	不成立
CT/Y	2	56	1.01109	0.4323	不成立
Y/CT	2	56	0.49294	0.8096	不成立
WT/Y	2	56	1.96554	0.1505	成立 *
Y/WT	2	56	0.51810	0.5988	不成立
WX/Y	2	56	1.87622	0.1636	成立 *
Y/WX	2	56	0.53127	0.5911	不成立
WM/Y	2	56	2.04569	0.1398	成立 *
Y/WM	2	56	0.50358	0.6073	不成立
CM/CX	2	56	0.12258	0.8849	不成立
CX/CM	2	56	4.47596	0.0162	成立
CT/CX	2	56	0.06464	0.9375	不成立
CX/CT	2	56	1.69131	0.1944	成立 *
WT/CX	2	56	0.93787	0.3981	不成立
CX/WT	2	56	1.66214	0.1998	成立 *
WX/CX	2	56	0.80499	0.4527	不成立
CX/WX	2	56	1.69764	0.1933	成立 *
WM/CX	2	56	3.88972	0.0268	成立
CX/WM	2	56	1.29753	0.2821	不成立
CT/CM	2	56	3.88972	0.0268	成立
CM/CT	2	56	1.29753	0.2821	不显著
WT/CM	2	56	0.54458	0.5834	不成立
CM/WT	2	56	0.91653	0.4064	不成立
WX/CM	2	56	0.49025	0.6153	不成立
CM/WX	2	56	0.98320	0.3811	不成立
WM/CM	2	56	0.60417	0.5504	不成立
CM/WM	2	56	0.86265	0.4281	不成立
WT/CT	2	56	0.68193	0.5102	不成立
CT/WT	2	56	1.34714	0.2691	不显著
WX/CT	2	56	0.56048	0.5744	不成立
CT/WX	2	56	1.44064	0.2462	成立 *

续表

因/果关系零假设	滞后期	观察数	F 统计量	P 值	因果关系
WM/CT	2	56	0.81312	0.4491	不成立
CT/WM	2	56	1.26547	0.2908	不显著
WX/WT	2	56	3.91137	0.0263	成立
WT/WX	2	56	3.45052	0.0393	成立
WM/WT	2	56	3.89500	0.0267	成立
WT/WM	2	56	4.36110	0.0178	成立
WM/WX	2	56	4.37241	0.0177	成立
WX/WM	2	56	3.44509	0.0395	成立

注:P 值介于 0.00 ~ 0.10 为显著影响, * 介于 0.10 ~ 0.25 为较显著,介于 0.26 ~ 0.49 为不显著,大于 0.50 为无因果关系。

资料来源:结果由 Eviews 6.0 给出。

2. 对外贸易对经济增长的长期协整关系分析

现代计量经济学认为,对于时间序列的数据,容易出现时间趋势,从而造成伪回归问题,为了避免伪回归现象,在对这些数据进行回归分析之前先进行数据平稳性检验和协整关系检验,这里采用 EVIEWS 推荐的 Levin,Lin 和 Chut、ADP 和 PP 方法对数据系列进行根检验,以确定它们是否具备稳定性。这里为了避免出现数据交叉,中国对外贸易和世界贸易增长数据均排除了贸易总额,而采取出口和进口的增长数据。其检验结果如表 15 - 4 所示:

表15 - 4　组单位根检验结果(Group unit root test)

变量	检验方法	滞后期	统计量	P 值	数列关系	观察数
Y,CX,CM, WX,WM	Levin,Lin 和 Chut	(0,1)	- 10.6898	0.0000	5	283
	Im,Pesaran 和 Shin W - stat	(0,1)	- 9.19479	0.0000	5	283
	ADF - Fisher Chi - square	(0,1)	95.0667	0.0000	5	283
	PP - Fisher Chi - square	(0,1)	87.0567	0.0000	5	285

资料来源:结果由 Eviews 6.0 给出。

检验结果表明,在水平数据条件下,Levin,Lin 和 Chut 检验拒绝数据截面含有共同单位根的零假设,ADP 和 PP 方法检验也拒绝数据截面含有不同单位根的零假设,即拒绝各数据系列是非平稳性的。然后对它们进行协整关系检验。协整检验结果表明(见表 15 -5),这些数据在 0.05 的水平下,至少存在着 5 组协整关系。

表 15－5 无约束协整关系雷克(最大特征值)检验结果

(Unrestricted Cointegration Rank Test (Trace))

协整向量	采用模型	滞后期	特征值	轨统计量	5%临界值	P 值	协整关系
Y,CX,CM,WX,WM	模型 3	(1,1)	0.687182	146.6006	69.81889	0.0000	1 个 *
		(1,1)	0.488333	81.52112	47.85613	0.0000	2 个 *
		(1,1)	0.303055	43.99653	29.79707	0.0006	3 个 *
		(1,1)	0.229788	23.77782	15.49471	0.0023	4 个 *
		(1,1)	0.150846	9.156804	3.841466	0.0025	5 个 *

注:* 表示显著水平均超过 0.05。

资料来源:结果由 Eviews6.0 给出。

这里,我们以中国经济增长为因变量,以进出口增速为自变量,进行最小二乘法回归分析,回归分析的结果如下:

$$Y = 9.44682925 + 0.1448713 \times CX + 0.13745151 \times CM + 1.3897807 \times WX - 1.5585656 \times WM + [AR(1) = 0.5993631]$$

$$(2.34227) \quad (0.08282) \quad (0.05092)(0.75788)(0.76109)$$

$$R^2 = 0.550497(0.506428) T = 1.749140, 2.699342, 1.833763, -2.047802$$

$$F = 12.49174 \quad D.W = 1.896077$$

回归分析结果表明,中国的进出口对中国经济增长确实存在积极影响,世界贸易增长的影响则是两方面的。由于进出口对经济增长的影响是比较复杂的,特别是中国对外贸易关系跨度时间很长,先后经历过计划经济和市场经济两个截然不同的历史时期,而且,计划经济时期我国的经济是相对封闭的,而市场经济时期则是开放的,所以回归方程拟合优度并不高,只有 55.05%,也就是说,进出口增速对经济增速影响并不是简单的线性关系,如果截取时间短一些,只分析我国改革开放新时期,则数据的拟合优度会有很大改善。中国对外贸易 60 年的历程说明,对外开放或者扩大对外贸易可以推动国内经济的增长,世界出口贸易的增长也对国内经济增长具有积极的推动作用,但世界进口的增长则会对国内经济增长存在一定程度的冲击作用。所以,如果我国的对外开放遭受了挫折,那么我们的经济增长也将受到严重的影响。实证分析的结果也证明,我国的对外贸易确实推动了经济的增长,但它们之间并不是简单的线性关系,说明经济增长除了对外贸易之外还有其他因素的影响。

中国对外开放的发展也带动了国内企业的崛起。以世界 500 强榜单变化来看,中国内地 1995 年只有 3 家企业入围,中国上榜企业占 500 强总收入的比例仅为0.4%,而 15 年后,中国上榜企业竟飞增到 46 家,增长了 14 倍多,占到了 500 强总收入的8.4%,位居第三,仅次于美国和日本。发展中国家和地区的企业发展十分抢眼。印度和中国台湾、巴西和俄罗斯上榜企业的数量均获得了3~8倍的高速增长。①

第二节 对外贸易对我国经济发展的作用

一、发挥了我国生产要素价格优势和比较优势

改革开放初期,1980~1985年间,这一时期中国的对外贸易改革首先是从对外贸易管理体制入手的,减少国家对对外贸易的直接控制,放宽对外贸易经营权,减少我国对外贸易领域中的计划经济成分。随着我国对外贸易体制改革的推进和人民币的逐步贬值,我国在计划经济条件下形成的过低的工资和资源价格优势得以释放,极大地促进了以资源产品为代表的价格竞争优势产品的出口。该时期我国初级产品贸易的比重由1980年的42.15%急剧下降至1985年的27.47%。其中,初级产品出口的比重由1980年的50.30%上升至50.56%,进口则由34.77%下降至12.52%下降了60%以上。以矿物燃料、润滑油及有关原料产品贸易为例,该类产品虽然在贸易总额比重中有所降低,但出口增势十分强劲,从1980年的23.62%增至1985年的26.08%,进口则由1.01%下降至0.41%。1985~1991年间,国家实施了一系列鼓励出口的措施,包括对外贸易承包责任制、出口退税、鼓励加工贸易,进一步贬值人民币等刺激出口增长的政策和措施。该阶段,我国初级产品贸易比重迅速下降,工业制成品比重急剧攀升。初级产品贸易比重进一步从27.47%下降至1991年的19.88%,其中出口由50.56%下降至22.45%,下降了55%,进口则由12.52%升至16.98%;工业制成品贸易比重则由72.53%升至80.07%,其中出口由49.44%提升至77.46%,提升了55%,进口由87.48%下降至83.02%,下降了4.46个百分点。其中,服装、纺织品贸易比重由9.2%提升至10.53%,服装、纺织品进口由11.28%提升至16.32%,提升了5个多百分点,服装、纺织品出口有所下降;办公、通信、电子设备及元器件贸易比重由0.87%提升至6.61%,提升了近7倍,出口由0.28%提升至5.59%,提高了20倍,进口由

---

① L. Michael Cacace:《上榜企业数量增长最快的国家和地区》,http://www. fortunechina. com/fortune500/c/2010 – 10/27/content_43635. htm。

0.18%提高至5.98%,提高了30倍。随着国内工业化的快速推进,我国资源的价格优势逐步削弱,劳动力富裕的优势逐步凸显出来。我国对外贸易比较优势得以发挥。

1991~2001年间,我国进入自主推进对外贸易市场化、自由化时期。该时期最显著的特征是人民币急剧贬值和大幅度削减关税壁垒。一方面,人民币的巨幅贬值极大地促进了"中国制造"的出口增长。1991~1994年间是人民币急剧贬值的4年,从人民币兑美元4.87:1贬值为8.61:1,贬值了近50%。另一方面,大幅度降低关税,也极大促进了进口的增长。以1992年为例,中国简单平均名义关税水平为43.1%,仅次于印度和巴基斯坦,这在国际上也是高关税,这种状况既妨碍了中国经济改革的进一步深化,也严重违背了国际经济全球化的大趋势。从这年起,中国的对外贸易改革重点转向进口制度方面,推行了一系列推进贸易自由化的政策改革。该时期推行的主要贸易自由化措施包括:关税减让,从1994年起进行了三次大的关税削减;减少、规范非关税措施;依据世界贸易组织的规则,对中国的涉外法律体系进行完善,其中包括建立了大量的技术法规、反倾销条例等;继续实行鼓励进出口的政策等。该阶段,初级产品贸易比重触底回升,在1999年降至谷底,比重只有12.97%,之后开始回升,到2001年升至14.14%。其中,出口从1991年的22.45%降至2001年的9.90%;进口开始回升,从1991年的16.98%升至2001年的18.78%。工业制成品贸易的比重持续攀升,从1991年的80.07%升至2001年的84.78%。其中,出口从1991年的77.46%升至2001年的89.78%,进口则有所下降,从1991年的83.02%下降至2001年的79.24%,下降了3个多百分点。该时期,我国人均资源相对不足、劳动力资源十分丰富的比较劣势和优势进一步得到强化和印证。

2001~2010年间,是全方位开放时期。该阶段以加入世界贸易组织为标志,中国按入世承诺对贸易制度和与贸易有关的国内政策进行了全方位的修改和调整,顺利融入多边贸易体制中,并在多边贸易谈判中发挥越来越大的作用。加入世界贸易组织后,中国的平均关税从2001年的15.6%降到2005年的9.7%,其中,非农产品平均关税降为8.8%,农产品关税降至15.3%。非关税措施大幅度削减或废止。在服务业开放上,中国所做出的承诺超过了发展中国家水平,涉及世界贸易组织服务贸易总协定(GATS)12大部门中的9个服务业部门。加入世界贸易组织不仅进一步降低了进口贸易壁垒,而且为国内企业出口创造了更为稳定的国际贸易环境,进一步促进了对外贸易的发展。

改革开放以来,加工贸易不仅成为我国吸引外资的主要领域,而且加工贸易的迅速发展极大地推动了中国对外贸易的快速增长和贸易结构的不断升级、优化。为了限制高耗能、高污染类产品的扩张,更好地引导加工贸易转型升级,促进加工贸易健康、协调发展,2006 年 9 月,财政部、发改委、商务部等政府部门联合发布了《关于调整部分商品出口退税率和增补加工贸易禁止类商品目录的通知》,对中国的加工贸易政策进行了较大的调整。为了促进我国对外贸易结构转变,我国开始放弃自 1994 年以来所形成的盯住美元的汇率政策,实行有管理的浮动汇率,从 2005 年 7 月开始,在一次性升值人民币 20% 的基础上,允许人民币渐进升值,至今已经升值了约 30%。

　　2001~2010 年间,初级产品贸易比重大幅度提升,从 2001 年的 14.14% 升至 2010 年的 17.33%,提升了 3 个多百分点。其中,出口进一步下降,从 9.90% 下降至 5.18%,下降了近 50%,进口大幅攀升,从 18.78% 提高至 31.07%,增长了 65%。初级产品进口大幅增长有利于弥补我国人均资源相对短缺的劣势。工业制成品贸易比重有所降低,从 2001 年的 85.86% 降低至 82.67%,降低了 3 个多百分点。其中,出口比重进一步攀升,从 2001 年的 90.10% 提高至 2010 年的 94.82%,提高了 4.7 个百分点,进口进一步下降,从 2001 年的 81.22% 下降至 2010 年的 68.93%,下降了 13 个多百分点。工业制成品出口的比重提升更有利于发挥我国人力资源丰富即低端劳动力和中、高端劳动力十分富裕的两个比较优势。

二、融入世界分工步伐加快

　　自 20 世纪 90 年代以来,随着经济全球化的深入发展,国际贸易呈现出了一些新的发展方向和特征——信息化高速发展,知识经济时代已经到来。同时全球价值链和外包体系也已逐渐形成,这些都为国际分工的发展提供了全新的条件。在当代,经济全球化使国际贸易以全球为版图配置资源,表现出了极强的生命力。顺应这一发展趋势,国际分工正在经历史无前例的大规模重新调整和变革。一方面,随着国际贸易快速增长,促使国际分工的规模迅速扩大;另一方面,在国际贸易发展日新月异的今天,国际分工也出现了许多新的模式。产业分工的层次进一步深化,由产业间分工和产业内分工逐步向产品内分工转化。我国也凭借雄厚的生产要素禀赋优势深入产品内国际分工的全球网络之中,全球化的发展带动中国的国际分工协作的不断深化。根据北京大学中国经济研究中心课题组按照 I-O 方法测量表征产品内国际分工参与程度的垂直专业化(VS)比重(见表 15-6)的结果显示:在中国 1992~2003 年间的总出口当中,垂直专业化程度提高了约 50%。用 12 年时间走完的垂直专业化上升进程相当于经济合作与发展组织(OECD)国家用

20 年时间所完成的进程。

表 15 - 6　中国与 OECD 国家 VS 比率变化

	澳大利亚	加拿大	丹麦	法国	德国	日本	荷兰	英国	美国	中国
起始(年)	1968	1971	1972	1972	1978	1970	1972	1968	1972	1992
全部商品(%)	0.09	0.20	0.29	0.19	0.18	0.13	0.34	0.2	0.06	0.16
化工(%)	0.17	0.17	0.35	0.21	0.24	0.12	0.30	0.22	0.05	0.14
机械(%)	0.19	0.37	0.31	0.18	0.15	0.10	0.36	0.16	0.06	0.17
其他(%)	0.09	0.11	0.27	0.17	0.22	0.18	0.33	0.26	0.06	—
终止(年)	1989	1990	1990	1990	1990	1990	1986	1990	1990	2003
全部商品(%)	0.11	0.27	0.29	0.25	0.20	0.12	0.37	0.26	0.12	0.23
化工(%)	0.21	0.21	0.34	0.27	0.24	0.18	0.42	0.26	0.09	0.18
机械(%)	0.23	0.43	0.33	0.25	0.17	0.09	0.42	0.29	0.11	0.22
其他(%)	0.10	0.16	0.27	0.22	0.22	0.18	0.35	0.22	0.10	—
由初始年至终止年的增长率(%)	24.8	35.02	20.1	34	6.4	-18.2	9.8	27.8	81.9	55.2

资料来源:Hummels David,Rapoport Dana,Vertical Specialization and the Changing Nature of World Trade[J]. Economic Policy Review , 1998 (2).

三、促进了我国经济结构的调整和贸易方式的变革

对外贸易有利于优化进出口商品结构,有利于发挥我国劳动力资源优势和技术、资本的比较优势。改革开放三十多年来,我国对外贸易结构发生了很大的变化。实现了以初级产品为主导向以工业制成品为主导的转变。初级产品贸易额从改革开放以前的 50% 左右下降到 2010 年的 17.33% ,工业制成品则从原来的不足 50% 提升至 2010 年的 94.82% ,其中,出口主导产品经历了三次大的转变,从资源性初级产品转向轻纺类工业制成品,再逐步转向机电产品和高新技术产品等工业制成品。统计数据显示,初级产品自 1980 年以来出口比重开始下降至 50% 以下 (1985 年除外),但仍远大于其进口比重。到 1993 年开始逆转,其进口开始超过出口比重,此时,初级产品贸易比重已经下降至历史低点 15.78% 。工业制成品贸易则是一路上升,在 2002 年达到历史高点,占比提升至 87.47% 。其中,进口到 1993 年达到历史高点 86.33% ,出口至 2007 年达到历史高点 94.95% ,之后均出现下滑态势。在工业制成品中,1980 ~ 1985 年间,服装、纺织品的出口为第一大类产品,占到 20% 左右,1990 年以后,机械及运输设备、办公、通信、电子设备等迅速崛起,相继成为我国最主要的出口产品。机械及运输设备从 1980 年的 4.65% 提高到 2010 年的 49.45% ,成为我国第一大类出口产品,办公、通信、电子设备等则从原来

的不足 1% 提高至 2010 年的 24.29% ,成为我国第二大类出口产品。在工业制成品出口中,资本技术较密集的机电产品自 2003 年比重突破 50% ,目前已经接近60% 。在机电产品中,高新技术产品比重不断攀升,到 2004 年比重超过了 50% 。从进口的产品结构来看,工业制成品向来是我国进口的主要产品,但进入 21 世纪以来,出现了新的变化,初级产品比重逐步攀升,目前已达到进口比重的 31.07% ,制成品比重开始下降,目前已经降至不足 70% 。在工业制成品进口中,机械及运输设备,办公、通信、电子设备等,化学品及有关产品是我国的主要进口产品,机械及运输设备、化学品及有关产品在 20 世纪八九十年代有波动上升趋势,近几年开始出现下滑态势,办公、通信、电子设备等产品进口比重的趋势是不断攀升的。目前,机械及运输设备,办公、通信、电子设备等,化学品及有关产品的进口比重分别为 39.35% 、30.11% 和 10.72% ,其中资金、技术密集型的机电产品进口比重自2006 年开始下降,目前已经降至 43.20% ,其中高新技术产品的比重也出现下降态势,目前占机电产品的 61.5% 。

　　从我国对外贸易的企业性质结构变化来看,结构趋于优化,如表 15 - 7 所示。国有企业比重不断下降,外资企业和民营企业比重不断上升。国有企业出口、进口比重分别从 1991 年的 83.0% 和 72.4% 下降至 2011 年的 14.1% 和 28.3% ,分别下降了 69 个百分点和 44 个百分点,分居第三位和第二位;外资企业的出口、进口比重分别从 1991 年的 16.8% 和 26.5% 上升至 2011 年的 52.4% 和 49.6% ,均居第一位;其他企业出口、进口比重分别从 1991 年的 0.2% 和 1.1% 上升至 33.5% 和22.1% ,分居第二位和第三位。从企业层面看,因为外商投资企业对外贸易的增长一直高于国内企业增长,所以,外商投资企业是中国出口增长的主要推动力。与国内企业相比,外商投资企业对中国出口增长的贡献度远远超过了国内企业,1996 ~2001 年,中国出口增加部分有 64.3% 来自外商投资企业的贡献,国内企业的贡献度只有 35.7% ,2002 ~2007 年间,外商投资企业对中国出口增长的贡献进一步提高,而国内企业的贡献度则进一步下降,两者对这一阶段中国出口增长的贡献度分别为 78.5% 和 21.5% 。[①] 外资企业自 2001 年起,进出口比重均超过 50% ,成为我国对外贸易的绝对主力,但近几年增速有所放缓,进出口比重均出现了下滑,到2011 年外资企业进口下降至 49.6% ,出口下降至 52.4% ,仍均居第一位。其他企业异军突起,尤其是出口增势十分强劲,其出口比重已成为仅次于外资企业的第二推动力。从近几年的发展趋势来看,其增势依然十分强劲,比重攀升势头不减。从贸易的顺差来源来看,2000 年以前,贸易顺差主要来自国有企业,而外资企业贸易

---

　　① 李坤望:《改革开放三十年来中国对外贸易发展评述》,《经济社会体制比较》,2008 年第 4 期,第35 ~40 页。

基本是逆差,但总的贸易顺差不大。2000 年以后,国有企业成为贸易逆差主力,而且逆差呈迅速扩大趋势,从 2002 年的 -44.5 亿美元,扩大至 2011 年的 -2261.8 亿美元,而外资企业和其他企业则是顺差主要来源,而且呈不断扩大趋势,外资企业和其他企业顺差分别从 2000 年的 73.9 亿美元、55.7 亿美元扩大至 2011 年的 1305 和 2508.2 亿美元。总的来看,进口,外资企业、国有企业是主力,出口,外资企业和其他企业是主力,贸易顺差主要来自外资企业和其他企业的对外贸易,逆差主要来自国有企业的对外贸易。

表 15-7　我国对外贸易企业性质统计

年份	国有企业						外资企业						其他企业					
	出口（亿美元）	增速（%）	比重（%）	进口（亿美元）	增速（%）	比重（%）	出口（亿美元）	增速（%）	比重（%）	进口（亿美元）	增速（%）	比重（%）	出口（亿美元）	增速（%）	比重（%）	进口（亿美元）	增速（%）	比重（%）
1991	591	10.3	83.0	462	14.2	72.4	121	54.2	16.8	169	37.4	26.5	2	18.2	0.2	7	15.5	1.1
1992	675	13.1	79.5	526	13.9	65.3	174	44.1	20.4	264	56.1	32.7	1	-22.2	0.1	16	136.4	2
1993	653	-3.3	71.1	597	13.5	57.4	252	45.4	27.5	418	58.5	40.2	9	625.4	1.4	24	52.6	2.4
1994	848	29.9	70	603	1	52.1	347	37.5	28.7	529	26.5	45.8	14	51.9	1.3	24	-1.1	2.1
1995	993	16.8	66.7	654	8.5	49.5	469	35	31.5	629	18.9	47.7	26	90.8	1.8	38	56.9	2.8
1996	861	-13.2	57	592	-9.5	42.6	615	31.1	40.7	756	20.1	54.4	35	32.8	2.3	41	8.6	2.9
1997	1027	19.3	56.2	610	3	42.8	749	21.7	41	777	2.8	54.6	51	45.8	2.8	37	-9.9	2.6
1998	968	-5.8	52.7	599	-1.7	42.8	810	8.0	44.1	767	-1.3	54.7	60	17.6	3.2	35	-4	2.5
1999	985	1.8	50.5	742	23.7	44.8	886	9.5	45.5	859	11.9	51.8	78	30.1	4	37	60.7	3.4
2000	1165	18.2	46.7	989	33.4	43.9	1194	34.8	47.9	1173	36.6	52.1	133	70.9	5.4	89	57.6	4
2001	1131	-2.9	42.5	1035	4.7	38.8	1333	11.6	50.1	1260	7.4	51.7	197	47.9	7.4	141	58.6	5.8
2002	1229	8.5	37.7	1145	10.6	38.8	1699	27.6	52.2	1603	27.4	54.3	328	66.3	10.1	205	44.7	6.9
2003	1380	12.4	31.5	1425	24.5	34.5	2403	41.4	54.8	2319	44.7	56.2	600	84.1	13.7	385	88	9.3
2004	1536	11.4	25.9	1765	23.9	31.4	3386	40.9	57.1	3246	40	57.8	1012	68.6	17.1	604	57.1	10.8
2005	1688	9.9	22.2	1972	11.8	29.9	4442	31.2	58.3	3875	19	58.7	1490	47.3	19.6	754	24.5	11.4
2006	1913	13.4	19.7	2252	14.2	28.5	5638	26.9	58.2	4726	22	59.7	2139	43.6	22.1	938	24.3	11.8
2007	2248	17.5	18.5	2697	19.7	28.6	6955	23.4	57.1	5594	18.4	58.5	2977	39.2	24.4	1267	35.1	13.3
2008	2572	14.4	18.0	3538	31.2	31.2	7906	13.7	55.3	6200	10.8	54.7	3807	27.9	26.6	1593	25.8	14.1
2009	1910	-25.8	15.9	2885	-18.5	28.7	6722	-15.0	55.9	5452	-12.1	54.2	3384	-11.1	28.2	1719	7.9	17.1
2010	2344	22.7	14.9	3876	34.4	27.8	8623	28.3	54.6	7380	35.4	52.9	4813	42.2	30.5	2693	56.7	19.3
2011	2672	14.0	14.1	4934	27.3	28.3	9953	15.4	52.4	8648	17.2	49.6	6361	32.2	33.5	3852	43.1	22.1

资料来源:根据历年海关有关数据整理计算。

从我国的对外贸易方式来看(见表 15-8),20 世纪 90 年代以来,加工贸易方式比重上升迅速,到 1994 年,其比重就提升至 44.18%,超过一般贸易方式(41.03%)成为最主要的贸易方式,在 1996～1999 年间比重保持在 50% 以上,之后在 2000～2006 年间比重保持在 48% 左右,之后开始下降,到 2008 年比重下降至41.13%,被一般贸易超过(占 48.22%),到 2011 年已经降至 35.84%,成为第二大贸易方式。长期以来,一般贸易方式是我国的第一大贸易方式,改革开放后有所下降,到 1994 年降至 41.03%,成为第二大贸易方式,在 1996～1997 年降至谷底为35%,之后有所回升,在 2000～2005 年间保持在 41%～45%,之后进一步攀升,到2011 年提升至 52.84%,成为第一大贸易方式。从出口的贸易方式来看,改革开放初期,1980 年加工贸易总值只有 25 亿美元,占进出口总值的 5.7%,我国的主要出口贸易方式以一般贸易为主,随着对外开放的不断扩大和大量外资企业的引进,加工贸易作为外资企业全球化布局的主要方式,自 20 世纪 90 年代初起得到迅速发展,在出口中的比重不断提高,1995 年起成为我国最主要的出口贸易方式。一直保持到了 2010 年。从近几年的发展态势来看,加工贸易比重进一步下降,到 2011年其出口比重已经下降到 44.0%,退居第二位。从贸易顺差来源看,1995 年以前贸易顺差主要来自一般贸易,而 1995 年以后,贸易顺差主要来自加工贸易,2000 年以后,一般贸易顺差减少,逆差扩大,而加工贸易顺差进一步扩大,从 2000 年的 451亿美元扩大到 2011 年的 3656.2 亿美元。另外其他贸易形式一般也是逆差。所以,我国贸易顺差主要是由加工贸易带来的。

从产品结构的变化趋势看,中国的加工贸易则主要集中于机电产品,而其中的高新技术产品更是以加工贸易为主。根据商务部统计,中华人民共和国国民经济和社会发展第十个五年规划(以下简称"十五")期间,中国机电产品加工贸易出口9282 亿美元,占整个加工贸易出口的 70.7%,占机电产品出口的 74.0%,其增长速度是同期全国加工贸易出口增长速度的 1.2 倍。目前,中国已成为世界上最大的手机、家电、便携式电脑等机电产品的生产和出口国。"十五"期间,高新技术产品加工贸易出口 5438 亿美元,占加工贸易出口的 41.1%,占机电产品出口的 87%,而加工贸易中高新技术产品主要源自外资企业,外资企业高新技术进出口贸易占到 80% 左右。说明改革开放以来,外资企业高速增长不仅促进了我国对外贸易的高速增长,而且推动了技术型加工贸易的迅速发展,进而推动了中国对外贸易结构的不断调整和升级。

经过 30 余年的发展,我国对外贸易结构出现了可喜的变化:产品结构从初级产品贸易向工业制成品贸易转变;从一般工业制成品贸易向资金技术密集型产品贸易转变。在出口结构中,从资源型初级产品向工业制成品出口转变,由一般工业制成品出口向资金、技术密集型出口转变;在进口结构中,从工业制成品向资金、技术密集型产品转变,从工业制成品向资源型初级产品转变。进一步按技术密集度对中国的出口商品结构进行细分,我们可以更好地判断中国出口结构变化所反映出的技术升级变化趋势。随着出口商品中制成品比重的不断上升,中国出口产品的技术结构发生了很大变化:资源密集型制成品和一般加工制成品的比重呈下降趋势;中等技术密集型制成品和高新技术密集型制成品的比重在不断上升,其中高新技术密集型制成品的上升势头尤其显著,由1991年的4.0%上升至2010年的31.21%,高新技术密集型产品已经取代一般加工制成品,成为工业制成品中的第一大类产品。说明了我国的竞争优势逐步由资源型产品发展为劳动密集型产品,再由劳动密集型产品向资金、技术型产品推进的演进过程,也进一步凸显了我国禀赋优势的变化与特点,人均资源短缺、人力资源富裕是我国比较优势的基本特征,随着我国技术积累的不断升级和人力资源素质的不断提升,技术型产品将越来越成为中国对外贸易的主导竞争优势产品。

表15-8 我国对外贸易方式统计

年份	一般贸易						加工贸易						其他贸易					
	出口(亿美元)	增速(%)	比重(%)	进口(亿美元)	增速(%)	比重(%)	出口(亿美元)	增速(%)	比重(%)	进口(亿美元)	增速(%)	比重(%)	出口(亿美元)	增速(%)	比重(%)	进口(亿美元)	增速(%)	比重(%)
1991	381	53	53.0	295	46.3	46.3	324	45.1	45.1	250	39.2	34.8	14	1.9	1.91	92	14.5	14.47
1992	437	14.6	51.4	336	13.8	41.7	396	46.6	46.6	315	39.1	37.1	17	2	1.94	154	19.2	19.15
1993	432	-1.1	47.1	381	13.2	36.6	443	48.2	48.2	364	35	39.6	43	4.7	4.69	296	28.4	28.42
1994	616	42.5	50.9	355	-6.6	30.7	570	47.1	47.1	476	41.1	39.3	25	2	2.04	325	28.2	28.14
1995	714	15.9	48.0	434	22.1	32.8	737	49.5	49.5	584	44.2	39.2	37	2.5	2.49	303	23	22.97
1996	628	-12.0	41.6	394	-9.2	28.4	843	55.8	55.8	623	44.9	41.2	39	2.6	2.58	372	26.8	26.79
1997	780	24.1	42.7	390	-0.8	27.4	996	54.5	54.5	702	49.3	38.4	51	2.8	2.80	331	23.3	23.26
1998	742	-4.8	40.4	436	11.8	31.1	1045	56.9	56.9	686	48.9	37.6	55	2.9	2.75	280	20	19.94
1999	791	6.6	40.6	670	53.7	40.5	1109	56.9	56.9	736	44.4	37.8	50	2.9	2.54	251	15.1	15.14
2000	1052	33.0	42.2	1001	49.3	44.5	1377	55.2	55.2	926	41.1	37.1	64	2.9	2.55	325	14.4	14.42
2001	1119	6.4	42.0	1135	13.4	46.6	1474	55.4	55.4	940	38.6	35.3	68	2.9	2.55	361	14.8	14.83
2002	1362	21.7	41.8	1291	13.8	43.7	1799	55.3	55.3	1222	41.4	37.5	95	2.9	2.91	439	14.9	14.86
2003	1820	33.7	41.5	1877	45.4	45.5	2419	55.2	55.2	1629	39.5	37.2	145	3.3	3.31	622	15.1	15.07
2004	2436	33.8	41.1	2482	32.2	44.2	3280	55.3	55.3	2217	39.5	37.4	217	3.7	3.66	925	16.3	16.47
2005	3151	29.3	41.4	2797	12.7	42.4	4165	27	54.7	2740	23.6	36.0	304	39.2	3.99	1064	16.4	16.11

年份	一般贸易						加工贸易						其他贸易					
	出口(亿美元)	增速(%)	比重(%)	进口(亿美元)	增速(%)	比重(%)	出口(亿美元)	增速(%)	比重(%)	进口(亿美元)	增速(%)	比重(%)	出口(亿美元)	增速(%)	比重(%)	进口(亿美元)	增速(%)	比重(%)
2006	4163	32.1	43.0	3332	19.1	42.1	5104	22.6	52.7	3215	17.4	33.2	424	39.3	4.37	1369	28.7	17.30
2007	5386	29.4	44.2	4287	28.7	44.8	6177	21.0	50.7	3684	14.6	30.2	618	45.8	5.07	1588	15.9	16.61
2008	6626	23.0	46.4	5727	33.6	50.5	6752	9.3	47.3	3784	2.7	26.5	908	47.0	6.36	1820	14.6	16.06
2009	5298	-20.0	44.1	5339	-6.8	53.1	5870	-13.1	48.8	3223	-14.8	26.8	849	-6.5	7.06	1494	-17.9	14.85
2010	7207	36.0	45.7	7680	43.9	55.1	7403	26.1	46.9	4174	29.5	26.5	1169	37.7	7.41	2094	40.2	15.01
2011	9171	27.2	48.3	10075	31.2	57.8	8354	12.8	44.0	4698	12.5	24.7	1461	25.0	7.69	2662	27.1	15.27

资料来源:根据历年海关有关数据整理计算。

四、拉大了沿海与内地、区域之间的发展差距

对外贸易的长期高速发展拉大了我国区域之间的发展差距。主要表现为沿海地区收入水平较高、经济结构更加优化,而中西部地区则收入较低、结构调整较为缓慢。沿海和内地的发展差距主要通过区域之间的差距表现出来(见表15-9)。东部地区、东北地区属于沿海地区,中部地区、西部地区属于内陆地区。沿海地区东部地区对外开放较早,东北地区开放较晚,东部地区的发展要好于东北地区。内陆地区,中部地区虽然地处内地,但交通便利,地理位置优越,社会经济基础较好,一般要好于西部地区。从开放程度来看,东部地区2010年对外贸易总额占到全国的87.6%,高于其地区生产总值比重达34个百分点,高出其人口比重达48个百分点。如果按照人口比重来看,其开放程度高于全国平均水平1倍多。东北地区对外贸易额占比只有其地区生产总值(GRP)和人口比重的50%左右,说明其对外开放程度只有全国水平的一半;中西部地区对外开放程度很低,其中中部地区,对外贸易额只占全国的3.93%,只有其GRP的1/5,其人口比重的不足1/6,说明其对外开放水平只相当全国水平的1/5,西部地区与中部地区开放情况基本相同,按人口比重也只有全国水平的不足1/6,按产值比重略好于中部地区。正是由于长期以来对外开放程度的巨大差距,拉大了沿海和内地的发展差距。从生产总值来看,到2010年,东部地区生产总值达到了232031亿元,占全国GDP总量的53.09%,

高出其人口比重 15 个百分点,高出了其人口比重 40%;东部地区生产总值比重远高于其人口比重,说明其生产情况远好于全国水平;中西部地区生产总值加起来只有 167507 亿元,只占全国 GDP 总量的 38.33%,低于人口比重 15.43 个百分点,说明中西部地区的生产情况大大低于全国水平。从劳动生产率来看,2010 年,东部地区人均 GRP 46354 元,相当于全国水平的 155%;东北地区人均 34303 元,相当于全国水平的 114.4%;中部地区只有人均 24242 元,相当于全国水平的 80.83%,西部地区只有人均 22476 元,只有全国水平的 74.94%。从收入水平来看,1980 年以前,由于政府计划分配机制的主导作用,国家采取向西部和边远地区倾斜的分配政策,东部地区职工收入低于西部地区,三大地区职工收入的高低排序为西→东→中;20 世纪 80 年代以后,沿海地区率先开放,在对外开放的推动下,东部地区发展迅速。大约到 1989 年前后,东部、西部居民收入基本持平。进入 20 世纪 90 年代后,差距迅速拉大,到 2006 年东、西部地区职工收入比达 2.5:1;东、西部地区农民的收入差距扩大更为明显,从 1980 年的 1.46:1 扩大到 2005 年的 2.6:1。各省(区、市)最高收入与最低收入之比从 2001 年的 4.182 倍增加到 2006 年的 4.605 倍,2006 年广州市人均 GDP 达到人均 11000 美元,比许多中西部人均 GDP 不足 10000 元人民币的地区来说,至少相差 10 倍以上。从经济结构来看,对外开放促进了结构调整和优化。2010 年,全国三大产业结构比重为 10.10:46.75:43.14,东部地区农业产值为 14626 亿元,占全国农业产值的比重为 36.09%,第二产业产值为 114553 亿元,占全国的 52.05%,服务业产值 102851 亿元,占全国的 58.29%,分别比其地区总产值比重高 17 个百分点、低 1 个百分点、高 5.3 个百分点,三大产业结构比重为 6.30:49.37:44.33,明显优于全国水平。东北地区农业产值 3984 亿元,占 9.83%,略高于其地区总产值比重 1.3 个百分点;第二产业产值 19687 亿元,占 8.95%,略高于其地区总产值比重;服务业产值 13822 亿元,占 7.83%,低于其地区总产值比重 0.7 个百分点。三大产业结构比重为 10.63:52.51:36.87,凸显了东北地区作为我国传统工业基地的特征,第二产业比重偏高,服务业偏低。中部、西部地区产业结构调整均显示出明显滞后特征——农业比重偏高,服务业比重偏低。其中,中部地区 2010 年三大产业结构比重为 13.03:52.41:34.56,农业比重严重偏高,服务业比重严重偏低,第二产业比重较高;西部地区三大产业结构比重为 13.15:49.99:36.87,农业比重严重偏高,服务业比重偏低。

表15-9　中国区域经济的主要差距(2010年)

指标	全国总计	东部地区		中部地区		西部地区		东北地区	
		绝对数	占全国比重(%)	绝对数	占全国比重(%)	绝对数	占全国比重(%)	绝对数	占全国比重(%)
人口(万人)	134091	50664	37.98	35697	26.76	36069	27.04	10955	8.21
GRP(亿元)	401202	232031	53.09	86109	19.70	81408	18.63	37493	8.58
第一产业(亿元)	40533.6	14626	36.09	11221	27.68	10701	26.40	3984	9.83
第二产业(亿元)	187581.4	114553	52.05	45130	20.51	40694	18.49	19687	8.95
第三产业(亿元)	173087	102851	58.29	29758	16.87	30013	17.01	13822	7.83
人均GRP(元)	29992	46354	154.6	24242	80.83	22476	74.94	34303	114.4
货物进出口总额(亿美元)	29739.98	26057	87.6	1168.9	3.93	1283.9	4.32	1230.7	4.14
出口额(亿美元)	15777.54	13784	87.4	634.6	4.02	720.1	4.56	638.6	4.05
进口额(亿美元)	13962.44	12272	87.9	534.3	3.83	563.7	4.04	592.2	4.24
财政收入(亿元)	40613.04	23005	56.65	6371	15.69	7873	19.39	3363	8.28
城镇居民可支配收入(元)	19109	23273	121.8	15962	83.5	15806	82.7	15941	83.4
农村居民人均纯收入(元)	5919	8143	137.6	5510	93.1	4418	74.6	6434	108.7

资料来源:根据《中国统计年鉴》(2011)整理。

五、促进了中国经济的崛起

改革开放以后,尤其是加入世界贸易组织以来,对外贸易的高速增长促进了中国经济的快速崛起。中国经济的崛起是全方位的崛起,包括中国经济总量和个量的崛起,主要表现为三大方面:中国生产力总量的崛起、中国企业群体的崛起和中国"资本家"阶层的崛起。

1. 中国生产力总量的崛起

中国生产力总量的崛起,主要体现为由中国生产率高速增长带动的对外贸易高速增长、中国GDP总量的快速攀升以及国内工农业产值的快速增长。表15-10

反映了改革开放以来中国经济崛起带来的巨大变化。中国对外贸易总额从 1978 年的第 29 位上升至 2010 年的第 2 位,国内生产总值从 1978 年的第 10 位上升至 2010 年的第 2 位。主要工农业产品中,已经有 13 大类产品的产值位居世界第一,中国已经从落后的农业国变成了名副其实的工业大国。中国人均 GDP 也已经从当初的不足 250 美元,跃升至 2011 年的 5000 美元以上,达到世界平均水平的 60% 左右,跨入了中等发达国家的门槛。世界排位也从原来的第 175 位上升至第 121 位,中国人民彻底摆脱了贫困,开始步入较为富裕的社会发展阶段。

表 15 - 10　中国主要指标居世界位次

指　　标	1978 年	1990 年	2000 年	2005 年	2009 年	2010 年
国内生产总值	10	11	6	5	3	2
人均国民总收入*	175(188)	178(200)	141(207)	128(208)	125(213)	121(215)
进出口贸易额	29	15	8	3	2	2
货物出口总额	31	14	7	3	1	1
货物进口总额	29	17	8	3	2	2
主要工业产品产量						
钢	5	4	1	1	1	1
煤	3	1	1	1	1	1
原　油	8	5	5	5	4	4
发电量	7	4	2	2	2	1
水　泥	4	1	1	1	1	1
化　肥	3	3	1	1	1	1
棉　布	1	1	2	1	1	1
主要农业产品产量						
谷　物	2	1	1	1	1	1
肉　类	3	1	1	1	1	1
籽　棉	2	1	1	1	1	1
大　豆	3	3	4	4	4	4
花　生	1	1	1	1	1	1
油菜籽	2	1	1	2	1	1
甘　蔗	7	4	3	3	3	3
茶　叶	2	2	2	1	1	1
水　果	9	4	1	1	1	1

注:*括号中所列数为参与排序的国家和地区数。

资料来源:联合国数据库,联合国粮农组织数据库。

2. 中国企业群体的崛起

改革开放之初,中国企业整体实力比较弱,在世界 500 强企业排名中,几乎无一上榜。在改革开放中,中国企业迅速崛起,成为支撑中国经济快速发展的中流砥柱。在时隔 30 年后,中国企业群体在世界 500 强的总数已经跃升至仅次于美国的第二位。据最新的财富中文网站公布的《2012 年世界 500 强》排行榜显示:2012 年中国(含中国香港在内,不包括中国台湾)的上榜公司连续 9 年增加,共有 73 家公司上榜,比 2011 年增加了 12 家。包括中国台湾在内,中国 2012 年共有 79 家公司上榜。其中,中国(不包括中国香港和中国台湾)民营企业共有 5 家上榜,它们分别是中国平安保险(集团)股份有限公司(排名第 242 位)、江苏沙钢集团(排名第 346 位)、华为投资控股有限公司(排名第 351 位),以及今年新入榜的山东魏桥创业集团有限公司和浙江吉利控股集团。从世界 500 强最近 15 年中、美、日三国的排名变化也可以看出三国经济实力变化与中国企业的快速崛起。2010 年前的十几年里,无论是在上榜企业的数量上,还是在上榜企业的收入占 500 强企业总收入的比例上,美国和日本都稳居状元和榜眼之位。美国的最高纪录出现在 2001 年(2002 年榜单),这一年美国有 197 家企业上榜,美国上榜企业的收入占到了 500 强企业总收入的 42% 。日本的最高纪录则出现在 1995 年,该年度日本有 149 家企业上榜,仅比美国少了两家。但日本上榜企业的收入占 500 强总收入的比例达到了37% ,超过了美国 29% 的比例名列第一位。随着日本经济陷入长达 10 年的停滞,日本企业排名急剧下滑。2012 年,美国入围企业下降至 132 家,这已经是美国上榜公司连续 10 年减少。日本虽然连续 3 年持平,但已经下降至只有 68 家企业上榜。中国企业自加入世界贸易组织以来,则是进步迅猛。2001 年当年,中国内地 11 家上榜,当年美国 197 家和日本 88 家企业上榜;加入世界贸易组织 5 年后中国内地企业已经有 22 家上榜,当年美国 162 家、日本 67 企业上榜;国际金融危机以来,中国经济一枝独秀,中国企业稳步发展,中国企业总数排名急剧攀升。2009 年中国42 家企业上榜,美国 139 家、日本 71 家;2010 年中国 57 家企业上榜,美国和日本分别为 133 家和 68 家。2011 年中国企业上榜数量达到 69 家,第一次超越日本 68 家的数量,到 2012 年,中国已经是第二次位居第二位。前 100 位企业排名变化也同样说明了中国企业的崛起。1998 年美国有 4 家企业位居前十位,有 32 家企业上榜 100 强,日本有 5 家企业位居前十位,有 26 家企业上榜 100 强,美、日实力相当,中国企业无一进入 100 强。到 2012 年,中国企业有 11 家挤进了百强企业,美国继续保持龙头老大的地位,有 30 家进入前 100 位,日本企业下降至 12 家。

表 15 - 11　2012 年中国进入世界 500 强的企业排名

排名	上年排名	公司名称(中英文)	营业收入(亿美元)	总部所在城市
5	5	中国石油化工集团公司(SINOPEC GROUP)	3752.1	北京
6	6	中国石油天然气集团公司(CHINA NATIONAL PETROLEUM)	3523.4	北京
7	7	国家电网公司(STATE GRID)	2591.4	北京
43	60	鸿海精密工业股份有限公司(HONG HAI PRECISION INDUSTRY)	1175.1	台北
54	77	中国工商银行(INDUSTRIAL & COMMERCIAL BANK OF CHINA)	1090.4	北京
77	108	中国建设银行(CHINA CONSTRUCTION BANK)	896.5	北京
81	87	中国移动通信集团公司(CHINA MOBILE COMMUNICATIONS)	875.4	北京
84	127	中国农业银行(AGRICULTURAL BANK OF CHINA)	848.0	北京
91	139	来宝集团(NOBLE GROUP)	807.3	香港
93	132	中国银行(BANK OF CHINA)	802.3	北京
100	—	中国建筑工程总公司(CHINA STATE CONSTRUCTION ENGINEERING CORPORATION)	760.2	北京
101	162	中国海洋石油总公司(CHINA NATIONAL OFFSHORE OIL)	755.1	北京
111	—	中国铁道建筑总公司(CHINA RAILWAY CONSTRUCTION)	714.4	北京
112	95	中国中铁股份有限公司(CHINA RAILWAY GROUP)	712.6	北京
113	168	中国中化集团公司(SINOCHEM GROUP)	709.9	北京
129	113	中国人寿保险(集团)公司(CHINA LIFE INSURANCE)	672.7	北京
130	—	上海汽车集团股份有限公司(SAIC MOTOR)	672.5	上海
142	145	东风汽车集团(DONGFENG MOTOR GROUP)	629.1	武汉
152	149	中国南方电网有限责任公司(CHINA SOUTHERN POWER GRID)	605.4	广州
165	197	中国第一汽车集团公司(CHINA FAW GROUP)	570.0	长春
169	229	中国五矿集团公司(CHINA MINMETALS)	545.1	北京
194	221	中国中信集团有限公司(CITIC GROUP)	493.4	北京
197	212	宝钢集团有限公司(BAOSTEEL GROUP)	489.2	上海
205	250	中国兵器工业集团公司(CHINA NORTH INDUSTRIES GROUP)	481.5	北京
216	211	中国交通建设股份有限公司(CHINA COMMUNICATIONS CONSTRUCTION)	459.6	北京
221	222	中国电信集团公司(CHINA TELECOMMUNICATIONS)	451.7	北京
233	346	中国华润总公司(CHINA RESOURCES NATIONAL)	434.4	香港
234	293	神华集团(SHENHUA GROUP)	433.6	北京
238	227	中国南方工业集团公司(CHINA SOUTH INDUSTRIES GROUP)	431.6	北京

续表

排名	上年排名	公司名称（中英文）	营业收入（亿美元）	总部所在城市
242	328	中国平安保险(集团)股份有限公司(PING AN INSURANCE)	421.1	深圳
246	276	中国华能集团公司(CHINA HUANENG GROUP)	414.8	北京
250	311	中国航空工业集团公司(AVIATION INDUSTRY CORP. OF CHINA)	408.3	北京
258	343	中国邮政集团公司(CHINA POST GROUP)	400.2	北京
269	279	河北钢铁集团(HEBEI IRON & STEEL GROUP)	387.2	石家庄
275	320	怡和集团(JARDINE MATHESON)	379.7	香港
279	247	广达电脑(QUANTA COMPUTER)	377.7	龟山
280	297	中国冶金科工集团有限公司(CHINA METALLURGICAL GROUP)	376.1	北京
292	289	中国人民保险集团股份有限公司(PEOPLE'S INSURANCE CO. OF CHINA)	365.5	北京
295	326	首钢集团(SHOUGANG GROUP)	361.2	北京
298	331	中国铝业公司(ALUMINUM CORP. OF CHINA)	358.4	北京
318	431	中国航空油料集团公司(CHINA NATIONAL AVIATION FUEL GROUP)	343.5	北京
321	341	武汉钢铁(集团)公司(WUHAN IRON & STEEL)	342.6	武汉
326	398	交通银行(BANK OF COMMUNICATIONS)	338.7	上海
330	458	冀中能源集团(JIZHONG ENERGY GROUP)	336.6	邢台
333	371	中国联合网络通信股份有限公司(CHINA UNITED NETWORK COMMUNICATIONS)	333.4	上海
337	350	台湾中油股份有限公司(CPC)	327.7	台北
341	405	中国国电集团公司(CHINA GUODIAN)	325.8	北京
346	367	江苏沙钢集团(JIANGSU SHAGANG GROUP)	321.0	张家港
349	430	中国铁路物资股份有限公司(CHINA RAILWAY MATERIALS)	319.9	北京
351	352	华为投资控股有限公司(HUAWEI INVESTMENT & HOLDING)	315.4	深圳
362	362	和记黄埔有限公司(HUTCHISON WHAMPOA)	300.2	香港
365	485	中国建筑材料集团有限公司(CHINA NATIONAL BUILDING MATERIALS GROUP)	300.2	北京
367	435	中国机械工业集团有限公司(SINOMACH)	298.5	北京
369	375	中国大唐集团公司(CHINA DATANG)	296.0	北京

续表

排名	上年排名	公司名称(中英文)	营业收入(亿美元)	总部所在城市
370	450	联想集团(LENOVO GROUP)	295.7	北京
384	399	中国远洋运输(集团)总公司(CHINA OCEAN SHIPPING)	288.0	北京
390	—	中国电力建设集团有限公司(POWER CHINA)	282.9	北京
393	366	中粮集团有限公司(COFCO)	281.9	北京
397	446	河南煤业化工集团有限责任公司(HENAN COAL & CHEMICAL)	279.2	郑州
402	475	中国化工集团公司(CHEMCHINA)	277.1	北京
408	410	台塑石化股份有限公司(FORMOSA PETROCHEMICAL)	271.8	麦寮
416	508	天津市物资集团总公司(TEWOO GROUP)	264.1	天津
425	408	中国电子信息产业集团有限公司(CHINA ELECTRONICS)	260.2	北京
426	484	浙江物产集团(ZHEJIANG MATERIALS INDUSTRY GROUP)	258.3	杭州
433	504	中国华电集团公司(CHINA HUADIAN)	252.7	北京
434	463	中国船舶重工集团公司(CHINA SHIPBUILDING INDUSTRY)	251.4	北京
440	—	山东魏桥创业集团有限公司(SHANDONG WEIQIAO PIONEERING GROUP)	249.1	滨州
447	—	山西煤炭运销集团有限公司(SHANXI COAL TRANSPORTATION & SALES GROUP)	245.3	太原
450	467	中国太平洋保险(集团)股份有限公司(CHINA PACIFIC INSURANCE (GROUP))	244.3	上海
451	519	中国电力投资集团公司(CHINA POWER INVESTMENT)	244.0	北京
460	—	山东能源集团有限公司(SHANDONG ENERGY GROUP)	241.3	济南
462	—	鞍钢集团公司(ANSTEEL GROUP)	240.9	鞍山
468	340	仁宝电脑(COMPAL ELECTRONICS)	235.9	台北
475	688	浙江吉利控股集团(ZHEJIANG GEELY HOLDING GROUP)	233.6	杭州
483	—	绿地控股集团有限公司(GREENLAND HOLDING GROUP)	228.7	上海
484	—	新兴际华集团(XINXING CATHAY INTERNATIONAL GROUP)	228.3	北京
490	—	开滦集团(KAILUAN GROUP)	225.2	唐山
493	500	纬创集团(WISTRON)	224.1	台北
498		招商银行(CHINA MERCHANTS BANK)	220.9	深圳

资料来源:http://www.fortunechina.com/fortune500/c/2012-07/09/content_106575.htm。

3. 中国"资本家"阶层的崛起

中国"资本家"阶层的崛起,不仅反映了随着社会主义市场经济的发展,民营企业迅速崛起的事实,也反映了对外贸易资本利益倾向日益强化的结果。在对外贸易中,民营企业从无到有,迅速发展壮大,已经取代国有企业成为推动对外贸易增长的主力军,也成为仅次于外资的第二进出口贸易主体。在国内市场发展过程中以及对外贸易迅速崛起过程中,资本家阶层的个人财富急剧积累,中国企业家迅速成为20世纪80年代以来世界上崛起最快的群体,也是自工业革命以来发财致富速度最快、涉及人数最多的世界奇观,中国的企业家群体在短短不足30年的时间内迅速成为世界富裕阶层的新贵。据中新网2012年3月3日的报道,截至2012年,中国拥有世界最多的白手起家的亿万富豪,其中,亿万美元富豪和亿万人民币富豪的规模分别为600位和7500位。在这600位亿万美元富豪中有半数为"隐形富豪"。除此之外,中国拥有亿元人民币资产的富豪达6万名,拥有千万人民币身家的富豪更是多达96万名。从中国"资本家"发家的历史来看,大多出生于20世纪60年代,于20世纪90年代开始创业,多产生于制造业和地产行业。也就是说个人积累亿万财富的历史一般不超过20年。以2012年排名第5位的许家印为例(见表15–12),其个人财富仅仅三年时间就从62.8亿元增长到366.6亿元,增长了近6倍,一跃成为国内地产界的龙头老大。中国之所以在这么短的时间内能够造就如此巨大的个人财富,主要原因:中国建立社会主义市场经济的巨大的初始市场空间、国有企业不规范转型改制为少数掌控核心资源的人员和洞悉商机的民营企业家提供了原始资本积累的第一桶金,中国经济的高速增长带来的成长效应、中国房地产市场和股市的独特的体制设计,为一夜暴富提供了源源不断的机会和条件。

表 15 – 12　2012 年福布斯中国富豪榜前十位

排名	姓名	行业	企业	资产(亿美元)
1	李彦宏	科技	百度	102
2	梁稳根	制造	三一集团	81
3	宗庆后	食品饮料	娃哈哈集团	65
4	何享健	制造	美的集团	62
5	许家印	房地产	恒大集团	58
6	刘永行	服务	东方希望集团	58
7	吴亚军及其家族	房地产	龙湖地产	57
8	马化腾	科技	腾讯	47
9	杨惠妍	房地产	碧桂园	47
10	张近东	时装和零售	苏宁电器	45

资料来源:网易,2012 年 3 月 31 日 10 时 18 分 50 秒。

六、推动了科技进步和创新

对外贸易的迅速发展不仅推动了国际分工的深化,而且推动了技术的进步与创新。改革开放前,中国科技水平十分落后,企业的创新能力十分不足,中国与世界先进国家的差距不是缩小而是不断扩大。改革开放以后,尤其是进入20世纪90年代中叶以来,"科技是第一生产力"在党内外达成共识,科教兴国战略成为我国发展的基本战略。经过三十余年的发展,我国科技进步取得了不俗的发展成就。我国科技的巨大进步不仅体现在我国科技投入产出的总量上,也反映在企业的科技创新主体的确立和实践中。

1. 我国已经发展成为科技资源大国

从科技投入和产出的总量来看,我国均步入了科技大国的行列(见表15 - 13)。从主要投入来看,我国均位居世界前列。2007年研究与发展经费投入487.7亿美元,位居世界第五位,研究与发展研究人员142.3万人,仅次于美国,位居第二位。从主要产出来看,同年科技产出也很突出,三大系统收录的科技论文总数207865篇,占收录科技论文总数比重9.82%,仅次于美国,位居世界第二位,专利授权已达到67948件,位居世界第四位。从最近统计的数据来看,我国科技投入力度进一步加大,从2007年占当年GDP的1.44%,提升至2011年占国内生产总值的1.83%,研究与发展经费支出达到了8610亿元,约合1667亿美元,比上年增长21.9%,已经超过法国、德国和日本的投入力度,位居世界第二位。研究与发展研究人员已经约350万人(2009年统计为318万人),远超美国,位居世界第一位。2009年三大系统收录的科技论文总数253982篇,比2007年增长了25%,2010年我国专利授权已经突破50万件,超过同年的日本和美国,位居世界首位。2011年全年授予专利权96.1万件,其中境内授权86.4万件,占89.9%,授予发明专利权17.2万件,其中境内授权10.6万件,占61.5%。截至2011年底,有效专利274.0万件,其中境内有效专利220.2万件,占80.4%;有效发明专利69.7万件,其中境内有效发明专利31.8万件,占45.7%。至此,中国专利授权总数不仅已经坐稳了世界第一的宝座,而且,就连科技含量最高的发明专利也已经超过2007年日本和美国的授权数量,位居世界第一位。虽然有关国际组织没有发布2011年的统计报告,但从汤姆森路透集团的研究报告《专利在中国Ⅱ:中国创新活动的现状与未来》中的有关数据也可以推断出该结论。2003~2009年期间,中国的专利总量年增长率为26.1%,2010~2011年,中国专利总量增长均高于25%,而最接近的竞争对手美国的年增长率只有 5.5%。① 所以,超过美国已经没有任何悬念。

表 15-13　2007 年世界主要科技大国的科技成果比较

项目\国家	R&D 经费(亿元)	位次	R&D 研究人员(人)	位次	三大系统收录科技论文总数(篇)	收录科技论文总数比重(%)	位次	专利授权数(件)	位次
美国	3688.0	1	142560	1	576800	27.24	1	157283	2
日本	1485.3*	2	70969*	3	150196	7.09	4	164954	1
德国	838.2	3	28600	5	140581	6.64	5	17739	7
法国	538.8	4	2158	6	96816	4.57	6	12112	8
中国	487.7	5	142340	2	207865	9.82	2	67948	4
英国	426.9*	6	18354	8	149618	7.07	4	5930	12
韩国*	286.4*	7	19999*	7	58278	2.75	10	123705	3
加拿大	269.8	8	14290	9	83009	3.92	8	18550	6
意大利	211.2*	9	8843*	12	85500	4.04	7	6508	11
瑞典	165.1	10	4428	16	28965	1.37	18	1287	20
澳大利亚	158.1*	11	87270*	13	48412	2.29	12	9426*	10*
西班牙	148.2*	12	11580*	11	62636	2.96	9	2667	17
俄罗斯	145.1	13	46908	4	42754	2.02	13	23028	5
荷兰	132.3	14	4412	17	42784	2.02	13	2319	18
巴西	109.3*	15	11830*	10	34270	1.62	16	2465*	20*
奥地利	95.1	16	3135	21	24714	1.17	21	—	
比利时	85.7	17	3594	20	24714	1.17	21	—	
芬兰	85.4	18	3900	19	14968	0.71	27	1059*	28*
丹麦	79.1	19	2957	22	16197	0.77	25	—	
以色列	76.8	20	—		20938	0.99	22	2584*	19*

注:带 * 号为 2006 年统计数字。

资料来源:根据世界知识产权组织《工业产权统计》(2007 年)和《中国统计年鉴》(2011 年)有关数据整理。

2. 企业已经确立为科技创新的主体

从企业的科技创新活动来说,经过近三十年的社会主义市场经济的发展,企业已经确立为科技创新的主体地位。从宏观角度来看,改革开放以来,我国科技进步对经济增长的贡献率逐步提高。广义科技贡献率已经从改革开放初期的 35% 左

---

① 统计局网站:《统计局发布 2011 年国民经济和社会发展统计公报》,中央政府门户网站 www.gov.cn,2012 年 02 月 22 日 16 时 09 分。

右提升至近十年的 50% 以上,科技创新已经成为支撑我国综合竞争优势不断提升的重要因素。根据中国科技部公布的数据,中华人民共和国国民经济和社会发展第十一个五年规划(以下简称"十一五")期间,中国科技投入年均递增 20%,高技术产业生产总值年均增长 15%,科技人力资源总量居世界第一位,研究与开发人员总量居世界第二位,中国在量子纠缠交换、新型铁基超导材料、空间出舱活动技术、高效能计算机、深海载人潜水器等领域已比肩国际前沿。从世界经济论坛发布的《2011 ~ 2012 全球竞争力报告》的结论来看,自 2005 年以来,中国的排名逐年上升。2011 ~ 2012 年,中国排名比上一年度上升一名,达到了第 26 位,其中科技创新能力不断提高成为推动我国综合竞争优势不断提升的主要因素之一。① 从微观角度来看,企业不仅成为推动科技创新的主体,而且科技创新正在成为我国企业做大做强的主要源泉。2012 年 3 月 5 日晚间,世界知识产权组织(WIPO)公布的数据显示:我国企业中兴通讯 2011 年提交了 2826 件申请,超过松下电器成为 2011 年排名第一的 PCT 专利申请人,华为以 1831 件申请量排名第三,夏普和博世分列第四和第五。据了解,在 2006 ~ 2010 年间,中兴的 PCT 申请排名分别为第52 位、第38 位、第23 位、第2 位,到 2011 年,中兴的增幅超过 50%,超过世界排名第一的松下电器,成为世界第一。正是像中兴、华为等致力于科技创新的企业,才支撑起中国专利授权量的高速增长,成为推动中国企业走向世界,做大做强的排头兵。有关统计还显示:国内企业不仅在国内专利申请比重不断提升而且在海外的申请量也逐年攀升。在中国提交所有的专利申请中,国内申请所占比例从 2006 年的不到 52% 上升至 2010 年的近 73%,说明中国企业在专利高潮中已超过了外国企业。根据世界知识产权组织(WIPO)的数据,中国企业提交的海外专利申请数量也在不断增加。② 正是由于中国企业科技创新能力不断提升,中国企业的全球影响力和美誉度不断提升。据有关统计显示:到 2011 年,中国企业已经在《全球最具创新能力企业》排行榜中占据前 100 位中的三席(见表 15 – 14)。其中,中海油田服务(China Oilfield Services)排名第 40 位,三一重工(Sany Heavy Industry)排名第72 位,中联重科(Zoomlion Heavy Industry)排名第 75 位。如果说全球 500 强企业以规模入围,而这些企业则以高质量和效益著称,这些企业已经成为世界企业发展的楷模,成为最富活力和创新价值的企业,也是成长最快、效益最好、发展前途最好的企业标杆。

---

① 新华网:世界经济论坛发布《2011 ~ 2012 全球竞争力报告》,2011 年 9 月 7 日 21 时 03 分。
② 第一财经日报:《中国专利增速居世界首位,中兴国际专利申请跃居第一》,2012 年 3 月 7 日 06 时 38 分。

表 15 - 14　全球最具创新力企业

排名	公　司	5年平均销售额增长（%）	5年平均净利润增长（%）	企业价值（亿美元）	创新溢价＊
1	Salesforce.com	39.5	78.7	207	75.1
2	亚马逊（Amazon.com）	32	37.6	927	58.9
3	直觉外科（Intuitive Surgical）	43.4	36.4	134	57.6
4	腾讯控股（Tencent Holdings）	69	75.4	465	52.3
5	苹果（Apple）	35.1	60.7	3034	48.2
6	印度斯坦利华（Hindustan Unilever）	10	4	155	47.7
7	谷歌（Google）	35	37.1	1381	44.9
8	大自然化妆用品（Natura Cosméticos）	17	13.5	102	44.5
9	印度巴拉特重型电力（Bharat Heavy Electricals）	27.2	25	195	43.6
10	孟山都（Monsanto）	13.4	44.7	413	42.6
11	利洁时（Reckitt Benckiser Group）	15.1	18.6	434	40.6
12	赛尔基因（Celgene）	46.3	81.1	275	40.5
13	日本电产（Nidec）	5.1	5	152	40
14	泰尔茂（Terumo）	5.8	-0.1	107	38
15	印孚瑟斯（Infosys）	23.6	22.7	343	37.1
16	保乐力加（Pernod Ricard）	14	14.9	385	36.6
17	基恩士（Keyence）	3.1	1.9	113	36.1
18	FMC科技（FMC Technologies）	13.5	31.7	109	36
19	星巴克（Starbucks）	10.1	3.8	289	35.6
20	任天堂（Nintendo）	14.8	-4.6	143	35
21	爱尔康（Alcon）＊＊	10.4	17.9	0	34.9
22	动视暴雪（Activision Blizzard）	31.1	41.6	105	34.6
23	拜尔斯道夫（Beiersdorf）	5.3	-0.7	127	34.5
24	宝洁（Procter & Gamble）	7.7	11	2113	33.4
25	依视路国际（Essilor International）	9.9	10	174	33.2
26	欧莱雅（L'Oréal）	6.1	2.6	747	33.1

续表

排名	公　司	5 年平均销售额增长(%)	5 年平均净利润增长(%)	企业价值(亿美元)	创新溢价*
27	斯伦贝谢(Schlumberger)	11.8	8.5	1267	32.7
28	艺康(Ecolab)	6.3	8.8	142	32.6
29	阿尔斯通(Alstom)	9.3	21	193	32.5
30	ICL 以色列化工(ICL – Israel Chemicals)	9.6	15	220	32.3
31	通用磨坊(General Mills)	5.1	10.2	302	32.3
32	CSL	10.1	14	178	32.1
33	高露洁棕榄(Colgate – Palmolive)	6.9	12.6	465	32
34	美商网域(NetApp)	17.3	12	158	31.6
35	达能(Danone)	5.5	5	571	31.5
36	思杰系统(Citrix Systems)	14.7	7.5	147	30.4
37	阿海珐(Areva)	−2.1	−3.4	191	30.3
38	罗克韦尔自动化(Rockwell Automation)	2.3	−7.5	125	30.3
39	芬兰通力(Kone)	9	37.2	155	30.1
40	中海油田服务(China Oilfield Services)	29.7	38.1	145	30
41	信思医疗(Synthes)	8	11.5	191	29.6
42	瞻博网络(Juniper Networks)	14.5	−0.1	147	29.6
43	普莱克斯(Praxair)	5.1	9.6	396	28.8
44	雅诗兰黛(Estée Lauder Cos)	4.6	−1	211	28.4
45	发那科(Fanuc)	3.2	5.8	348	28.3
46	好时(Hershey)	3.1	−0.5	134	27.2
47	雅芳产品(Avon Products)	5.7	−1.5	144	25.9
48	帕卡(Paccar)	−10	−30	218	25.7
49	SMC 公司(SMC Corp)	1.1	−2.2	109	25.5
50	百事可乐(PepsiCo)	10.8	6.6	1354	25.4
51	费森尤斯医疗(Fresenius Medical Care)	10.8	15.1	292	25.1
52	西科姆科技(Secom)	3.2	2.8	94	25.1

排名	公　司	5年平均销售额增长(%)	5年平均净利润增长(%)	企业价值(亿美元)	创新溢价*
53	百威英博(Anheuser – Busch InBev)	18.7	27.5	1338	24.9
54	奥多比系统(Adobe Systems)	11.5	1.8	131	24.1
55	安捷伦科技(Agilent Technologies)	1.4	14	150	23.9
56	宏达电(HTC Corp)	30.7	27.4	223	23.8
57	凯洛格(Kellogg)	4.4	5.3	255	23.3
58	山特维克(Sandvik)	5.5	2	222	23.3
59	阿斯麦控股(ASML Holding)	12.3	26.8	132	22.7
60	空气化工产品(Air Products & Chemicals)	3.1	4.5	240	22.3
61	高通(Qualcomm)	13.8	2.1	804	22.3
62	历峰集团(Richemont)	6.5	− 3.1	309	22.2
63	SAP	7.9	3.9	691	22.1
64	爱默生电气(Emerson Electric)	3.2	4.6	449	22
65	金宝汤(Campbell Soup)	2.2	3.6	134	22
66	花王(Kao)	4.1	− 8.1	150	21.9
67	阿特拉斯·科普柯(Atlas Copco)	5.8	8.6	288	21.9
68	丹纳赫(Danaher)	9.7	11.2	371	21.7
69	康宁(Corning)	5.9	33.7	219	21.4
70	大金工业(Daikin Industries)	7.9	− 13.4	130	21.3
71	赛默飞世尔科技(Thermo Fisher Scientific)	33.3	46.6	255	21.2
72	三一重工(Sany Heavy Industry)	68.1	91.8	231	21.2
73	江森自控(Johnson Controls)	2.4	11.6	319	21.2
74	联合利华(Unilever NV)	2.2	2.4	1029	21
75	中联重科(Zoomlion Heavy Industry)	58.1	71.9	114	20.9
76	罗尔斯 – 罗伊斯控股(Rolls – Royce Holdings)	10.9	9	165	19.4
77	甲骨文(Oracle)	17.9	17.8	1471	19.3
78	费森尤斯欧洲股份公司(Fresenius SE)	15.2	22.9	347	19.2

续表

排名	公　司	5 年平均销售额增长（%）	5 年平均净利润增长（%）	企业价值（亿美元）	创新溢价 *
79	先正达（Syngenta）	3.5	13.2	324	19.1
80	罗格朗（LeGrand）	3.7	32.8	117	18.9
81	迅达控股（Schindler Holding）	−1.3	12.4	113	18.8
82	卡夫食品（Kraft Foods）	7.1	−3.5	899	18.6
83	德国汉高（Henkel）	4.7	8.1	272	18.6
84	财捷（Intuit）	11.4	6.7	139	18.2
85	卡梅伦国际（Cameron International）	17.6	23.3	120	18.1
86	微软（Microsoft）	9.7	8.3	1860	18
87	自动数据处理公司（Automatic Data Processing）	8.5	11	245	18
88	摩洛哥电信（Maroc Telecom）	9	10.4	169	17.7
89	精密机件（Precision Castparts）	9.1	21.1	220	17.5
90	液化空气（Air Liquide）	5.3	8.5	447	17.4
91	波士顿科技（Boston Scientific）	3.4	0	149	17
92	泰纳瑞斯（Tenaris）	1.4	−3.7	263	16.8
93	ABB	3.3	23.8	492	16.7
94	东芝（Toshiba）	0.2	12	369	16.6
95	斯特瑞克（Stryker）	9.7	14.5	207	16.5
96	英国宇航系统（BAE Systems）	13.9	12.6	162	16.5
97	哈利伯顿（Halliburton）	10.3	−7.3	506	16.1
98	CA	2.8	49.3	95	16.1
99	阿尔特拉（Altera）	7.8	14.1	111	16.1
100	康尼格拉食品（ConAgra Foods）	4.1	13.5	130	16

注：*创新溢价系投资人基于企业未来创新成果（新产品、服务及市场）预期，而在股价上反映出的高于企业现有价值基础的溢价衡量标准。上榜企业必须拥有 100 亿美元市值、在研发领域的支出至少达到企业资产的 1%，且拥有 7 年公开数据。

资料来源：Holt（瑞士信贷旗下分支机构）、彭博社、汤森路透基础、Worldscope（通过 FactSet Research Systems）。

第三节　我国对外贸易的验证结论

我国对外贸易的实践,验证了马克思国际贸易理论的科学性。总体来说,自由贸易促进了我国经济的增长和结构的优化,推动了我国要素资源比较优势的发挥与变迁,提高了我国企业参与国际分工的深度和广度,推动了科技进步与创新,提高了生产率水平,促进了中国经济、中国企业和中国制造业的崛起,充分证明了自由贸易促进生产力的进步属性,但这种进步也是有代价的,而且代价高昂。

一、促进了国内社会分工和对外贸易的发展

对外贸易的发展促进了国内社会分工深入、广泛的发展,进一步推动了国际分工和对外贸易的发展。改革开放以来,对外开放不仅推动了改革的不断深入、广泛的发展,而且对外开放已经成为中国经济不断崛起的必要的外部条件。中国对外贸易发展进一步证明了对外贸易是现代生产方式巩固和发展的必要条件,对外贸易不仅有力地推动了原来在计划经济体制下形成的大而全的国民经济的解体,也推动了经济的专业化社会分工的深化,解放和发展了国内生产力。而且社会分工的发展、生产力水平的提升,进一步推动了中国经济参与国际分工的广度和深度,促进了对外贸易的进一步发展,也形成了中国经济对国际分工和贸易越来越深的依赖性。

二、促进中国商品生产的国际化和世界利润率的平均化

中国对外贸易的发展促进中国商品生产的国际化程度,推动了世界利润率的平均化。计划经济条件下,中国经济比较封闭,对外贸易水平不高,而且对外贸易主要局限于调节余缺和出口换汇的低水平上。因此,中国经济在十分严重的二元经济对立的基础上缓慢地推进工业化。工业的发展本身面临资金、技术短缺的严重制约,进展缓慢,而且依靠工农业剪刀差积累建设资金的做法严重地削弱甚至危害了农业的发展,因而造成了新中国发展了 28 年,连最基本的温饱问题都没有根本解决。中国对外开放和对外贸易的发展不仅有效地解决了工业化发展的技术、资金瓶颈问题,而且推动了中国经济的国际化,推动了世界商品价格的下降,推动

了利润率的平均化水平。中国经济的国际化,首先体现在中国经济发展对外依赖度的不断提高,目前已经达到了 50% 以上,已经成为对外依赖度最高的世界大国;其次体现在中国生产逐渐国际化,国际化生产不仅有效地利用和发挥了本国比较优势,而且推进了本国生产要素配置的国际化,推进了价值规律实现范围的国际化。中国长期的价格竞争,一方面大大降低了世界制造业的平均价格水平,另一方面抬升了本国过低的资源和生产要素价格,推动了世界商品价格的趋同性,推动了利润率的国际化水平。

三、提高了世界贸易的互惠水平,降低了不平等程度

中国经济的国际化,提高了世界贸易的互惠水平,降低了不平等程度。中国作为世界性大国成功地实现了经济的高速崛起,中国经济的崛起强力地影响甚至改变了世界贸易的原有格局,主要表现是:提高世界贸易的互惠水平,降低了不平等程度。

第一,中国经济的崛起,提高了世界的互惠贸易水平。中国的崛起是全面的崛起,在中国崛起过程中,中国企业群体不断壮大,已经成为影响世界经济发展的主要力量之一;中国对外贸易高速成长,已经成长为包括服务贸易在内的国际贸易大国。目前,中国已经成长为世界最大的商品贸易出口国、进口国(目前位居第二位,但发展势头强劲,不久会提升为世界进口第一大国),世界主要的服务贸易大国。中国庞大的对外贸易规模和几乎无所不包的贸易内容都给世界经济以巨大的影响;中国制造业已经连续两年超过美国,位居世界第一位,成为世界最大的工业品制造大国。中国制造在世界市场的份额和规模都已超过历史上最辉煌的美国,成为世界最大的工业品生产和出口大国。廉价的、大规模的中国制造业出口不仅严重冲击了世界工业品市场,而且也给世界带来了巨大的惊喜,随着中国经济的崛起,原来饱受通货膨胀威胁的世界人民开始享受物美价廉的中国制造。以美国为例,正是中国大量的廉价工业品供给,彻底遏制住了 20 世纪 70 年代以来,长达十年的滞胀局面,开创了美国长达十余年的"三低一高"的所谓新经济时代。

第二,中国经济的崛起改变世界贸易条件的变化趋势,降低了世界交换的不平等程度。在中国改革开放以前,虽然随着东亚经济奇迹的出现,少数地区发展中大国实现了崛起,但由于这些国家经济规模较小,而又对美国经济本身形成较强的依附关系,所以并没有彻底改变自工业革命以来形成的发展中国家依附于发达国家的经济贸易格局,也没有彻底改变二元对立的世界分工局面。拉美经济学家普雷维什和美国经济学家辛格等揭示的以发展中国家贸易条件的恶化为标志的世界不

平等贸易现象还十分普遍。但随着中国经济的崛起,世界贸易条件变化的趋势发生了巨大变化。中国制造业的崛起,带动了世界初级产品、原材料的需求,世界原材料的供需结构开始发生有利于发展中国家的逆转,尤其是有利于那些自然资源十分丰富的发展中国家。统计数据显示,自2000年以来,世界大宗商品价格均出现了大幅度的上涨。石油从原来的不足10美元一桶上涨至2007年的历史高点147美元一桶,铁矿石从原来的50美元一吨左右上涨至200多美元一吨,有色金属均价上涨了2~8倍。工业原材料的巨幅上涨,加上人工成本的刚性拉动,世界进出口贸易价格指数自20世纪90年代以来一路上涨,到2010年已经比1990年高出50%以上。高涨的物价水平抵消了由于生产率提高和世界利润率平均化趋势所形成的价格下降趋势,从而提高了少数资源丰富国家的贸易利益,抵消了一部分发达国家依靠生产率优势而形成的贸易利益,从这个意义上说,中国经济的崛起一定程度上降低了世界二元经济的对立和世界贸易的不平等程度。如表15-15所示,资源性国家,如澳大利亚、加拿大,这些国家出口贸易价格指数上涨远高于进口价格上涨,贸易利益得以不断扩大;以技术创新为代表的发达国家,如美国、日本,其贸易利益相对缩小。美国1990年出口与进口的价格指数差为16个百分点,到2009年为17个百分点,基本保持不变,如果从纵向来看,出口价格2009年只比1995年上涨了18个百分点,而进口则上涨了近20个百分点,也就是说,在该阶段,美国贸易的相对利益有一定程度的缩小。日本的贸易趋势也是趋同的。而资源短缺的国家,其贸易条件相对是恶化的,如韩国、印度等,自1990年以来,贸易出口价格指数一路下滑,进口贸易价格一路上扬,二者价格差距逐步扩大,贸易利益相对缩小。中国比较特殊,在1990年,由于工业化程度不高,我国基本上还是资源相对富足的国家,加上长期计划经济的影响,资源价格也偏低。因此,1990年以前,我国出口贸易条件是下降的,进口贸易条件也是下降的,而且进口价格指数略高于出口价格指数,也就是说,贸易条件存在一定程度的恶化。在1990年以后,随着我国工业化的高速推进和出口的高速增长,中国工业规模高速增长,我国开始由资源富裕国家转变为资源约束日渐紧张的国家,国际贸易条件趋势开始逆转。我国对外出口价格指数,2009年比20世纪90年代有所下降,而进口价格指数略有提高。如果考虑到货币的贬值效应,我国工业制造业原材料巨幅增长和工人工资的大幅增长,也就是说,我国贸易出口价格指数在相对下降,我国的贸易条件在急剧恶化。我国大量廉价工业制品出口,也带动了世界中低端工业品制造国贸易条件的恶化。如表15-15所示,韩国、新加坡等国受到的冲击也比较大。

表 15-15　中国与世界贸易价格指数变化(1980~2009 年)

单位:1980 = 100

地区/国家	项目	1980 年	1985 年	1990 年	1995 年	2000 年	2003 年	2004 年	2005 年	2006 年	2007 年	2008 年	2009 年
世界	X	100	86.0	116.1	128.1	113.9	122.8	136.2	145.6	155.0	168.5	190.2	167.4
	M	100	81.0	108.6	117.5	106.3	114.6	126.4	134.5	142.6	154.4	174.8	154.1
澳大利亚	X	100	78.9	107.7	100.5	83.5	90.0	105.7	125.2	142.7	159.4	199.9	172.7
	M	100	86.6	109.3	112.2	89.4	93.3	99.9	104.9	107.7	115.0	126.8	117.5
加拿大	X	100	97.1	108.4	107.2	102.8	106.3	116.7	128.6	137.1	145.7	168.0	141.6
	M	100	108.9	120.3	114.7	105.0	105.9	110.9	117.5	123.3	127.4	136.3	128.4
美国	X	100	112.2	127.6	138.7	133.6	133.2	138.4	142.8	148.0	155.2	164.5	157.0
	M	100	94.6	111.6	118.7	117.9	114.2	120.6	129.6	136.0	141.7	158.0	139.8
日本	X	100	94.6	132.5	189.7	158.7	144.1	152.2	152.3	148.8	150.3	160.8	159.1
	M	100	83.9	94.3	99.2	91.1	84.7	94.1	104.1	112.5	119.3	147.9	122.1
土耳其	X	100	74.6	114.7	133.9	109.6	115.5	134.4	142.0	147.0	165.7	191.4	160.6
	M	100	76.1	102.8	128.4	95.8	101.9	117.2	125.6	136.4	149.6	179.5	144.5
中国香港	X	100	102.4	125.4	130.3	104.5	108.5	108.5	110.2	111.4	113.4	118.0	119.8
	M	100	67.9	79.4	67.9	68.1	73.5	73.5	75.7	77.4	78.9	82.5	82.7
韩国	X	100	95.2	126.4	134.4	76.9	64.8	69.4	71.3	70.1	70.5	73.3	62.6
	M	100	89.8	103.8	107.6	92.3	87.4	98.1	107.3	116.2	124.8	145.4	119.0
新加坡	X	100	89.0	95.3	102.0	84.1	75.5	79.1	82.6	87.7	89.9	98.7	87.8
	M	100	89.7	104.0	120.1	102.4	101.3	107.0	113.9	122.5	126.9	140.6	123.8
中国台湾	X	100	93.0	128.7	160.8	162.6	143.7	150.3	152.3	154.3	158.3	161.5	143.9
	M	100	85.3	98.1	123.5	118.1	111.6	124.8	132.8	142.9	154.1	174.8	150.7
南非	X	100	60.1	78.2	80.9	65.7	81.3	97.4	103.9	113.9	124.7	136.4	133.2
	M	100	71.5	101.9	103.5	88.3	101.4	119.7	125.8	129.8	137.9	147.2	134.9
印度	X	100	81.0	101.8	115.4	112.2	100.9	100.9	100.9	100.9	100.9	100.9	100.9
	M	100	95.2	126.2	147.1	128.4	124.6	124.6	124.6	124.6	124.6	124.6	124.6
中国	X	100	90.3	107.1	114.6	103.4	97.0	98.1	100.8	105.0	110.4	119.2	111.8
	M	100	93.1	110.0	119.7	106.2	98.1	100.9	106.4	109.6	116.2	132.8	114.6

注:X 代表出口,M 代表进口。

资料来源:根据《WTO 数据库》整理计算。

四、加剧世界经济竞争,国际贸易保护主义纷纷抬头

随着以"金砖国家"为代表的新兴工业大国的崛起,世界经济格局正在和将要

发生巨大的变动;随着新兴大国经济、科技实力的高速攀升,以综合国力为支撑的世界经济贸易竞争将日趋激烈。在未来几十年内,随着新兴大国的崛起,传统的工业大国将不断遭受来自新兴工业大国的挑战和竞争。"金砖国家"国土面积占世界国土总面积的1/4以上,人口占世界总人口的45%左右,国内生产总值和贸易额占世界总量的近20%。金砖国家资源丰富,经济增长迅速,发展前景被世界广泛看好,金砖国家主要年份GDP占世界的比重如表15－16所示。按购买力平价计算,中国、俄罗斯、巴西和印度近几年对世界经济增长的贡献率已超过50%。根据国际货币基金组织的统计,2006~2008年,四国经济平价增长率为10.7%。随着四国经济快速增长,其国际影响力与日俱增。2003年,奥尼尔在《与"金砖四国"一起梦想》的研究报告中预测,到2050年,世界经济格局将重新洗牌,"金砖四国"将超越包括英国、法国、意大利、德国在内的西方发达国家,与美国、日本一起跻身全球新的六大经济体。按照2003年高盛的研究报告《金砖四国之梦:通向2050之路》推测,四国将在2041年位列世界最强经济体。其中,中国在2041年超过美国从而成为世界最大经济体(中国社科院在2011年发布,预计到2020年中国大陆经济总量将超越美国居世界第一位),印度在2032年超过日本,成为世界第三大经济体,巴西将于2025年取代意大利的经济位置,并于2031年超越法国;俄罗斯将于2027年超过英国,2028年超越德国。正是由于新兴工业大国崛起的影响,传统工业大国的世界竞争力正被逐渐削弱,其传统金融、工业的统治地位正在被撼动甚至动摇。为了捍卫其在世界金融体系的霸权地位和既得利益,传统工业强国正在全球范围内动员各自的资源和力量,阻止新兴大国的崛起和化解不断增大的挑战,在经济领域纷纷竖起各种形式的贸易保护措施大旗,捍卫国内逐渐丧失竞争优势的工业和领域。发达国家贸易保护主义措施和政策必定引起世界范围内的示范效应,带动世界范围内国际贸易保护主义的再次抬头。

表15－16　金砖国家主要年份GDP占世界的比重

国家与地区	2010年 GDP（10亿美元）	2010年 GDP比重(%)	2005年 GDP（10亿美元）	2005年 GDP比重(%)	2000年 GDP（10亿美元）	2000年 GDP比重(%)
世界	63049	100	45719	100	32244	100
金砖国家	11539	18.3	5037	11.02	2698	8.37
巴西	2088	3.31	882	1.93	645	2.00
中国	5879	9.32	2303	5.04	1193	3.70
印度	1729	2.74	840	1.84	468	1.45

续表

国家与地区	2010年GDP（10亿美元）	2010年GDP比重（%）	2005年GDP（10亿美元）	2005年GDP比重（%）	2000年GDP（10亿美元）	2000年GDP比重（%）
俄罗斯	1480	2.35	765	1.67	260	0.81
南非	364	0.58	247	0.54	133	0.41

资料来源：根据联合国有关数据整理。

五、科技进步步伐加快，世界格局进入动荡和分化的新阶段

科技进步不仅加快了新兴国家的崛起，也导致了传统工业国家的衰落。而世界格局变化加快必然带来世界格局的巨大变化和调整，从而引起世界政治经济格局的动荡。2007年底爆发的金融危机，就反映了以美国为首的发达国家世界金融霸权地位的动摇和国内经济的衰落。正是由于发达国家依靠长期积累的资本优势和金融优势，建立起在世界金融体制的垄断地位和霸权，形成了发达国家过度依赖虚拟经济繁荣和金融霸权获取世界利益、剥夺发展中国家的消费习惯和经济行为，而长期偏离实体经济的支撑，虚拟经济的繁荣就缺乏实体经济的基础，一旦虚拟经济泡沫破裂，不仅会造成国家信用的危机，也会最终危及实体经济的发展。在金融主导的世界经济体系中，金融危机会迅速扩散到实体经济，发展为经济危机，一国的金融危机蔓延到世界范围，最终危及世界经济。这次金融危机也反映了以信息技术为基础的新技术革命带来的经济活力正在迅速消散，信息技术发源地美国正在经历技术创新衰退后的黑暗时期，而信息技术带动的技术扩散和技术追赶效应正在发酵，新兴发展中国家借助于信息技术，迅速缩小了与发达国家的技术差距，而日益缩小的技术差距，不仅带动了发展中国家经济的高速增长，也正在蚕食甚至消灭发达国家在中低端制造业的产业和国内市场，也对中高端产业和领域形成某些挑战和冲击。在发达国家国内市场，工业全面衰退造成的后果，很难由高端服务业或者虚拟经济进行弥补或者抵消。这一后果，正由发展中大国的迅速崛起而放大。因此，科技进步是建立在实体经济基础之上的，如果偏离了实体经济的支撑，科技进步就成为无源之水，虚拟经济的繁荣也就成为空中楼阁，随时都有倒塌的危险。丧失了科技进步的支撑和实体经济的基础，少数发达国家为了维护既得利益和世界霸权只有求助于金融霸权和诉诸武力，而滥用金融霸权和武力威胁，只会引发更大的经济动荡和骚动。

第十六章　我国对外贸易发展的
主要问题及其对策分析

第一节　我国对外贸易的特点

改革开放以来,中国对外贸易的增长是建立在低价竞争基础上的。计划经济时期,我国形成的低物价、低工资和超低的资源价格,就成为中国对外贸易超强价格竞争优势的基础。大量跨国公司之所以纷纷来中国投资,看中的也是中国超低的价格竞争优势,中国长期的出口导向政策,强化和鼓励了低价出口增长模式,加上中国国内市场发育严重滞后,国内企业间协作水平很低,无序竞争十分严重,也进一步压低了出口企业定价、议价的能力;长期严重对立的二元经济,造就中国数以亿计的大量农村剩余劳动力,也强化了低工资的发展格局。总体来看,中国对外贸易的高速增长,主要是建立在低价竞争优势和不断改善的对外开放的市场环境基础上的,而不是建立在技术进步和效率提高的基础上,所以,这种增长质量、效益不高。中国对外贸易的长期高速增长并没有带来与此相适应的经济增长,加入世界贸易组织以来,中国对外贸易保持了 25% 左右的超高速度,换回的却只有 10% 左右的经济增长,与此同时,外资的大量引入带动了外资企业对外贸易的高速增长,成为推动对外贸易增长的主要动力之一。但外企推动的对外贸易的高速增长对中国经济增长的带动是非常有限的。外资长期享受超国民待遇条件,换来的只是几乎全球最低的工资待遇和工作条件,大量就业于外资企业的农民工拿了长达 20 年的超低工资。中国对外贸易的高速增长所依赖的超低价竞争优势并没有因为外资企业带来的科技、管理和人才优势而发生根本的变化,因为外企只是把中国视为其全球价值链分工中最廉价的一个环节,从而降低其生产成本,这种做法是建立在中国很低的环境监管要求、长期超低的资源价格、超低的劳动力价格以及超国民待遇的基础上的。所以,我国改革开放以来发展的后果就是环境急剧恶化,资源价格因过度开采而节节攀升,中国对外资源依赖度急剧提高。中国制造业依赖低价快速扩张市场,在给世界尤其是发达国家带去大量廉价中国制造的同时,中国企业却在饱受成本上扬、利润下滑的困扰。总的来说,中国对外贸易增长是建立在低价竞争的基础上的,中国经济增长的效益和质量并不高,中国企业正遭遇着日益强化的资源环境约束瓶颈和劳动力成本逐渐提高的烦恼和尴尬。

一、出口导向型的贸易政策

改革开放以来,我国形成了带有重商主义色彩的出口导向型贸易政策,主要体现在:人民币长期贬值,鼓励出口,推行了以"奖出限入"为特征的关税政策,鼓励出口。作为发展中国家,在计划经济时代,我国长期面临着资金、外汇双缺口的困扰,改革开放以来,我国首先改革了外贸管理体制,放活对外贸易企业,逐步贬值本币,鼓励出口。人民币对美元汇率从 1978 年的 1.5∶1,贬值为 1994 年的 8.6∶1,之后实行了盯住美元的汇率政策。2005 年 7 月后虽然推动人民币汇率市场化改革,促使人民币渐进式升值,到目前,人民币兑美元已经升值了 30%,但与改革开放初期相比,仍然只有当时人民币币值的 1/4。为了摆脱长期困扰我国外贸发展的"进大于出、外汇短缺"的被动局面,我国于 1985 年开始实行出口退税政策,通过向出口商部分或全部返还政府对出口产品征收的国内税来提升本国产品的国际竞争力,有效地刺激了出口的增长。我国鼓励出口的贸易政策经过 20 世纪 90 年代前期的几次大幅度本币贬值和在应对亚洲金融危机的影响中得到强化。出口退税政策有力地促进了我国对外贸易的稳定发展和外汇储备的增长。从统计来看,我国自 1990 年以来,基本保持贸易顺差的发展态势。特别是加入世界贸易组织以后,我国几乎保持了年递增 30% 的贸易增长,贸易顺差迅速扩大,我国外汇储备继1996 年突破 1000 亿美元之后,2001 年突破 2000 亿美元,2003 年突破 4000 亿美元,2004 年、2005 年连续突破 6000 亿美元和 8000 亿美元,2006 年 6 月又突破了9000 亿美元大关。我国外汇储备从 100 亿美元增长到 1000 亿美元用了 6 年,从1000 亿美元迈进 2000 亿美元用了 5 年,而从 2000 亿美元跨越 4000 亿美元和 8000亿美元只用了 2 年和 4 年。高速增长的出口贸易所带来的巨额的出口退税,越来越成为沉重的财富负担。1999～2004 年出口退税年均增长高达 32.1%,超过财政增速 10 个百分点,仅 2004 年就退税 4200 亿元人民币。[①] 自 2006 年起,虽然我国对外贸易政策有所调整,限制了资源性、高污染产品的出口,但为了对抗金融危机带来的巨大冲击,我国自 2008 年以来出口退税政策有所恢复。我国改革开放的实践表明,我国外贸企业的发展不是依靠国际市场超额利润,而是依靠国内市场的补贴而发展起来的。以 2010 年为例,我国 GDP 为 397983 亿元人民币,对外出口 15779.3 亿美元,折合人民币 107013.5 亿元,而出口企业,特别是本土出口企业利润平均只有 5% 左右。而这一年我国仅出口退税一项就高达 7327 亿元人民币,占出口总额的 6.85%。[②] 也就是说,我国企业不仅不能获得超额利润,就连正常的国内 10% ~ 20% 的利润率都无法达到,几乎都是在亏本运营。

二、过度依赖低价竞争的贸易增长方式

我国企业大多数由于缺乏核心竞争力,常常被迫在国际市场和国内市场上过分倚重于价格竞争,价格竞争就成为大多数企业获取市场份额、获取竞争优势的主要手段。美国著名的管理学大师迈克尔·波特认为,国家竞争优势是从低级向高级逐级推进的。从我国进出口贸易结构演进趋势看,也说明这个观点:我国计划经济时期包括改革开放初期,我国的贸易竞争力主要来自资源性初级产品,20 世纪 80 年代,主要体现在服装、纺织品等劳动密集型一般加工制成品,到 20 世纪 90 年代,竞争优势逐步转型为资金、技术较密集的机电产品,进入 21 世纪以来,以高新技术产品为代表的技术密集型产品成为我国最大的工业制成品出口产品。但如果深入企业层面进行分析,则发现无论我国出口竞争优势如何演变,都离不开价格竞争这一中国特色的贸易增长方式。改革开放初期,我国沿袭了计划经济的资源定价和工资定价特点:低价,由于过低资源和人工成本优势造就了当时我国资源类产品的竞争优势。随着改革深化和市场化发展,我国人均资源相对不足的劣势逐步凸显,劳动力丰富而且低廉的优势得到逐步发挥,我国贸易竞争优势转向一般工业制成品。20 世纪 90 年代以来,我国劳动力优势逐步延伸至中高端制造业。数据显示,1985 ~ 2011 年,我国机电产品出口增长 645 倍,年均增长 28.3%;进口增长 40 倍,年均增长 15.4%。与此同时,高新技术产品进出口在 1986 ~ 2011 年间增长 177 倍,也实现了年均 23% 的高增长。在中高端制造业,我国企业的竞争优势仍然

---

① 李玉举:《中国外贸增长步入高成本时期》,《经济学消息报》,2005 年 10 月 14 日。
② 根据中国统计局、商务部和外汇管理局有关数据计算。

停留在低端一般加工制造层面。由于我国企业大多数缺乏自主知识产权、缺乏知名品牌或者品牌、缺乏关键设备制造设计能力，大多数企业被迫依赖于跨国公司技术、品牌和关键设备，被迫从事低端加工组装，赚取微薄的加工费，不得不依靠低价竞争获取市场份额。所以，即使是高新技术产品贸易，我国企业仍然扮演的是高级打工企业的角色。

三、外源驱动的典型特征

我国对外贸易的发展具有鲜明的外源驱动的特征，主要表现为对出口市场的依赖，对外资企业、加工贸易的依赖，对国际技术、品牌和关键设备的依赖。

第一，我国对外贸易主要依靠出口市场发展壮大，长期的计划经济导致我国国内市场发育迟缓，为了解决外汇短缺和进口先进技术设备需要，出口企业主要担当出口创汇的历史责任。20世纪80年代后期我国形成了鼓励出口的贸易政策，1994年我国人民币又一次性大幅贬值，2001年加入世界贸易组织，诸多利好进一步促进了出口的高速增长，一直到金融危机爆发前夕，我国对外贸易一路高歌猛进，跨入世界贸易大国的行列，也就是说，我国对外贸易企业主要依赖国家扶持、人民币贬值以及加入世界贸易组织的利好获得国际竞争优势，而不是靠国内市场的充分竞争培养起来的竞争优势。

第二，外资企业成为我国对外贸易增长的主要推动力。20世纪90年代中期以来，我国已经连续二十余年成为吸引外资最多的发展中国家，外资企业已经控制了1/3以上的中国制造业产值和1/2以上的进出口贸易，在高新技术领域几乎控制了70%以上进出口贸易。一般而言，外资相对于国内投资具有很多优点，由于发达国家或新兴的工业化国家或地区是国际投资的主体，所以外资常常伴随着先进的国际管理经验和技术以及比较先进的设备的引进，但我们必须看到，资本并不会因为进入社会主义国家而改变其固有的本质，如果没有完善的法律制度和先进监管手段的制约，外资就会疯狂地掠夺物质资源和人力资源，千方百计巧取豪夺社会财富。一方面，随着全球化贸易与投资的发展，跨国公司利用国家间的税制差异进行利润转移，大肆偷逃东道国尤其是发展中国家的税赋。因为发展中国家税收征管和法律制度的漏洞，使跨国公司转移利润偷逃税赋成为可能。一些非营利组织通过初步估算发现，跨国公司每年从发展中国家转移出去的利润高达350亿美元。据2005年12月6日《南方周末》发布的"2005年世界500强在华最佳投资企业排行榜"报道，部分世界500强公司十分吝啬、纳税很少。另据报道，浙江某市1/3以上外资企业连年亏损，但却连年增加投资,但亏损的假象掩盖不了盈利丰厚的实际,只不过大量的企业利润却通过企业内部交易转移出境罢了。据我国税务部门统计,2004 年外资企业就偷逃税款达300 亿元人民币之巨,目前,每年应该不下 500 亿元人民币。另一方面,外资享受着税收优惠,甚至土地、水电、资金信贷等诸多优厚待遇,在国内招商引资的竞争中,政策的含金量不断被拔高,事实上形成了外资企业挤压国内企业的不公平竞争,难怪诸多内资出逃,甚至想方设法变成外资再进口。

第三,加工贸易成为我国主导型的贸易方式。20 世纪 90 年代以来,加工贸易作为外资企业和跨国公司利用我国资源优势进行全球化布局的主要方式,已经成为我国最主要的对外贸易方式,长期占据我国对外贸易 55% 左右的份额。以加工贸易为主要目标的外资企业在我国市场具有"嵌入式"特征,与国内市场缺乏联系,技术外溢效应十分有限,加上我国对外资企业长期给予超国民待遇和监管不力,虽然外资企业盈利十分丰厚,但外资企业却普遍偷逃税款,社会责任意识淡漠,带来的经济社会利益十分微薄。

第四,我国出口对国际品牌、技术和关键设备依赖十分严重。据有关资料显示,我国企业真正有自主知识产权的企业在全国只有万分之三左右,就是在中关村这样一个高新技术比较集中的地方,自主创新的企业也只有 3%;我国企业自主品牌少,知名品牌更少,很多甚至就没有品牌,如出口大省广东,自主品牌只占出口的10% 左右,就是上海也不过 20%;我国许多重要行业关键设备严重依赖进口,据统计,近年来我国设备投资的 2/3 依赖进口,特别是高端设备领域依赖度很高,光纤制造装备占 100%、高端的医疗设备占 95%、集成电路芯片制造设备占 85%,石油化工装备的 80%,轿车工业设备、数控机床、纺织机械、胶印设备的 70% 被进口产品占领。[①] 严峻的贸易竞争、不利的国际分工地位,不仅严重损害我国工业增长的质量,也限制了我国工业的进一步发展和贸易结构的优化和升级。

四、发展十分不平衡

对外贸易发展不平衡具有历史的因素,但更多的是现实因素。因为我国对外贸易具有外源驱动的特点,外商投资本身的不平衡性是造成对外贸易发展不平衡的主要原因。不平衡主要体现在对外贸易增长区域的不平衡,投资的产业领域不平衡。《中国统计年鉴》显示,2010 年,我国东部地区对外贸易比重占到全国的

① 孙冰:《"技术黑洞"正在吞噬中国产业》,《中国经济周刊》,2006 年 6 月 5 日。

87.6%,其中出口占全国出口的87.4%,进口占全国进口的87.9%,其余地区对外贸易比重只有12.4%,出口占12.6%,进口占12.1%。不同地域外商投资差异是导致这些地区对外贸易不平衡的主要原因。1993~2004年,东部沿海地区外资企业对外贸易比重年均占94.7%,中部6省只占1.8%,西部12省区只占1.5%。虽然近几年中西部地区加大了对外开放的力度,但东部沿海地区外资投资对外贸易中的绝对主体地位并没有丝毫撼动。以省级单位来看,对外贸易的不平衡也十分突出(见图16-1、图16-2)。以2004年的外资企业对外贸易的比重为例来看,东部沿海9省区外资企业对外贸易额占全国同类贸易的95.66%,中部6省只占1.3%,西部12省区占1.2%,其中东部地区的广东、江苏、上海、浙江、山东、福建、天津位列前7名,其中出口方面,广东占35.9%,江苏19.2%,上海占14.6%,浙江占5.8%,福建、山东均占5.4%;进口方面,广东占32.3%,江苏占21.7%,上海占17.8%,天津占5.2%,山东占4.3%,浙江占4.0%。因此,外资投资巨大差异是导致沿海与内地对外贸易差异的主要原因。

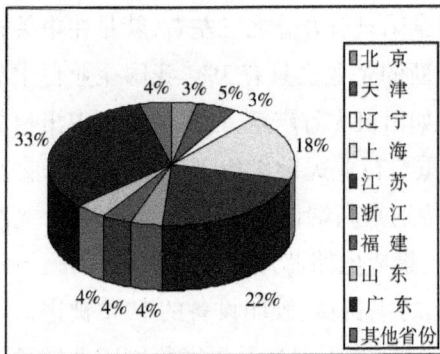

图16-1 2004年不同地区外企进口比重　图16-2 2004年不同地区外企出口比重

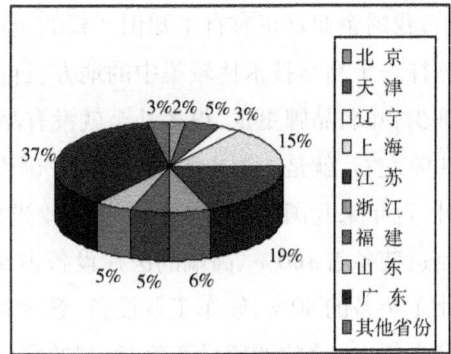

在对外贸易中,商品贸易是主导,服务贸易比重偏小;在商品贸易中,工业制成品贸易是对外贸易增长的主导因素。2011年我国对外贸易(包括服务贸易)总额达到39841亿美元,其中商品贸易35634亿美元,占总贸易额的89.44%,服务贸易额为4207亿美元,占总贸易额的10.56%,与世界水平相比,商品贸易比重偏高,服务贸易比重偏低。从进出口结构来看,商品贸易中,出口额20862亿美元,进口额18979亿美元,顺差1884亿美元。在商品贸易中,商品出口19036亿美元,占总出口额的91.25%,偏高;商品进口16603亿美元,占总进口额的87.45%,较高;顺差

2438 亿美元,偏大。在服务贸易中,服务出口 1826 亿美元,占总出口额的 8.75%,严重偏低;服务进口 2381 亿美元,占总进口额的 12.55%,逆差 554 亿美元。可见,我国对外贸易的利益主要源自商品贸易。在对外贸易中,我国工业制成品贸易 2010 年比重升为 94.8%,除了我国工业化加速推进因素以外,外资企业投资的产业领域差别是造成我国对外贸易工业品高度增速的主要原因。改革开放以来,第二产业尤其是制造业一直是我国利用外资的主要领域,制造业利用外资长期保持在 70% 左右比重,2006 年以来,我国加大了服务领域利用外资的力度,外商投资偏重制造业的倾向有了较大改观,2011 年,我国实际利用外资 1057.35 亿美元,引进合同项目 27406 个,其中第二产业引进合同项目 11533 个,占总项目数的 42.08%,引进外资 531.76 亿美元,占总投资的 50.29%,其中,制造业仍是主要投资领域,2011 年制造业引进外资项目 11047 个,占总项目数的 40.31%,利用外资 495.9 亿美元,占总外资的 46.90%,均居第一大行业。服务业引进项目 15126 个,占总项目数的 55.19%,利用外资 514.24 亿美元,占总外资的 48.63%,农业仅引进项目 929 个,占总项目数的 3.39%,利用外资 19.12 亿美元,只占总外资的 1.81%。外资投资的方向,反映了我国对外贸易竞争优势的演进态势,也反映了我国对外贸易发展的趋势。正是长期以来利用外资和对外开放的产业和行业差距形成了我国对外贸易不平衡的发展格局。以 2004 年为例,我国工业领域,外资企业在资产比重、收入比重和就业比重方面,均占有重要地位,尤其是制造业领域,如表 16-1 所示,外资资产比重、收入比重均已占据了 1/3 份额,就业比重也逼近了 30%。

表 16-1　2004 年工业的经济的所有制结构

	资产比重(%)			收入比重(%)			就业比重(%)			资本构成(C/V)		
工业制造业	外资	国有	其他	外资	国有	其他	外资	国有	其他	外资	国有	全部
	24.56	52.03	23.41	30.79	38.04	31.16	23.69	33.58	42.73	10.93	21.61	12.11
	32.68	34.23	33.09	33.60	25.68	40.72	27.65	27.63	44.72	15.06	14.15	10.62

资料来源:根据《中国统计年鉴》(2005)有关数据计算。

五、竞争优势不断由低级向中高端提升

通过不断对外开放,我国对外贸易优势不断提升。从改革开放初期的资源型

初级产品优势,发展为20世纪90年代的劳动密集型工业制成品优势,再由20世纪90年代一般工业制成品优势发展为中端技术密集型机电产品和高端技术密集型的高新技术成品贸易优势。下面用对外贸易的指数进行说明,贸易指数介于$-1 \sim 1$,如果贸易指数小于0说明该产品在对外贸易中处于贸易劣势,贸易指数大于0说明该产品在对外贸易中具备贸易优势,如果贸易优势指数在-0.50以下,说明劣势很强,同样,该指数大于0.50,说明优势十分强大,如果贸易优势指数处于$-0.50 \sim -0.25$,劣势较强,$-0.25 \sim -0.10$为一般贸易劣势,处于$-0.10 \sim 0$为微弱劣势。相反,贸易优势指数处于$0.25 \sim 0.50$为较强贸易优势,处于$0.10 \sim 0.25$为一般贸易优势,处于$0 \sim 0.10$为微弱贸易优势。从表$16-2$中可以看出,$1980 \sim 1990$年,我国初级产品贸易优势最为显著。其中,燃油和矿产品保持了$0.4 \sim 0.66$的较高贸易竞争优势,同期,农产品和食品也获得了贸易竞争优势。到1995年以后,燃油和矿产品贸易优势开始逆转,逆差迅速扩大,贸易优势指数,降低为$-0.4 \sim 0.77$。该阶段,我国加工制成品贸易开始获得贸易优势,贸易优势并在此后逐渐扩大,在2008年贸易优势指数提升至0.30以上,近几年有所降低,但也保持了0.25以上的较强贸易优势。劳动密集型产品服装和纺织品一直是我国具备贸易竞争优势主要的产品,该贸易优势从改革之初一直保持到今天,其中服装贸易一直保持了0.9以上的强大竞争优势,纺织品贸易也保持了较强的竞争优势,目前纺织品贸易优势进一步提高,步入强势贸易优势之列。2000年以后,我国中高端工业制成品开始获得贸易优势,机械和运输设备贸易指数开始由负转正,但贸易竞争优势并不突出。实际上,该类产品,我国出口增长十分迅猛,比重也比较高,之所以在数据中显示不出很强的竞争优势,说明该类贸易虽然以一般贸易为主,但关键设备和技术严重依赖进口。以办公和通信设备、数据处理和办公设备、通信设备、集成电路和电子元件为代表的高端工业制成品,同时期,办公和通信设备、数据处理和办公设备、通信设备产品不仅获得了贸易优势,而且优势不断扩大,近几年,办公和通信设备贸易获得较强的贸易竞争优势,数据处理和办公设备、通信设备贸易具备强势贸易竞争优势。但集成电路和电子元件贸易,却一直处于很强的贸易劣势之中,最近几年虽有所削弱,但依然保持了-0.40以下的较强贸易劣势,说明高端贸易产品,主要是以加工贸易形式进行的,关键技术和核心零部件不掌握在我国企业手中,需要进口。这也进一步解释了我国即使是中高端工业产品贸易依然被迫走价格竞争老路的深层原因。

表 16 − 2　我国对外贸易竞争优势的变化趋势(1980 ~ 2010 年)

	1980 年	1985 年	1990 年	1995 年	2000 年	2005 年	2006 年	2007 年	2008 年	2009 年	2010 年
农产品	− 0.193	0.164	0.123	− 0.035	− 0.088	− 0.223	− 0.227	− 0.254	− 0.345	− 0.304	− 0.354
食品	− 0.012	0.418	0.260	0.142	0.200	0.067	0.097	0.011	− 0.160	− 0.123	− 0.148
燃油和矿产品	0.659	0.533	0.417	− 0.113	− 0.439	− 0.573	− 0.599	− 0.651	− 0.684	− 0.753	− 0.767
燃油	—	—	0.619	0.042	− 0.429	− 0.559	− 0.661	− 0.661	− 0.676	− 0.713	− 0.749
加工制成品	− 0.798	− 0.529	0.033	0.099	0.148	0.195	0.233	0.273	0.306	0.267	0.262
钢铁	− 0.423	—	− 0.265	− 0.300	− 0.404	− 0.347	− 0.305	− 0.261	− 0.176	− 0.273	− 0.250
化学品	− 0.423	—	− 0.265	− 0.300	− 0.404	− 0.347	− 0.305	− 0.261	− 0.176	− 0.273	− 0.250
药品	—	—	—	—	0.322	0.260	0.257	0.224	0.201	0.138	0.151
机械和运输设备	− 0.721	—	− 0.327	− 0.251	− 0.039	0.116	0.140	0.185	0.223	0.202	0.194
办公和通信设备	− 0.777	− 0.942	− 0.126	0.007	0.013	0.202	0.216	0.246	0.276	0.273	0.278
数据处理、办公设备	—	—	—	—	0.277	0.524	0.545	0.577	0.582	0.574	0.573
通信设备	—	—	—	—	0.241	0.535	0.565	0.626	0.644	0.648	0.658
集成电路和电子元件	—	—	—	—	− 0.570	− 0.596	− 0.561	− 0.554	− 0.485	− 0.482	− 0.412
汽车	− 0.840	—	− 0.747	− 0.614	− 0.411	− 0.145	− 0.119	− 0.013	0.001	− 0.215	− 0.300
纺织品	0.410	—	0.170	0.134	0.140	0.473	0.517	0.562	0.619	0.618	0.643
服装	0.946	—	0.990	0.925	0.938	0.957	0.966	0.968	0.964	0.968	0.964

注:贸易优势指数 = 某一商品出口与进口的差除以该商品的进出口之和。

资料来源:根据《WTO 数据库》整理计算。

第二节 我国对外贸易面临的主要问题

我国在计划经济背景下,在企业竞争力普遍不高和面临着长期资金、外汇严重缺口压力的条件下,选择了具有重商主义色彩的出口导向型对外贸易政策。该贸易政策在出口退税和本币贬值政策的影响下不断得以强化。长期出口导向贸易政策实践,在原有资源、劳动力超低价的基础上逐渐塑造了我国以低价竞争为主要特点的贸易竞争优势和对外贸易增长模式。该模式有力地挖掘了我国当时"地大物博、人口众多"的比较优势,也有效地利用了我国工业基础较好、工业体系较齐全的整体优势。在对外开放逐步扩大的基本国策的影响下,我国对外贸易迎来了高速增长新时期。长期的对外贸易高速增长不仅有力推动了我国国内经济的发展,也吸引了越来越多的外资、外商进行投资。宽松的对外贸易政策和超强的价格竞争优势为我国对外贸易部门带来了源源不断的贸易利益,也积累了越来越多的矛盾和问题。到目前,这些矛盾和问题已经成为制约我国对外贸易可持续发展的主要障碍。

一、国际贸易保护抬头,出口导向面临新挑战

20 世纪 80 年代中期以来,我国形成的出口导向型贸易增长方式,在资源、工资长期低价支撑下形成我国超强的价格竞争优势。我国不仅改革开放初期就在劳动密集型产业——加工制造业、纺织品和服装贸易领域获得出口竞争优势,而且在进入 21 世纪后逐渐在中高端工业制成品领域也具备很强的出口竞争优势(见表 16－3)。截至 2010 年,我国劳动力密集型产业出口竞争优势进一步得到巩固,其中服装、纺织品出口的世界市场份额已经分别提升至 36.94% 和 30.68%,加工制成品的出口份额也提升至 14.83%,已经创造了世界贸易上出口高速增长的奇迹。在中高端工业制成品领域的出口竞争优势也逐步扩大,2010 年,办公和通信设备、数据处理和办公设备、通信设备出口贸易份额分别提升至 28.04%、37.92% 和 31.10%,机械和运输设备的出口份额也提升至 15.37%,可见,我国中高端制造业出口的高速增长,已经创造了远比美国崛起时代辉煌的经济奇迹。我国对外贸易的长期高速增长已经成为世界少数别有用心的国家炒作"中国威胁论"的又一借

口。超高速度的出口贸易增长和很高的世界市场份额,说明我国依靠价格竞争优势获得了超高速的出口贸易增长和超强的贸易竞争优势,也说明我国这种贸易增长优势已经得到充分发挥,其增长潜力已经十分有限。正是由于我国超高速的出口贸易增长和超强的价格竞争优势,已经成为引发我国国际贸易摩擦的主要导火索。根据世界贸易组织的统计,1995~2011年,我国已连续17年成为全球遭受反倾销调查最多的国家,而且贸易摩擦形式不断地翻新,涉及的产业不断扩大,发起的国别也不断地增加。在世界贸易组织成员发起的反倾销案件中,约1/6针对我国。特别是在金融危机的影响逐渐扩散、美国经济复苏乏力、欧洲深陷债务危机的今天,受国际贸易保护主义倾向抬头、国际竞争日趋激烈等因素的影响,我国遭遇的贸易摩擦日益增多,已进入贸易摩擦高发期,摩擦形势日趋复杂严峻。中华人民共和国国民经济和社会发展第十二个五年规划(以下简称"十二五"规划)期间我国外贸发展的环境复杂,在外部环境上针对我国的贸易保护主义愈演愈烈。统计显示,2008年以来累计针对我国的贸易保护摩擦高达600项,而仅在2011年以来的12个月里,中国出口产品遭遇了100项贸易保护措施,在2012年仅仅短短三个月内,我国就遭受了8起贸易摩擦,涉案金额22.8亿美元,同比增长了80%。[1]

表16-3　我国工业制成品在世界出口市场的比重(2000~2010年)

单位:%

	2000年	2001年	2002年	2003年	2004年	2005年	2006年	2007年	2008年	2009年	2010年
加工制成品	4.68	5.21	6.14	7.19	8.16	9.59	10.84	11.97	12.78	13.51	14.83
钢铁	3.06	2.38	2.30	2.63	5.11	6.05	8.65	10.73	12.08	7.27	9.40
化学品	2.07	2.23	2.30	2.44	2.70	3.25	3.58	4.09	4.73	4.28	5.14
药品	1.65	1.49	1.39	1.39	1.30	1.38	1.43	1.61	1.93	1.98	2.32
机械和运输设备	3.13	3.81	4.93	6.36	7.59	9.14	10.43	11.68	12.63	14.10	15.37
办公和通信设备	4.49	6.20	8.86	12.28	14.93	17.72	19.73	23.00	24.50	26.26	28.04
数据处理、办公设备	5.01	7.09	11.03	16.86	20.22	23.63	25.90	30.48	32.35	34.08	37.92
通信设备	6.77	8.81	11.67	14.51	17.58	20.51	22.63	26.38	27.19	29.56	31.10
集成电路和电子元件	1.74	2.05	2.92	3.72	4.90	5.93	7.47	8.63	10.40	11.38	13.13
汽车	0.27	0.33	0.43	0.49	0.73	1.08	1.41	1.93	2.32	2.35	2.57
纺织品	10.25	11.26	13.21	15.37	16.98	20.06	22.08	23.60	26.31	28.51	30.68
服装	18.26	18.87	20.30	22.27	23.70	26.64	30.84	33.40	33.11	34.00	36.94

资料来源:根据《WTO数据库》整理计算。

---

[1]　沈玮青:《商务部:我国连续17年成遭遇贸易摩擦最多国家》,《新京报》,2012年3月24日。

出口导向型贸易发展战略是日本、韩国等东亚国家第二次世界大战后迅速崛起、创造"东亚奇迹"的主要手段。但这些国家和地区在发展崛起时期普遍具有国内资源严重匮乏、国内市场狭小的不利因素,而大多为美国的军事盟友,这些国家借助于美国的保护推行外向型经济取得经济发展的成功。我国则不同,虽然在改革初期也同样面临国内市场狭小,外向型经济发展环境比较宽松和顺利,但时至今日,中国实力日渐强大,美国、欧盟等对我国的警惕和戒备的意图日益明晰。巨大的经济规模决定了我国不可能无限依靠外需拓展发展空间,而必须依靠国内、国际两种市场才能满足不断增长的发展需求,而其他国家戒备甚至遏制中国崛起的战略意图,则意味着我国未来经济发展面临的国际环境日益复杂和严峻,而过度的外向型经济不仅增大经济发展的不确定因素,而且会威胁到我国发展经济的独立自主性,甚至威胁到我国社会主义建设的稳定和安全。

二、国内工业制造成本大幅攀升,价格竞争难以为继

长期以来,我国对外贸易之所以在低端、中高端不同的工业制成品方面形成超强的出口竞争优势,得益于我国长期以来形成的低工资、低物价的经济环境。长期计划经济的影响,导致我国资源价格严重偏低,工人工资水平严重偏低。加上长期二元经济背景,导致作为推动中国制造走向世界主力军的农民工工资长期停留在"生存工资"的标准上。据《世界发展指标》(2001)公布的数据,1995~1999年,我国制造业工人年均劳动力成本为729美元,是美国的1/40、日本的1/43、韩国的1/5、泰国的1/4。以珠三角农民工工资为例,在1990年普工工资已经达到了600元左右,但时隔15年以后,该地区普工工资只有770元,也就是如果扣除物价因素,工资水平是负增长。改革开放以来,农村家庭联产承包责任制极大地解放了农业劳动力,形成了庞大的、几乎是无限供给的廉价劳动力。超低的工业制造成本不仅成为吸引外资的主要因素,也成为推动我国出口贸易飞速发展的主要推手。但这种情况在2003年以来发生改变,特别是2005年以来,长期高速工业增长带动国内外资源价格的高涨和生态环境的不断恶化,国家惠农政策、支农力度不断强化,中西部内陆地区的加速发展影响以及高校不断扩招效应,引发了沿海地区的"民工荒",进而引发了农民工工资的高涨潮。另外,国家陆续出台加强劳动保护、提高职工工资多项政策,各地已经连续四次大幅度调高最低工资标准。自2005年以来,各省最低工资标准都提高了一倍左右,沿海用工普工工资也从当初的700多元高涨到2500元左右。实际上到2008年,我国劳动力成本及增速已经高于多数发展

中国家,以美元计价的制造业工资已经提高到 2000 年的 3.6 倍。

另外,我国自 2005 年 7 月开始推动人民币汇率形成机制改革以来,人民币走上了不断升值通道之中,到 2011 年 9 月,人民币对美元汇率已累计升值 30.24%。换句话说,人民币升值的结果相当于在原有制造业成本基本上再提升 30%,这直接导致中国工业制造品价格竞争优势大幅度削弱,国际市场占有率步入下降通道。以进驻中国的沃尔玛超市为例,2003 年该超市的 60% 左右的鞋帽制品都是中国制造,但到 2011 年 9 月,中国制造却下降到 17% ~ 18%。

三、国内市场分工协作水平不高,无序竞争严重

国内市场分工协作水平不高,主要表现为企业聚集效应不明显,规模效应不突出,企业之间的无序竞争严重,企业缺乏定价权力。虽然对外贸易增长迅速,对外贸易规模很大,很多具备竞争优势的产品在世界市场的份额很高,但却没有形成产业的规模效应,我们运用 DEAP - Malmquist 指数法对中国省际 1985 ~ 2008 年间生产率进步及其动力分解的实证分析中发现,1985 ~ 2008 年间,中国各省经济增长的平均规模效益指数为 0.999,也就是说,年均经济规模效应是 -0.1%。由于我国各行业集中度较低,而且企业之间的分工协作水平很低,所以无序竞争严重,出现了"买什么什么贵,卖什么什么贱"的困境。如表 16 - 4 所示,我国总体产业集中度不高,只有煤炭开采和洗选业、石油天然气开采业、石油加工、炼焦及核燃料加工业、其他采矿业、黑色金属冶炼及压延加工业等少数处于垄断地位的战略资源型产业的产业集中度较高(集中度超过 0.65),其余产业集中度均较低。在表中所列的 38 个产业中,产业集中度低于 0.50 的占了 30 个,比重超过了 4/5,有 16 个行业的集中度低于 0.30,比重也超过了 1/3,产业集中度在 0.30 ~ 0.50 的产业,只有 14 个,只占 36.8%。从对外贸易关系来看,我国具备很强贸易竞争优势的低端工业制成品的服装、纺织业、加工制造业的产业集中度均在 0.1 ~ 0.25,集中度偏低;而我国具备较强贸易竞争优势的中高端工业制成品领域,除少数产业如交通运输设备制造业(产业集中度 0.60)、通信设备、计算机及其他电子设备制造业(产业集中度0.48)产业集中度较高外,其余领域如通用设备制造业(产业集中度 0.30)、专用设备制造业(产业集中度 0.31)、电气机械及器材制造业(产业集中度 0.33)、仪器仪表及文化、办公用机械制造业(产业集中度 0.22)的产业集中度均较低,不足 0.35。

表16-4 依据大型企业累计资产占全行业累计资产的比例得出的产业集中度

产业类型	产业集中度			
	2003 年	2004 年	2005 年	3 年平均
煤炭开采和洗选业	0.79	0.77	0.74	0.76
石油天然气开采业	0.93	0.89	0.86	0.90
黑色金属矿采选业	0.36	0.32	0.35	0.33
有色金属矿采选业	0.37	0.28	0.26	0.30
非金属矿采选业	0.50	0.27	0.26	0.35
其他采矿业	0.94	—	—	0.94
农副食品加工业	0.30	0.16	0.13	0.19
食品制造业	0.36	0.21	0.20	0.25
饮料制造业	0.57	0.32	0.30	0.40
烟草制品业	0.78	0.58	0.66	0.67
纺织业	0.33	0.21	0.20	0.25
纺织服装、鞋、帽制造业	0.17	0.15	0.15	0.16
皮革、毛皮、羽毛(绒)及其制品业	0.13	0.15	0.12	0.12
木材加工及木、竹、藤、棕、草制品业	0.28	0.07	0.14	0.16
家具制造业	0.13	0.05	0.15	0.12
造纸及纸制品业	0.44	0.26	0.27	0.33
印刷业和记录媒介的复制	0.32	0.06	0.05	0.14
文教体育用品制造业	0.17	0.06	0.10	0.11
石油加工、炼焦及核燃料加工业	0.73	0.64	0.61	0.66
化学原料及化学制品制造业	0.54	0.35	0.30	0.39
医药制造业	0.49	0.24	0.21	0.31
化学纤维制造业	0.65	0.40	0.41	0.48
橡胶制品业	0.49	0.41	0.36	0.42
塑料制品业	0.28	0.12	0.09	0.16
非金属矿物制品业	0.32	0.16	0.14	0.2
黑色金属冶炼及压延加工业	0.76	0.77	0.73	0.75
有色金属冶炼及压延加工业	0.58	0.52	0.48	0.52

产业类型	产业集中度			
	2003 年	2004 年	2005 年	3 年平均
金属制品业	0.21	0.09	0.08	0.12
通用设备制造业	0.43	0.26	0.26	0.30
专用设备制造业	0.44	0.26	0.25	0.31
交通运输设备制造业	0.70	0.56	0.55	0.60
电气机械及器材制造业	0.43	0.27	0.27	0.33
通信设备、计算机及其他电子设备制造业	0.58	0.39	0.44	0.46
仪器仪表及文化、办公用机械制造业	0.36	0.14	0.15	0.22
工艺品及其他制造业	0.06	0.05	0.05	0.05
废弃资源和废旧材料回收加工业	—	—	—	—
电力、热力的生产和供应业	0.70	0.42	0.37	0.50
燃气生产和供应业	0.57	0.25	0.25	0.36
水的生产和供应业	0.43	0.18	0.21	0.29

资料来源:根据《国研网》和《中国工业统计年鉴》(2004~2006)上的有关数据整理计算。

我国对外依赖度较高的很多大宗产品,如铁矿石、石油、铜、铝等很多战略资源需要大量进口,但庞大的进口规模和市场份额,却没有赋予我国进口企业一定的产品定价能力。以铁矿石为例,在国际市场中,虽然我国进口该产品的价值量占到了65%,但却被迫接受国际铁矿石巨头的产品定价。2002 年至今,进口铁矿石价格已经由不足 30 美元涨到 2010 年的 150 美元,再涨到目前的 170 美元,而钢材价格仅由 2000 元左右涨至目前的 4400 多元。再如稀土产品,是我国在国际市场具有绝对支配地位的资源产品。近十年,我国拥有稀土资源储量占全球 40% 左右,并占据全球 90% 的出口市场份额,然而这一资源的绝对支配的优势并未被利用好,我国稀土大国的地位并没有改变我国缺失价格定价权的问题,企业盲目、无序竞争,反而屡遭国外进口企业分而治之的困境。在这样的贸易环境下,我国其他大量珍稀的战略资源同样难逃被贱卖的厄运。1990~2005 年,我国稀土出口量增长近10 倍,但平均价格却跌至 1990 年时的一半。企业、行业之间严重的行政地域的分割,不仅严重制约了行业之间、企业之间的分工协作的深入发展,导致地区之间产业相似度高,同质化严重;分割的市场降低了国内市场的竞争与合作的空间,形成了过低的产业集中度,加上地方政府利益分割,有关部门缺乏严格有效的监管,最终必然导致企业之间、行业之间各自为战,无序恶性竞争。有关专家也认为,产业集中度低是当前影响我国原料市场话语权的一个重要因素,我国目前贸易主体过多、平均规模较小,企业在谈判能力方面很难与国际大集团形成对抗。以铁矿石为例,我国没有一个企业能够与力拓、必和必拓、淡水河谷三个主要跨国集团形成同一级别的对话。

四、企业科技投入过低,创新支撑不足

长期以来,我国经济增长和对外贸易效益之所以低下,根本原因就在于企业创新能力不足。我国依靠拥有万分之三的知识产权、10%左右自有品牌的企业支撑起对外贸易的高速增长,大量的企业不得不靠拼资源、价格,低价竞争。① 据统计,我国每年省部级以上的科技成果有 3 万多项,但是能大面积推广产生规模效益的仅占 10% ~15%;每年的专利技术有 7 万多项,但专利实施率仅为 10% 左右;科技进步对经济增长的贡献率为 30% 左右,其中高新技术对经济增长的贡献率仅为 20%,远远低于发达国家 60% ~80% 的贡献率。我国科技成果转化率较低,只有 30% 左右,远低于发达国家 70% ~80% 的转化率,因此,虽然我国科技投入增长很快、投入和产出规模均居世界前列,但由于科技体制等因素的制约,科技投入效益还十分不理想。通过运用 DEAP - Malmquist 指数法对 1985 ~2008 年中国省际间生产率进步及其动力分解的实证分析中发现(见表 16 - 5),1985 ~2008 年中国省级全要素生产率(TFP)指数年均为 1. 012,也就说我国全要素生产率每年提升 1. 2%,其中技术变化年均贡献 0. 9%,占 2/3,效率贡献率年均贡献 0. 3%,占 1/3。其中全要素生产率的进步在 2000 ~2005 年间升至最高,年均进步 3. 7%,技术年均进步 4. 5%,对全要素生产率的贡献率为 122%,效率则年均下降 0. 8%,对全要素生产率贡献率为 - 21. 6%;2005 ~2008 年由于原发于美国的金融危机的冲击,全要素生产率进步有所放缓,降至 1. 3%,其中技术变化年均增长 0. 7%,效率变化则年均增长 0. 6%,前者对全要素生产率贡献率略超过 50%,后者略低于 50%。利用索洛余值方法和最小二乘法实证分析我国 1977 ~2009 年间的全要素生产率贡献率发现(见表 16 -6),我国全要素生产率对经济增长的贡献率自 1977 年以来是波动上升的,特别是 1992 年以来是稳步提升,从 1987 ~1992 年间的年均贡献28. 44%攀升至 2002 ~2007 年间的 51. 44%,也印证了上面的分析结论。即从广义科技进

---

① 杨玉华:《我国新时期贸易竞争优势转型战略分析》,《生态经济》,2007 年第 5 期,第 55 ~58 页。

步贡献率来看,我国科技进步还是比较快的,2002～2007 年间,科技进步的贡献率已经超过其他要素贡献率成为第一贡献率。但如果从全要素生产率各组成因素分解来看,科技投资对我国经济增长贡献率虽然自 1997 年增长较快,但 1997～2009年间,科技投资的直接贡献率只有 10.72%～11.36%。

表 16 - 5　全国 Malmquist 指数及其分解

	技术变化	效率变化	纯技术效率	规模效率	全要素生产率
1985～1990 年	0.936	1.032	1.024	1.007	0.966
1990～1995 年	1.058	0.970	0.981	0.989	1.026
1995～2000 年	1.002	1.016	1.009	1.007	1.018
2000～2005 年	1.045	0.992	0.997	0.995	1.037
2005～2008 年	1.007	1.006	1.009	0.997	1.013
1985～2008 年	1.009	1.003	1.003	0.999	1.012

表 16 - 6　TFP 各组成因素分解:各因素对经济增长的贡献率(1977～2009 年)

项目 时期	TFP 贡献率(%)	教育贡献率(%)	工业化贡献率(%)	劳动力转移贡献率(%)	科技投资贡献率(%)	对外开放贡献率(%)	基础设施贡献率(%)
1977～1982 年	37.54	6.44	-4.72	11.95	4.16	15.16	4.54
1982～1987 年	43.74	2.12	6.73	10.28	3.29	17.68	3.64
1987～1992 年	28.44	1.49	5.41	1.85	1.25	15.33	3.10
1992～1997 年	30.85	1.23	2.54	6.90	1.55	10.92	7.71
1997～2002 年	45.56	3.21	6.86	0.31	10.80	13.57	11.28
2002～2007 年	51.44	2.11	2.70	9.60	10.72	18.68	7.62
2007～2009 年	43.84	1.62	2.07	7.35	11.36	11.64	9.80

总的来看,我国科技投资贡献率偏低,全要素贡献率也不够理想,都有待于进一步提升。从企业层面来看,我国企业创新能力不足,科技对贸易增长的支撑作用十分有限,主要表现在我国企业对先进技术吸收消化能力不足和企业对研发投入不足。改革开放初期,由于长期的封闭自守,我国工业技术基础与世界先进水平逐步拉大,加上我国经济十分落后,对科研投入十分低下,无法支撑企业的创新和开发。所以,长期以来我国工业生产急需的很多设备和关键技术需要进口。据统计,

长期以来我国的设备投资占国家投资总额的 40%，而进口设备占设备投资 60% 以上。尤其是地方的装备企业，在改制过程中被跨国公司吞并，渐渐地形成了民族装备制造业被外国公司垄断和控制的危险局面。如彩电业，我国企业在 20 世纪 80 年代开始大规模引进显像管电视（CRT）生产设备，经过近二十年的发展，中国企业在 CRT 技术一片空白的基础上闯出了一条"血路"，由引进、吸收到自主创新技术，最终实现了生产设备、零配件等上中游产品的本土生产。由此，中国 CRT 彩电整机成本全球最低，价格优势最强，一举占据全球一半以上的市场份额，成为世界彩电整机生产和出口大国。但好景不长，进入 21 世纪，随着以液晶为首的平板电视时代的到来，中国彩电业由于缺乏技术创新支撑，令中国这个 CRT 强国面临灭顶之灾，彩电业重回原点。由于 TFT–LCD 液晶面板、IC 线路板两大核心技术牢牢掌握掌控在国外少数垄断企业手中，在传统的显像管电视领域有着多年技术积累的中国彩电业，不得不再次引进、吸收国外技术，白手起家，从零开始。中国彩电企业再次被迫陷入"引进—落后—再引进—再落后"的老路。这样，国外垄断企业牢牢掌握关键核心技术，拿走产业利润的 80% 以上，中国企业不仅核心技术要花钱买，产业链受制于人，而且不得不随着产业升级换代而不断埋单，事实上就沦为为国外垄断企业打工的企业。由于我国企业长期以来重引进轻消化吸收，在装备制造业和信息产业方面，也长期受困于"引进—落后—再引进"恶性循环之中。我国装备工业的整体素质和产业技术水平低，许多重要行业的关键设备严重依赖进口。据统计，近年来我国设备投资的 2/3 依赖进口，特别是高端设备领域依赖度很高，光纤制造装备占 100%、高端的医疗设备占 95%、集成电路芯片制造设备占 85%，石油化工装备的 80%，轿车工业设备、数控机床、纺织机械、胶印设备的 70% 被进口产品占领。[①] 越是高精技术附加值高的装备，进口就越多，自给率就越低。

五、对外贸易粗放增长严重，质量效益低下

我国贸易发展到今天，虽然贸易结构有了很大的改善、贸易水平提升很快，但贸易出口仍然没有摆脱发展中国家的典型特征：高能耗、资源型、低附加值的产品仍是出口的主体。长期以来，我国对外贸易在不同的发展阶段先后形成了资源型产品出口竞争优势、劳动密集型出口竞争优势、中高端工业制成品出口竞争优势，但这些出口贸易优势的获得，无一例外地严重依赖低价竞争。也就是说，20 世纪 90 年代以前我国对外贸易主要依靠廉价的资源、劳动力以及不断贬值的人民币形

---

① 孙冰：《"技术黑洞"正在吞噬中国产业》，《中国经济周刊》，2006 年 6 月 5 日。

成超强对外竞争优势;之后,在廉价资源、劳动力的基础上,充分利用外企超国民待遇以及对出口的大幅度退税、关税的大幅度减让保持了低价竞争优势。在超低价格的支撑下,我国形成了极强的对外贸易竞争优势,国内企业出口根本不需要研发和创新投资就可以获得高速的贸易增长和较大的贸易利益。有关统计数据也验证了我国贸易竞争优势主要依赖价格竞争。统计数据分析显示,我国对外贸易的高速增长具有显著的"量增价跌"的特征。如果把出口增长进一步分解为三种不同动力,可以更清楚地看出我国对外贸易增长的质量和效益。出口产品价值量的变化是由出口产品种类、出口产品数量以及出口价格三方面的变化引起的。相应地,可以将出口增长分解为上述三种不同的来源,分别称为出口广度增长、出口深度增长和价格效应。出口商品品种的增加可视为技术进步的结果,新品种的增加一般来说不影响已有产品的出口价格。而出口数量的增加与价格呈反向关系,出口数量越多,价格就越低,所以深度增长往往与价格竞争相联系,即一国若要增加已有产品的出口,必须降低出口价格。价格效应反映了出口产品品质的变化,即当出口产品品质提高后,出口增加不仅不会导致价格下降,反而会使价格上升。比较这三种不同效应,不难发现,出口的广度增长和正的价格效应与出口增长是正向关系,出口增长若以这两种效应为主,则出口增长是长期的可持续的;而出口增长若以出口深度增长为主,则出口价值的增加将赶不上出口数量的增加,从长期来看,这种增长模式将难以持久。在 1995～2004 年,中国出口贸易增长中,广度贡献为 23.38%,深度贡献为 76.6%,这说明中国出口贸易增长的最主要因素是数量扩张,即中国出口更多数量的商品,从这一点看,中国的贸易增长方式是粗放型的贸易增长模式,依靠低价格来占领国际市场。从时间变化来看,贸易广度的贡献在不断下降,这说明中国出口产品种类的增加越来越弱,因此依靠种类增加带动出口增长的潜力不大;贸易深度的贡献在不断攀升,尤其是加入世界贸易组织以后,中国贸易增长主要依靠数量贡献;价格贡献呈现波动性,先增大后减小,但是总体来看,价格的贡献较小。[①] 在《资本论》中,马克思运用"国际价值理论"第一次分析了在国际贸易中发达国家利用生产率优势剥削发展中国家的现象。后来,发展经济学家和激进经济学家利用"中心—外围"理论进一步推进了该论断。拉美的著名经济学家劳尔·普雷维什和美国人辛格先后提出了"贸易条件恶化假说",该学说正在被我国的历史经验所证实。从表 16-7 中可以发现,1994～2002 年,我国贸易条件降低了 27 个百分点,以 2005 年的贸易额 1.4 万亿美元计算,仅贸易条件恶化带来的

---

① 李坤望:《改革开放三十年来中国对外贸易发展评述》,《经济社会体制比较》,2008 年第 4 期,第 35～40 页。

经济损失高达3800亿美元,占同期 GDP 的 1/6。我国贸易条件恶化主要原因有三:首先,我国贸易高速增长的大国贸易效应,导致了贸易条件的迅速恶化。我国作为发展中贸易大国,庞大的贸易额足以影响进出口价格,我国巨额的出口和庞大的进口会相应降低国际市场同类产品的出口价格而抬高进口价格。近年来的工业品出口"量增价降",而石油、铜、铁等矿产品进口的价格不断攀升就是该规律的反映。其次,由于我国出口商品结构中多是附加值低、加工程度浅、技术含量低的劳动密集型产品和一般机电产品,这些产品的需求弹性比较小,国际竞争激烈,近几年我国该类产品出口的迅速扩张必将导致出口价格的下降,又加上我国产品生产和销售的集中度低、无序竞争严重,出口价格竞压现象严重。我国进口的多是资本和技术密集型产品,而该类产品大多出自发达国家跨国公司之手,生产和销售垄断程度高,价格刚性很强。最后,我国市场化程度不高、产权不明的资源开采生产体制,导致我国资源价格长期偏低、"公共牧场"现象严重。特别是近几年,资源价格持续攀升,私采滥挖空前严重,导致我国很多储量并不十分富足的重要矿产因无序开采而内争、内耗严重,出口价格不断下跌。国际市场的重要资源的开采和生产随着跨国公司全球竞争和布局而越来越集中于少数跨国公司手中,市场垄断程度日益提高。随着我国对外资源依赖程度的不断提升,许多重要矿产资源的进口定价权被少数的跨国公司所把持,价格一路走高。刚刚落幕的进口铁矿石的定价权之争,就说明我国面临的资源进口形势的严峻性。

表 16 - 7 1994～2002 年中国贸易条件的国际比较(1995 = 100)

国家\地区	1994 年	1995 年	1996 年	1997 年	1998 年	1999 年	2000 年	2001 年	2002 年
中国	105	100	92	96	92	89	83	81	78
印度	110	100	92	106	109	97	93	91	101
巴西	92	100	98	104	94	91	91	82	—
墨西哥	103	100	103	104	100	102	107	107	102
发展中国家	99	100	100	101	95	98	99	100	101
发达国家	99	100	99	99	100	100	97	98	99

资料来源:联合国贸发会议,《统计手册》(2003);世界银行网站;《国家一览表》;国际货币基金组织;《世界经济展望》,2003 年第 9 期。

六、比较优势困境凸显,可持续发展问题突出

我国目前已经跨越了人均 GDP 5000 美元的门槛,随着劳动力结构的巨大转型,原来支撑我国低价竞争的低端劳动力日益短缺,中高端劳动力逐渐丰富;随着我国工业化加速推进,原来支撑我国廉价竞争的资源、环境优势已经转变为日益严峻的资源、环境瓶颈;随着我国经济总量跨入世界第二的位置,出口导向的外贸增长模式已经难以为继,日益严峻的国际贸易保护和复杂的国际竞争形势,国际市场份额已被抢占殆尽,已经没有更多的增长空间;随着我国工业制造成本的逐步攀高,原来依靠低价竞争优势的全球化布局的跨国公司将逐步远离中国外资市场;单纯依靠低价竞争博取利益的加工出口企业,将逐步被国内大幅上升的成本压力和汇率升值压力压垮而淘汰出局。也就是说,原来支撑我国对外贸易长期高速增长的贸易竞争优势将随着我国迈入中等收入国家的门槛而逐步消散:低廉而十分富余的劳动力已经逐渐远离我国,低价竞争优势将随着我国步入中等发达国家而渐行渐远。发展中国家的历史经验告诉我们,如果我国不能很好利用中等发达国家所形成的国内市场优势、资本技术积累优势创造出新的贸易竞争优势,我国经济有可能陷入中等发展陷阱而难以自拔。一般来说,国家的竞争力最终是要通过企业的竞争优势表现出来的。企业核心竞争力主要表现为拥有自主知识产权、自主品牌和关键技术,具有很强的创新和研发能力。由于我国企业大多数缺乏自主知识产权、缺乏知名品牌或者品牌、缺乏关键设备制造设计能力,大多数企业被迫依赖于跨国公司技术、品牌和关键设备,被迫从事低端加工组装,赚取微薄的加工费,不得不依靠低价竞争获取市场份额。严峻的贸易竞争、不利的国际分工地位,不仅严重损害我国工业增长的质量,也限制了我国工业的进一步发展和贸易结构优化及升级的内生动力的发展。

近几年,我国以工业制成品为主导的对外贸易的快速增长加剧了资源与环境的矛盾,使我国原本就较为严重的资源、环境约束形势变得更为严峻。从资源供给情况来看,我国人均资源比较短缺。虽然我国资源总储量居世界第三位,但人均占有量却居第 53 位,仅为世界人均占有量的 1/2。许多重要资源人均占有量远远低于世界平均水平,如水资源人均占有量仅为世界平均水平的 1/4,耕地面积仅为 42%,森林面积仅为 20%,除煤、稀土、钨等少数矿产以外的大多数矿产资源人均占有量不到世界平均水平的一半,在 45 种重要战略性资源当中,能够满足 2010 年国

内发展需要的只有 21 种,到 2020 年则只剩 6 种,有 10 种短缺,9 种严重短缺。[①] 从资源的投入—产出来看,我国是世界上单位 GDP 能耗最高的国家之一,能源的利用效率极低(见表 16-8)。我国目前的能源利用效率仅为 33%,比发达国家落后了将近二十年。据统计,2003 年,我国每万元 GDP 能耗是日本的 20 倍、美国的 2.95 倍、欧盟的 4.5 倍、世界平均水平的 2.68 倍,比巴西、印度还分别高 86% 和 16%。2004 年,我国创造了世界 GDP 总量的 4.4%,却消耗了世界原油、原煤、电力、钢材、铝和水泥总消耗量的 7.4%、31%、10%、27%、25% 和 40%。[②] 随着我国经济的快速发展和人口的增长,各种有限资源的人均占有水平还将持续下降,而对资源的需求水平却会因收入水平的提高而大幅度上升,这必将从总体上加剧资源的结构性短缺。

表 16-8　世界单位 GDP 能耗的比较

年份 国家 与地区	1990(美元/吨标油)	1995(美元/吨标油)	1998(美元/吨标油)	1999(美元/吨标油)	2000(美元/吨标油)	2001(美元/吨标油)	2002(美元/吨标油)	2003(美元/吨标油)	倍数/中国(2003)
世界	0.025	0.019	0.019	0.019	0.019	0.019	0.027	0.027	2.676
中国	0.126	0.082	0.053	0.052	0.048	0.044	0.071	0.072	1.000
印度	0.036	0.043	0.040	0.038	0.039	0.037	0.065	0.062	1.163
日本	0.010	0.006	0.009	0.008	0.007	0.008	0.004	0.004	19.917
法国	0.012	0.010	0.012	0.012	0.013	0.013	0.014	0.014	5.043
德国	0.015	0.010	0.011	0.012	0.013	0.013	0.012	0.012	5.858
俄罗斯	—	—	13.993	20.903	16.160	13.700	0.137	0.133	0.542
英国	0.015	0.014	0.012	0.011	0.011	0.011	0.016	0.016	4.472
美国	0.024	0.020	0.016	0.016	0.016	0.015	0.025	0.024	2.956
巴西	0.017	0.013	0.014	0.022	0.020	0.024	—		3.000
加拿大	0.028	0.031	0.030	0.029	0.027	0.028	0.039	0.039	1.858

资料来源:《中国能源统计年鉴》(2000~2002),中国统计出版社,2004 年版,第 513~518 页;2002~2003 年数据来自《世界经济年鉴》(2004/2005),中国社会科学院世界经济与政治研究所,2005 年版;GDP 数据来自世界银行:《世界发展指标》(2004);能耗数据来自 BP. Statistical Review of World Energy, June 20, 2005。中国 GDP 为当年美元价,1995~2003 年数据为修订后数据。

---

① 转引自高洁、徐凯:《新短缺经济与转变外贸增长方式》,《国际贸易》,2006 年第 7 期,第 11~15 页。

② 张显峰:《我国 GDP 能耗是日本的 8 倍 能源过度消耗三大原因》,《科技日报》,2006 年 3 月 12 日。

　　长期以来,对外贸易的高速增长成为推动我国经济增长、优化产业结构的重要因素,特别是加入世界贸易组织以后,相对稳定宽松的贸易环境,推动我国对外贸易的全面繁荣,外贸增长创造了年均 25% 左右的持续增长。但长期依赖外资、外贸增长的格局,在给我国带来漂亮数字和巨大贸易顺差的同时,却带来了不足 5%的利润效益。外资企业坐享了近三十年的超国民待遇,助长了我国传统粗放的经济增长方式:利用廉价资源、劳动力、环境成本和超国民待遇,造就了"中国制造"超乎寻常的价格竞争优势。依靠价格竞争优势,我国不仅创造了对外贸易和外资投资连续数十年的高速增长,成就了我国世界贸易大国和经济大国的地位,但也带来了严重的负面影响:一方面,资源大量廉价外流,环境污染严重,劳动力价格长期低迷,内需不振,传统的增长方式路径依赖严重,经济结构调整严重滞后;另一方面,高速的对外贸易增长引起了日益频繁的国际贸易摩擦和日渐严重的贸易保护,我国已经连续 17 年成为世界贸易保护的最大受害国。外资企业的超国民待遇政策、低价竞争的贸易增长模式不仅加剧了国际贸易摩擦,恶化了我国的发展环境,也严重扭曲了我国的对外经济贸易关系,削弱了我国企业自我积累的内生动力。

第三节　我国对外贸易可持续发展的对策

一、调整贸易发展战略,促进贸易增长方式的转变

　　调整我国现有的贸易发展战略,改变现有的出口退税政策和外资引进政策,放宽人民币升值的空间,变以激励出口为特征的出口导向贸易发展战略为以平衡贸易为特征的中性贸易发展战略,促进贸易增长方式的转变。

　　作为发展中国家,对外贸易和利用外资依然是保持我国经济增长、推动经济结构调整的主要借助力量,所以要在保持政策相对稳定和保证经济发展的前提下,及时调整我国现有的出口退税结构,降低出口退税的总水平,奖限结合,区别对待。继续鼓励支持符合我国经济增长方式转型要求的产品出口,对于能耗高、污染严重、资源型产品出口则实行限制性关税。在外资引进中,严格执法,提高引资的政策水平和质量,改善外资结构;以良好的投资环境和优质的政府服务吸引外资,而不是靠超国民待遇的政策优惠。要严把环境、能耗的准入关,提高外资的进入门

槛,对符合调整产业结构和转变增长方式要求的外资继续实行适度的政策优惠和支持,对能耗高、污染严重、资源型产品投资进行限制或禁止。在外汇管理方面,在坚持以我为主、可控性的原则下,积极推进汇率的市场化,使低估的人民币早日回归合理的价位。

二、大力发展现代服务业,改善我国的产业和贸易结构

目前,我国资源短缺、污染严重与我国不合理的产业结构和贸易结构息息相关;我国经济增长质量、效益不高,也跟现代服务业发展滞后密切相关。要调整我国目前不合理的产业结构,遏制过度重工业化的发展势头,就必须改变我国现有的重视工业、重工业,忽视服务业发展的迂腐观念,破除 GDP 盲目崇拜心态,树立科学发展观,立足于国家、民族发展的全局和长远利益,废除不利于服务业发展的清规戒律,积极营造一个公平、宽松的发展环境,大力推动服务业发展和投资。服务业相对于工业而言,进入门槛较高,贸易性差,一些领域和部门具有很强的垄断性。目前我国服务业开放较晚,发展相对滞后、水平不高,符合现代工业发展要求和消费方向的现代服务业比重偏低,核心竞争力不强。要大力发展服务业可以借鉴工业成功的做法,对于适宜竞争的领域可以通过打破垄断,引入竞争或者扩大竞争,来提升行业竞争力和服务水平;对于符合引进外资条件的领域和行业,可以通过扩大引进外资,提高外资比重和水平来提升服务水平、改善服务产品结构,促进服务出口。截至 2003 年底,我国服务业引进外资累计只占全部外资的 31.08% ,远低于工业 75.25% 的水平,只有截至 2002 年世界服务业外资直接投资累计额比重的 1/2。①目前,我国服务产品对外贸易的比重也只有总贸易额的 10% ,只相当于世界平均水平的 50% 。美国、英国等国的经验说明,通过企业走出去,即通过对外投资,可以大幅度带动国内服务业出口。目前,我国对外投资水平还比较低,还远没达到拉动服务业出口的效应。一般来说,引进外资与对外投资比例在 3:1 左右,而我国每年吸引外资 500 亿~600 亿美元,而对外投资到目前也不过 100 亿~200 亿美元而已,只及世界水平的 1/2,提升空间还很大。

三、提升国内需求水平,打造经济发展的稳定极

改革开放以来,我国消费率在 20 世纪 80 年代保持了 65% 左右的较高水平,以后则是一路下降,到 2010 年只有 47.4% ,不仅远低于世界平均 75% 左右的水平,

---

① 殷凤:《中国服务业利用外商直接投资:现状、问题与影响因素分析》,《世界经济研究》,2006 年第 1 期,第 25~28 页。

而且低于改革开放初期约 18 个百分点。也就是说,我国已经深陷"节制型发展道路"难以自拔,在整个世界都处于过剩经济的条件下,消费不足不仅会严重挫伤人力资源自我发展和积累的积极性,也会直接制约了经济的发展。我国在消费率一路走低的背景下,形成了经济增长对投资和出口的过度依赖。出口依存度逐年攀升,2003 年以来,攀升至 30% 以上;投资率居高不下,自 2003 年以来的近十年内,保持了高达 40% 以上水平,处于历史最高水平。过高的投资率,抑制了人民生活水平的提高和人力资源的开发,助长了低效率重复建设和重工业化的扩张,不仅降低了投资效率,加大了国家宏观调控的难度,也大大增加了金融风险。而过于依赖于外需拉动的经济增长方式,增大了经济发展的不确定性,削弱了经济发展的自主性、稳定性,在目前国际环境复杂多变、国际经济摩擦日益增多的形势下,不仅容易引发国际摩擦,而且会受制于人。只有大幅度提升国内消费率,才能有效地化解目前严重过剩的生产能力,提高人民的生活水平和人力资源的开发水平,才能形成经济增长和就业扩大的稳定的增长极。

四、转变资源开发和利用的方式,提高资源的利用效率

虽然我国资源的总量很大,但许多重要的战略资源相对贫乏,人均拥有量只有世界平均水平的 1/4。就目前来说,一方面是我国许多重要的资源储备严重不足,另一方面是资源开发利用效率低下,浪费严重。以煤炭来说,我国单位能源消耗很大,而且回收率极低,一般只有 25% 左右,就是国有大矿也只有 30%,只相当于发达国家 70% ~80% 的回收率的 40%,也就是说,我国开采 1.5 亿吨煤炭,就要浪费 3 亿 ~4 亿吨的煤炭资源。目前这种严重浪费的开发局面首先与我国当前矿产资源产权不明晰、权益配置不合理有关,造成了地方与中央争资源,企业与国家抢权益;其次是资源开采市场化程度低,资源开发的后续发展的补偿成本和环境成本太低造成的。因此,首先,要改革现有资源开发的管理体制,实现所有权与开采权的分离,合理划分中央与地方的权益关系,把国家资源开发的长远规划与企业和地方的发展结合起来,改变目前"国家拿走资源,地方留下负担"的现象。其次,明晰界定国家所有权与企业开采使用权的权、责、利的边界,提高资源开采和管理的市场化水平,彻底打破垄断,充分引入竞争,提高资源的利用和开采效益。最后,对重要的战略资源建立战略储备制度,提高资源开采的资源补偿成本和环境治理成本,把资源的目前开采与长远开发结合起来,提高资源可持续开发和利用的保障水平。

五、培植企业的核心竞争力,提升企业的自主发展能力

企业缺乏核心竞争力,是目前制约我国企业发展的最大问题。目前,我国出口

企业自有品牌不足20%,拥有完全自主知识产权的企业只有3%,企业研发水平低和创新能力不足。要提高企业的自主发展能力,就必须下大力气培植民族企业的自有品牌,加大科研投资和体制创新,提升企业新产品的研发和设计能力,充分借助国家较完善的科研创新体系,突破重大技术装备的瓶颈约束。我国只有在重大技术装备方面突破国外垄断,才能改变目前过分依赖于外资、外企的不利局面,只有壮大自有品牌和拥有更多的自主知识产权,才能打破发达国家的诸多技术壁垒和品牌障碍,才能彻底改变中国制造"廉价低档"的国际形象,才能摆脱反倾销大棒的困扰,从而彻底改变我国过度依赖资源、低端劳动换增长的粗放增长方式。

六、开发人力资源,提升人力资源总量和水平

目前,我国人力资源的水平和结构还无法满足经济增长转变的要求,主要表现在:以初中文化为主体的非熟练劳动力队伍和以大学生为主体的熟练劳动力队伍十分庞大,但技术人才总量不足,中高级技术人才严重匮乏,适应国际化信息化的研发人才和管理人才供给严重不足,人力资源供求的结构性矛盾异常尖锐。所以要适应经济增长方式转型的长期要求、满足市场的当前需求,就必须充分发挥市场的导向和激励功能,调动企业、社会和个人开发人力资源的积极性和主动性,大力开发现有的人力资源,改革现有的教育体制、调整现有的教育内容,充实适应国际化信息化需求的师资队伍,储备和开发经济转型所需要的中高级研发人才和管理人才。

目前,我国工业化进程已经跨入了中期的门槛,农村劳动力转移和城市化正步入高速发展的快车道。按照一般经济发展规律,我国已经步入了经济结构和消费结构的剧烈变革时期。要抓住这个重要的发展机遇,顺利化解当前我国发展中遇到的挑战和矛盾,就要积极主动地顺应这一历史趋势,及时调整贸易发展战略,充分发挥对外贸易的导向和激励功能,立足于我国人力资源的比较优势,引导和促进经济增长方式转变,推动我国竞争优势从目前的生产要素驱动,向资金、技术驱动的转型和升级,保持我国经济、对外贸易的可持续增长。

七、推动科技进步和创新,推动经济贸易的可持续发展

众所周知,美国自1898年以来,就成功地先后超越了世界最大的国家——中国和最发达的国家——英国,实现了在全球的崛起,迄今为止仍是世界唯一的超级大国。从表面上看,美国的成功崛起,对外贸易政策和对外贸易功不可没,其背后真正支撑美国不断崛起的力量是科技进步。美国自20世纪以来,就跨入了创新能

力最强的国家行列,一直保持到现在,美国的科技贡献率在全球都是首屈一指的。美国里奇蒙德储备银行(Richmond FED)主席莱克(Jeffrey Lacker)说:"近年来,推动美国薪资和就业趋势的幕后因素是科技进步,而非贸易。"正是科技创新的不断推动,美国生产率提高速度远高于当时的欧洲大陆。1900 年美国人均收入超过了欧洲各国,迈入了富裕国的行列。1929～1941 年,美国科技进步对经济增长的贡献率达到 33.8%;到 20 世纪 80 年代,美国的科技贡献率高达 80%。美国以不到世界 5% 的人口(4.53%),创造了全世界 24% 的财富(按 GDP 占全球总量计算)和40% 的高科技产品。即使在深受金融危机的影响下,2008 年、2009 年美国 GDP 仍分别达到了 14.33 万亿美元和 14.27 万亿美元,远超位居第二的日本,继续保持世界第一。① 我国经济虽然实现了长达三十余年的高速经济增长,到 2010 年成功地实现了超越日本,成为世界第二大经济体,但由于长期支持我国经济高速增长的动力来源于低价竞争而非科技创新,所以导致我国经济大而不强,经济增长的效益和质量十分低下。在资源、环境约束日益强化、劳动力成本快速攀升的今天,陷入越来越严重的高成本低效益的挑战和威胁。不仅经济贸易的可持续增长难以维持,而且发展的成果随时都面临着丧失的危险。低价竞争带来了中国经济高速增长的成果也带来了日益严重的低价竞争依赖性。要打破这一怪圈,就必须充分利用科技创新的成果,培育我国新的生产率竞争优势,提升我国企业国际竞争实力,走出一条质量效益竞争型的经济贸易发展道路。

改革开放以来,经过三十余年的高速发展,我国的科教兴国战略已经取得了巨大的成就。随着我国科技投入规模的扩大和创新能力的不断提升,我国已经具备科技驱动的基础和条件。首先,我国已经成为世界最大的人力资源大国和人才大国。统计数字显示,目前,我国高等教育在校生规模突破 2500 万,研究生 165 万(2011 年),均居世界第一位;我国科技人员达到 496.7 万人,居世界第一位,科技研发人员达到了 35 万人,居世界第二位。② 其次,我国在社会主义初级阶段条件下成功地创造了科技进步的奇迹,成功地迈入世界科技创新国家之列,成为世界主要的科技创新主体之一。2011 年,我国科研 R&D 经费达到了 8610 亿元,占当年 GDP的 1.83%,相当于美国投入总量的 1/8,位居世界第二;专利授权量已经创造了连续 10 年增长率高达 26% 的速度,相当于同时期美国增长率的 5 倍。2011 年当年的专利授权量达到了 96.1 万件,比 2010 年增长了 25%,已经连续第二年位居世界第一。SCI、ISTP、IE 世界三大系统收录科技论文 25.39 万篇(2009 年),已经连续

---

① 王静:《美国 5% 的世界人口缘何能创造 40% 的高科技产品》,《科学时报》,2010 年 7 月 14 日。
② 参见中国统计局、科技部编《中国科技统计年鉴》(2010)有关内容。

多年位居世界第二。虽然我国科技的投入和产出的规模及增速均居世界前列,但由于科技体制等因素制约,我国科技成果转化率较低,只有30%左右,远低于发达国家70%～80%的转化率,因此,科技投入效益不高,特别是科技成果转化率过低的问题直接制约了我国科技进步贡献率的提升。所以,要在持续加大科技投入的基础上,改革科技体制,推进科研院所与企业结合,提高科技成果市场化水平,提高科技投入效益,推动我国经济贸易的可持续发展。

八、推动社会分工协作的深化和发展,提高企业协作水平

中国对外贸易增长迅速、规模巨大,但低效益、低质量,原因就在于中国企业过度依赖于价格竞争。之所以过度依赖于价格竞争,就是因为国内企业缺乏核心竞争力和关键的核心技术,国内行业之间、企业之间同质化过度竞争。而造成这一后果的具体原因:其一,国内市场发展发育不完全,市场竞争环境和秩序还不够公开、公平、公正和统一。表现主要是市场主体专业化分工程度低,行业、企业同质化竞争严重,市场地方分割严重,地方保护主义盛行。地方保护往往是通过实行外地产品禁入制度来实现的,其结果就人为地造成了市场的分割。众所周知,分工协作的一个必备条件就是要具备一个统一、完善的市场,只有在一个互通有无的市场中,分工协作才能够实现。而恰恰是地方政府采取的地方保护,人为地设置诸多障碍,造成了市场的分割。例如,实行外地产品禁入制度,对本地、外地企业区别化对待,增加外地企业的运行成本,强制消费本地企业生产的产品,对本地企业实行许多行政性优惠措施等,从而人为地阻止了产业内部分工协作的发展和深化。同时,实行地方保护政策其结果也是相互的,采取地方保护主义的措施必然会导致竞争对手的报复,并进而易于在国内形成诸多的以分割性为特征的封闭性小市场和难以使专业化和分工所带来的优势被充分利用。[1] 地方性产业保护不仅严重影响了产业内部分工协作的进行,致使产业效率低下,产业竞争能力不强,而且拖累了我国市场化的进程,对建立全国统一的大市场起到阻碍作用。地区产业结构同质化现象严重。地区产业结构同质化是指在各地区之间由于各种原因所出现的产业结构趋于相同或相似的趋势。地区产业结构趋于相同不仅使在全国范围内同一产业内部分工协作的可能性降低,弱化了产业比较优势,易造成恶性竞争和过度竞争;同时也严重削弱了市场对资源优化配置的作用,使资源配置效率低下,致使企业获取超额剩余价值的能力降低,严重阻碍着区域经济的发展。当前,我国地区间产业结构同

---

① 罗云辉:《过度竞争:经济学分析与治理》,上海财经大学出版社,2004年版,第129页。

质化现象呈现出愈演愈烈的趋势。据统计,中部地区与东部地区工业结构相似率高达93.5%,中部与西部地区工业结构相似率高达97.9%。① 另外,随着各地高新技术产业纷纷上马,会导致新的重复建设和爆发新一轮的地区经济冲突。② 其二,领导型企业严重缺乏。领导型企业是领导、组织和发动行业、企业分工协作的核心企业,该企业不仅具有核心竞争力,而且具备该行业前沿发展的引领能力。翻开全球经济的发展史,我们不难发现,在每一个强盛国家发展和崛起的背后无不是一个或几个具有全球领先技术的产业的支撑起到了关键的作用。荷兰的崛起是因为发达的海运,英国的崛起是因为蒸汽机的发明与广泛应用,美国的崛起是因为把电力在工业中所起到的作用发挥到了极致(就当时的条件来说)。所以,对于以中华民族伟大复兴为目标的中国必须拥有一个或几个在世界上拥有领先优势地位、具有显著竞争实力的产业作为我国实现目标的基础,起到引领和支撑经济快速发展的作用。中国的高速经济增长其实不是由这样领导型行业或者企业推动的,恰恰相反,中国经济的高速增长则是由那些低水平同质化的行业或者企业高速扩张带动的。以机电产品的高速增长为例,该行业自2000年以来,形成了高达25%左右的高速增长,从而造就我国机械制造行业出口贸易增长的奇迹。而这种增长并非源于我国经济内部,而是源于外部。20世纪80年代以来,世界先后出现过两轮主要的技术创新革命:信息技术和网络技术革命,从而推动了世界经济的高速增长,也带动了国际产业的大规模转移,传统的工业制造业在原材料和工人工资大幅上扬的成本压力之下,被迫从发达国家转移到工业基础较好和原材料、人工优势比较显著的国家。在国际贸易投资自由化和我国低成本的比较优势吸引下,我国就成为国际资本全球化生产布局的一个组成部分。跨国公司成功地把大量机电产品生产转移到具有超强价格优势的中国,而我国借助于比较完备的工业基础和廉价的生产成本也成功地参与到跨国公司全球价值链分工的低端加工组装环节中。正是这样的原因才造就了中国机电产品长达20年的高速增长以及超高的世界市场份额。由于我国缺乏掌握核心技术和设备的领导企业,生产所需的关键设备和技术需要进口,所以,我国只能被动地参与世界低端的分工协作,而不能参与高端的分工协作和分享较高的利润率和发展成果。

因此,要健全和完善市场经济体系,促进企业国内竞争,推动企业、行业的兼并重组,提高行业、企业间的分工协作水平;要打破生产要素和市场的地域分割,建立统一的生产要素市场和统一的劳动力市场,推动生产要素充分流动和竞争;大力培

① 孙久文:《中国区域经济实证研究》,中国轻工业出版社,1999年版,第295页。
② 张可云:《预防新一轮区域经济冲突》,《战略与管理》,2002年第2期,第16~19页。

育领导型企业,促进企业和行业聚集和集中,提高企业内部分工和横向协作水平;提高国家有关部门和行业协会对企业和行业发展、竞争的信息指导和监管水平。总之,通过国内市场的有效竞争,可以促进行业、企业间的分工协作的发展;通过行业、企业间的有效分工和协作,可以促进企业横向集中和纵向分工,从而减少行业、企业间低水平重复和同质化竞争,可以为企业的发展和科技的进步创造更加有利的市场环境和内部条件。

参考文献

［1］马克思:《资本论》第 1～3 卷,人民出版社,2004 年版。

［2］《马克思恩格斯选集》第 1～4 卷,人民出版社,1972 年版。

［3］《马克思恩格斯全集》第 1 卷,人民出版社,1956 年版。

［4］《马克思恩格斯全集》第 3 卷,人民出版社,1960 年版。

［5］《马克思恩格斯全集》第 4 卷,人民出版社,1958 年版。

［6］《马克思恩格斯全集》第 9 卷,人民出版社,1961 年版。

［7］《马克思恩格斯全集》第 13 卷,人民出版社,1962 年版。

［8］《马克思恩格斯全集》第 16 卷,人民出版社,1964 年版。

［9］《马克思恩格斯全集》第 20 卷,人民出版社,1971 年版。

［10］《马克思恩格斯全集》第 21 卷,人民出版社,1965 年版。

［11］《马克思恩格斯全集》第 23 卷,人民出版社,1972 年版。

［12］《马克思恩格斯全集》第 24 卷,人民出版社,1972 年版。

［13］《马克思恩格斯全集》第 25 卷,人民出版社,1974 年版。

［14］《马克思恩格斯全集》第 26 卷(Ⅱ),人民出版社,1973 年版。

［15］《马克思恩格斯全集》第 26 卷(Ⅲ),人民出版社,1975 年版。

［16］《马克思恩格斯全集》第 36 卷,人民出版社,1974 年版。

［17］《马克思恩格斯全集》第 44 卷,人民出版社,1982 年版。

［18］《马克思恩格斯全集》第 46 卷(上),人民出版社,1979 年版。

［19］《马克思恩格斯全集》第 46 卷(下),人民出版社,1980 年版。

［20］《马克思恩格斯全集》第 47 卷,人民出版社,1979 年版。

［21］《马克思恩格斯全集》第 49 卷,人民出版社,1982 年版。

［22］列宁:《帝国主义是资本主义的最高阶段》,人民出版社,1959 年版。

［23］［英］亚当·斯密:《国民财富的性质和原因的研究》(上),商务印书馆, 1972 年版。

［24］［英］亚当·斯密:《国民财富的性质与原因研究》(下),商务印书馆, 1974 年版。

［25］［英］大卫·李嘉图:《政治经济学及赋税原理》,商务印书馆,1976 年版。

[26][英]斯拉伐:《李嘉图著作和通信集》第5卷,商务印书馆,1983年版。

[27][德]弗里德里希·李斯特:《政治经济学的国民体系》,商务印书馆,1961年版。

[28][英]阿特·斯图尔特:《解析全球化》,吉林人民出版社,2003年版。

[29][法]布罗代尔:《十五至十八世纪的物质文明、经济与资本主义》,顾良、施康强译,北京三联书店,2002年版。

[30][美]H.钱纳里等:《发展的型式:1950～1970》,经济科学出版社,1988年版。

[31][美]H.钱纳里等:《工业化和经济增长的比较研究》,上海三联书店,1989年版。

[32][美]迈克尔·波特:《国家竞争优势》,华夏出版社,2002年版。

[33][美]道格拉斯·A.欧文:《备受非议的自由贸易》,中信出版社、辽宁教育出版社,2003年版。

[34][瑞]贝蒂尔·奥林:《地区间贸易和国际贸易》,商务印书馆,1986年版。

[35][美]保罗·克鲁格曼:《克鲁格曼国际贸易新理论》,中国社会科学出版社,2001年版。

[36][阿]劳尔·普雷维什:《外围资本主义:危机和改造》,商务印书馆,1990年版

[37][澳]杨小凯、黄有光:《专业化与经济组织》,经济科学出版社,1999年版。

[38]陈征:《资本论解说》(修订版)第1卷,福建人民出版社,1997年版。

[39]李翀:《马克思国际经济学的构建》,商务印书馆,2009年版。

[40]许兴亚:《马克思的国际经济理论》,中国经济出版社,2002年版。

[41]杨圣明:《马克思主义国际贸易理论新探》,经济管理出版社,2002年版。

[42]杨圣明:《马克思国际价值研究》,中央编译出版社,2010年版。

[43]潘英丽:《国际货币经济学》,华东师范大学出版社,2003年版。

[44]王正毅、张岩贵:《国际政治经济学》,商务印书馆,2003年版。

[45]孙玉宗、王寿椿:《对外贸易经济学》,中国财政经济出版社,1992年版。

[46]刘德学等:《全球生产网络与加工贸易升级》,经济科学出版社,2006年版。

[47]陈国宏:《经济全球化与我国的技术发展战略》,经济科学出版社,2002年版。

[48]刘刚:《供应链管理》,化学工业出版社,2005年版。

[49]罗云辉:《过度竞争:经济学分析与治理》,上海财经大学出版社,2004年版。

[50]孙久文:《中国区域经济实证研究》,中国轻工出版社,1999年版。

[51]杨玉华:《国际贸易对就业的影响——中国 1978 - 2005 年对外贸易与就业关系研究》,经济管理出版社,2007年版。

[52]张幼文:《价值增值在国际贸易中的普遍意义》,《江苏社会科学》,1993年第 5 期,第 20 - 25 页。

[53]王天义:《马克思关于世界市场与国际价值的理论》,《理论前沿》,2002年第 7 期,第 22 - 23 页。

[54]黄范章:《关于经济全球化的几点思考》,《世界经济与政治》,2000 年第10 期,第 5 - 10 页。

[55]张纪康:《论世界经济全球化中的产业国际化及其不平衡发展》,《世界经济与政治》,2000 年第 5 期,第 75 - 80 页。

[56]陈永志:《新时期商品国际价值变化的背景、特点及启示》,《黑龙江社会科学》,2011 年第 1 期,第 47 - 52 页。

[57]张纪:《产品内国际分工中的收益分配》,《中国工业经济》,2006 年第 7 期,第 36 - 44 页。

[58]罗文花:《马克思社会分工理论新析》,《马克思主义研究》,2008 年第 6 期,第 64 - 69 页。

[59]吴宣恭:《产权、价值与分配的关系》,《当代经济研究》,2002 年第 2 期,第 17 - 22 页。

[60]许少强:《美元霸权:生存基础、影响和我国的对策》,《复旦学报》(社会科学版),2005 年第 4 期,第 33 - 38 页。

[61]何帆、李婧:《美元国际化的路径、经验和教训》,《社会科学战线》,2005年第 1 期,第 266 - 272 页。

[62]张纯威:《美元本位、美元环流与美元陷阱》,《国际金融研究》,2008 年第6 期,第 4 - 13 页。

[63]沈国兵:《马克思主义汇率理论与西方经济学汇率理论比较研究》,《福建论坛》(经济社会版),2001 年第 5 期,第 29 - 31 页。

[64]李翀:《从价值的角度构建马克思主义的汇率理论》,《教学与研究》,2005年第 2 期,第 29 - 35 页。

[65]任治君:《经济全球化对世界市场价格决定的影响》,《经济学家》,2004年第 4 期,第 58 - 62 页。

[66]殷凤:《中国服务业利用外商直接投资:现状、问题与影响因素分析》,《世界经济研究》,2006年第1期,第25－28页。

[67]李坤望:《改革开放三十年来中国对外贸易发展评述》,《经济社会体制比较》,2008年第4期,第35－40页。

[68]张可云:《预防新一轮区域经济冲突》,《战略与管理》,2002年第2期,第16－19页。

[69]杨玉华:《我国新时期贸易竞争优势转型战略分析》,《生态经济》,2007年第5期,第55－58页。

[70]杨玉华:《国际贸易的不平等性与民族利益》,《中国经济问题》,2007年第6期,第63－67页。

[71]杨玉华:《国际贸易利益的"漏损":马克思国际贸易理论的现代解读》,《云南财经大学学报》,2008年第4期,第77－83页。

[72]杨玉华:《马克思汇率理论、汇率模型与国际经验的检验》,《当代经济研究》,2009年第5期,第12－18页。

[73]杨玉华:《美国金融风暴的特征、原因及对策分析——马克思金融理论的现代解读》,《贵州财经学院学报》,2009年第2期,第35－40页。

[74]杨玉华:《论贸易的可持续发展》,《云南财经大学学报》,2006年第4期,第26－28页。

[75]杨玉华:《"民工荒"与我国劳动力优势的变迁》,《中国人力资源开发》,2006年第12期,第41－45页。

[76]杨玉华:《国际美元的运动规律及其发展趋势》,《当代经济研究》,2011年第6期,第70－77页。

[77]杨玉华:《进出口贸易增长与人民币汇率之间的长期均衡与动态波动分析》,《国际贸易问题》,2007年第6期,第110－116页。

[78]杨玉华:《美元作为世界货币的性质及其发展趋势》,《经济纵横》,2011年第1期,第78－80页。

[79]杨玉华:《马克思"国际价值链"理论的当代解读与政策含义》,《生产力研究》,2011年第8期,第15－16页。

[80]杨玉华:《马克思经济学与西方经济学国际贸易动力理论的比较》,《经济纵横》,2011年第5期,第1－5页。

后　记

　　2007 年博士毕业时,我一直觉得博士学位论文《国际贸易的就业影响——中国对外贸易与就业关系研究》中马克思国际理论部分做得很不充分,甚为遗憾。直到 2009 年申报的教育部人文社科基金项目《马克思的国际贸易理论的现代构建及其在当代中国的运用》获批,才有机会专心做理论方面的研究。岁月荏苒,白驹过隙,现如今我已经毕业五年有余。五年来,在繁忙的工作之余从事枯燥艰苦的科研工作,科研工作几乎占用了我所有的业余时间和精力。"一路忙碌播种,一路兢兢业业收获",今天,我终于把断断续续发表的有关论文,扩展成篇,敲打出 30 万字的书稿。

　　在本书写作过程中,笔者有幸拜读了河南大学许兴亚教授的著作《马克思的国际经济理论》(2002)、北京师范大学李翀教授的著作《马克思国际贸易理论的现代构建》(2006)、《马克思主义国际经济学的构建》(2009)和中国社会科学院杨圣明教授的著作《马克思主义国际贸易理论新探》(2002),感受到国内一流学者对马克思主义国际贸易理论研究的艰苦探索和构建马克思主义国际贸易理论体系的孜孜追求,备感欢欣鼓舞,并从这些学界泰斗的著作中汲取营养,获益匪浅。

　　许兴亚教授(2002)对马克思的国际经济思想进行了全面、系统的归纳和梳理,杨圣明教授(2002)则对马克思、恩格斯、列宁、毛泽东和邓小平的国际贸易思想的发展脉络进行了梳理和概括,李翀教授(2006、2009)在借鉴西方贸易理论的基础上,重构了马克思主义的国际贸易理论体系,虽然这些研究成果还存在一些不足和缺憾,例如,对发展中国家的对外贸易的经验和出现的问题重视不够,对中国对外贸易的理论与实践结合力度有待加强,对资本主义主导的国际经贸关系的实质揭露不深等,但学界的同仁一直在为马克思的夙愿和中国马克思主义国际贸易理论的明天而奋力前行,可敬可贺!

　　在本书写作过程中,丁泽勤副教授参加了部分章节的撰写,尹洪炜讲师也参加了撰写。具体分工如下:杨玉华教授负责前言、后记、导论、参考文献、第一章至第九章、第十二章及第十章的第一节、第二节、第三节的撰写;丁泽勤副教授负责第十一章、第十三章、第十四章、第十五章、第十六章的撰写;尹洪炜讲师负责第十章第四节的撰写。本书的顺利完成得到了商务部财务司沈会勇同志的大力支持,得到了河南科技大学同事的大力协作和帮助,张纪博士、朱云章博士、刘宁博士、张惠玲教授和杨玉莉副教授参与了全书提纲的讨论,孟博超助理馆员、我的研究生靳麒同学、罗斌同学也参与了部分资料的整理和收集,在此深表谢意!

本书的出版,得到了河南科技大学学术著作出版基金的资助,经济管理出版社的王光艳主任和其他编校工作人员也为本书的顺利出版做了大量细致的工作,在此一并表示感谢。

由于作者水平有限,书中不足和疏漏之处在所难免,敬请读者和学界同仁批评指正。

杨玉华

2013 年 10 月 5 日

于河南科技大学青年教师公寓